Pernoud

Herrscherin in bewegter Zeit

Régine Pernoud

Herrscherin in bewegter Zeit

Blanca von Kastilien, Königin von Frankreich

Aus dem Französischen
von Sybille A. Rott-Illfeld

Diederichs

Die Originalausgabe erschien unter dem Titel *La Reine Blanche*
bei Editions Albin Michel, Paris.

Die Deutsche Bibliothek – CIP-Einheitsaufnahme
Pernoud, Régine:
Herrscherin in bewegter Zeit : Blanca von Kastilien, Königin
von Frankreich / Régine Pernoud. [Aus dem Franz. von Sybille
A. Rott-Illfeld]. – München : Diederichs, 1991
ISBN 3-424-01065-0

Deutsche Erstausgabe beim Eugen Diederichs Verlag,
München 1991

Umschlaggestaltung: Ute Dissmann, München
Produktion: Tillmann Roeder, München
Satz: Uhl + Massopust GmbH, Aalen
Druck und Bindung: Kösel, Kempten

ISBN 3-424-01065-0

Printed in Germany

Inhalt

Madou gewidmet

Prolog

Blanca von Kastilien gehört zu jenen Herrschergestalten der französischen Geschichte, die ein fest verankerter und von den Schulbüchern endlos weitergegebener Ruf auf immer klassifiziert hat. Ihr Name löst stets die gleichen Reaktionen aus – automatisch wie die sogenannten »bedingten Reflexe«. »Übermutter« nennt man sie am häufigsten, bisweilen auch »Rabenmutter« oder »Mannweib«. Aber auch als »Rebellin« wird sie bezeichnet, als »gefährliche Person«, »zänkische Schwiegermutter« und so weiter. Die mehr oder weniger einstimmige Meinung über sie lautet: eine harte, kalte, gefühllose Frau...

Solche definitiven, undifferenzierten Urteile existieren freilich über alle oder fast alle Persönlichkeiten jenes Zeitraums von tausend Jahren, der wider alle wissenschaftlichen Ansprüche, ganz zu schweigen von denen des gesunden Menschenverstandes, nach wie vor »Mittelalter« heißt. Eigentlich kann man noch von Glück sprechen, daß Blanca in der Porträtgalerie, auf die man diese tausend Jahre im offiziellen Schulwesen reduziert, überhaupt vertreten ist. Denn vom Standpunkt des Historikers aus gesehen, sind die Regierungszeiten der Blanca von Kastilien und ihres Sohnes Ludwig des Heiligen die am wenigsten bekannten der französischen Geschichte.

Zwar hat man einen vollständigen Katalog der Dokumente erstellt, die sich auf die Könige vor und nach diesen beiden Herrschern beziehen, nicht aber für das halbe Jahrhundert, in dem Blanca und Ludwig regierten. Und was für ein Jahrhundert das war! Es war das Jahrhundert der Kathedralen und der scholastischen »Summen«, der Burgen und Messen, der Universität und auch der Inquisition. Eine einzige wissenschaftliche Arbeit über Blanca, die allerdings recht lückenhaft bleibt, ist die 1895 erschienene Studie von Elie Berger. Bei Ludwig muß man sich mit dem Werk von Le Nain de Tillemont begnügen; es entstand Ende des 17. Jahrhunderts, wurde aber erst 1847 verlegt. Das ist neben den hagiographischen Geschichten alles. Was die Regierungszeit Blancas und Ludwigs insgesamt angeht, verfügen wir also nur über die zwangsläufig verzerrten und entstellten Informationen aus den literarischen Texten. Leider widerfuhr dem wichtigsten Werk, der ›Geschichte des heiligen Ludwig‹ von Joinville, nie die Ehre, in einer kritischen Ausgabe zu erscheinen.

Das heißt, daß, wissenschaftlich gesehen, noch sehr viel zu tun ist. Und man kann sich denken, daß man dabei so manche Überraschung erleben wird.*

Der Text, in dem wir Blanca erstmals erwähnt finden, zeigt sie uns unter einem dem herkömmlichen Bild widersprechenden Aspekt. Ein kleines Mädchen in Tränen, jedem Trost unzugänglich, so sehen wir Blanca bei ihrem Eintritt in die Geschichte. Ein Kind mit einem tiefen Kummer, das weint, wie man eben in diesem Alter weinen kann – Blanca ist zwölf Jahre alt.

Die Episode steht in einer Biographie, welche die Wissenschaftler einmütig als charakteristisches Beispiel für diese Literaturgattung anerkennen. Es handelt sich um das ›Leben des heiligen Hugo‹ von Adam, Abt von Eynsham, einem Zeitgenossen, und ist ein in seiner Farbigkeit und Detailfülle einzigartiges Werk, vergleichbar mit den Geschichten der ›Legenda aurea‹.

Hugo von Lincoln ist, wie viele Engländer jener Zeit, ein reiner Franzose, gebürtig aus Avalon im Dauphiné, und befindet sich auf Durchreise in Paris. Er kommt von Saint-Denis, wohin sich die gesamte Pariser Studentenschaft begeben hat, um ihn zu treffen, denn er ist ein hochangesehener

* Nicht etwa, weil es auf diesem Gebiet an Unterlagen mangelt; allein der ›Trésor des Chartes‹ (eine Sammlung mittelalterlicher Urkunden) in den Archives Nationales enthält mehr als viertausend Originaltexte: Geschäftsberichte und Verwaltungsakte der Krondomäne, Verträge, Verkaufspapiere, Schenkungsurkunden und so weiter; die Hälfte davon aus der Zeit, in der Blanca an der Regierung beteiligt war. Es gibt eine Fülle von Material für eine erschöpfende Studie über diese Regierung.

Gelehrter und Theologe. Beim Bischof der Stadt zu Gast, empfängt er den Besuch des Kronprinzen, des jungen Ludwig von Frankreich. Der Dreizehnjährige bittet ihn, seine junge Gemahlin, Blanca von Kastilien, aufzusuchen. Sie seien vor einem Monat miteinander vermählt worden, und nun weine Blanca seit Tagen, verzehre sich in einem Kummer, dessen Ursache keiner wisse. Hugo begibt sich unverzüglich in den Cité-Palast, der nicht weit von seiner Unterkunft entfernt liegt. Er geht zu Blanca, spricht mit ihr unter vier Augen. Und die Kleine trocknet ihre Tränen, ihre Miene hellt sich auf, und sie lächelt wieder, ihr Kummer ist verflogen wie Dunst im Sonnenlicht. »Von da an war sie wieder sehr fröhlich, im Herzen und von Angesicht.«

Das ›Leben des heiligen Hugo‹ ist voll von solchen, der ›Fioretti‹ des heiligen Franziskus würdigen Geschichten. So etwa heißt es darin, daß die Kinder lächelten, wenn sie ihn erblickten, selbst die Säuglinge, die man ihm entgegenhielt, damit er sie segne. Sogar bei den Tieren vermochte er Zuneigung zu wecken: In Lincoln soll es einen zahmen Schwan gegeben haben, der dem heiligen Bischof überallhin folgte und sich nur von ihm füttern ließ.

Worüber mochten der Bischof, damals bereits ein Mann ehrwürdigen Alters, vermutlich über sechzig, und das junge Mädchen gesprochen haben? Aber ist es überhaupt korrekt, von einem jungen Mädchen zu sprechen? Blanca ist zwölf, gilt also in der damaligen Zeit als erwachsene Person, die frei über sich selbst bestimmen kann.* Hugo, der in La Grande-Chartreuse gelebt hat, ehe er das Kloster Witham in England gründet und mit der Leitung der Diözese Lincoln betraut wird, hat gewiß nicht oft Gelegenheit gehabt, die weibliche Psyche zu ergründen, aber es ist anzunehmen, daß er mit Blanca nicht sprach wie mit einem Kind, sie nicht mit ein paar freundlichen Trostworten abspeiste.

Blanca wird dereinst Königin sein. Um sie zur Königin zu machen, hat man sie aus ihrem heimatlichen Kastilien fortge-

* Knaben sind mit vierzehn Jahren volljährig. In jener Zeit trägt man der Tatsache Rechnung, daß Mädchen früher reif sind als Knaben.

holt und über die Pyrenäen den langen Weg in die ferne Normandie geleitet, wo ihre Vermählung gefeiert wurde.

In jener Zeit Königin zu sein bedeutet nicht, nur zu repräsentieren. Königin zu sein ist vielmehr eine sehr verantwortungsvolle Aufgabe, heißt, an den Regierungsgeschäften teilzunehmen, sie manchmal auch allein zu führen. Blanca hat während ihrer Reise vom Ebro an die Loire aus den Gesprächen mit ihrer Großmutter Eleonore von Aquitanien wohl einiges gelernt. Immerhin hatte die inzwischen betagte Fürstin einst dem Kaiser die Stirn geboten, den Papst herausgefordert, ihren Sohn Richard aus der Gefangenschaft befreit, die vom französischen König für sie ausgelegten Fallstricke zu umgehen gewußt. Und Blancas Mutter, Eleonore von Kastilien, wird an der Seite ihres Gemahls in ihren Burgen zu Palencia oder Burgos, wo die Turmwächter jeden Augenblick das Herannahen der siegreichen Mauren melden konnten, nicht weniger tatkräftig gewesen sein. In der Geschichte, die man Blanca gelehrt hat, hatte es in der näheren und ferneren Vergangenheit eine ganze Reihe bedeutender Königinnen gegeben, harte und leichtfertige Frauen, solche, die verbannt oder in den Kerker geworfen, die geliebt oder gehaßt worden waren, glückliche und einsame... Keine hatte ihr Schicksal selbst gewählt, doch wenn ihnen ein außergewöhnliches Schicksal zuteil wurde, dann hatte es stets an ihnen selbst gelegen.

Durch ihre Geburt war es ihnen versagt, über ihr Leben selbst zu entscheiden. Blanca hatte sich Ludwig nicht als Gemahl ausgesucht, ebensowenig wie Ludwig sich Blanca zur Gemahlin gewählt hatte. Doch der jungen Prinzessin harrt eine große Aufgabe: Sie soll den Frieden zwischen zwei Königreichen besiegeln. Diese Aufgabe wird nicht leicht sein. Kein Wunder also, daß sie nun, an der Schwelle zu ihrem neuen Leben, von Angst erfaßt wird, sich nach Hause zurücksehnt. Man muß auch einräumen, daß weder ihr Oheim Johann, der König von England, noch ihr Schwiegervater Philipp, der König von Frankreich, durch ihre Haltung sehr beruhigend auf das junge Mädchen wirkten; daß ihr nach Palencia mit seinen hellen, sonnenüberfluteten Mauern der Cité-Palast in diesem verregneten Frühling düster, das Leben am französischen Königshof streng und karg erschienen sein mag, verglichen mit dem am kastilischen Hof, wo man den Troubadouren offene Tafel hielt... Doch sie muß ihr künftiges Leben annehmen, in ihrer Hand liegt es ja, es im Lauf der Zeit nach ihren Vorstellungen zu gestalten – und mit Weinen wird ihr das kaum gelingen. Eine Königin weint nicht. Zu viele Menschen hängen von ihr ab, erwarten, daß sie für ihr Wohlergehen sorgt: Es sind ihr Gemahl, ihre Untertanen, denen ihre erste Sorge zu gelten hat. Eine große Königin wird man nur, wenn man seine eigene Person zurückstellt, sich mit Leib und Seele jener Aufgabe widmet, derer man sich nie und nimmer gewachsen fühlt, nämlich den Frieden zu sichern. Die Könige sorgen dafür, daß in ihrem Reich Recht und Gerechtigkeit walten, für den Frieden aber sorgen die Königinnen.

I

Vier Damen

Das Jahr 1200 ist in Frankreichs Geschichte ein entscheidender Wendepunkt, an dem die Frauen wesentlichen Anteil haben. Während der gesamten Feudalzeit – der Periode, die mit der Herrschaft Hugo Capets beginnt und mit Philipp dem Schönen und dessen Söhnen endet –, findet man kaum eine turbulentere Zeit als die ersten Jahre Blancas am französischen Königshof, jene Jahre, in denen das junge Mädchen zur Frau heranreifte.

Ihr ganzes Leben wird geprägt von den dramatischen Ereignissen, die sich zwischen ihrem zwölften und zwanzigsten Lebensjahr abspielten. Sie wird sich während ihrer gesamten Regierungszeit vornehmlich damit beschäftigen, die kriegerischen Auseinandersetzungen zu beenden, die das Reich erschüttern, und den Frieden wiederherzustellen. Ursache für diese Zwietracht sind – manchmal allerdings unabsichtlich – vier Frauen; sie heißen Eleonore, Isabella, Konstanze und Ingeborg.

Als Blanca Hugo von Lincoln begegnet, ist sie noch ein naives kleines Mädchen. Sie wurde zwölf Jahre zuvor, am 4. März 1188, in der Burg von Palencia in Kastilien geboren, wo sie den größten Teil ihrer Kindheit verbrachte. Ihre Mutter, Eleonore von Kastilien, hat ihr wohl oft erzählt, wie sie selbst die Orte und Landschaften ihrer Kindheit – Poitiers, England, die Normandie, wo sie zur Welt kam – verlassen hatte, um in Kastilien König Alfons VIII., genannt der Edle, zu heiraten. Ihre Mutter, Eleonore von Aquitanien, hatte sie begleitet. Damals konnte Blanca nicht ahnen, daß eines Tages dieselbe Königin Eleonore von England kommen und sie selbst in die entgegengesetzte Richtung wegführen würde.

Es lebte sich angenehm am Hof von Kastilien. Hier konnte man alle namhaften Troubadoure antreffen, und Blanca hatte als Kind Giraut de Borneil, Uc de Saint-Circ und Folquet von Marseille ihre Lieder vortragen gehört, bevor der letztgenannte in der Abtei Le Thoronet Mönch wurde. Sie und ihre beiden Schwestern hatten sehr gelacht, als sie erfuhren, daß Guilhem de Berguedan nach ihrer Mutter schmachtete und ein Gedicht nach dem anderen an sie richtete. Gemeinsam mit ihnen hatte sie Guiraut de Calanson, Perdigon und dem berühmten Peire Vidal Beifall gespendet. Und sie war eine jener »donzelas« an König Alfons' Hof gewesen, die sich beeilten, ein bestimmtes Lied des Raimon Vidal de Bezalu auswendig zu lernen. Denn der König, um den es in diesem Lied ging, war ihr Vater und die Königin, zurückhaltend und prächtig gekleidet in einem goldbestickten, purpurroten Mantel, mit einem Silberband gesäumt, ihre Mutter.

Alfons und Eleonore waren ein überaus glückliches Paar. Ihr Hof war, vor allem seit der von Poitiers nicht mehr existierte, der gebildetste Europas und – wäre nicht die fortwährende Bedrohung durch die Sarazenen gewesen – auch der fröhlichste. Diese Bedrohung durch die Sarazenen hatte Blanca schon als kleines Kind erfahren. Sieben Jahre alt war sie gewesen, als die Streitkräfte ihres Vaters bei Alarcos geschlagen worden waren. Zwei Jahre danach hatte ihre älteste Schwester Berengaria den Hof verlassen, um König Alfons von León zu heiraten. Für alle drei Prinzessinnen waren glanzvolle Verbindungen vorgesehen, und Blanca war nicht im mindesten überrascht gewesen, als in den ersten Tagen des Jahres 1200 bekannt wurde, daß ihre Schwester Urraca die Gemahlin des jungen französischen Thronerben Ludwig werden sollte.

Mitten im kastilischen Winter, als der Wind wie gewöhnlich um die weißen Mauern der Kirchen und Burgen pfiff, war Königin Eleonore von England – trotz ihrer achtzig Jahre noch immer mit der stolzen Haltung einer den Stürmen trotzenden Amazone – in Begleitung des Erzbischofs von Bordeaux, Elie de Malemort, und eines ganzen Gefolges von Rittern, Bogenschützen und Geistlichen in Palencia eingetroffen. Blanca hatte die Ankunft der hohen Dame, die im gesamten Abendland berühmt war, mit großer Neugier verfolgt. War sie nicht nacheinander Königin von Frankreich und dann von England gewesen? War sie nicht ins Morgenland gezogen, um gegen die Heiden zu kämpfen? Hatten nicht die größten Troubadoure ihre Verdienste besungen? Hatte sich nicht der deutsche Kaiser vor ihr verneigt, als sie kam, um die Freilassung ihres Sohnes, König Richard, von ihm zu fordern?

Und nun war die betagte Königin am Hof von Kastilien erschienen.

Sie blieb mehrere Wochen in Palencia. Zunächst niedergedrückt und gezeichnet von den jüngsten Schicksalsschlägen – sie hatte vor kurzem ihren Lieblingssohn Richard verloren und machte sich große Sorgen um seinen Nachfolger, ihren jüngsten Sohn Johann Ohneland –, gewann sie durch das Zusammensein mit Tochter und Enkelkindern in der heiteren Atmosphäre des kastilischen Hofs nach und nach ihr seelisches Gleichgewicht wieder. Sie beschäftigte sich viel mit ihren Enkelkindern und schien besonders Blanca in ihr Herz geschlossen zu haben. Eines Tages erfuhr diese zu ihrer großen Überraschung, daß sie und nicht ihre Schwester nach Frankreich reisen und den jungen Ludwig heiraten sollte. Warum sie? Eleonores Umgebung hatte behauptet, daß sich die Franzosen wohl nicht an den Namen Urraca gewöhnen könnten, während aus Blanca einfach Blanche werden würde. Das war natürlich nur eine Ausrede gewesen, und jeder wußte das. Um Komplikationen zu vermeiden, wurden Gesandte an den portugiesischen Königshof geschickt, und Urraca fand sich schließlich mit dem Kronprinzen von Portugal verlobt.

Nach Ostern brach Blanca dann nach Frankreich auf. Meist ritt sie neben der Sänfte einher, in der Königin Eleonore reiste. In den Zwischenstationen sprach ihre Großmutter viel mit ihr und bereitete sie auf ihre Aufgabe vor. Sie beschrieb Blanca ihren zukünftigen Gemahl. Noch ein Knabe sei er, nur wenig älter als sie, Blanca, ungefähr zwölf. Sie habe ihn gesehen, als sie seinem Vater, König Philipp, den Lehnseid darbrachte. Er sei blond und schlank, wirke fast ein wenig zerbrechlich, mit schönen Zügen und einem klaren Blick, den er wohl von seiner Mutter, der sanftmütigen Elisabeth von Hennegau, geerbt hatte. Vielleicht ähnele er auch seinem Großvater, dem französischen König Ludwig VII., ihrem, Eleonores, erstem Gemahl. Er lerne sehr eifrig, habe sie gehört, und sei vor allem den Geisteswissenschaften zugetan. Sein Vater habe ihm ausgezeichnete Erzieher gegeben, mit deren Hilfe Blanca ihre eigene Bildung vervollständigen könne. Insbesondere habe der Prinz einen Magister jener Pariser Schulen um sich, die berühmt seien für ihr hohes intellektuelles Niveau. Er heiße Amaury de Bène.

Ein wenig einsilbig indes war die Königin, als Blanca sie über ihren künftigen Schwiegervater auszufragen versuchte, und verstummte ganz und gar, als das Mädchen mehr über ihren jüngsten Sohn, König Johann von England, erfahren wollte. Hingegen kam ihr ständig ein anderer Name über die Lippen, nämlich der Richards, in der christlichen Welt als Richard Löwenherz bekannt. Sie berichtete Blanca von seinen Großtaten im Morgenland, vor Akkon oder Jaffa, rezitierte ihr seine Gedichte, erzählte ihr, daß er, hochmusikalisch wie er gewesen war, es nicht ertragen konnte, wenn falsch gesungen wurde. Einmal sei er in einem Kloster im Chor auf und ab gegangen, um den Mönchen mit seinen Stiefelschritten den Rhythmus anzugeben. Sie sprach davon, wie er in Blancas Alter, also zwölfjährig, die Lehnshuldigung der limousinischen Barone entgegengenommen habe und wie ihm in der Kathedrale von Limoges der Ring der heiligen Valerie an den Finger gesteckt worden war. Und sie beschrieb Blanca die mit silbernen Mondsicheln bestickte rosa Seidentunika, die sie selbst, Eleonore, sich für sein Hochzeitsfest mit Königin Berengaria auf Zypern hatte anfertigen lassen.

Elenore und Blanca legten in Bordeaux eine Ruhepause ein. Dort beschwor die betagte Königin die Erinnerung an ihre eigene Vermählung in dieser Stadt, an die Trauung in der Saint-André-Kathedrale und die anschließenden Bankette im L'Ombrière-Palast, in dem Großmutter und Enkelin abgestiegen waren.

Plötzlich stürzten Boten in das Gemach. Einer davon flüsterte ihrer Großmutter ein paar Worte zu, bei denen die alte Dame erbleichte. Sie hatte soeben die Nachricht erhalten, daß ein gewisser Mercadier bei einem Handgemenge auf der

Straße, zu dem es zwischen seinen Söldnern und denen eines anderen Söldnerhauptmannes namens Brandin gekommen war, den Tod gefunden hatte. Mercardier hatte mit einer Kompanie Bogenschützen lange Zeit in König Richards Diensten gestanden und Eleonore nach Kastilien eskortiert. Obwohl ein Erzspitzbube wie alle Söldner, sämtlich Gauner und Galgenstricke, verhaßt und gefürchtet ob ihrer Roheit und ihrer Plünderungen, hatte er dennoch ihrem Sohn treu gedient. Er war an seiner Seite gewesen, als Richard unter den Mauern der Burg von Châlus der tödliche Pfeil traf. Daß sie die Nachricht vom Tod Mercadiers ausgerechnet in dem Augenblick erhielt, da sie nach Frankreich zurückkehrte, muß Eleonore als ein schlechtes Vorzeichen erschienen sein.

Nach Richards Tod hatte Eleonore das Kloster Fontevrault, das sie sich zum Alterssitz gewählt hatte, verlassen und ihre ganze Energie aufgewendet, um zu retten, was vom Reich der Plantagenets noch zu retten war. Über den Charakter ihres Sohnes Johann, der als Johann Ohneland in die Geschichte einging, machte sie sich nichts vor. Die Königin hatte ihrem zweiten Gemahl, Heinrich II. Plantagenet, fünf Söhne geboren. Das Schicksal hatte es gewollt, daß die vier älteren starben und dem jüngsten das schwere Erbe England, die Besitzungen in der Normandie und im Westen Frankreichs, Poitou und Guyenne, hinterließen; aufgrund dieses gewaltigen Landbesitzes waren die Plantagenets nicht nur die vermögendsten, sondern auch die an Grund und Boden reichsten Fürsten Europas. Aber Johann hatte nicht das Zeug zum König.

Er war zwar intelligent wie alle Kinder Eleonores, aber auch extrem wankelmütig und unzuverlässig, zwei Eigenschaften, die bereits seinen Vater ins Unglück gestürzt hatten. Weder konnte er sein Wort noch sich selbst an einen gefaßten Entschluß halten. Das war fatal in einer Zeit, in der das Gleichgewicht einer Gesellschaft auf dem gegebenen Wort, auf dem Versprechen von Mann zu Mann beruhte, in der ein König weder auf seine Administration noch auf seine Streitkräfte oder die Staatsfinanzen bauen konnte, sondern allein auf die Treue der Feudalherren in seinem Reich. In dieser Hinsicht erschien Johann sogar seiner eigenen Mutter furchterregend, trotz aller Ehrerbietung, die er ihr stets entgegenbrachte. Seit seinem siebten Lebensjahr weigerte er sich, zur heiligen Kommunion zu gehen, und er sollte der einzige König in der Geschichte Englands sein, der bei seiner Krönung nicht die Sakramente empfing. Wie viele ungläubige Menschen war er sehr abergläubisch. Wäre er zwei oder drei Jahrhunderte später geboren worden, hätte er sich zweifellos der Magie oder der Hexerei verschrieben.

Als Hugo von Lincoln ihn einmal ermahnte, sich auf dem Thron Englands seiner Vorgänger würdig zu erweisen, hatte er auf sein Amulett, einen Edelstein, den er um den Hals trug, gezeigt und gesagt: »Diesen Stein habe ich von meinen Vorfahren geerbt; wer ihn besitzt, wird auch das Königreich besitzen.« Darauf hatte der Bischof erwidert, er möge sein Vertrauen nicht in einen leblosen Stein setzen, sondern in einen lebenden, nämlich Jesus. Die Maßregelung war wirkungslos geblieben. Einige Tage später, an Ostern, als sein Kammerherr ihm während der Messe die zwölf Goldstücke ausgehändigt hatte, die der König traditionsgemäß an diesem Tag als Opfergabe spendete, legte Johann die Münzen nicht vor dem Bischof nieder, sondern betrachtete sie lange liebevoll, so als könne er sich nicht von ihnen trennen. Zu Hugo emporblickend, hatte er geseufzt: »Noch vor wenigen Tagen hätte ich sie nicht Euch gegeben, sondern für mich behalten. Doch nun nehmt sie!« Hugo, der ob dieser Impertinenz errötet war, hatte sich abgewendet, und der König hatte schließlich die Goldstücke auf den Opferteller geworfen.

Unzählige Geschichten dieser und anderer Art waren über ihn in Umlauf, darunter auch die folgende: Als er in der Kathedrale von Rouen mit dem Herzogtum Normandie belehnt wurde und der Erzbischof ihm die Lanze, das Wahrzeichen seiner neuen Würde, in die Hand gab, hatte Johann diese losgelassen, so daß sie zu Boden fiel – ein schlechtes Omen für die Zukunft dieser Provinz.

Daher rührten Eleonores Überlegungen, was sie unternehmen konnte, um das Reich der Plantagenets zu erhalten.

Vor allem hatte sie im vergangenen Juli in Tours dem König von Frankreich für ihre Besitzungen auf dem Kontinent die Lehnshuldigung erwiesen. Als untadelige Vasallin verpflichtete sie mit dieser Geste ihren Oberherrn, ihr seinen Schutz zu garantieren. Da die neue Macht, die sich im Laufe des Jahrhunderts herausgebildet hatte – das städtische Bürgertum –, zunehmend erstarkte, hatte sie gleichzeitig die wichtigsten Städte im Westen Frankreichs besucht und überall die von den Bürgern geforderten Freibriefe verteilt. Als Gegenleistung hatte sie von ihnen verlangt, ihrem Sohn Waffenhilfe zu leisten, wenn sich dies als notwendig erweisen sollte.

Noch weiter vorausschauend, hatte sie ihre ganze Macht und Persönlichkeit eingesetzt, um die Zukunft des Reichs zu sichern; eben darum war sie über die Pyrenäen gezogen, um die Erbin ihrer Wahl nach Frankreich zu bringen. So wäre das Königreich für die Plantagenets nicht völlig verloren, denn selbst wenn es Johann Ohneland entglitte – er hatte von seiner Gemahlin Havise von Gloucester, einer übrigens recht farblosen Frau, keine Kinder – würde jemand aus ihrem Geschlecht die Kontinuität herstellen und vielleicht ihren alten Traum verwirklichen: die Vereinigung Frankreichs und Englands unter einem gemeinsamen Herrscher.

So kam es, daß die zwölfjährige Blanca am 23. Mai 1200 dem jungen Ludwig, Erbe des französischen Königsthrons, feierlich angetraut werden sollte. Die Worte der zeitgenössischen Chronisten verraten etwas von der Begeisterung, mit der Blanca bei ihrer Ankunft empfangen wurde. War sie nicht ein Friedensunterpfand zwischen zwei rivalisierenden Königen?

Blanca war ein hübsches Mädchen mit offenem Blick. Ihre Zeitgenossen haben sie uns zwar nicht näher beschrieben, sondern sich damit begnügt, ihre Schönheit zu preisen und auf ihren Namen anzuspielen, der ihrer Meinung nach sehr gut zu ihr paßte. *Candida candescens candore et cordis et oris.* Was man etwa so übersetzen könnte: Unschuldig und arglos, reinen Herzens und Angesichts.

Die Königin wohnte der Hochzeit nicht bei. Sie war nach Fontevrault zurückgekehrt und hatte es dem Erzbischof von

Bordeaux, Élie de Malemort, überlassen, Blanca zu begleiten und sie ihrer königlichen Bestimmung zu übergeben.

Durch die zahlreichen Gespräche mit ihrer Großmutter war sich Blanca bewußt, was sie für diejenigen bedeutete, von denen sie empfangen wurde. Sie war sich darüber im klaren, daß es nur eines geringfügigen Anlasses bedurfte, um die Feindschaft zwischen dem französischen König und den Plantagenets wieder aufleben zu lassen. König Philipp August hatte nie ein Hehl daraus gemacht, daß er die Normandie, ein englisches Besitztum, seiner Hausmacht zuschlagen wollte. Hatte er nicht versucht, sich in König Richards Abwesenheit – als dieser Gefangener des deutschen Kaisers gewesen war – der Burgen zu bemächtigen, die dieses Gebiet schützen sollten? Bestand Blancas Mitgift nicht aus der Stadt Évreux und deren Umland, ein Zankapfel zwischen den Königen? Philipp August hatte sie im Vorjahr eingenommen, und man hatte sich nicht anders zu helfen gewußt, als sie zusätzlich zu den Lehnsgütern Issoudun und Graçay im Berry, Geschenke König Johanns an seine Nichte, Blanca zu übereignen.

Die Hochzeit wurde mit aller Pracht gefeiert, doch gab es einiges Befremdliche. König Johann war nicht zu den Feierlichkeiten erschienen. Warum? Weil er sich nicht freiwillig als Geisel auf das Territorium des Königs von Frankreich begeben wollte. Die Trauung wurde in Port-Mort in der Normandie, also auf englischem Boden, vorgenommen. Warum? Weil – den Grund hierfür hatte man Blanca nicht ohne eine gewisse Verlegenheit mitgeteilt – das Königreich Frankreich mit dem Bannstrahl belegt war.

Kirchenbann – dieser Begriff, der uns in eine von der unseren so verschiedene Zeit versetzt, verdient einige Erläuterungen. In jener Zeit tiefempfundener Religiosität verfügte die Kirche gegenüber Sündern des öffentlichen Lebens, die gegen die einmütig anerkannten Bräuche verstoßen hatten, über zwei Waffen: die Exkommunizierung und den Kirchenbann. Die erste Maßnahme schloß den Sünder von der christlichen Gemeinschaft aus; mit dem Bannstrahl wurden Mächtige bestraft, die eine Exkommunizierung verdient hätten, das heißt, in ihrem Herrschaftsbereich durfte keine Messe abgehalten, durften nicht einmal die Sakramente gespendet und die Kirchenglocken geläutet werden.

Am 13. Januar hatte der päpstliche Legat den Bann über das Königreich Frankreich verhängt. Grund dafür war eine Frau.

Am französischen Königshof hatte sich eine Tragödie abgespielt. Philipp August, dessen erste Gemahlin gestorben war, hatte erfolgreich um die Hand Ingeborgs, der Schwester des dänischen Königs Knut VI., angehalten und sich am 15. August 1193 in Paris feierlich mit ihr vermählt. Was in der Hochzeitsnacht geschah, ist ein Geheimnis geblieben. Jedenfalls brach König Philipp am nächsten Tag, als er seine junge Frau erblickte, die übrigens jedermann sehr liebreizend fand, der kalte Schweiß aus, und er wurde von einem nervösen Zittern befallen. Unverzüglich äußerte er seine Absicht, sie zu verstoßen. Es ist eines der Rätsel unserer Geschichte geblieben.*

Wie auch immer die dänische Prinzessin ausgesehen haben mag, das Verhalten des Königs war in jedem Fall unentschuldbar. Nicht genug damit, daß er sich weigerte, Ingeborg als seine Gemahlin anzuerkennen, er ging sogar so weit, sie gefangenzusetzen. Um sich wiederverheiraten zu können, mußte er sich offiziell von ihr scheiden lassen. Dafür benötigte er jedoch einen plausiblen Grund. Er behauptete einfach, Ingeborg sei mit seiner ersten Frau, Elisabeth von Hennegau, verwandt, und heiratete kurze Zeit später Agnes von Meran, die Tochter eines deutschen Reichsfürsten – die übrigens in einem nicht gestatteten Grad mit ihm verwandt war. Gefällige Prälaten hatten seine erste Heirat annulliert und die zweite gutgeheißen.

* Ein einziger Mann hätte bei dieser Gelegenheit vielleicht für den König Partei ergriffen, wenn auch aus ganz anderen Gründen, über die wir übrigens ebensowenig wissen wie über die des Königs: jener Mönch aus der Grande-Chartreuse, ein heiliger Mann, dessen Geschichte sein Biograph Hugo von Lincoln erzählt. Nachdem sein Prior ihm den Auftrag gegeben hatte, in Dänemark ein Kloster zu gründen, hatte er sich einfach geweigert, war durch das ganze Kloster gelaufen und hatte fortwährend geschrien: »Herr, erlöse mich von Dänemark.«

Doch Ingeborg wandte sich an den Papst, der nicht anders konnte, als für sie Partei zu ergreifen. Cölestin III. ließ es aber bei Ermahnungen und einem verbalen Verbot bewenden. Als Innozenz III. ihm auf dem Heiligen Stuhl folgte, zog sich die Angelegenheit bereits zwei Jahre hin – Philipps Hochzeit mit Agnes war am 7. Mai 1196 gefeiert worden. Der neue Papst beschwor den König, sein Unrecht wiedergutzumachen. Da Philipp sich unbeugsam zeigte, wurde über sein Reich der Kirchenbann verhängt. Vergeblich suchte Philipp August sich dagegen aufzulehnen, denn zur damaligen Zeit war das Interdikt für einen Herrscher eine gefürchtete Sanktion. Die Bevölkerung mußte auf die heiligen Sakramente verzichten, und allein die Tatsache, daß die Kirchenglocken schwiegen, machte den Menschen schwer zu schaffen, denn ihr Läuten gliederte den Tag, rief zur Arbeit und zum Gebet, zeigte die Festtage an und verkündete Glück oder Leid des einzelnen ebenso wie offizielle Feierlichkeiten oder Todesfälle. Um den Bischof von Paris, Eudes de Sully, der selbst ein hoher Adliger war, zu zwingen, in seiner mit dem Bann belegten Diözese zu bleiben, beschlagnahmte Philipp August dessen Pferde. Der Prälat jedoch ließ sich nicht aufhalten und verließ Paris zu Fuß.

Als Ludwig und Blanca die Seine überschritten, um in den Cité-Palast einzuziehen, läuteten also keine Glocken auf ihrem Weg. Bis zum folgenden September sollte der Bann auf dem Reich lasten. Erst dann war Philipp endlich bereit, sich von Agnes zu trennen, so daß der Papst den Bann aufheben konnte. Daraus hatte Blanca ersehen, was kirchliche Sanktionen bedeuteten.

Um diese Zeit trat übrigens eine Wende in der Kirchengeschichte ein, denn die Kirche sollte von nun an nicht mehr zögern, diese Waffe verstärkt einzusetzen und sogar zu mißbrauchen.

Ihre ersten Monate in Frankreich, dessen Königin sie eines Tages sein würde, verbrachte Blanca vor allem im Cité-Palast in Paris sowie in der näheren und weiteren Umgebung der Stadt.

Nach ihrer Hochzeit hatte sie sich vom Erzbischof von Bordeaux, Élie de Malemort, der ihr von Kastilien das Geleit gegeben und ihre Ehe gesegnet hatte, verabschiedet. Dann hatte sie sich mit ihrem jugendlichen Gemahl, dem König von Frankreich und dem König von England nach Paris und nach Fontainebleau begeben, wo die Feste stattgefunden hatten, die auf Wunsch ihres sonst so geizigen Schwiegervaters mit großem Pomp gefeiert wurden. Das gute Einvernehmen zwischen den beiden Königen schien gesichert. Sie hatten sich über Dinge geeinigt, die dem jungen Mädchen vermutlich gleichgültig waren, denn es war noch nicht alt genug, um abschätzen zu können, von welcher Bedeutung ihr Leibgedinge war. Die drei Burgvogteien Hesdin, Bapaume und Lens, die sie von ihrem Gemahl erhielt, bedeuteten für sie kaum mehr als die Besitzungen in der Normandie und im Berry, die ihr Onkel ihr als Mitgift gegeben hatte.

Schon sehr bald, lange bevor er tatsächlich ihr Gemahl wird, gewinnt der junge Ludwig ihre Zuneigung als Spiel- und Studiengefährte. Am 5. September 1187 geboren, ist er nur wenige Monate älter als Blanca, mittelgroß, blond, mit einem hübschen Gesicht – das Ebenbild seiner Mutter, wie es heißt. Er selbst hat Elisabeth von Hennegau, die schöne, anmutige Fürstin, nie gekannt. Als Sechzehnjährige hatte sie ihn geboren und war bereits mit achtzehn gestorben, allen in liebenswürdiger Erinnerung bleibend. Sie hat uns ein kostbares Zeugnis hinterlassen: ihr silbernes Siegel, das in ihrem Grab gefunden wurde.

Ludwig ist »ein Kind von glücklicher Wesensart«, aber von zarter Gesundheit. Mit zwei Jahren, kurz nach dem Hinscheiden seiner Mutter, wäre er beinahe an der Ruhr gestorben, und am Ende seiner Jugend, mit neunzehn, war sein Leben abermals in Gefahr. Man kann sich keinen größeren Gegensatz vorstellen als den zwischen dem fragilen Jüngling und seinem Vater Philipp August, an den Blanca sich nach und nach gewöhnt.

Dieser Mann, mit dem rötlichen Schnauzbart, dem langen, stets leicht geröteten Gesicht und den glitzernden Augen beim Anblick einer schönen Frau, hat nichts von einem höfischen Helden. Trotz seines nie versagenden praktischen Denkens, seiner Gerissenheit und seiner ehrgeizigen Pläne ist er gleichzeitig ein Gefühlsmensch, »leicht erregbar und leicht zu beschwichtigen«. Empfindsamkeit schimmert ab und zu durch seine Kämpfernatur; er liebt seinen Sohn und auch seine Bastarde Philipp und Maria, die Kinder der Agnes von Meran, sowie Pierre-Charles, den ihm ein »Fräulein aus Arras« geboren hatte, aufs zärtlichste. Die Burggärten hallen oft wider vom Geschrei der spielenden Kinder – die freilich noch zu klein sind, um von Blanca als Gefährten angesehen zu werden. Ihr trauter Umgang sind vielmehr eine Reihe von jungen Frauen aus ihrer Heimat, die ihr nachgefolgt sind und die bei ihr bleiben. Vielleicht ist eine von ihnen jene Spanierin Amicia, deren Kosename Mincia immer wieder in den Rechnungsbüchern auftaucht. Ihre Eltern und ihre Schwester Berengaria, liebevoll »Berenguela« genannt, senden ihr übrigens häufig Briefe und Boten. Blanca wird diese Verbindung ihr ganzes Leben lang aufrechterhalten. Auf den Rechnungslisten erscheinen wiederholt die Namen Rodriguez und Garcias, denen man bei ihrer Ankunft oder Abreise kleine Geschenke übergab.

Wie die meisten Kinder der damaligen Feudalherren werden Blanca und Ludwig nicht nur von ausgesuchten Lehrern unterrichtet, sondern haben sich auch sportlich zu betätigen. Schon in ihrer frühen Kindheit haben beide Reiten gelernt, damals die einzige Art, sich fortzubewegen, es sei denn, man ging zu Fuß.

Prinz Ludwig war schon in sehr jungen Jahren ein wahrer Pferdenarr. Als er, zehnjährig, einmal an seinen Paten, den ehrwürdigen Bischof Étienne von Tournai, schrieb, bat er ihn ganz offen, ihm einen schönen Zelter zu schenken, was der vortreffliche Mann auch eilends tat, seinem Patenkind aber gleichzeitig auch einige Ratschläge gab: »Setzt Euren ganzen Fleiß darein, die Wissenschaften des Geistes zu studieren, zu Euer und Eures Königreiches Frommen, nutzbringend in den Ratsversammlungen, in Regierungsangelegenheiten, für die Eintracht in Friedenszeiten, für den Sieg im Kriegsfalle.« Als gehorsames Kind, das Ludwig ist, nimmt er sich diese Empfehlung sehr zu Herzen. Übrigens zeigt sich König Philipp August, in dessen Erziehung dieser Punkt sträflich vernachlässigt worden war, bei seinem Sohn hier überaus anspruchsvoll.

Blanca nimmt regelmäßig am Unterricht des Thronerben teil. Sie studiert Grammatik, Musik und auch die schwierigen Wissenschaften der Geometrie und Astronomie. Einige ihrer Zeitgenossinnen werden wegen ihres umfassenden Wissens auf diesen Gebieten berühmt, so beispielsweise die junge Griechin Konstantina, Tochter des Erzbischofs von Athen, die die Pariser Magister durch ihre ausgezeichneten Arithmetik- und Astronomiekenntnisse in Erstaunen versetzt; sie kann nämlich die Eklipsen vorausberechnen. Ohne jedoch so weit zu gehen, muß eine Königin damals zumindest die Heilige Schrift kennen, über die Grundkenntnisse des Lateinischen verfügen und wenigstens annähernd die gebräuchlichsten Kanzleiformeln beherrschen. Zwar stehen für die Korrespondenz Schreiber zur Verfügung, doch viele Damen legen Wert darauf, ihre Briefe in einem sehr persönlichen, eleganten Stil abzufassen, wie es die Mode verlangt. Auch Blanca lernt, sich gewandt auszudrücken – in Prosa und in Versen.

Prinz Ludwig muß darüber hinaus den Umgang mit Schwert und Lanze lernen. Als Lehrer in diesem Fach bestellt sein Vater den Marschall Henri Clément, einen getreuen Diener der königlichen Familie. Die Jagd schließlich ist für die beiden heranwachsenden Königskinder zugleich Vergnügen und Studium, denn wie aus den Abhandlungen über das Jagen hervorgeht, bedurfte es eines geübten Auges und großer Erfahrung, um den Spuren des Wildes, das man erlegen wollte, zu folgen. Neben dem Tanzen ist die Jagd in jenen Zeiten eine der beliebtesten Zerstreuungen der jungen Leute. Blanca und Ludwig nehmen bereits seit ihrer frühesten Jugend an Jagden teil, im Wald von Fontainebleau, in der Umgebung von Senlis oder Paris, im Wald von Vincennes, wo Johann Ohnelands Bruder Heinrich zahlreiche Hirsche und Hindinnen ausgesetzt hatte – als Geschenk für König Philipp August bei dessen Thronbesteigung.

Die gemeinsame Erziehung, die gemeinsam erworbenen Lebensgewohnheiten mildern ein wenig das Unmenschliche solcher unfreiwilligen Verbindungen, die in den Adelsgeschlechtern gang und gäbe sind. Anstatt zu heiraten, weil man sich liebt, liebt man sich, weil man verheiratet ist. Durch die gemeinsame Kindheit entsteht zumindest eine Vertrautheit zwischen zwei Menschen, die einander versprochen worden sind. Im vorliegenden Fall wird das Versprechen mit Freuden eingelöst.

An Spiel- und Studiengefährten fehlt es nicht. Am Königshof leben auch die Kinder mächtiger Barone, sehr oft Waisen, die der Lehnsherr in seine Obhut genommen hat. So hat beispielsweise der junge Thibault, künftiger Graf von Champagne, als Vier- oder Fünfjähriger hier Aufnahme gefunden. Für seine gut zehn Jahre ältere Base Blanca hat er bewundernde Blicke. Zu Blancas und Ludwigs engstem Kreis gehören außerdem die beiden Töchter der Gräfin von Flandern, Johanna und Margarete, deren Vater Baudouin zum Lateinischen Kaiser ausgerufen worden und bald darauf in einem Kampf gefallen war. Vor allem der junge Graf von Bretagne, Arthur, und seine Schwester Eleonore sind eng mit ihnen befreundet – allerdings nur für kurze Zeit. Da ihr Vater Geoffroy Plantagenet, einer der Brüder Johann Ohnelands (siehe Stammtafel S. 324/325), jung gestorben ist, befürchtet König Johann, daß Arthur eines Tages seine Thronansprüche geltend machen könnte, die König Philipp übrigens insgeheim unterstützt. Daß Arthurs Mutter Konstanze, die die Plantagenets haßt, ihm den Knaben anvertraut hat, kommt ihm sehr gelegen. Natürlich ahnt am französischen Königshof noch niemand, daß die Lage, die man absichtlich ungeklärt läßt, eines Tages mit einer Tragödie enden wird. Indessen spricht man einige Monate nach Blancas Ankunft in Frankreich von nichts anderem als den romantischen Umständen, unter denen eine andere junge Frau Einzug in die Geschichte gehalten hat.

Es handelt sich um Isabella, Tochter des Grafen von Angoulême. Wie Julia ist sie vierzehn und nach Aussage von Zeitzeugen von ungewöhnlicher Schönheit. Man hatte sie mit dem Grafen von Marche, Hugo von Lusignan, verlobt. Ihr Vater und auch ihr künftiger Gemahl sind Vasallen des Johann Ohneland, denn wie der größte Teil Westfrankreichs gehört auch das Poitou zur Hausmacht der Plantagenets. Nachdem sich der englische König nach Blancas Hochzeit von König Philipp verabschiedet hatte, war er aufgebrochen, um seine kontinentalen Besitzungen zu besuchen. Auf der Burg Lusignan hatte man ihm einen großartigen Empfang bereitet. Bei dieser Gelegenheit hatte Graf Hugo ihm seine Braut Isabella von Angoulême vorgestellt.

Und was erfuhr man einige Wochen später? König Johann hatte mit Einverständnis ihres Vaters, des Grafen von Angoulême, Isabella zu seiner Gemahlin gemacht. Die Hochzeit hatte etwas von einer Entführung gehabt, denn der offizielle Bräutigam, Hugo von Marche, war von dem Sinneswandel der Angoulêmes nicht einmal verständigt worden. Da Johann Ohneland von seiten dieses mächtigen Vasallen, dem er die künftige Gemahlin und damit auch das Angoulême weggeschnappt hatte, Repressalien befürchtete, zog er es vor, seinen Aufenthalt auf dem Festland nicht länger auszudehnen. Er kehrte unverzüglich nach England zurück und ließ die junge Isabella am 8. Oktober 1200 in Westminster zur Königin krönen.

Alle Welt war sprachlos. Johanns Vasallen im Poitou, im Saintonge und in Aquitanien waren außer sich über die Blitzheirat ihres Lehnsherrn. Diese Liebe auf den ersten Blick hatte den König von England gegen alle Regeln des Feudalrechts handeln lassen. Noch nie hatte sich ein Lehnsherr gegenüber einem seiner Vasallen so verhalten. Hugo von Marche, der als erster die Fassung wiedergewann, protestierte gegen den zweifachen Affront und forderte Wiedergutmachung.

Am französischen Hof verfolgte man die Ereignisse mit dem entsprechenden Interesse. Philipp verhehlte nicht, daß er die Besitzungen der Plantagenets gern für sich gehabt hätte. Um seinem Ziel näherzukommen, benutzte er den jungen Arthur von Bretagne, dessen Machthunger rasch anzuregen war. Lieferte Johann durch seinen Verstoß gegen die

Feudalehre ihnen nicht einen willkommenen Anlaß, ihr Vorhaben in die Tat umzusetzen?

Der Winter verging, man wartete ab. Es war ein ruhiger Winter – die Ruhe vor dem Sturm. Jeder spürte das, außer König Johann, der ganz in seiner Liebe aufging. Und Isabella war glücklich, genoß das Leben in vollen Zügen. Sie liebte es, Feste zu feiern, und es gab im Westminster-Palast ständig Bälle und Bankette.

Für Blanca und Ludwig war dieser Winter von einem traurigen Ereignis überschattet: Am Sankt-Martins-Tag, dem 11. November, hatte der Bischof von Lincoln das Zeitliche gesegnet. Der heilige Mann, der Blanca so liebevoll getröstet und es so gut verstanden hatte, ihr Heimweh zu lindern und sie seelisch auf ihre künftigen Pflichten als Königin und Gemahlin vorzubereiten, hatte nach seiner Rückkehr aus Frankreich nur mit Mühe seine Stadt in England erreicht. Auf das Festland war er vor allem deshalb gereist, weil er ein letztes Mal seine Heimat, das Dauphiné, sehen und das Kloster La Grande-Chartreuse besuchen wollte, wo er als junger Mann seine Berufung zum Mönch erlebt hatte. An seinem Leichenbegängnis nahm eine riesige Menschenmenge teil, denn er war allgemein sehr beliebt gewesen. An der Spitze des langen Trauerzugs schritten die Könige Johann von England und Wilhelm von Schottland, die den Sarg trugen. Ihnen folgten etwa zwanzig Bischöfe und Erzbischöfe, hundert Äbte, ebenso viele Barone und unzählige Leute aus dem Volk.

In der Osterzeit des Jahres 1201 befand König Philipp August indessen, daß es für ihn Zeit sei, seine Schiedsrichterrolle zu spielen. War nicht König Johann für seine Festlandsbesitzungen sein Vasall? Denn schon begannen die Barone des Geschlechts der Lusignans, Verwandte des Grafen von Marche, aufsässig zu werden. Hugos eigener Bruder Raoul von Exoudun, Graf von Eu, der sie anführte, gab das Zeichen für den Beginn der Feindseligkeiten. Um alle Möglichkeiten einer Versöhnung auszuschöpfen, lud Philipp König Johann und dessen junge Gemahlin in die Île-de-France ein, um mit seinem Hof zu prüfen, in welcher Weise den Forderungen der

Lusignans entsprochen werden könne. So kam es, daß Blanca im Juni 1201 in Paris Isabella kennenlernte, jene recht eigenwillige junge Prinzessin, die gern die halbe Nacht tanzte und den »Morgenschlaf bis in die Mittagsstunden zu verlängern pflegte«, wie uns ein zeitgenössischer Chronist empört berichtet. Sie scheint eine starke Persönlichkeit gewesen zu sein, diese Isabella von Angoulême. Immerhin hatte sie nicht davor zurückgeschreckt, ihre Verlobung zu lösen, ohne ihrem Zukünftigen ihren Entschluß mitzuteilen.

König Philipp stürzte sich in Unkosten und überhäufte sowohl das junge Paar als auch dessen Gefolge von englischen Baronen und Schildknappen mit Aufmerksamkeiten aller Art. Die Weine »Frankreichs«, das heißt der Île-de-France – die Weinberge der Pariser Region lieferten damals sehr geschätzte Gewächse –, flossen in Strömen; allerdings war das verlorene Liebesmüh, denn die Engländer waren zwar starke Trinker, aber keine Weinkenner. »Der König von Frankreich und seine Leute lachten schallend darüber, daß die Leute des Königs von England alle schlechten Weine tranken und die guten stehen ließen.«

König Johann war in Hochstimmung. Bereitete König Philipp ihm nicht deshalb diesen großartigen Empfang, weil er Angst vor ihm hatte? Der König von Frankreich, der keine Gelegenheit versäumte, um seinen Besitz, und sei es nur um ein geringes, zu erweitern, drängte Blanca, ihren Oheim zu bitten, ihr das Gebiet zwischen dem Umland von Évreux, ihrer Mitgift, und dem Fluß Andelle zu überlassen. Was dieser in der allgemeinen guten Stimmung auch bereitwillig tat.

Doch Philipp wollte die Angelegenheit, deretwegen man zusammengekommen war, unbedingt regeln und die poitevinischen Forderungen zur Sprache bringen. Johann schlug ihm das früher gebräuchliche Verfahren des gerichtlichen Zweikampfs vor: Hugo von Marche sollte einen Kämpen auswählen, er selbst würde das gleiche tun; die beiden sollten sich auf dem Kampfplatz messen, und dem Sieger würde recht gegeben werden. Die Versammlung der Barone lehnte dies ab mit der Begründung, daß diese Methode veraltet sei.

Johann und Isabella kehrten nach England zurück, ohne daß es zu einer Lösung des Problems gekommen war.

König Philipp blieb geduldig. Nach Le Goulet in der Normandie, wo mit König Johann die Vereinbarung unterzeichnet worden war, kraft derer Blanca Ludwigs Gemahlin wurde, entsandte er einige Unterhändler, die sich jedoch mit denen des Königs von England nicht einigen konnten. Nach den damals herrschenden Regeln, alle Verhandlungsarten zu probieren, ehe man zur Tat schritt, blieb danach nur noch, Johann aufzufordern, vor der Versammlung der Barone, seiner Pairs, zu erscheinen. Johann war mittlerweile auf das Festland zurückgekehrt und residierte in Andelys. In seiner Selbstgefälligkeit hielt er es jedoch für unter seiner Würde, der Aufforderung nachzukommen. Dennoch trat die Versammlung am 28. April 1202 zusammen und beschloß, daß »der König von England aller seiner Gebiete verlustig gehen sollte, mit denen der König von Frankreich ihn und seine Vorfahren bis dato belehnt hatte« – das heißt aller seiner Festlandsbesitzungen. Durch sein unüberlegtes Verhalten hatte Johann dem König Philipp alle Trümpfe für die Eroberung der Normandie, auf die dieser schon so lange sein begehrliches Auge geworfen hatte, in die Hand gespielt.

Nun überstürzten sich die Ereignisse. Blanca war zwar noch nicht ganz vierzehn, doch was nun geschah, muß sie tief beeindruckt haben. Hatte man sie nicht eben darum an den französischen Königshof gebracht, damit ein solcher Krieg vermieden werde? Viele Menschen, die ihr inzwischen nahestanden, sollten in die folgenden Geschehnisse verwickelt werden. Vor allem Arthur von Bretagne. Blanca und Ludwig sahen zu, wie der junge Mann, stolz auf die Rolle, die er spielen sollte, Anfang Juli den Hof verließ. König Philipp schob ihn vor, wie man im Schachspiel einen Bauern vorrückt. Arthur war in der Bretagne beliebt; sein Vater Geoffroy, einst Herzog der Bretagne, lebte in der Erinnerung der Menschen fort. Noch heute findet man in dieser Region da und dort Kapellen mit Votivsteinen, die die Inschrift tragen: »*Pro Gosfrido Deum orate*« – »betet zu Gott für Geoffroy«. Philipp hatte Arthur also mit einem großen Teil jener Ländereien im Westen investiert, die König Johann weggenommen worden waren: der Bretagne, aber auch dem Anjou, Maine, der Touraine und dem Poitou; diese Lehen mußten aber erst erobert werden.

Da das erste Ziel des französischen Königs die Normandie war, hatte er sich mehrerer befestigter Städte und Burgen zwischen Eu und Lions bemächtigt. Arthur stieß in Gournay zu ihm, wurde feierlich zum Ritter geschlagen und leistete nicht minder feierlich den Lehnseid für die versprochenen Gebiete. Dann brach er zur Loire auf, sehr stolz auf sein junges Rittertum, die zweihundert Barone, die ihn begleiteten, bis die von den Poitevinern zugesagte Verstärkung einträfe, und den beträchtlichen Geldbetrag, den sein Lehnsherr ihm ausgehändigt hatte. Man sollte ihn am französischen Königshof nie wieder zu Gesicht bekommen.

Rasch wurde bekannt, unter welchen Umständen er seinem Oheim Johann Ohneland in die Hände gefallen war. Die Version seiner Gefangennahme, die Blanca erfuhr, deckt sich vermutlich mit der, die wir aus dem Bericht des Biographen von Guillaume le Maréchal kennen; und gewiß traf es sie sehr, daß ihre Großmutter, die Königin Eleonore, dabei die Drahtzieherin gewesen war. Nachdem diese im fernen Fontevrault von den bevorstehenden Ereignissen gehört hatte, wollte sie sich nach Poitiers in Sicherheit bringen. Doch dann war überraschend ihr Enkel Arthur auf der Bildfläche erschienen, und sie hatte sich nach Mirebeau geflüchtet.

»Als Arthur und die Poiteviner vor die Burg kamen, wurde ihnen sogleich die Stadt übergeben, doch die Burg leistete Widerstand. Arthur sprach mit seiner Ahne und forderte sie auf, die Burg zu verlassen und mit all ihrer Habe in Frieden zu gehen, wohin sie wolle, denn er habe mit ihrer Person nichts als Gutes im Sinn. Die Königin ließ ihm antworten, daß sie nicht fortgehen werde, sondern daß er, wollte er sich ritterlich zeigen, selbst abziehen solle; er werde genügend andere Burgen finden, die er erstürmen könne, es müsse ja nicht gerade diese sein, in der sie sich aufhalte. Es erschiene ihr sehr befremdlich, daß er eine Burg belagere, von der sowohl er wie die Poiteviner, die seine Gefolgsleute seien, wüßten, daß sie sich darin befinde. Weder Arthur noch die Poiteviner wollten abziehen und stürmten die Burg, nahmen sie aber nicht ein. Sie bezogen Quartier in der Stadt.«

Ein Ritter aus dem Anjou namens Guillaume des Roches, der in der Folge eine nicht unbedeutende Rolle spielen sollte, begab sich eilends zu König Johann in die Stadt Le Mans, um ihn zu warnen: »Sire, wenn Ihr mir als König und als mein Lehnsherr versprecht, daß Ihr Euch gegenüber Eurem Neffen Arthur, der mein Lehnsherr ist und dessen Gefolgsmann ich in allem bin außer gegen Euch, nach meinem Ratschlag verhalten werdet, verpflichte ich mich, ihn Euch zu bringen und alle Poiteviner mit ihm.«

König Johann versprach sofort alles, was der Ritter wollte, und gab seinen Truppen unverzüglich den Befehl zum Aufbruch. Er war in der Nacht des 30. Juli verständigt worden, daß Mirebeau belagert wurde. Im Morgengrauen des 1. August erschien er in Sichtweite der Burg. Der leichtfertige junge Arthur und seine siegessicheren Begleiter hatten keine Wachen rund um die Burg postiert. Das Nahen des Königs wurde nur von den Stadtwächtern bemerkt: »Als diejenigen, die Wache hielten, ihn kommen sahen, hoben sie an zu schreien: ›Zu den Waffen, zu den Waffen!‹ Und die Poiteviner bewaffneten sich eilends. Geoffroy von Lusignan, ein erprobter Ritter, der diesseits und jenseits des Meeres so manche Heldentat vollbracht hatte, saß gerade bei Tisch und wartete auf eine Schüssel gebratener Tauben. Als man ihm meldete, daß viele Krieger nahten und daß es sich gewiß um die Leute des Königs handle, und nahelegte, sich von der Tafel zu erheben und zu den Waffen zu greifen, fluchte er lautstark, daß er nicht aufstehen werde, ehe er seine Tauben verspeist hätte. Mehr zu sagen blieb ihm keine Zeit. Guillaume des Roches hatte das einzige nicht verbarrikadierte Stadttor aufgebrochen. Die anderen hatten die Poiteviner zugemauert, so daß sie nun in der Falle saßen, denn als die Truppen des Johann Ohneland die eine offene Stelle einrannten, konnten sie nicht mehr entkommen.«

Arthur wurde von einem Mann gefangengenommen, dessen Name später noch einmal auftauchen wird: Guillaume de

Briouze. Wir geben hier die Gefangennahme wieder, so wie sie in der ›Chronik der Herzöge der Normandie‹ zu lesen ist: »Was soll ich Euch mehr berichten? Die Poiteviner wurden vernichtend geschlagen, Arthur wurde gefangengenommen und ebenso alle Poiteviner. Kein einziger der großen Barone entkam.«

Ein Mönch, Tag und Nacht unterwegs, überbrachte die Nachricht dem Grafen von Salisbury, der mit Guillaume le Maréchal und Guillaume, Graf von Warenne, die von Philipp August bedrohten normannischen Festungen verteidigte. »Der Mönch lieferte artig seine Botschaft ab und berichtete, daß Arthur, Geoffroy von Lusignan, dessen Neffe Hugo von Lusignan, der Graf von Marche, Savary de Mauléon und andere große Barone, die sich Arthur angeschlossen hatten, gefangengenommen worden waren. Der Marschall war über die Nachricht hocherfreut und sagte zu dem Mönch: ›Überbringe diese Botschaft dem Grafen von Eu im Heer der Franzosen zu Arques; sie wird ihn ergötzen.‹ – ›Hoher Herr‹, erwiderte der Mönch, ›bitte verzeiht mir, aber wenn ich dorthin gehe, wird er so zornig sein, daß er mich vielleicht tötet. Sendet einen anderen.‹ – ›Keine Ausreden. Ihr geht dorthin, Meister Mönch. Es ist in diesem Land nicht Brauch, Sendboten zu töten. Geht jetzt, Ihr werdet ihn im Heer finden.‹«

Eilends begab sich der Mönch nach Arques und berichtete dem Grafen von Eu – Raoul, Bruder des Hugo von Marche –, was im Poitou geschehen war. Der Graf hatte mit einer ganz anderen Nachricht gerechnet und erbleichte. Wortlos und sehr betreten ging er zu Bett, um niemandem sagen zu müssen, was er soeben erfahren hatte.

Es sollte der einzige Sieg bleiben, den König Johann während seiner gesamten Regierungszeit errang; es ist bemerkenswert, daß er ihn seiner Mutter Eleonore verdankte.

Vielleicht mußte Blanca während der Kämpfe, die nun folgten, um ihren jungen Gemahl bangen, aber das ist nicht sicher. Philipp scheint dafür gesorgt zu haben, daß sein Thronerbe keinen Schaden nahm und sein Leben nicht in Gefahr geriet. Im übrigen aber hatte er es nicht eilig, ihn an der Herrschaft zu beteiligen, obwohl er selbst bereits zu Lebzeiten seines Vaters gekrönt worden war. Mit Ludwig hatte er das nicht vor. »Er war der Meinung, daß ein einziger Herrscher ausreiche«, schreibt ein Zeitgenosse. Ludwig scheint erstmals 1206 an einem Feldzug teilgenommen zu haben, einer kurzen Operation in der Bretagne, der keine große Bedeutung zukam.

Das Jahr 1206 sollte den Parisern aus einem anderen Grund in Erinnerung bleiben, nämlich wegen eines verheerenden Hochwassers: Im Dezember schwoll die Seine so stark an, daß die Wohnhäuser bis zum zweiten Stockwerk überflutet waren; man betrat und verließ sie per Ruderboot. Der Petit-Pont stürzte ein, und der Cité-Palast muß zumindest einige Tage lang wie eine Insel gewirkt haben.

Blanca und Ludwig lebten, wie auch der König, in den nahen Residenzen Fontainebleau, Melun, Étampes oder Orléans, ihre Jugendjahre aber verbrachten sie vor allem in Paris; hier wurden ihre Rechnungen vom Stadtprofoß beglichen. Leider sind sie sehr unvollständig erhalten geblieben und wesentlich ausführlicher bei Ludwigs Ausgaben als bei denen von Blanca. Am Sankt-Andreas-Tag des Jahres 1203 kauft Ludwig einen grünen Tuchumhang und eine dazu passende Schweifkappe sowie ein Überkleid aus Kamelhaar. Für Weihnachten desselben Jahres erwirbt er »ein schwarzes Kleid und ein weiteres aus Kamelhaar und einen Pelzrock« für einen Betrag von fünfzehn Livres und fünf Sous. Das grüne Kleid, das Blanca bei derselben Gelegenheit trägt, hat dreizehn Livres weniger fünf Sous gekostet. Im nächsten Jahr erhalten Ludwig und Blanca im Mai siebenhundert Livres für ihre Ausgaben.

Das Rechnungsbuch verrät Einzelheiten über die Garderobe des jungen Mannes. Er bestellt für sich einen Mantel und einen Hut aus Zindeltaft – einem leichten, taftartigen Seidenzeug –, dazu ein weiteres Kleid oder eine Tunika aus grünem Tuch, mit Satin gefüttert, das alles acht Tage vor dem Sankt-Magdalenen-Tag, dem 22. Juli. Am Samstag nach dem 15. August kauft er etwas Schlichteres: ein Gewand aus »estanfort«, eine Art Wolltuch. Im September nochmals ein Kamelhaarkleid und einen pelzgefütterten Umhang, dann am Sankt-Remigius-Tag, dem 1. Oktober, zwei Regenumhänge. Vierzehn Tage später ein weiteres grünes Tuchkleid und eine Schweifkappe aus Kamelhaar, gefüttert mit Grauwerk oder Feh. An Allerheiligen schließlich ersteht er abermals ein Kamelhaarkleid.

Bei Blancas Kleiderausgaben sind, wie bereits gesagt, die Rechnungsbücher weniger ergiebig. Vielleicht kaufte sie ihre Garderobe nicht in Paris. Jedenfalls sind die Angaben so kümmerlich, daß wir von Glück sprechen können, zumindest Ludwigs Einkäufe über ein Jahr hinweg verfolgen zu können. Man erfährt beispielsweise, daß am Fastensamstag in Paris vierundzwanzig Ellen* Leinwand »für Damenhemden« eingekauft wurden. Die »Damen« waren vielleicht Königin Blanca und ihr weibliches Gefolge. Bei derselben Gelegenheit erstand man zwölf »guimples«, eine Art Mieder mit Seidenschnüren; die erwähnten, aber nicht näher bezeichneten »Damen« erwarben auch zwei Paar Kleider für das Pfingstfest.

Dabei wüßten wir so gern viel mehr darüber...

Man kann jedoch annehmen, daß trotz des Krieges, der inzwischen ganz in der Nähe, nämlich in der Normandie, tobte, und trotz der Zwietracht, die allenthalben herrschte, Blanca und Ludwig glückliche Tage verlebten. Das Jahr 1204, in dem Philipp in den Besitz der Normandie gelangte und ein Flame Kaiser von Konstantinopel wurde, war für sie vermutlich auch das Jahr, in dem die geschlechtliche Liebe in ihnen erwachte. Denn ungefähr 1205 wird ihre Ehe vollzogen, die nie ein Wölkchen trüben sollte. Zeitgenossen bestätigen es uns:

* 1 Elle entspricht zirka 1,20 Meter. Wir würden gern den Gegenwert der genannten Geldbeträge angeben, haben dafür jedoch keine Anhaltspunkte. Bekannt ist lediglich, daß Anfang des 13. Jahrhunderts das Livre zwischen siebzehn und achtzehn Goldfranken wert war. Ein Livre besteht aus zwanzig Sous.

»Niemals liebte eine Königin
so sehr ihren Gebieter
oder ihre Kinder.
Und der König liebte sie ebenfalls...
Sie liebten einander so inniglich,
daß sie sich in allem einig waren.«

Die kleine Kastilierin hat nun keinen Grund mehr zu weinen. Sie und ihren Gemahl verbindet jene Liebe, die Kraft schenkt und mit deren Hilfe alle Probleme zu lösen sind. Ahnt Blanca damals schon, welche auf sie zukommen werden? Ihre Jugendjahre sind unruhige Jahre, und gewiß war ihr, wie allen jungen Leuten, damals bewußt, daß sie in einer Periode des Umbruchs lebte. Erst jetzt nimmt die Gesellschaft die zahlreichen Veränderungen wahr, die sich letzthin in ihr vollzogen haben.

Als Blanca mit ihrer Großmutter Eleonore dem Frankreich jenseits der Loire entgegengezogen war, hatte sie ihr Weg an vielen Städten und kleinen Marktflecken vorübergeführt, die in den letzten Jahrzehnten entstanden waren, mit neuen Stadtmauern, noch im Bau befindlichen Kirchen und Häusern, die aus dem Boden zu schießen schienen. Auf eine Burg kamen immer mehr dieser neuen Städte, die sich an Flußufern, Wegkreuzungen, rund um einen Markt oder Jahrmarkt erhoben. Manche der großen und kleineren Grundherren sahen darin eine Gefährdung ihrer Autorität. Andere wiederum begriffen, daß diesem Bevölkerungswachstum eine unbändige Kraft innewohnte und daß es auch ein Zeichen der Wohlhabenheit war, die zu ihrem Vorteil umschlagen konnte. König Philipp war ihnen in Paris mit seinem Interesse, das er den Einwohnern der Stadt entgegenbrachte, ein Beispiel. Was hatte er nicht alles für die Pariser getan?

Schon in seinen ersten Regierungsjahren hatte er, obwohl erst ein Jüngling von neunzehn Jahren, sofort erfaßt, wie wichtig es war, daß in seinen Landen die Städte ordentlich gebaut, leicht zugänglich und angenehm zu bewohnen waren. Damals hatte er die Straßen von Paris pflastern lassen – mit einem schönen Sandsteinpflaster, das nun der ganze Stolz der Stadt war. Noch mehr: Da sich durch den starken Zuzug die Stadt immer weiter zu beiden Seiten der Seine ausbreitete, hatte er einige Jahre später mit dem Wiederaufbau der alten Pariser Umwallung begonnen. Am rechten Ufer erhob sich nun in einem weiten Halbrund ein mächtiger neuer Mauergürtel, an dessen Ausgangspunkt bei der Kirche Saint-Germain-l'Auxerrois der König ein Schloß erbauen ließ, den Louvre, dessen mächtigen Donjon Blanca von den Fenstern des Cité-Palastes aus emporwachsen sah. Da für eine so große Einwohnerschaft der Zwangsbackofen nicht mehr ausreichte, bewilligte König Philipp jedem Pariser Bäcker einen eigenen Backofen, so daß die Pariser nicht mehr um ihr Brot Schlange stehen mußten. Zur Förderung des Handels hatte er auf dem neuen Markt, den sein Vater in Champeaux angelegt hatte, große Pfeilerbauten errichten lassen, die man die »Hallen« nannte und wo sich noch mehr Menschen drängten als am Eröffnungstag der Messe von Saint-Lazare. Mit dem neuen Mauergürtel hatte Philipp für die Sicherheit der Händler gesorgt; als nächstes verbesserte er die Zugangswege, damit sie es fortan bequemer hätten, nach Paris zu gelangen. Auf seinen Befehl hin mußten die Straßen, die zur Pariser Stadtmauer führten, mindestens achtzehn »pied-mains« (ein pied-main entspricht 0,391 Meter), also etwas mehr als sieben Meter breit sein. Das galt für die Straße zur Chaillot-Brücke ebenso wie für die Straße, die von der Kirche Saint-Honoré zur Du Roule-Brücke führte.

Gegenwärtig plante Philipp, einen ähnlichen Mauergürtel am linken Ufer anzulegen. Die Händler konzentrierten sich zwar auf das rechte Ufer, da hier die Seine-Boote leichter landen konnten, doch auch am linken Ufer wuchs die Bevölkerung an. Die Pariser Schulen lockten zahlreiche Studenten herbei, und der Sainte-Geneviève-Berg, wo man noch vor ungefähr dreißig Jahren nur die Weinbauern beim Beschneiden ihrer Rebstöcke oder bei der Weinlese gesehen hatte, war nun vollständig mit Häusern übersät, in denen die Lehrer und Schüler wohnten. Die ärmeren kamen in den Kollegien, privaten Stiftungen, unter; die ersten waren etwa zwanzig Jahre zuvor entstanden, und in Paris wuchs ihre Zahl ständig;

sie gewährten ihren Schützlingen Kost und Logis. In diesen Straßen links der Seine hörte man die Leute vor allem lateinisch sprechen, das damals die Sprache der Wissenschaften des Geistes war. Alle Nationen waren in der lärmenden, kosmopolitischen Menge des Viertels vertreten, das später das »lateinische« heißen würde.

Ein angsteinflößendes Volk, diese Studenten. Dann und wann kommt es unter ihnen zu Unruhen, deren Lärm bis zum Palast dringt. Lehrer und »Schüler« verbringen ihre Zeit mit Disputen, was damals mit zu den schulischen Übungen gehört; und sie beschränken sich nicht immer darauf, mit Begriffen zu jonglieren, sondern sind ebenso gewandt im Umgang mit dem Schwert. Ihr geistiges Vorbild ist Aristoteles; nur diesen Namen führen sie im Mund. Seine Texte sind beinahe eine Art Bibel für sie. Und heißt es nicht, daß manche, so wie dieser Magister Abaelard, der einst verurteilt wurde, vorhaben, die Heilige Schrift, ja selbst die Offenbarung der aristotelischen Logik zu unterwerfen? Als ob man den Gegenstand des Glaubens in Beweisführungen einkreisen könnte! Und sie belassen es nicht beim Diskutieren. Sie sind große Trunkenbolde, streiten miteinander und sogar mit den friedfertigen Bürgern von Saint-Germain-des-Prés. Als Blanca 1200 zum erstenmal die Cité betrat, sprach man nur von den Raufereien, die kürzlich im Schulenviertel für Aufregung gesorgt hatten. Fünf Tote hatte es gegeben, sowohl auf geistlicher Seite – das heißt Lehrer oder Studenten –, als auch unter den Weltlichen, denen die Welt der Wissenschaften des Geistes fremd war.

König Philipp hatte sich in dieser Angelegenheit sehr merkwürdig verhalten. Statt gegen die Schüler vorzugehen, hatte er seine Sergeanten gerügt, die hart durchgegriffen hatten, denn es war ja ihre Aufgabe, die Ordnung wiederherzustellen. Noch mehr: Er distanzierte sich von seinem Profoß und bestimmte, daß künftig Studenten und Magister allein dem Schutz der Kirche unterstellt sein sollten. Ein Schüler, der bei einer Schlägerei gefaßt werde, dürfe keinerlei Sanktionen ausgesetzt sein. Die königlichen Sergeanten hätten nicht mehr das Recht, ihn am Kragen zu packen, außer sie wollten ihn dem kirchlichen Gericht überstellen. Das bedeutete, daß er so gut wie unantastbar war, denn er würde allein von seinesgleichen verurteilt werden können. Damit gab er der Welt der Wissenschaft volle Autonomie mit der Begründung, daß diese von ihren Ursprüngen her in den Zuständigkeitsbereich der Kirche falle. In der Umgebung des Königs wurden natürlich Stimmen laut, daß eine solche Freiheit bei diesen lärmenden und aufrührerischen Gesellen leicht in Zügellosigkeit ausarten könne. Doch der König blieb bei seiner Entscheidung, und man feierte im lateinischen Viertel seine Verdienste.

Übrigens manifestiert sich in dieser Zeit ein großer Bildungshunger. Allein in der Stadt Paris zählt man bald elf »kleine Schulen«, die mehr oder weniger vom Vorsänger der Kathedral-Kirche geleitet werden. Dazu kommt binnen kurzem eine Schule für Mädchen. Es handelt sich um Grundschulen, die auch allenthalben in den Kirchensprengeln die Anfänge des Wissens vermitteln.

König Philipp, im allgemeinen sehr auf seine Autorität bedacht, übt gegenüber den Studenten stets größte Nachsicht; darin folgt er dem Beispiel seines Vaters, der seine, Philipps, Geburt zuerst den Pariser Studenten mitteilen ließ. Jedenfalls genießen diese widerspenstigen Schüler sein Wohlwollen. Hingegen liegt der Bischof von Paris oder vielmehr sein Kanzler, dem es nach altem Brauch zukommt, die Lehrerlaubnis, die »licence«, zu erteilen, durch die ein Schüler zum Magister wird, in diesem Punkt immer häufiger in Streit mit den Professoren.

Merkwürdige Gerüchte sind in Paris im Umlauf; es heißt, die Magister und Studenten hätten die Absicht, eine autonome Vereinigung zu werden. Die aus der Cité und vor allem die, die beim Petit-Pont und auf dem Sainte-Geneviève-Berg wohnen, sollen sich zusammengetan und acht der Ihren beauftragt haben, ein Statut ihrer »Universität«, das heißt ihrer gesamten Körperschaft, auszuarbeiten. Das würde bedeuten, daß sie sich dem Schutz des Bischofs entziehen wollen. Noch verblüffter ist man, als bekannt wird, daß der Papst, statt den Bischof von Paris zu unterstützen, das Reglement billigt, das sich Magister und Schüler gegeben haben. Die beiden großen Autoritäten des Königreichs und der Christenheit, der König und der Papst, sind sich also darin einig, der Welt des Denkens, Forschens und Lehrens – allem, was man unter »Wissenschaft« versteht – eine fast vollständige Autonomie zuzuerkennen.

Zweifelsohne geht diese Welt der Wissenschaft in Paris mit Feuereifer ans Werk, der Wissensstand ist hier sehr hoch, man ist offen für alles Neue. Begeistert übersetzt man Aristoteles, worüber sich viele entrüsten, da sie darin eine Rückkehr zum Heidentum sehen, und man hält große Stücke auf jene neue Rechenkunst, die der italienische Mathematiker Leonardo Pisano in seinem ›Liber abaci‹ darlegt: Anstelle der bis dahin in der Arithmetik verwendeten römischen Buchstaben benutzt er das arabische Zahlensystem. Die Pariser Magister übernehmen dieses System, was dazu führt, daß sich nicht nur in der Mathematik, sondern auch in den anderen Zweigen des quadriviums, Geometrie, Musik und Astronomie, der Unterricht ändert.

Aber nicht nur die weltlichen Wissenschaften erleben einen tiefgreifenden Wandel, auch die geistliche Wissenschaft verändert sich, und damit entsteht eine neue Art, seinen Glauben zu leben. Bei ihrer Ankunft in Paris hatte Blanca gewiß die im Bau befindliche Kathedrale bewundert. Notre-Dame – um diese Zeit sind erst Chor und Hauptschiff fertiggestellt – bietet sich dar wie ein mächtiges Schiff, dessen Formen auf einen Fremden sicher überraschend wirken. In ihrem heimatlichen Kastilien und in den südlichen Regionen des Königreichs, durch die sie gekommen war, hatte Blanca kein Bauwerk in einem vergleichbaren Stil gesehen, da die »französische Kunst« noch kaum über die Île-de-France, die Normandie und England hinausgedrungen war.

Was mag Blanca empfunden haben, als sie zum erstenmal unter den hohen, in der Mitte spitz zulaufenden Gewölben mit den farbig abgesetzten Rippen stand? Sie wird durch ein Seitenportal eingetreten sein, denn die Turmbasen, die Fassade und das erste Querschiff waren im Jahr 1200 noch eine Baustelle. Aber die Höhe dieser Gewölbe muß ihr schwindelerregend erschienen sein. »Wenn dieses Bauwerk dereinst fertiggestellt sein wird«, hatte der Abt vom Mont-Saint-Michel ausgerufen, als er das Gotteshaus betreten hatte, »wird es kein anderes diesseits der Berge geben, das mit diesem vergleichbar wäre.« Dabei sah man es jetzt erst in seinen Anfängen. Maurice de Sully, der Bauernsohn, der dieses große Werk in Angriff genommen hatte, wollte hoch hinaus – so hoch, daß er von vielen angefeindet wurde. »Es ist sündhaft, Kirchen zu bauen, wie man es gegenwärtig tut«, schreibt Pierre der Vorsänger ungehalten – der Vorsänger ist damals im Kathedralkapitel eine wichtige Persönlichkeit. »Wozu Bauwerke mit einer solchen Höhe? Es ist geradezu eine Sucht...«

Wer hat recht? Diejenigen, die behaupten, die bescheidene romanische Kirche mit ihren kraftvollen Rundbogengewölben eigne sich besser für Gebet und gemeinsame Andacht, oder jene, die sich für die neue Bauweise einsetzen und diese Gotteshäuser preisen, die soviel geräumiger und heller sind als früher? Diejenigen, die gegen die ihrer Meinung nach überflüssigen Ausgaben wettern, oder jene, die das Haus Gottes immer prächtiger ausgestattet sehen wollen? Ganz abgesehen davon, daß durch das stetige Anwachsen der Bevölkerung sich die Kirchen, die vor knapp fünfzig Jahren gebaut wurden, da und dort für die vergrößerte Gemeinde bereits als zu klein erweisen.

Blanca wird in ihrer Jugend zumindest den Widerhall der Diskussionen und Kontroversen vernommen haben, die diese und andere Fragen gleicher Art unter den Christen hervorgerufen haben. Vor allem eine wird heftig erörtert: der Reichtum der Prälaten und kirchlichen Würdenträger. Die Klöster florieren, doch ebendiese Wohlhabenheit wird ihnen zum Vorwurf gemacht. Im Lauf der Zeit waren ihnen sehr viele Schenkungen gemacht worden, und vergeblich wartet man auf jemanden wie den heiligen Bernhard, der sie zu mehr Armut ermahnt hätte. Bestimmte Abteien wie Cluny und einige Orden wie etwa die Kartäuser geben ein erhabenes Beispiel; doch wie viele Prälaten und Äbte sieht man, unangemessen luxuriös gekleidet, inmitten einer Eskorte, die auf prächtigen Pferden reitet, sich durch die Straßen bewegen und leben wie die Fürsten! So etwas muß das gläubige Volk aufbringen, es ruft nach Reformen und geht manchmal selbst mit gutem Beispiel voran.

Es ist viel die Rede von jenen Armen von Lyon, die sich um einen gewissen Pierre Vaudès geschart haben, einen reichen Kaufmann, der, wie es heißt, nach der Lektüre der Legende vom heiligen Alexis seinen Beruf aufgab, um in freiwilliger Armut zu leben. Seine zahlreichen Schüler ziehen zu zweit barfuß durch die Lande und teilen ihren gesamten Besitz miteinander. Viele bewundern sie und folgen ihnen. Doch manche Bischöfe werfen ihnen vor, daß sie einfach drauflospredigen, ohne beauftragt zu sein und ohne die Heilige Schrift ausreichend zu kennen. Die meisten von ihnen sind übrigens Analphabeten. Auf dem Land und noch mehr in den Städten versagt man es sich nicht, ihre Lebensweise mit der der Kanoniker zu vergleichen, die sich durch ihr Kirchenamt mühelos erworbener Einkünfte erfreuen.

In den Diskussionen – und zu Blancas Zeit wird viel diskutiert – wird auch die Frage der körperlichen Arbeit aufgeworfen. Ist es in einer Epoche rastloser Tätigkeit gerechtfertigt, daß die Kirchenleute sich dieser Pflicht entziehen unter dem Vorwand, daß ihnen ja der Altardienst obliegt? Einige Bischöfe haben angefangen, handwerklich zu arbeiten, wie der Bischof von Cuenca, Julian, der Weidenkörbe flicht, oder der Bischof von Cambrai, Guillaume de Marnès. Die Schüler Vaudès' hingegen weisen körperliche Arbeit von sich, da sie bestimmt sei von Gewinnstreben, und wollen nur von Almosen leben.

Wieder andere scheinen in keiner Weise den Gewinn abzulehnen, sondern entfernen sich vollständig vom herkömmlichen Christenglauben. Es sind die sogenannten »Bougres« oder »Patarins«, die sich selbst als »Katharer«, die Reinen, bezeichnen. In dem Jahr, in dem Blanca sich vermählte, waren acht dieser Katharer der Ketzerei für schuldig befunden und in Troyes, der Messestadt, verbrannt worden. Dennoch werden ihrer immer mehr, vor allem in den norditalienischen Städten – das Volk nennt ihre Anhänger bereits

»Lombarden« – und in denen des Languedoc. Doktoren und Theologen sind sich alles andere als einig darüber, wie man sich ihnen gegenüber verhalten soll. Einige sind wie Alanus von Lille der Auffassung, daß man gegen Ketzer nur in krassen Fällen mit aller Strenge vorgehen soll, andere – wie Pierre le Chantre, der Vorsänger in Paris – erregen sich darüber, daß sie die Todesstrafe erleiden sollen, und fordern deren Abschaffung. Im Volk sind diese Leute meist nicht beliebt, denen die Ehe als Sünde, der Eid als Schändlichkeit gilt und die in der Natur als Ganzes das Werk eines bösen Gottes sehen; ausgenommen natürlich da, wo ein Teil des Volkes selbst der Ketzerlehre anhängt wie – zumindest wird dies berichtet – in den Landen des Grafen von Toulouse.

Einer indes bewahrt kühlen Kopf inmitten alldem, was die Menschen so sehr beschäftigt: Es ist König Philipp. Er befaßt sich nur mit einer Frage, er hat nur ein wirkliches Ziel: die Inbesitznahme der Normandie.

Nach dem Mißerfolg von Mirebeau haben alle Boten, die aus der Normandie eintrafen, das siegreiche Vorrücken der königlichen Truppen Frankreichs bestätigt. Die Eroberung macht allen Widerständen zum Trotz gute Fortschritte: Falaise war gefallen, ebenso Vaudreuil und Château-Gaillard.

Die Nachricht von der Einnahme der Feste Château-Gaillard hatte gewirkt wie ein Donnerschlag. Château-Gaillard, König Richards Lieblingsburg, die uneinnehmbare Festung, in der die Baumeister alle Erfahrungen der Vergangenheit, alle Errungenschaften der Kriegskunst verarbeitet hatten! Niemand wäre auf die Idee gekommen, der König von Frankreich könnte es auch nur wagen, dieses Bollwerk zu belagern. König Johann Ohneland, der beschlossen hatte, in diesem Frühling in der Normandie zu jagen, hatte den Burgvogt von Château-Gaillard beauftragt, alle Vorbereitungen für seine Jagden zu treffen, die Hundemeuten, Pferde und Falken bereitzustellen. Als der Bote, der die Anweisungen überbringen sollte, am Fuß der Festung eintraf, erfuhr er, daß König Philipp am selben Tag hier seinen Einzug halten werde. Bei einem Überraschungsangriff am 6. März 1204 war es einer Handvoll Männern gelungen, durch den Latrinenturm in die Festung einzudringen und diese zu erstürmen; den Verteidigern blieb nicht einmal Zeit, den Bergfried zu erreichen. Château-Gaillard war gefallen.

Einige Wochen später wurde bekannt, daß Königin Eleonore in Fontevrault gestorben war. Über der Erinnerung an die ausgedehnten Besitzungen der Plantagenets, die nun nicht länger fortbestehen würden, hatten sich ihre Augen für immer geschlossen.

Philipp hatte, nebenbei gesagt, leichtes Spiel; sein Gegner nahm seine Verluste auf die leichte Schulter, gab dazu entweder provozierende Erklärungen ab oder legte eine an Verrücktheit grenzende Sorglosigkeit an den Tag: »Laßt nur, eines Tages werde ich ihm alles wieder abnehmen, was er mir weggenommen hat«, pflegte er zu sagen, wenn wieder einmal ein Kurier mit einer schlechten Nachricht am englischen Königshof eintraf. Als man ihm mitgeteilt hatte, daß sich die Burg Vaudreuil, wo er Geld, Lebensmittel und Kriegsgerät gesammelt hatte, kampflos ergeben hatte, war es ihm ratsam erschienen, an die Barone Englands ein Rundschreiben zu richten, in dem er sie wissen ließ, daß diese Übergabe auf sein Geheiß erfolgt war... Mehr noch: Als eine Abordnung seines Burgvogtes Pierre de Préaux, der in der Stadt Rouen belagert wurde, bei ihm vorsprach, weigerte er sich, seine Schachpartie zu unterbrechen, um die Abgesandten zu empfangen. Am Vorabend des Johannistages 1204 gehörte Rouen König Philipp.

Doch das alles brachte keine Antwort auf die Frage, die man sich am französischen Hof mit wachsender Besorgnis stellte: Was war aus Arthur von Bretagne geworden? Ludwig und Blanca muß das Rätsel um das Los dieses jungen Mannes, der während mehrerer Jahre ihr Gefährte gewesen war, sehr beschäftigt haben. Man wußte, daß seine Schwester – diejenige, die »Perle der Bretagne« genannt wurde – in irgendeiner englischen Festung schmachtete, wahrscheinlich in Corfe; was Arthur betraf, so behaupteten einige, daß Johann ihn in der Burg Falaise gefangengesetzt und dann einen seiner Vertrauten, Hubert von Bourg, den er später zu seinem Gerichtsherrn machen sollte, beauftragt habe, den Jüngling zu blenden und zu entmannen, damit er nie mehr in der Lage wäre zu regieren; doch Hubert hatte sich geweigert, dieses Verbrechen auszuführen. Was war danach geschehen?

Durch das Vorrücken der französischen Truppen war Johann gezwungen gewesen, Falaise unverzüglich zu verlassen. Es hieß, Arthur sei bei dieser Gelegenheit nach Rouen überstellt worden. Als die Franzosen in die Stadt eindrangen, konnten sie nicht ahnen, welche Tragödie sich in ihren Mauern abgespielt hatte. Keiner wußte, was aus dem jungen Mann geworden war. Sein ungewisses Schicksal, die schlechte Behandlung, die König Johann seinen anderen Gefangenen zuteil werden ließ, kamen übrigens König Philipps Absichten sehr entgegen. Johann hatte sich gegenüber den in Mirebeau gefangengenommenen poitevinischen Baronen »so schändlich« benommen, daß, wie es in einer zeitgenössischen Chronik heißt, »diejenigen, die bei ihm waren und diese Grausamkeit miterlebten, sich dafür schämten«. Die hohen Adeligen begaben sich einer nach dem anderen zum König von Frankreich und leisteten die Lehnshuldigung. Johann hatte an Weihnachten 1202 in Caen Hof gehalten: Es sollte das letzte Mal sein, daß ein König aus dem Geschlecht Rollos und Wilhelms des Eroberers in der Normandie Hof hielt.

In diesen ersten Jahren des 13. Jahrhunderts gehört für den Durchschnittschristen der Kreuzzug fast zum Alltagsleben. Seit mehr als hundert Jahren wird in regelmäßigen Abständen zur »Fahrt über das Meer« aufgerufen, und es gab kaum eine Familie, Stadt oder Gegend, keinen Marktflecken und keine Burg, die nichts davon wußte, sei es, daß man auf irgendeinem Markt oder Jahrmarkt oder von einem Wanderprediger zufällig davon erfuhr, sei es, daß man den aufbrechenden Kreuzfahrer mit einer Spende unterstützte.

Da in dieser Zeit Wallfahren etwas ganz Gebräuchliches ist, empfindet man diese bewaffnete Pilgerfahrt, auch wenn sie mit zusätzlichen Anstrengungen und Gefahren verbunden ist, nicht mehr als das verwegene Unternehmen wie den ersten Kreuzzug.

Nun aber ist Jerusalem, die heilige Stätte der Christenheit, wieder in die Hände der Muselmanen gefallen; das geschah 1187, dem Jahr, in dem Ludwig geboren wurde. Blanca und ihr Gemahl sind mit der vertrauten Vorstellung aufgewachsen, daß jenseits des Meeres große Taten vollbracht wurden. Während König Philipp sich lieber nicht an den für ihn wenig ruhmreichen Feldzug erinnert – er hatte unter dem Klima gelitten und noch mehr unter der Beliebtheit seines Rivalen Richard Löwenherz –, sind die Berichte über die Kämpfe, die Klagelieder aus dem Morgenland in aller Munde. Kein fahrender Sänger, der nicht das ›Lied von Antiochia‹, ›Das Lied der Schwachen‹ oder irgendein anderes Heldenepos von Gottfried von Bouillon in seinem Repertoire hätte. Für Blanca haben diese Lieder und Klagen insofern eine besondere Bedeutung, als ihre eigene Kindheit im Schatten großer Ereignisse von historischer Tragweite stand, nämlich der Rückeroberung ihres Landes von den Muselmanen.

Das gesamte Abendland hatte den Verlust Jerusalems als Schmach empfunden, und Papst Innozenz III. hatte sofort nach seiner Inthronisation die Christen aufgerufen, ein weiteres Mal zu den Waffen zu greifen, um das Heilige Land zu befreien. Bei den Turnieren konnte man sehen, wie die Ritter ihren Prunkhelm ablegten und auf Geheiß eines bescheidenen Predigers – Fulko, Pfarrer von Neuilly-sur-Marne, ein neuer Peter der Eremit –, das Kreuz nahmen.

Dieser Kreuzzug freilich endet mit einem unerwarteten Abenteuer. Dieses selbe Jahr 1204, für König Philipp das Jahr der Eroberung von Château-Gaillard, wird in die Annalen der Christenheit als das Jahr eingehen, in dem sich die Kreuzfahrer, die auszogen, um Jerusalem zurückzuerobern, der Stadt Konstantinopel bemächtigten. Als sich die Nachricht davon im Abendland verbreitete, weigerte man sich zunächst, daran zu glauben: Konstantinopel, die Kaiserstadt, die Stadt der Städte, mit ihren Palästen und Kirchen, ihren mächtigen Wällen, gegen die einst die Araber vergeblich anstürmten … Je Genaueres man darüber erfuhr, desto mehr Entrüstung mischte sich in die Verblüffung. Papst Innozenz III. exkommunizierte die Kreuzfahrer, die es dreist gewagt hatten, die für die Rückeroberung des Heiligen Landes entsandten Streitkräfte gegen eine christliche Stadt zu führen. Diejenigen Kreuzfahrer, die es abgelehnt hatten, sich auf eine so fragwürdige Unternehmung einzulassen, waren nach Europa zurückgekehrt. Unter ihnen befand sich ein hoher Adliger namens Simon von Montfort, der es vorgezogen hatte, das Kreuzfahrerlager heimlich zu verlassen, statt sich an einem Unternehmen zu beteiligen, das sein Gewissen nicht billigen konnte. Die Empörung wuchs noch, als man von den Plünderungen und Metzeleien der Kreuzfahrer erfuhr. Der Papst, der sie abermals exkommunizierte, brachte voller Entsetzen der gesamten Christenheit zur Kenntnis, was sie getan hatten: »Diese Verteidiger Christi, die ihr Schwert allein gegen die Ungläubigen ziehen sollten, haben in Christenblut gebadet. Nicht genug damit, daß sie die Schatzkammern geleert und die Einwohner ausgeraubt haben, wollten sie auch die Hand nach den Reichtümern der Kirchen ausstrecken... Man hat sie die Friedhöfe schänden, Ikonen, Kreuze und Reliquien wegtragen sehen.«

Doch die Aufregung legte sich nach und nach, und die Sendschreiben der Kreuzfahrer selbst, die immer wieder eintrafen, enthielten Erklärungen, warum sie so gehandelt hatten, berichteten von den Orten, durch die sie gekommen waren. Nach ihrer Aussage hatten sie keine andere Wahl gehabt. Die venezianischen Schiffseigner, in deren Hände sie sich begeben hatten, forderten so hohe Beträge für die Überfahrt, daß sie sich genötigt gesehen hatten, sich in den Dienst Venedigs zu stellen. Der abgesetzte junge Kaiser von Konstantinopel, Alexis, hatte sie daraufhin angefleht, für ihn die Stadt zu erobern. Im übrigen sei es die griechische Bevölkerung gewesen, die schändlich mit ihnen verfahren sei. Und außerdem habe derselbe Alexis, für den sie zunächst die Stadt erobert hatten, sie hintergangen und so weiter. Nein, sie hatten nicht anders gekonnt. Und gegenwärtig herrschte ein lateinischer Kaiser, Graf Baudouin von Flandern, über die Stadt Konstantins, über das byzantinische Reich. Er sei in der heiligen Sophienkirche feierlich zum Kaiser gekrönt worden. Diese anmaßenden, hinterhältigen Byzantiner, die den

Abendländern nur Hindernisse in den Weg gelegt und sie so oft an die Sarazenen verraten hatten – sie seien nun außer Gefecht gesetzt. Ihr Gebiet könne als Stützpunkt für neue Feldzüge dienen, die nun wirklich Jerusalem zum Ziel hätten.

Genügend Gründe, die mit der Zeit das Gewissen der Abendländer beruhigten, ganz abgesehen von dem Ruhm, den viele Adelsgeschlechter dort im Nahen Osten erringen sollten; wo Lehnsleute aus der Champagne, Flandern und Burgund eingesetzt wurden, wo ein Ludwig von Blois Herzog von Nizäa war, ein Gottfried von Villehardouin Fürst von Achaia; in Theben und Athen, die von den Kreuzfahrern »Estive« und »Satine« genannt wurden, herrschten die Herzöge von la Roche und auf dem Peloponnes, nun Fürstentum Moräa, sollten sich die Champlitte und Villehardouin auszeichnen. Papst Innozenz III., der erneut Hoffnung schöpfte, daß Jerusalem doch eines Tages wieder in Christenhand sein würde, hob schließlich die Exkommunizierung auf. Und die Schiffe der venezianischen Kaufleute, die die Herren des Adriatischen Meeres waren, wurden immer zahlreicher und brachten von den überseeischen Kontoren immer mehr kostbare Handelsgüter aus dem Morgenland in die Stadt der Dogen, die daraus größten Gewinn schlug.

Die Geburtstage wurden im 13. Jahrhundert nicht gefeiert; niemandem lag damals daran, sein genaues Alter zu kennen. Die einzigen Daten, die den Menschen wichtig erschienen, waren die Todestage der Heiligen, mit denen ja ihr ewiges Leben begann. Im Frühling des Jahres 1208 wurde Blanca zwanzig Jahre alt, ihr Gemahl einundzwanzig. Obwohl keiner der beiden einen Grund hat, sich darüber zu verbreiten, was es für sie bedeutet, wird ihnen das folgende Datum dennoch unauslöschlich in Erinnerung bleiben und ihr gesamtes Leben belasten. Am 14. Januar 1208 geschah nämlich an den Ufern der Rhône etwas, das, wie jedem sogleich klar war, das ganze Königreich in Aufruhr versetzen würde: Der päpstliche Legat Pierre de Castelnau wurde von einem Vertrauten des Grafen von Toulouse, Raymond de Saint-Gilles, ermordet.

Für Blanca war dies vor allem ein Ereignis, das ihre Familie betraf. Der Graf von Toulouse hatte ihre Tante Johanna geheiratet, Johanna die Schöne, die in Rouen gestorben war und, nachdem sie auf dem Totenbett den Schleier der Nonnen von Fontevrault genommen hatte, nun unter den Gewölben dieses Klosters an der Seite ihrer Mutter Eleonore ruhte; ihr Sohn, der künftige Raymond VII. von Toulouse, war Blancas Vetter. Johanna war übrigens bereits die vierte Frau des Grafen von Toulouse gewesen – zwei Vorgängerinnen hatte er verstoßen –, und er hatte nach ihrem Tod gleich zum fünften Mal geheiratet. Johanna hatte ihm jedoch seinen einzigen legitimen Erben geschenkt; es braucht nicht eigens betont zu werden, daß er von anderen Frauen eine Vielzahl von Bastarden hatte.

Raymond VI. ist bekannt als hemmungsloser Genußmensch; man nennt ihn den »Grafen von Saint-Gilles, der nicht liebt das Evangil«.

Wie hatte er sich zu dem Verbrechen hinreißen lassen können? Denn es besteht kein Zweifel daran, daß er die verbrecherische Tat anregte und verantwortlich war für den Mord an Pierre de Castelnau wie einst Heinrich II. für den an Thomas Becket.

Der Legat war gekommen, um ihn im Namen des Papstes aufzufordern, sich offiziell von den Katharern, die in seinen Gebieten so zahlreich waren, loszusagen. Die Unterredung hatte eine schlechte Wendung genommen, und der Graf hatte den Legaten Pierre mit den drohenden Worten verabschiedet: »Wohin Ihr auch gehen mögt, zu Lande und zu Wasser, seid auf der Hut: Ich werde Euch nicht aus den Augen lassen.« Als Pierre sich am nächsten Tag anschickte, über die Rhône zu setzen, wurde er von einem Reiter aus Beaucaire überfallen, der ihn mit seiner Lanze durchbohrte.

Welche Folgen würde der Mord haben? Blanca konnte die Wirkung dieser Gewalttat sehr wohl ermessen, denn sie war über alles, was im Languedoc vor sich ging, bestens unterrichtet durch die Kuriere, die ihr die jüngsten Nachrichten von ihrer Familie überbrachten und regelmäßig durch diese Gegend kamen. Wahrscheinlich hatte sie nicht ohne Ergriffenheit von der Neuerung gehört, die ein kastilischer Geistlicher namens Dominikus von Guzmán, also ein Landsmann von ihr, in diesen Regionen eingeführt hatte.

Wie Blanca in Palencia aufgewachsen, wo König Alfons eine Universität nach dem Pariser Vorbild zu gründen plante, hat Guzmán eine völlig neue Art des Predigens eingeführt. Gleich vielen anderen war er entsetzt über den Sittenverfall der Geistlichkeit in den südlichen Gebieten – angefangen von Vence, wo der Bischof im Konkubinat lebt, bis Narbonne, wo der Erzbischof einen schamlosen Handel mit den Kirchenämtern trieb – und empört über das ausschweifende Leben der Prälaten, die eingesetzt worden waren, um das Volk zum rechten Glauben zurückzuführen. Bei einem Aufenthalt in Toulouse machte er daher einmal eine Bemerkung, die ihm sowohl sein praktischer Verstand wie auch seine christliche Einstellung diktierten: »Wie soll das Volk nicht beeindruckt sein, wenn es sieht, daß die ›Vollkommenen‹ fasten, enthaltsam leben, sich schlicht kleiden und zu Fuß gehen, während Ihr Euch mit großem Aufwand fortbewegt?« Die »Vollkommenen« waren bei den Katharern diejenigen, die die Weihen empfangen hatten und sich jeder Berührung mit allem enthielten, was die Schöpfung zu perpetuieren vermochte. Denn nach ihrer Auffassung war die Schöpfung das Werk eines bösen Gottes, und allein der Geist war von einem guten Gott geschaffen worden. Sie ernährten sich nur von Obst und Gemüse, und wenn sie versehentlich eine Frau berührten, fasteten sie drei Tage bei Wasser und Brot. Von der Masse der Gläubigen dagegen wurde nichts anderes verlangt, als daß sie vor ihrem Tod von einem »Vollkommenen« die Absolution erbaten, die ihnen Eingang ins ewige Leben verschaffte. Die »Vollkommenen« standen also in hohem Ansehen. Man versagte es sich nicht, ihr einfaches Leben dem der Geistlichen gegenüberzustellen, die der Reichtum verdorben hatte.

Mit einigen Gefährten, die seinem Vorbild folgten, begann Dominikus daraufhin, bloßfüßig, nur in eine einfache Kutte gekleidet und von milden Gaben lebend, von Burg zu Burg und von Stadt zu Stadt zu wandern. Er predigte unermüdlich, traf immer wieder mit den Ketzern zusammen, sprach mit ihnen, und es gelang ihm, einige zum Konvertieren zu veranlassen. Es hieß sogar, daß »Vollkommene«, die durch ihn zur Lehre Christi zurückgefunden hatten, sich zusammengeschlossen und in Prouille ein Kloster gegründet hatten, wo sie in Armut ganz dem Gebet lebten.

Durch das Wort, die Diskussion, die Kenntnis der Heilslehre bekehren, wobei man vor allem mit gutem Beispiel vorangeht und nach dem Evangelium lebt – ist das nicht das Reformprogramm, auf das die Kirche wartet? Aber was wird aus diesen friedlichen Versuchen werden?

In einem christlichen Land den päpstlichen Legaten ermorden zu lassen, den Mann, der die höchste Autorität der Christenheit vertritt, bedeutet, die allgemein akzeptierte und anerkannte Ordnung zu verletzen. Was wird die Antwort des Papstes sein, jenes Innozenz III., der bei jedem Anlaß daran erinnert, daß »nicht nur die Oberen der Kirche, sondern auch alle weltlichen Fürsten« seiner Rechtsprechung unterliegen?

2
Blancas Erbe

Dicht ist das Menschengewoge rund um den Palast von Compiègne an diesem Pfingsttag; »eine Menschenmenge, wie man sie noch nie erlebt hat«, berichtet uns der Chronist Guillaume le Breton, der nicht zu überschwenglichen Äußerungen neigt. Anlaß hierfür ist eine der großen Versammlungen, zu denen die Barone der königlichen Hausmacht dann und wann einberufen werden, aber noch nie hat es dabei ein so zahlreiches Publikum gegeben, denn diese Hausmacht war seit den Anfängen des herrschenden Königshauses noch nie so ausgedehnt. Viele Vasallen des englischen Königs sind nun direkte Lehnsleute des Königs von Frankreich. Dieser Pfingstsonntag, der 17. Mai 1209, würde schon deshalb allen in Erinnerung bleiben, weil die Ehre, beim königlichen Festbankett die ersten beiden Gänge aufzutragen, dem Grafen von Bretagne, Guy de Thouars, zugefallen war. Wer hätte vor einigen Jahren gedacht, daß dieser Vasall Johann Ohnelands eines Tages an der Tafel Philipp Augusts ein hochgeschätzter Gast sein würde? Indem er die Normandie an sich brachte, hatte der König einen ehrgeizigen Jugendplan verwirklicht. Nach Aussage von Zeitgenossen hatte er eines Tages, als er in der Ferne die Festung Gisors im Glanz ihrer neuen Mauern erblickte, ausgerufen: »Ich wollte, diese Mauern wären aus Gold, Silber und Edelsteinen!« Und als man sich darüber verwunderte, hatte der Knabe erwidert: »Weil sie dann noch wertvoller sind, wenn ich mich ihrer bemächtigen werde!«

Der Grund für die Festlichkeiten von Compiègne war jedoch – zumindest nach außen hin – nicht die Niederlage des Königs von England und die Zusammenkunft seiner ehemaligen Vasallen mit dem König von Frankreich, sondern der feierliche Ritterschlag des ältesten Sohnes von Philipp August, des Thronfolgers. Ludwig sollte an diesem Tag aus der Hand seines Vaters das Schwert und die Sporen des Ritters empfangen. Nach altem Brauch hatte er die Nacht betend in der Schloßkapelle verbracht, zusammen mit hundert anderen jungen Männern, die gleichzeitig mit ihm gerüstet werden sollten. Am Morgen, nachdem er gebadet und die Messe gehört hatte, wurden ihm, dem heiligen Ritual entsprechend, ein Leinenhemd, eine Tunika aus Goldbrokat und seidene Beinkleider angelegt; sein Vater würde ihn mit einem weißen Wehrgehenk gürten, an dem das Schwert hing, das die ganze Nacht auf dem Altar gelegen hatte, und die goldenen Sporen überreichen, die man ihm über den Beinkleidern befestigen würde. Es würden die üblichen Lustbarkeiten folgen: Festmale und Bankette, zuvor jedoch ritterliche Bravourleistungen und Kampfspiele. Wie seine Gefährten mußte Ludwig vor der Damentribüne, wo Blanca und ihr Gefolge saßen, sein Pferd tänzeln lassen und seine Geschicklichkeit im Waffenhandwerk beweisen.

Blanca war gewiß tief bewegt; das Rittertum hatte sowohl soziale wie religiöse Bedeutung und stellte für ihren Gemahl, den sie zärtlich liebte, den Eintritt in das Mannesleben dar. In den Glanz und die Fröhlichkeit dieses Tages mischte sich für sie eine Hoffnung, die nicht frei war von Angst. Sie erwartete ein Kind, das in vier Monaten zur Welt kommen sollte. Schon vor mehreren Jahren, 1205, hatte sie ein Kind geboren, das aber nicht gelebt hatte. Die Chroniken haben nicht einmal den Namen des Kindes vermerkt, das vermutlich eine Totgeburt war. Blanca wird sich ebenso wie ihr Gemahl wohl gefragt haben, ob sie eines Tages einen Erben haben würden, der die Zukunft ihres Geschlechts sichern könnte.

Was jedoch an diesem Tag die Tafelnden vor allem beschäftigte und zu allerlei Kommentaren Anlaß gab, war der Eid, den der König von Frankreich von seinem Erben bei seinem Eintritt in das Ritterleben verlangte. Ludwig stand damals in seinem zweiundzwanzigsten Jahr, das heißt, er war weit über das Alter hinaus, in dem man im allgemeinen zum Ritter gerüstet wurde: Das geschah zumeist im achtzehnten Lebensjahr, manchmal im fünfzehnten wie seinerzeit bei Arthur von Bretagne, ja sogar schon im vierzehnten wie bei König Philipp selbst. Er hatte für seinen Sohn eine Reihe von Verpflichtungen vorgesehen, die er sorgfältig in den Registern seiner Kanzlei verzeichnen ließ.

Ludwig mußte versprechen, niemals Ritter oder Sergeanten in seinen Dienst zu nehmen, die nicht seinem königlichen Vater Treue geschworen hatten; er gelobte, niemals Gewalt anzuwenden gegen die Ortschaften und Bürger des Königs und niemals ohne dessen Erlaubnis irgendeine finanzielle Hilfe von ihnen zu fordern. Schließlich – und das war zweifellos das abwegigste Versprechen, das ein Lehnsherr je von seinem Erben verlangt hatte – mußte Ludwig sein Wort geben, nie an einem Turnier teilzunehmen, sich darauf zu beschränken, denen, die unter seiner Herrschaft stattfänden, nur als Zuschauer beizuwohnen, und – höchste Vorsichtsmaßnahme – bei solchen Gelegenheiten stets nur das leichte Panzerhemd mit einem einfachen Eisenhut zu tragen, was ausreichte, ihn von jenen gefährlichen Lanzenzweikämpfen auszuschließen, für die das Tragen einer Halsberge und eines Helms mit Gesichtsschutz Vorschrift war.

Der junge Mann muß schon ein besonders gehorsamer Sohn gewesen sein, daß er seinem Vater so etwas Ungewöhnliches versprach. War das nur ein Ausdruck von König Philipps autoritärem, eigensinnigen Charakter? In seiner Jugend hatte er den Grafen Geoffroy von Bretagne an seiner Seite sterben sehen – er war bei einem Turnier in Paris getötet worden. Das scheint ihm sehr nahegegangen zu sein. Als man Geoffroys Leichnam im Chor der damals noch nicht ganz fertiggestellten Kathedrale Notre-Dame zu Paris beisetzte, hatte er sich in das Grab hinabstürzen wollen, und man hatte ihn zurückhalten müssen. Trotz seiner praktisch-nüchternen Denkweise war Philipp nicht vor seelischen Erschütterungen gefeit. Offensichtlich ging ihm das Leben dieses schwächlichen Erben, der ihm schon oft Sorgen bereitet hatte, über alles. Wer hätte damals für möglich gehalten, daß dieser Knabe, der sich so widerspruchlos den väterlichen Wünschen fügte, der Nachwelt als »Ludwig der Löwe« bekannt werden sollte?

Noch weniger kam es in Frage, den Thronerben Frankreichs mit den Kreuzfahrern ziehen zu lassen, für die die abendlichen Festivitäten das Vorspiel zu einem großen Abenteuer waren. In der Tat hatten die meisten Barone, die sich an jenem Tag in Compiègne eingefunden hatten, beschlossen, dem Aufruf Papst Innozenz' III. zu folgen. Es ging um einen Kreuzzug, wie es bis dahin noch nie einen gegeben hatte: Nicht über das Meer sollten sie fahren und den Ungläubigen die Stirn bieten, sonder zur Garonne ziehen, um die Ketzer zu bestrafen. Auf die Gewalttat, begangen an der Person des Legaten Pierre de Castelnau, würde man mit Gewalt antworten.

Viele Ritter freuten sich darauf, auf diese Weise mit geringem Einsatz den Titel »Kreuzfahrer« zu erwerben, war dieser doch zu Beginn des Jahrhunderts so etwas wie eine Garantie dafür, dereinst die ewige Seligkeit zu erlangen; dazu kamen natürlich auch noch so manche materiellen Vorteile bereits auf Erden. Doch den König hatte Innozenz III. vergeblich aufgefordert, »das Schwert zu zücken, um die Kirche gegen einen Gewaltherrscher und einen Gegner des Glaubens zu beschützen«. Philipp hatte zwar zugelassen, daß in seinem Reich zum Kreuzzug aufgerufen wurde, aber es abgelehnt, selbst daran teilzunehmen, und, was noch schwerwiegender war, seinem Sohn untersagt mitzuziehen. Wahrlich ein autoritärer Vater.

Als einzigen Ausgleich für seine Forderungen schenkte der König ihm die Einkünfte von einigen Schlössern für seinen eigenen und Blancas Unterhalt – darunter Château-Landon, Lorris und Poissy –, die während der Festlichkeiten in Compiègne dem jungen Mann feierlich bewilligt wurden.

»Im Jahre des Herrn 1209, am neunten Tag des Monats (September), zur Stunde des Morgengebets, wurde Blanca abermals Mutter und gebar einen Sohn. Diese so heiß ersehnte Geburt gibt den Franzosen und Engländern einen Herrn, der unter dem Namen ›Philipp‹ bekannt werden wird. Möge er, der den Namen seines Großvaters trägt, auch dessen Bedeutung erlangen.«

Dies ist der Inhalt eines Vermerks in lateinischen Versen, die ein anonymer Schreiber in das erste Register der Kanzlei Philipp Augusts eintrug. Auch in ihrer Prosaübersetzung drücken diese Verse die Freude der Familie und der königlichen Umgebung darüber aus, daß Blanca ein schönes, diesmal kräftiges Kind zur Welt gebracht hatte, auf das die aufstrebende Dynastie ihre ganzen Hoffnungen setzte. Die Zukunft der französischen Krone war nun gesichert.

Welchen Namen sollte der Erbe erhalten? »Philipp« war durchaus passend, nicht nur wegen seines Großvaters, sondern auch, weil dieser aus der griechischen Geschichte stammende Name die Vorstellung von Ruhm und Eroberungen weckte. Im übrigen hatte er schon Tradition bei den Kapetingern, denn etwa hundert Jahre zuvor hatte der erste Philipp von seiner Mutter Anna, Tochter des Herzogs von Kiew, durch die Hugo Capets Nachkommenschaft einige Tropfen slawischen Blutes besaß, diesen Namen erhalten. Und Philipp August selbst hatte ihn einem seiner Bastarde gegeben, dem, der wegen seines ungebärdigen Haars den Beinamen »Hurepel« (»Struwwelkopf«) trug.

»Blanca gibt den Franzosen und den Engländern einen Herrn.« Die gesamte Geschichte der folgenden Jahre ist in diesem Satz enthalten; die große Frage, die zur Zeit dieser Geburt die Gemüter bewegt, ist der vom französischen König geplante Einfall in England. Blanca ist in seiner Politik zu einem wichtigen Trumpf geworden.

Die Lage ist eindeutig: König Johann, der auf dem Festland eine schmähliche Niederlage erlitten hatte und aufgrund der Entscheidung des Pairsgerichts seiner Rechte verlustig gegangen war, sieht seine Autorität in England ebenso schwinden wie auf dem Kontinent. Nun ist er ja nicht der einzige, der Erbansprüche auf das Reich der Plantagenets besitzt, seine Neffen haben, juristisch gesehen, ebenfalls Anrechte darauf; Johann war der jüngste Sohn Heinrichs II., und die Kinder seiner älteren Brüder und Schwestern können der Ansicht sein, daß ihre Ansprüche mehr Berechtigung haben als die seinen. Von seinen Neffen hat einer, Otto von Braunschweig, hochfliegende Pläne bekundet und denkt nur an die Kaiserkrone; der andere ist Arthur von Bretagne – doch wer weiß wirklich, was aus ihm geworden ist? Auch Blanca hat keine geringeren Anrechte als diese beiden (siehe Stammtafel S. 326/327): Durch ihre Mutter ist sie eine Enkelin Heinrichs II. Plantagenet. Ist nicht der Augenblick gekommen, ihre Rechte geltend zu machen?

Wenn man den Zeitgenossen glauben kann, nahm dieser Gedanke in König Philipps Kopf ganz unmittelbar Gestalt an: »Es begab sich, daß König Philipp von Frankreich eines Nachts in seinem Bette schlief; und gleichsam in höchster Erregung sein Bett verlassend, sagte er: ›Gott! Worauf warte ich, der ich England nicht erobere!‹ Seine Kammerherren, die vor seinem Gemach schliefen, waren darüber hocherfreut, wagten jedoch nicht, sich dazu zu äußern. Daraufhin hieß der König sie, Bruder Guérin, einen Hospitalitermönch, herbeizurufen, der ihn stets gut beriet, außerdem Barthélemy de Roye, einen Ritter, der gut Freund mit ihm war, und Henri le Maréchal, einen kleinen Ritter, der ihm sehr gut gedient hatte, den er sehr mochte und dem er viel Gutes hatte angedeihen lassen ... Die Kämmerer geleiteten die drei zum König und noch einige andere, die seinem Rat angehörten; der König befahl ihnen, in alle Lande und Meereshäfen zu senden und alle Schiffe einzubehalten, die sie fänden, und neue in großer Zahl bauen zu lassen, denn er wolle nach England übersetzen und das Königreich erobern.

Das Vorhaben an sich war nichts Neues. Seit eineinhalb Jahrhunderten herrschten normannische oder angevinische Könige über England; diese Könige waren in bezug auf ihre festländischen Territorien Untertanen des Königs von Frankreich, und da diese teilweise erobert waren, war es eigentlich folgerichtig, daß man die Eroberung auch auf ihre Lehen auf der Insel ausdehnte. Die Sprache, die Traditionen, die Bräuche am Londoner Hof waren etwa die gleichen wie am Hof von Paris. Während der vorangegangenen Regierung hatte man erwogen, daß ein Angeviner, der älteste Sohn Heinrich Plantagenets, die Krone Frankreichs mit der englischen vereinen sollte. Da sich aber die Lage inzwischen grundlegend geändert hatte, war der Gedanke nur selbstverständlich, nun die Krone Englands mit der französischen zu vereinen.

War das übrigens nicht auch Königin Eleonores Hintergedanke gewesen, als sie mit achtzig Jahren über die Pyrenäen gezogen war, um dem Erben Frankreichs eine Gemahlin aus ihrem Geschlecht zuzuführen? Blanca konnte sich sagen, daß sie, wenn sie den Wunsch ihrer Großmutter erfüllte, ein heiliges Erbe antrat.

Die Vertrauten des Königs jedenfalls verbargen ihre Hoffnung, daß dies geschähe, in keiner Weise: »Das Zepter Englands gebührt dir aufgrund des Anspruchs deiner Gemahlin«, rief einer von ihnen Ludwig von Frankreich zu. Es handelte sich freilich um einen Anspruch, der geltend gemacht werden mußte.

Eines Abends erschien am französischen Königshof ein eigenartiger Mensch und bat um Asyl. Er war in Lumpen gekleidet wie ein Bettler und schien völlig entkräftet. Er sagte, er bringe eine höchst wichtige Nachricht für König Philipp. Als er dann vor ihm stand, berichtete er das Schreckliche.

Der Mann hieß Guillaume de Briouze. Er war der böse Geist von König Johann Ohneland gewesen, sein Gefährte bei Spiel und Lustbarkeiten, sein Günstling, sein Helfershelfer. Er war es gewesen, der bei Mirebeau Arthur von Bretagne gefangengenommen hatte. Johann hatte ihn mit der Bewachung des jungen Mannes beauftragt.

Eines Tages war der König in die Burg von Rouen gekommen, nachdem er sich für zwei Tage auf den nahegelegenen Herrensitz Moulineux zurückgezogen hatte, um nachzudenken; während dieser Zeit hatte sich ihm niemand nähern dürfen. In Rouen suchte ihn sein Gerichtsherr Geoffroy Fitz-Pierre auf, der als harter, grausamer Mann galt. Die beiden Herren speisten miteinander zu Abend. Nach dem Mahl schien der König »trunken und vom Teufel besessen« gewesen zu sein. Es war bereits tiefe Nacht, als König Johann Guillaume de Briouze befahl, ihm zu folgen. Die beiden begaben sich zu dem Verlies, in dem Arthur eingekerkert war. Sie hießen den bebenden Jüngling mitkommen und brachten ihn zu einer geheimen Ausfallpforte, die sich auf die Seine öffnete. Johann sprang in ein Boot, bedeutete Arthur und Guillaume, es ihm gleichzutun. Kaum war das Seil, an dem das Boot befestigt war, aus dem Haltering geglitten, lag Arthur, von seinem Onkel erstochen, leblos auf dem Boden der Barke. Der König befahl Guillaume, ihm einen Stein um den Hals zu binden, und die zwei Männer warfen den Jüngling über den Bootsrand in den Fluß. Das war am Gründonnerstag, dem 3. April 1203, gewesen.

Alles war völlig lautlos vor sich gegangen, ohne Schrei. Guillaume hatte danach die Angelegenheit geheimgehalten, jedoch nicht genügend. Einige Monate vor seinem Eintreffen am französischen Hof hatte er, nachdem er in der Gunst des Königs gesunken war, sich unbedachterweise verschuldet; König Johann hatte eine Bürgschaft für seine Schulden verlangt, dann den Sohn seines Günstlings als Geisel gefordert; worauf Mathilde de Briouze, Guillaumes Ehefrau, eine unvorsichtige Bemerkung machte: »Ich weigere mich, mein Kind Arthurs Mörder auszuliefern.« Damit hatte sie gegen eine stillschweigende, aber zwingende Anweisung verstoßen, daß nämlich niemand in Gegenwart von König Johann Ohneland den Namen seines Neffen aussprechen durfte.

Guillaume, der nach Irland entsandt worden war, mußte dort erfahren, daß Mathilde und ihr gemeinsamer Sohn im Schloß Windsor eingekerkert worden waren und daß man sie in ihrem Verlies hatte verhungern lassen. Als Bettler verkleidet, war es ihm gelungen, über das Meer zu fahren, und so war er an den Hof des Königs von Frankreich gekommen.

»Ein schlechter Mensch, dieser König Johann; grausam zu jedermann; stets gelüstete es ihn nach schönen Frauen; oft tat er Schmach an den edlen Herren des Landes, weshalb er sehr gehaßt wurde. Nie äußerte er seine wahre Absicht; er brachte seine Barone gegeneinander auf, wann immer er konnte. Es freute ihn sehr, wenn er Haß zwischen ihnen sah. Arggesinnt, wie er war, haßte er jeden ehrbaren Mann. Es mißfiel ihm sehr, wenn er jemanden Gutes tun sah.«

So faßte ein Zeitgenosse zusammen, was man allgemein über König Johann Ohneland dachte.

Zumindest wußte man nun, was aus Arthur von Bretagne geworden war; am Tag nach dem Mord hatten die Mönche einer nahe der Seine gelegenen Priorei den Leichnam im Wasser treiben sehen; sie hatten ihn geborgen und in geweihter Erde begraben. Guillaume de Briouze, vom französischen König freundlich aufgenommen, zog sich nach Saint-Laurent zu Corbeil zurück, wo er im darauffolgenden Jahr starb.

Nach dieser entsetzlichen Mitteilung fühlte sich Philipp natürlich in seinem Vorhaben bestärkt, auf Blancas Erbe Anspruch zu erheben. In der nächsten Zeit mehrten sich noch die Gründe, hauptsächlich weil immer wieder Opfer König Johanns am französischen Königshof um Asyl nachsuchten. Einer dieser Flüchtlinge war ein gewisser Robert Fitz-Gautier, dessen Gespräch mit Philipp ein Chronist wie folgt festgehalten hat:

»Sire, große Not führt mich hierher, denn der König hat mich aus England verjagt und mir meinen ganzen Besitz genommen.« – »Aus welchem Grund?« fragte der König. – »Den Grund, Sire, kann ich Euch wohl nennen: Er wollte unbedingt mit meiner Tochter schlafen, und weil ich das nicht gestattete, hat er mich vernichtet und mich von meinen Ländereien vertrieben. Ich bitte Euch bei Gott, habt Erbarmen mit mir, dem zu Unrecht so schlechte Behandlung zuteil geworden ist.« – »Bei der Lanze des heiligen Jakobus«, rief der König aus, »dieses Unglück ist Euch zum rechten Zeitpunkt widerfahren, denn ich habe vor, nach England überzusetzen, und wenn ich das Land erobern kann, wird Euch Euer Verlust gewißlich ersetzt werden.«

König Johann war übrigens exkommuniziert. Er hatte sich mit den meisten Bischöfen seines Reiches überworfen, unter anderem mit dem berühmten Stephen Langton, einem verdienstvollen und sehr gelehrten Prälaten, der ebenfalls einige Jahre zuvor nach Frankreich geflüchtet war und den die Mönche von Canterbury zum Bischof gewählt hatten, was den König in größte Wut versetzte.

Um Johann herum war eine Leere entstanden, und seine Grausamkeit wuchs, je stärker die Bischöfe gegen ihn opponierten; er schien wie zum Zeitvertreib neue Bosheiten auszuhecken. So ließ er einen der Beamten des Echiquier – des Rechnungsrats –, Geoffroy, Archidiakon von Norwich, der sein Amt niedergelegt hatte, nachdem vom Papst der Kirchenbann über das Königreich verhängt worden war, festnehmen, ihn in ein Verlies werfen und unter einem Bleiumhang, der ihn fast erdrückte, verhungern. An den Reichsgrenzen erhoben sich die Waliser; um die Rebellion Llewellyns, eines der Stammesanführer, zu verhindern, ließ Johann in Nottingham achtundzwanzig junge Männer, Söhne walisischer Adliger, die er als Geisel gefordert hatte, aufhängen.

Er übte eine wahre Schreckensherrschaft aus. Die englischen Barone überlegten, ob sie das Königreich dem Sohn des französischen Königs oder aber Simon von Montfort antragen sollten, der durch seine Mutter Graf von Leicester war. Das Gerücht von diesem Plan verbreitete sich in ganz England. Ein Mann, Pierre de Pontefract, der sich als Seher ausgab, sprach ganz offen – das war zu Beginn des Jahres 1213 – davon, »daß der König nur noch bis Christi Himmelfahrt König sein werde«. Als Johann Ohneland dies zu Ohren kam, »befiel ihn gehörige Angst«, wie Zeugen berichten. Er ließ Pierre zu sich rufen und schwor ihm feierlich, daß er ihn, träfe seine Prophezeiung nicht ein, am Tag nach Himmelfahrt hängen ließe. Doch der Mann beharrte auf seiner Behauptung.

Inzwischen hatte König Philipp alle Vorbereitungen für einen Feldzug getroffen. Er hatte Verpflegung und Kriegsgerät beschaffen und in aller Eile eine Flotte von fünfzehnhundert Schiffen bauen lassen, die er in Gravelines zusammenzog. Die Heldentat Wilhelms des Eroberers war noch in aller Gedächtnis; jedermann erwartete, daß sie sich wiederholen würde; doch der König wählte als Operationsbasis nicht die Normandie, sondern Flandern. Er hatte vor, seine Truppen in Boulogne zu versammeln.

Nahm Blanca an diesen Vorbereitungen teil? Kein Text weist darauf hin, aber ihr geschicktes Vorgehen einige Jahre später, als sie in der Fortsetzung dieser Angelegenheit selbst aktiv werden mußte, läßt vermuten, daß sie nicht ganz unerfahren war. Es ist durchaus vorstellbar, daß sie bei einem Feldzug, der sie unmittelbar betraf – handelte es sich nicht darum, ihre Rechte geltend zu machen, und würde nicht ihr und ihrem Gemahl die englische Krone gehören? –, aus der Nähe oder der Ferne an den Vorbereitungen teilnahm.

Diese waren kurz vor Ostern 1213 abgeschlossen. Am Palmsonntag hielt Philipp August Hof in Soissons, um bei seinen Baronen um Kriegshilfe nachzusuchen und sie von dem geplanten Feldzug zu unterrichten. Alle fanden sich dort ein – mit Ausnahme eines einzigen, nämlich des Grafen von Flandern, Ferrand. Über sein Fernbleiben verärgert, schickte der König am Vorabend von Himmelfahrt nach Boulogne. An diesem Tag, dem 22. Mai 1213, wartete er vergeblich darauf, daß Ferrand sich präsentierte oder Boten entsandte.

Die Angelegenheit war schwerwiegend: Ferrand hatte den Gefolgschaftseid gebrochen. Doch diese Enttäuschung war geringfügig gegenüber der, die dem König von Frankreich noch bevorstand.

Einige Zeit vorher hatten die Vertrauten König Philipps den päpstlichen Legaten Pandolf nach Wissant eskortiert, von wo aus dieser sich nach England einschiffen wollte. Er hatte den Auftrag, Johann Ohneland mitzuteilen, daß der Papst ihn aufgrund seiner Verbrechen, seiner Eidbrüche, seiner Unbotmäßigkeit solennel abgesetzt hatte und der König von Frankreich oder vielmehr dessen Erbe die Krone erhalten sollte, die zu tragen er nicht mehr würdig war.

Nun tauchte in der Woche nach Himmelfahrt in Gravelines, wohin Philipp sich begeben hatte, ein Schiff am Horizont auf. Auf diesem Schiff befand sich Stephen Langton, der Erzbischof von Canterbury, den mehrere englische Bischöfe begleiteten. Sie berichteten dem König von dem Theatercoup, der sich am 13. Mai, drei Tage vor Himmelfahrt, ereignet hatte. König Johann hatte dem Papst in der Person seines Legaten Pandolf das Königreich England übereignet.

Alle Pläne des Königs von Frankreich waren damit zunichte. Mit einem Schlag hatte sich die Lage nochmals grundlegend geändert. Das bis dahin mit dem Kirchenbann belegte Königreich England war nun unverletztlich, da es unter dem unmittelbaren Schutz des Heiligen Stuhls stand. König Johann gelobte, Buße zu tun, und ließ in Gegenwart des Legaten unverzüglich eine Charta abfassen, in der die Abtretung bestätigt wurde: »Wir übergeben und überlassen aus freien Stücken Gott, seinen Aposteln Peter und Paul, der heiligen römischen Kirche, unserer Mutter, und dem Herrn Papst Innozenz sowie allen seinen Nachfolgern das gesamte Königreich England und das ganze Königreich Irland mit allen ihren Rechten und Pertinenzien... Wir werden die ligische Huldigung in Anwesenheit des Herrn Papstes leisten, sobald wir uns zu ihm begeben können.«

Im Gefängnis von Cork, in das der König ihn hatte werfen lassen, triumphierte Pierre de Pontefract voller Bitterkeit: »Der König wird hierher schicken, um mich hängen zu lassen; ich werde gehängt werden, ich weiß es wohl; doch es wird zu Unrecht sein, denn er hat sein Reich dem Papst vor Himmelfahrt übergeben. Und da er sein Reich von einem sterblichen Menschen erhalten hat, ist er nun nicht mehr König.« Und der Chronist, der diese Dinge festgehalten hat, fügt hinzu, daß Pierre tatsächlich ein paar Tage später auf Johanns Weisung gehängt wurde.

König Philipp seinerseits faßte sich schnell und sagte zu denen, die ihm diese bestürzende Nachricht überbrachten, mit zufriedener Miene: »Ich jubiliere, denn dank mir hat Rom das Königreich England bezwungen.«

Doch es war ein schwerer Schlag für ihn – um so mehr, als ihm in der Zwischenzeit im eigenen Lager Gegner entstanden waren. Zuvörderst Ferrand von Flandern, dessen Abfall ihm Sorgen bereitete. Dabei hätte dieser Ferrand mehr als einen Grund gehabt, ihm dankbar zu sein. Da er mit Blanca verwandt – er war der Schwager ihrer Schwester Urraca, der Königin von Portugal –, aber als jüngster Sohn vermögenslos war, hatte man ihn mit Johanna verheiratet, der Erbin der Grafschaft Flandern, wodurch ihm die Herrschaft über eine der reichsten Regionen des Königreichs zugefallen war. Ihre Hochzeit war im Januar 1212 glanzvoll in Paris gefeiert worden, und nun, ein Jahr danach, erdreistete sich dieser Emporkömmling bereits, seinem Lehnsherrn die Stirn zu bieten. Er sollte nicht schadlos davonkommen. König Philipp rächte sich alsbald für seine Enttäuschung, indem er sich der flämischen Städte Cassel, Ypern und Brügge bemächtigte und seiner Flotte befahl, im Seehafen Damme zu ihm zu stoßen.

Der König von Frankreich konnte ohnehin nicht länger in

Boulogne bleiben, denn er befand sich hier in einem Gebiet des Grafen von Boulogne, Renaud de Dammartin, das er kurz zuvor beschlagnahmt hatte. Der Graf, der einen alten Groll gegen das französische Königshaus hegte, war seit zwei Jahren mit dem König verfeindet, weigerte sich, vor dem Pairsgericht zu erscheinen, und hatte dem König von England seine Lehnshuldigung dargebracht. Ein Verräter also, dessen Beispiel aber Schule machen konnte. In der Tat: Als Graf Ferrand von Flandern sah, daß die königlichen Streitkräfte die Stadt Gent belagerten, hörte er nur zu bereitwillig auf seine Ratgeber, die ihm empfahlen, ebenfalls einen Boten zu König Johann zu entsenden, und schickte eilends einen seiner Ritter, Baudouin de Nieuport, nach England.

Die Lage war also eine völlig neue. Johann Ohneland hatte in dem Augenblick, da man ihn am Ende seiner Möglichkeiten glaubte, von allen verlassen und einem Kreuzzug entgegensehend, den der Papst gegen ihn führen wollte – es war in Rom die Rede davon gewesen –, die Lage entschieden und öffnete, gedeckt von der höchsten moralischen Instanz der Christenheit, seinen Hof den Baronen, die »Opfer« des Königs von Frankreich geworden waren.

Aber noch hatte er nicht sein letztes Wort gesprochen. Eine englische Flotte, die unter dem Befehl von Wilhelm »Langschwert«, Graf von Salisbury, dem illegitimen Bruder des Johann Ohneland, von Hugo de Boves und Renaud de Dammartin persönlich stand, griff in der Pfingstwoche die Schiffe des Königs von Frankreich an, verbrannte vierhundert und zerstreute die übrigen. König Philipp mußte überstürzt die Belagerung von Gent abbrechen, und es gelang ihm, die Anstürmenden in die Flucht zu schlagen. Aber es blieb ihm nichts anderes übrig, als den Rest seiner Flotte zu zerstreuen oder zu verbrennen – was er auch tat, ehe er nach Paris zurückkehrte, während am 31. Mai Ferrand von Flandern dem König von England in Gegenwart seiner Abgesandten den Lehnseid schwor. Die Expedition von Boulogne, die den französischen König etwa sechzigtausend Livres gekostet hatte, endete mit der größten Enttäuschung, die er je hatte hinnehmen müssen, und dem Treuebruch zweier seiner mächtigsten Vasallen.

Zu all diesen Enttäuschungen kam für Blanca noch ein ganz persönlicher Kummer hinzu. Am 26. Januar dieses Jahres 1213 hatte sie Zwillinge zur Welt gebracht, die nicht gelebt hatten; obgleich der Thronerbe, der damals vierjährige Philipp, ein wohlgeratenes Kind war, traf Blanca dieser Verlust schwer.

Der einzige Trost in dieser schlimmen Zeit waren die Nachrichten, die sie aus Spanien erhielt. Über ein bestimmtes Schreiben ihrer älteren Schwester Berenguela, dessen Text uns erhalten geblieben ist, muß sie sich besonders gefreut haben. »Ich habe Euch Angenehmes zu berichten«, schrieb Berenguela. »Durch die Gnade Gottes, von dem alle Kraft herrührt, hat der Herr König, unser Vater, den Amiramomelin (so nennt sie den Emir Mohammed-el-Nasser) in offener Feldschlacht besiegt. Eine bemerkenswerte Ehre, denn es ist etwas Außergewöhnliches, daß ein König von Marokko bei einem Kampf in offenem Gelände besiegt wurde; wisset, daß ein Vertrauter des Hauses unseres Vaters es mir mitgeteilt hatte, doch wollte ich es nicht glauben, bis ich die Briefe von der Hand unseres Vaters selbst gesehen habe.«

In der Folge geht sie sehr ausführlich auf eine Schlacht ein, die Berühmtheit erlangt hat; es handelt sich um die Schlacht von Las Navas de Tolosa, die Spaniens Schicksal entschied. Zum ersten Mal erleiden die Sarazenen auf der Iberischen Halbinsel eine vollständige Niederlage: »Unser Vater setzte ihnen mit seinen Truppen noch nach Sonnenuntergang bis in die Nacht hinein nach ... Der Wert der Beute aus dem Sarazenenlager – Gold, Silber, Kleider und Tiere – ist unermeßlich, so groß ist die Menge; wisset, daß zwanzigtausend Lasttiere kaum ausreichen würden, allein die Kisten mit den Pfeilen und Bogen fortzuschaffen ... Gebt dem König von Frankreich hiervon Kenntnis«, fügte Berenguela hinzu.

Blanca beeilte sich tatsächlich, die Nachricht weiterzugeben, nicht nur an den König von Frankreich, sondern auch an ihre Umgebung und alle, die daran Interesse haben konnten. Wir besitzen den Brief, den sie über dieses Ereignis an die mit ihr verwandte Blanca von Navarra schrieb, die Tochter des Königs von Navarra, Sancho VI., die den Grafen von Champagne, Thibaud III., geheiratet hatte. Inzwischen hatte sie offenbar ein neues Schreiben mit weiteren Einzelheiten erhalten, denn sie erzählt von dem Kampf ebenso begeistert, wie Berenguela es getan hatte, aber mit mehr Details: »(Die Christen) begannen am Donnerstag vor dem Fest des heiligen Justinus und des heiligen Rufinus (10. Juli 1212) vorzurücken und sahen sich auf der Bergeshöhe einer großen sarazenischen Streitmacht gegenüber.« Es war der vom Gegner sehr gut bewachte wilde Peñaperros-Engpaß in der Sierra Morena. »Am nächsten Tag, Samstag, fanden sie ortskundige Führer, die dem Heer einen Weg auf der Rückseite des Berges zu einem weniger schwierigen Übergang wiesen, und dort mußten sie es dann mit dem Heer des Königs Amiramomelin aufnehmen.«

Um diesen berühmten Übergang ranken sich zahlreiche Legenden. In einer davon heißt es, daß der heilige Bauer Isidor, der etwa fünfzig Jahre vorher gestorben war, dabei die Hand im Spiel gehabt hatte. Sein Geist soll das Heer auf wunderbare Weise über unbekannte Pfade geleitet und die Begegnung mit den sarazenischen Heerscharen unter Bedingungen ermöglicht haben, mit denen diese nicht gerechnet hatten.

Mit diesem Sieg endete die Bedrohung, der Blancas Heimatland seit der verheerenden Niederlage von Alarcos im Jahr 1195 ausgesetzt gewesen war. Kühn geworden, hatten die Araber Spaniens und Nordafrikas gegen Kastilien eine größere Offensive vorbereitet, die sämtliche Erfolge der Reconquista gefährdete. Der Erzbischof von Toledo, Rodrigo Jiménez de Rada, eine außergewöhnliche Persönlichkeit, ein großer Bauherr – der Bau der heutigen Kathedrale geht auf ihn zurück – und angesehener Gelehrter – er hatte der Universität seiner Stadt starke Impulse gegeben, indem er die Übersetzung der arabischen Philosophen förderte –, war im Jahr 1211 durch das Abendland gereist, um die Welt auf die

Gefahr hinzuweisen, in der Spaniens Christen schwebten. Seine eigene Stadt drohte eingekesselt und Kastilien durch diesen neuerlichen Angriff überrannt zu werden; daher befanden sich in dem Heer, das bei Las Navas de Tolosa gesiegt hatte, auch Kreuzfahrer aus aller Herren Länder. Unter ihnen nennt Berenguela einen Troubadour aus Frankreich, Thibaud de Blazon, den sie als besonders mutig schildert.

Blanca und Berenguela verbindet ganz offensichtlich eine große Zuneigung. Die beiden Schwestern werden übrigens ein ähnliches Leben führen, denn jede wird in ihrem Land auf vergleichbare Weise wirken. Die Zeitgenossen sagen von Berenguela einstimmig, daß sie »eine Frau mit viel gesundem Menschenverstand, sehr tüchtig, umsichtig, wohlmeinend in ihren Ratschlägen, mit den verschiedensten Eigenschaften begabt« war. »Jedermann wandte sich an sie, und allen war ihre Meinung maßgebend.« Das gleiche Lob wird man Königin Blanca singen.

Berenguela initiierte den Bau vieler Festungen und Kirchen. Ihr ist unter anderem der Wiederaufbau der Kathedrale von León zu verdanken; sie ließ auch die von Burgos errichten und, im Einvernehmen mit dem Erzbischof Jiménez, die von Toledo. Sie führte bei den Benediktinern von San Vicente in Segovia die Zisterzienserregel ein und sorgte dafür, daß sich in Guadalajara die Templer niederließen. Von den zahlreichen Kirchen, die Berenguela gründete, sei zumindest die von Osma erwähnt, weil durch ihren Bischof Diego, den Gefährten des heiligen Dominikus, ihre Geschichte mit der des Dominikanerordens verbunden ist. Doch damit ist Berenguelas Aktivität noch nicht erschöpft. Die Bedürfnisse ihrer Zeit erkennend, gewährt sie den Gemeinden zahlreiche Freiheitsrechte, schützt das niedere Volk vor den Adligen und gründet zusammen mit ihrem Gemahl die Universität Salamanca. Sie hatte sich übrigens von diesem Gemahl, Alfons IX. von León, trennen müssen, denn – und das ist das Paradoxe ihres Lebens – diese untadelige Frau war einen großen Teil ihres Lebens exkommuniziert. Der Grund: Sie war mit Alfons in einem nicht gestatteten Grad verwandt. Die vier Kinder, die sie miteinander hatten, sollten erst später vom Papst als legitim anerkannt werden; der Älteste, Ferdinand III., wird übrigens ein Heiliger sein, ebenso wie Blancas Sohn Ludwig.

Interessant für uns ist, daß die Briefe der beiden Schwestern, die eine unübersehbar persönliche Note tragen – man findet darin keine der von den Kanzleischreibern gebrauchten Formeln –, in Latein abgefaßt sind. Zu Beginn des 13. Jahrhunderts ist Latein noch die Schriftsprache, während Französisch und Kastilisch die allgemeinen, selbst bei Hofe gesprochenen Sprachen werden. Jeder ist damals noch mehr oder weniger zweisprachig, obgleich die Entwicklung der Volkssprachen schon weit fortgeschritten war; das hing vor allem damit zusammen, daß die Bibel, damals im gesamten christlichen Abend- und Morgenland noch die allgemeine Grundlage der Kultur, in die Alltagssprache übersetzt worden war. Im übrigen hatte es sich in den vorangegangenen Jahrhunderten eingebürgert, daß nur noch in französischer Sprache gepredigt wurde, obwohl man jedoch das Lateinische für die liturgischen Zeremonien beibehielt. Eine erbauliche kleine Geschichte erzählt, wie einem Pfarrer, der seine Predigt in schöner lateinischer Prosa abgefaßt hatte, in der nächsten Nacht im Traum ein Engel erschien und streng zu ihm sagte: »Für diese Predigt wirst du im Fegefeuer büßen!« Doch erst später, genauer gesagt unter Blancas Herrschaft, tauchen die ersten Briefe in französisch auf.

Berenguelas Schreiben ist übrigens nicht im Original erhalten. Doch man darf es sich ungefähr in der Art der Schreiben vorstellen, die spanische Granden einige Jahre später an Blanca und Ludwig richteten und die heute in den Archives Nationales verwahrt sind. Es sind Episteln in kleinem Format, in großen Buchstaben geschrieben und, etwas ganz Außergewöhnliches, mit einem silbernen Siegel versehen. In Frankreich, wie übrigens in den meisten Ländern des Okzidents, pflegte man Briefe nämlich nur mit Wachs zu siegeln; allein die Kaiser, der von Byzanz und der deutsche, verwendeten zum Siegeln Gold, ebenso die Stadt Venedig, während der Papst zum Zeichen der Demut Blei nahm. Die obengenannten silbergesiegelten Schreiben waren Briefe von kastilischen Adligen mit klingenden Namen wie Rodrigo Díaz de los Camberos, Gonsalve Pedro de Molina, Gonsalve d'Orvaneza und so weiter, die, verärgert darüber, daß sie von einer Frau regiert wurden, das Königreich Kastilien Ludwig und Blanca anboten. Die Frau, die ihren Unmut erregte, war keine andere als Berenguela, die für ihren noch kindlichen Sohn Ferdinand die Regentschaft ausübte.

Diese silbergesiegelten Schreiben blieben unbeantwortet. Blanca liebte ihre Schwester zu sehr, um als ihre Rivalin aufzutreten. Doch bezeugen solche Schreiben, daß damals zwischen Kastilien und Frankreich enge Kontakte bestanden. Zwei Königreiche, regiert von zwei Frauen, die Schwestern waren: Blanca und Berenguela. Man würde Blanca jedoch mißverstehen, vergäße man, welchen Platz ihr ganzes Leben lang in ihrem Herzen wie in ihren Gedanken ihre kastilische Familie einnahm.

Dunkle Wolken standen am Horizont, und der Augenblick war gekommen, da der Erbe des französischen Königsthrons zeigen konnte, was in ihm steckte. Von König Johann Ohneland übertölpelt, hatte Philipp wohl oder übel seine Absicht aufgeben müssen, die Hand nach Blancas Erbe auszustrecken. Doch mittlerweile waren ihm zwei andere Gegner erwachsen, gegen die er vorgehen mußte: Ferrand von Flandern und Renaud de Dammartin, Graf von Boulogne. In diesem Winter wütete der Krieg in Flandern, einer damals sehr regsamen, wohlhabenden Provinz mit blühenden Städten, die Zeitgenossen wie folgt beschreiben: Gent, dessen stolze Bevölkerung in Häusern wohnt, die mit Türmen geschmückt sind; das prächtige Ypern, wo die Leute so geschickt sind im Scheren der Schafwolle; Brügge, das den Fürsten ihre Stiefel liefert, reich durch seine Früchte und Wiesen und seinen nahegelegenen Hafen; Arras, die mächtige, sehr alte Stadt, wohlhabend wie kaum eine andere, wo große Gewinne gemacht werden und gern Wucher getrieben wird; schließlich das gesamte Flandern: schlagkräftig im Krieg, überquellend an Gütern, sparsam, dessen rotgesichtige, weißhäutige Bewohner nüchtern sind, rührig und betriebsam . . .

Dieses Land Flandern zieht während der nächsten Jahre die Aufmerksamkeit des französischen Königshofes auf sich. Die Ereignisse, deren Schauplatz es in den Jahren 1213/14 ist, sind für den König und sein Reich von entscheidender Bedeutung, und im Mittelpunkt dieser Ereignisse steht Prinz Ludwig. Genauer gesagt Ludwig und Blanca, denn wenn Flandern damals so große Bedeutung zukommt, dann zum Teil deshalb, weil der Verrat der beiden Komplizen Ferrand und Renaud das Königreich Frankreich in Gefahr gebracht hat, aber auch, weil Flandern eine unentbehrliche Operationsbasis für die Eroberung von England, Blancas Erbe, bildet.

Blanca verfolgte mit brennendem Interesse die verschiedenen Kämpfe, in die sie sich persönlich würde einschalten müssen. Im Winter 1213/14 war sie abermals schwanger; das hinderte sie jedoch keineswegs daran, den Vorhaben ihres Gemahls größte Aufmerksamkeit zu schenken, was daran zu messen ist, wie rasch und entschlossen sie später ihre Rolle übernehmen wird.

Für Ludwig war es jedoch nicht die Feuertaufe. Er hatte bereits zu Beginn des Jahres in Damme glanzvoll seine Tapferkeit bewiesen, als er Graf Ferrand in die Flucht schlug. In dem Winter, der sich ankündigte, würde er eine ganze Reihe großartiger militärischer Leistungen vollbringen. Mit seinem getreuen Marschall Henri Clément, »klein von Wuchs und mit großem Herzen«, lag er in Lille und beobachtete das Umland. Als er erfuhr, daß Ferrand seine Truppen nach Courtrai beordert hatte, überfiel er blitzschnell die Stadt. Und als Ferrand von Flandern und Renaud de Dammartin dort erschienen, stand Courtrai in Flammen; Ludwig selbst war inzwischen mit einer ansehnlichen Beute nach Lille zurückgekehrt.

Ein kurzer Abstecher nach Paris, um Blanca und seinem Vater vom Erfolg seiner Aktion zu berichten, und schon nahm Ludwig in Flandern wieder den Kampf auf, der bald schreckliche Formen annahm: Es wurde gemordet, geplündert, gebrandschatzt. In Bailleul wäre der Prinz um ein Haar bei einem von seinen eigenen Truppen gelegten Brand ums Leben gekommen. »Wisset wohl«, schreibt der anonyme

Chronist, ein Augenzeuge des Geschehens, »daß es noch keinen Königssohn oder einen anderen gegeben hat, der um sich selbst so wenig fürchtete.« In Steenvoorde, das die Franzosen »Estanfort« aussprachen – so bezeichnete man auch eine sehr geschätzte Stoffart –, rief Bruder Guérin, ein Hospitalitermönch, den Philipp zu seinem Ratgeber gemacht hatte, vor der brennenden Stadt mitleidlos aus: »Ihr Herren, habt Ihr je einen prächtigeren scharlachroten Estanfort gesehen!«

Eine Reihe von militärischen Glanzleistungen, die aber nur dazu führten, daß der Krieg immer grausamer, die Lage immer kritischer wurde. Auf die Plünderungen reagierte der Gegner ebenfalls mit Plünderungen. Ludwig wütete in Nieuport, Hazebrouck, Cassel; Ferrand in Souchez, Houdain, Bouchain – und plünderte sogar die berühmte Abtei Saint-Omer. Die Bevölkerung hatte das Nachsehen, und der Konflikt weitete sich aus. Renaud de Dammartin bemühte sich, die Barone des Nordens, Hollands und Deutschlands, ja sogar den deutschen Kaiser, Otto von Braunschweig, dafür zu gewinnen, gegen den König von Frankreich vorzugehen. Dabei hatte er verhältnismäßig leichtes Spiel, denn Otto war ein Neffe des englischen Königs. Doch das allein wäre kein ausreichender Grund gewesen, und Ottos Eingreifen zeigt, wie sehr der Konflikt ganz Europa ins Wanken zu bringen drohte.

Gleich nach seiner Krönung im Jahr 1209 war es zwischen Otto und dem Papst zu einem Streit gekommen. Daß die deutschen Kaiser mit dem Papsttum Probleme hatten, war schon beinahe Tradition, aber Innozenz III., der zu dieser Zeit auf dem Stuhl Petri saß, war nicht der Mann, der die Machtüberschreitungen des Kaisers noch länger hinzunehmen gedachte. Er hatte umgehend dafür gesorgt, daß Otto in dem jungen Friedrich von Hohenstaufen ein Gegenspieler erwuchs.

Die beiden verfeindeten Könige – der französische und der englische – sahen sich also nun genötigt, Verbündete außerhalb ihrer Länder zu finden. Als Ludwig sich zuvor ins Artois begeben hatte, um dort das mütterliche Erbe zu beanspruchen, war es ihm gelungen, einen Emissär des Königs von England zu fassen, der sich auf dem Weg zu dessen Neffen Otto von Braunschweig befand. Das veranlaßte Friedrich natürlich sofort, sich mit der Gegenseite, dem König von Frankreich, zu verbünden. Prinz Ludwig hatte um eine Unterredung gebeten; er und Friedrich hatten sich in Vaucouleurs getroffen. Welche Art Bündnis sie dort geschlossen hatten, wußte man nicht, aber in den beiden gegnerischen Lagern wurden schon jetzt die Weichen für das Schicksal des deutschen Reiches gestellt.

Mittlerweile wurde am französischen Königshof bekannt, daß Johann Ohneland am 15. Februar mit einem Söldnerheer, das er für viel Geld gegen »seinen ärgsten Feind, den König von Frankreich«, wie er selbst ihn bezeichnete, aufgestellt hatte, in La Rochelle gelandet war.

Das Königreich fand sich also nun von zwei Seiten gleichzeitig angegriffen, im Nordosten und im Südwesten. Wie weit konnte man auf die Treue der normannischen Barone zählen, die erst vor so kurzer Zeit unmittelbare Vasallen des Königs von Frankreich geworden waren und von denen die meisten Besitzungen in England hatten, die sie nicht aufs Spiel setzen wollten? König Johann hatte sich zwar den Haß der poitevinischen Adligen zugezogen, doch konnte man in diesen Regionen, der Wiege der Plantagenets, unerschütterliche Treue erwarten?

Zweifellos hatten sich die Nachkommen Hugo Capets noch nie in einer so gefährlichen Lage befunden. Philipp konnte sich diesmal nicht allein auf seinen Sohn verlassen; mit ihm zusammen ritt er gen Westen. Johann Ohneland hatte sich inzwischen auf den Weg zur Grafschaft Marche gemacht, um die Lusignans, die mächtigsten Barone des Poitou, zu zwingen, sich ihm zu unterwerfen. Ludwig und Philipp wagten etwas Verwegenes: Sie versuchten, ihm den Rückweg zum Meer abzuschneiden. Sie überschritten die Loire und wandten sich in Richtung L'Aunis mit der Absicht, sogar den Hafen La Rochelle zu besetzen. Doch König Johann bekam Wind von dem Vorhaben und machte ihnen einen Strich durch die Rechnung, indem er sich in Richtung

Saintes, dann gegen La Réole zurückzog. Zu dem Zeitpunkt, als sich die Frage stellte, wie weit man vorstoßen müsse, um dem nicht faßbaren Widersacher zu begegnen, traf die Nachricht ein, daß, wie man befürchtet hatte, im Artois der Krieg wieder aufgeflammt war. Nun galt es also, an zwei Fronten zu kämpfen.

Philipp hielt Rat in Châteauroux und beschloß, sich in Eilmärschen nach Flandern zu begeben, und überließ es Prinz Ludwig, gegen Johann Ohneland zu kämpfen.

Die Lage war besorgniserregend wie noch nie, als Blanca am 25. April mit einem Sohn niederkam. Sie nannte ihn Ludwig, nach ihrem so überaus geliebten Gemahl, der sich im Augenblick ganz allein mit dem König von England maß. Es war der Tag der »schwarzen Kreuze«, an dem die ersten Bittprozessionen stattfanden, um Gottes Segen für die kommenden Ernten zu erflehen. Blanca weilte zu diesem Zeitpunkt in Poissy. Weil die Glocken der Abteikirche sie störten, zog sie sich, wie es heißt, für ihre Niederkunft in das drei Meilen entfernte Neuville-en-Hez in ein Bauernhaus zurück, das dem Priorat Poissy gehörte. Das Neugeborene wurde jedenfalls in der Abteikirche getauft und von einer Amme namens Marie la Picarde genährt, der Blanca den Kleinen während seiner ersten Lebensmonate anvertraute. Vermutlich erhielt sie regelmäßig Nachrichten über die jüngsten Ereignisse, denn der Schauplatz des Kriegsgeschehens war nicht weit entfernt, und auch die Orte, an denen gekämpft wurde, werden ihr bekannt gewesen sein.

Ihr Gemahl hatte sich im Schloß Chinon einquartiert, das eine der Lieblingsresidenzen der Plantagenets gewesen war. Die Lage wurde tagtäglich gefährlicher. Kaum hatte König Johann von Philipps Aufbruch erfahren, erschien er sofort wieder auf dem Plan. Durch einen geglückten Handstreich war ihm Nantes in die Hände gefallen. Fast ohne Blutvergießen hatte er sich der Städte Ancenis, Oudon, dann Angers bemächtigt, das zu jener Zeit noch keine Umwallung besaß; schließlich nahmen seine Truppen die Burg Beaufort-en-Vallée ein, die, wie ihr Name besagt, das Umland beherrschte. Würde er, wie er gelobt hatte, mit einem Schlag alle Besitzungen zurückerobern, die der König von Frankreich ihm nach und nach abgenommen hatte?

Schon hatte Geoffroy von Lusignan, nachdem er sich seiner beiden Burgen Mervent und Vouvant beraubt sah, vor dem König von England den Lehnseid abgelegt. Durch seinen Erfolg mutig geworden, belagerte dieser gerade die Burg La Roche-aux-Moines, die sein ehemaliger Vasall Guillaume des Roches, der nun sein Gegner war, vor kurzem hatte errichten lassen. Diese Burg kontrollierte die Straße nach Nantes, wo bereits ein dem Prinzen Ludwig nahestehender Baron, sein Vetter Robert von Dreux, gefangengenommen worden war. Was tun? Sich zurückziehen? Den Kampf gegen Johanns zahlenmäßig überlegene Söldner wagen? Der Tragweite seiner Entscheidung bewußt, sandte Ludwig eilends seinem Vater einen Boten, der die Antwort zurückbrachte, Philipp trage ihm auf, gegen den König von England zu reiten und dafür zu sorgen, daß dieser die Belagerung abbräche.

Und wieder zeigte sich Ludwig als gehorsamer Sohn: Er ritt gegen den König von England und zwang ihn tatsächlich, »die Belagerung abzubrechen«.

In Wirklichkeit war dies einfacher gewesen, als er erwartet hatte. Entsprechend dem Ehrenkodex unter Feudalherren sandte er seinem Gegner eine formelle Herausforderung; die Besatzung, die La Roche-aux-Moines verteidigte, war am Ende ihrer Kräfte und schon fast bereit, sich zu ergeben. Da geschah etwas, das überhaupt nicht vorhersehbar gewesen war. Als Johann vom Nahen Ludwigs erfuhr, dessen Truppen laut Aussage von Zeitzeugen denen des Königs von England zahlenmäßig weit unterlegen waren, brach er plötzlich die Belagerung ab und »machte sich schnöde davon«. Statt zum Kampf kam es zu einer kurzen Verfolgungsjagd. Johann hatte seine Kriegsmaschinen, Zelte, die gesamte Ausrüstung an Steinbruchgerätschaften und Mangen zurückgelassen und flüchtete nun, »solange sein Roß ihn tragen konnte«. Das war am 2. Juli; am 4. befand er sich bereits in Saint-Maixent, ungefähr dreißig Meilen weit weg, was eine Vorstellung von seinem Tempo geben mag. Diese Flucht trug ihm den Beinamen »Puppenherz« ein, eine parodistische Analogie zu »Löwenherz«, während Prinz Ludwig für seine Zeitgenossen »Ludwig der Löwe« wurde.

Dieser sandte in aller Eile einen Boten zu seinem Vater, um ihm mitzuteilen, wie er das, was ihm »aufgetragen« worden war, erledigt hatte. Der Legende nach traf dieser Sendbote in Villemétrie, gleich da, wo nahe Senlis der gepflasterte Weg begann, einen Boten König Philipps, der die Nachricht vom Sieg bei Bouvines bei sich trug. Noch heute sind die Ruinen der Abtei zu sehen, die zum Gedenken an die beiden Siege an der Stelle errichtet wurde, wo die beiden Boten einander begegneten: die Abtei de la Victoire.

»Welche Worte, welche Feder, welche Malerei, welches Bild vermöchten die Dankesbezeigungen, die Siegeshymnen zu beschreiben, die vor Freude trampelnde, unüberschaubare Menschenmenge, die melodischen Gesänge der Geistlichen, die wohltönenden Klänge der Trompeten in den Festzügen, die innen wie außen prächtig geschmückten Kirchen, die Dörfer, Häuser, Straßen; denn in sämtlichen Städten und befestigten Orten, wo seidene Vorhänge und Tücher gespannt waren, der Boden besät war mit Blumen, Gras und grünen Laubzweigen, strömten die Menschen zusammen, ohne Unterschied des Standes, Geschlechts oder Alters, um solchen Triumph zu sehen; Bauern und Schnitter unterbrachen ihre Arbeit, hängten sich ihre Sicheln, Rechen und Gabeln um den Hals, stürzten zuhauf zu den Landstraßen, suchten den geketteten Ferrand zu erspähen, den sie in seinen Waffen einst so gefürchtet hatten. Und diese Bauern, ob alt oder jung, scheuten sich nicht, ihn zu verspotten ob der Scherze, zu denen sein Name Anlaß bot, denn ›Ferrand‹ bezeichnet ein Pferd ebenso wie einen Menschen, und durch einen merkwürdigen Zufall waren es zwei ›Ferrands‹, die seine Sänfte trugen. Darum schrien sie nun, da er in Ketten lag, dieser Ferrand, er könne nicht mehr ausschlagen, er, der vordem stolzgeschwellt sich seinem Herrn widersetzt und gegen ihn erhoben hatte. So geschah es allenthalben, bis man nach Paris gelangte. Die Pariser und – noch unübertrefflicher als die anderen – hauptsächlich die große Zahl der Studenten, die Geistlichkeit und das Volk, die mit Hymnen und geistlichen Liedern dem König entgegenkamen, alle schrien und taten die Freude kund, die ihre Seele erfüllte. Und es reichte ihnen nicht, während des Tages dergestalt zu frohlocken, sondern sie fuhren auch nachts damit fort, sieben Nächte hintereinander, mit unzähligen Lichtern, so daß die Nacht so hell war wie der Tag. Die Geistlichen vor allem ließen nicht ab, unermüdlich und mit größtem Eifer Festmähler, Chöre, Tänze und Gesänge zu veranstalten.«

Das Volk fühlte sich befreit, das Unheil, das über dem Königreich geschwebt hatte, war gebannt, man frohlockte über den zweifachen Sieg. Die immense Freude äußerte sich in einer allgemeinen Fröhlichkeit, wie Blanca sie noch nie erlebt hatte, wie man sie zweifellos in Frankreich noch niemals erlebt hatte. Nicht ohne Grund: Am Vorabend des Sieges von Bouvines, als, wie es hieß, die feindlichen Reihen viermal so dicht waren wie die der Franzosen, hatte Otto von Braunschweig bereits im voraus das Königreich aufgeteilt: Ferrand, Graf von Flandern, sollte Paris erhalten, Renaud die Stadt Péronne, Wilhelm Langschwert, der natürliche Bruder des Königs von England, die Stadt Dreux, der Graf von Nevers das Gâtinais und so weiter, wobei er klar zu verstehen gab, daß er selbst »die Krone über alle tragen würde«.

Graf Ferrand, der auf seine vorangegangenen Erfolge baute, hatte, wie es hieß, auch auf das Orakel, das seine Schwiegermutter Mathilde, Tochter des Königs von Portugal, für ihn eingeholt hatte, vertraut: »Es wird gekämpft werden, und in dem Kampf wird der König von Frankreich zu Boden geworfen und von Pferdehufen getreten werden, und er wird kein Grab haben. Nach seinem Sieg wird Ferrand von den Parisern mit allem Pomp empfangen werden.« Und der Chronist, der dies berichtet, fügt hinterhältig hinzu, daß das Orakel stimmte, wenn man es nur richtig auslegte...

Blanca und ihr Gemahl, der das Neugeborene, das seinen Namen trug, freudig begrüßt haben mag, genossen es sicherlich zu hören, wie die Schlacht, die Philipp am 27. Juli in Bouvines geschlagen hatte, im einzelnen abgelaufen war. Es war ein Sonntag gewesen. Kaiser Otto hatte am Morgen einen Boten zum König geschickt und ihm ausrichten lassen, daß er die Schlacht eröffnen werde; der König hatte ihn ersucht, mit Rücksicht auf den Gottesfrieden den Kampf auf den nächsten Tag zu verschieben; und jeder hatte diese Antwort für ein Ausweichen gehalten. In den gegnerischen Reihen hatte man die Fahnen aufpflanzen lassen; Ottos Banner zeigte einen Drachen, das Maul zum Königreich Frankreich hin geöffnet, »als sollte er alles auffressen«. Der Gegner war zahlenmäßig überlegen, aber – Zufall oder Taktik – die Franzosen hatten die Sonne im Rücken, während sie dem Gegner direkt in die Augen schien. Ein winziger Vorteil, der jedoch in einer Zeit, da Helme, Kettenhemden und Schilde bei Sonnenschein blitzten und funkelten, nicht unerheblich war.

Mit der Sonne als seiner Verbündeten hatte der König von Frankreich die Schlacht gewonnen; einen Augenblick war er in großer Gefahr gewesen, er war aus dem Sattel gehoben worden und unter sein Pferd gestürzt, und wären ihm seine Leute nicht sofort zu Hilfe geeilt, wäre er wahrscheinlich gefangengenommen worden. Doch nun war Ferrand von Flandern sein Gefangener: Vom Turm des Louvre aus konnte er in der Ferne die Stadt Paris erblicken, nach der ihn so sehr gelüstet hatte. Auch sein Komplize Renaud de Dammartin befand sich in Philipps Hand. Otto von Braunschweig hatte sein Heil in der Flucht gesucht wie ein wenig früher Johann Ohneland, der, in Parthenay verschanzt, nicht ohne Bangen der Dinge harrte, die noch kommen würden.

König Philipp begab sich persönlich in den Westen und empfing in Loudun die Barone, die ihn anflehten, Milde walten zu lassen. Johann Ohneland sandte als Boten Renouf von Chester zu ihm und der Papst seinen Legaten Robert de Courçon, der als gebürtiger Engländer geeignet war, die Sache des Königs zu vertreten. Nachdem in den letzten Monaten für Philipp alles noch einmal gnädig abgegangen war, hatte er jetzt nur eines im Auge: den Frieden. Am 18. September 1214 wurde schließlich in Chinon ein Waffenstillstand unterzeichnet. Die beiden Könige gelobten einander fünf Jahre Frieden.

»Keiner wagte ihn zu bekriegen; daher lebte er fortan in großem Frieden«, schreibt ein Chronist der damaligen Zeit über Philipp, nun »Philipp August« genannt. Doch ein anderer Chronist, ein englischer, Matthieu Paris, notiert seinerseits: »Wisset, daß sich die Franzosen weniger über ihren Sieg von Bouvines freuten als darüber, daß Ludwig den König von England in die Flucht schlug, weil sie die Hoffnung hegten, in ihm einen unerschrockenen Herrscher zu haben, der diesen selben König vernichten würde.« In der Tat war für Ludwig wie für Blanca der Sieg von La Roche-aux-Moines – ein entscheidender Sieg, denn hätte Johann Ohneland seine Streitmacht mit der seiner Verbündeten vereinigen können, wäre das Königreich Frankreich zweifellos unterlegen – ein Schritt auf dem Weg zu jenem anderen Königreich, das sie doch eines Tages zu erobern hofften. Aber zuerst galt es, wieder zu Kräften zu kommen, und da die beiden Könige einander Frieden geschworen hatten, mußte man auf alle Fälle das Ende des Waffenstillstandes abwarten.

Die allgemeine frohe Stimmung mag Blanca geholfen haben, den doppelten Verlust besser zu ertragen, der das Jahr 1214 für sie verdüsterte: Innerhalb weniger Wochen starben am 6. August ihr Vater und am 31. Oktober ihre Mutter vor Kummer. Sie waren ein vollkommenes Herrscherpaar gewesen, stets neue Kraft schöpfend aus der reinen Liebe, die sie füreinander empfanden. Für Blanca sollten sie immer Vorbilder bleiben. Sie respektierte auch ihren letzten Wunsch, nämlich gemeinsam im Kloster Las Huelgas beigesetzt zu werden, das sie nicht weit von ihrer Burg zu Burgos gegründet hatten. Den Gedanken, alle Familienmitglieder in ein und derselben Abtei zu bestatten, gab Blanca später weiter an ihren Sohn, den König von Frankreich, der Saint-Denis zur letzten Ruhestätte der französischen Herrscher erkor. Noch heute versammeln sich die Nonnen von Las Huelgas täglich in dem von Alfons und Eleonore errichteten schönen Kapitelsaal, wo an einer Wand in einem Rahmen ein scharlachrotes Stück Seide mit üppigen Goldstickereien hängt: das Banner, das man in der Schlacht von Las Navas de Tolosa dem sarazenischen Emir abgenommen hatte.

Prinz Ludwig von Frankreich ist nun für seine Zeitgenossen »Ludwig der Löwe«. Doch dieser Beiname, den er sich bei La Roche-aux-Moines erworben hat, ist nicht mehr viel wert von dem Zeitpunkt an, da er zur Untätigkeit verurteilt ist. Der Waffenstillstand hindert ihn leider daran, sich erneut zu beweisen. Da fällt ihm eines Tages ein, daß er ja einst gegen die Ketzer im Süden das Kreuz genommen hatte. Das war im Jahr 1213 gewesen; doch damals hatte sein Vater ihm verboten, an diesem Kreuzzug teilzunehmen, und er selbst war zu beschäftigt damit gewesen, Blancas Erbansprüche geltend zu machen.

Doch da bat zu Beginn des Jahres 1215 Guy, der Bischof von Carcassonne, den König von Frankreich abermals um Hilfe gegen die Ketzer im Süden des Reiches. Die Lage war ziemlich unklar in diesen Gebieten, man wußte nur, daß der designierte Anführer des Kreuzzuges, Simon von Montfort, sich über einen zu geringen Zuzug beklagte, denn sobald die Ritter die »quarantaine«, die vorgeschriebenen vierzig Tage Wehrdienst, abgedient hätten, kehrten sie nach Hause zurück. Ludwig machte sich nun tatsächlich mit einigen seiner Gefolgsleute auf den Weg und zog zum Rhônetal, wobei sich wohl so manch einer voller Bangnis gefragt haben mag, was »der Löwe« wirklich im Schilde führte. Aus diesem Grund hatte der Papst seinen Legaten Pietro von Benevent in diese Gegend entsandt, da er stark befürchtete, daß der französische Thronerbe »die Städte und Burgen, die die römische Kirche unter ihren Schutz genommen hatte, besetzen oder zerstören wollte«. Als der Legat aber in Valence mit dem Prinzen zusammentraf, war er wieder beruhigt: Ludwig zeigte sich »milde und sehr freundlich«.

Beispiellos freundlich sogar, denn Ludwig ist mit allem einverstanden, gewährt alles, worum man ihn bittet. Er reitet von einer Stadt zu anderen; in Montpellier und Béziers – wo zu Beginn des Kreuzzugs ein schreckliches Gemetzel stattgefunden hatte – sagt er den Bewohnern seinen Schutz zu; auf Bitte Simons de Montfort zwingt er die Narbonner, eigenhändig ihren Stadtwall abzutragen, und bestätigt ihm den Besitz der Stadt Toulouse, die der Papst seiner Raffgier zu entziehen versucht hatte. Dann kehrt er in die Île-de-France zurück, im Gepäck eine Reliquie: Es ist der Kiefer des heiligen Vinzenz, den der Anführer des Kreuzzugs ihm geschenkt hatte. Einen Kiefer ...

Als Ludwig von Frankreich mit seinem Vater, König Philipp, zusammentrifft, berichtet er ihm von seiner Exkursion in den Süden und wie er, ohne ein Wort zu verlieren, alles registrierte; natürlich erzählt er ihm auch, »wie Simon von Montfort es verstand, sich großzutun und zu bereichern«. Der König »antwortete nichts darauf und sagte nichts«.

Der Löwe hat sich vorübergehend in ein Lamm verwandelt, doch nicht für lange; eine Meldung läßt seinen Kampfgeist wiedererwachen. Abermals handelt es sich um Blancas Erbe. Im September und Oktober 1215 herrscht auf beiden Seiten des Ärmelkanals ein reges Kommen und Gehen von Boten. Diesmal will man kein Risiko eingehen: Die Barone Englands bitten den König von Frankreich dringend, ihr Oberherr zu werden und sich seinem Schutz unterstellen zu dürfen. Sie bieten also Blancas Erbe deren Gemahl an.

In der Tat erlebt England aufregende Zeiten. Die Ereignisse vom 12. Juni 1215 sollten für immer seine Geschichte prägen. An diesem Tag nämlich erhoben sich die englischen Barone offen gegen König Johann Ohneland: Mit einer Kühnheit, die alle Welt in Erstaunen versetzen sollte, forderten sie den König auf, vor ihnen zu erscheinen, und zwangen ihn, sein Siegel unter die Magna Charta zu setzen, ein offizielles Dokument, in dem die Freiheiten festgehalten sind, die sie künftig genießen wollen. Ort der Handlung war das zwischen Staines und Windsor gelegene Runnymede; der betagte Guillaume le Maréchal diente als Mittler zwischen den Baronen, an deren Spitze der einstige Flüchtling Robert Fitz-Gautier stand, und König Johann, der nur noch sieben getreue Ritter an seiner Seite hatte.

Aus dem Poitou zurückgekehrt, hatte Johann, obwohl durch die Niederlagen von La Roche-aux-Moines und Bouvines in Mißkredit gekommen, höchst unbedacht den Baronen, die nicht mit ihm ins Poitou gezogen waren, willkürliche Steuern auferlegt. Nun war das Maß voll. Die englischen

Adligen hatten sich eines Freibriefs von König Heinrich I. entsonnen und mit Unterstützung der Londoner Bürger beschlossen, es zum offenen Bruch kommen zu lassen. Sie hatten ihre Forderungen schriftlich fixiert, und König Johann war nichts anderes übriggeblieben, als die Magna Charta zu unterzeichnen.

»Der König von England war allein ... In jener Nacht zog er sich in das Schloß Windsor zurück, um zu ruhen. Da er aber keine Ruhe fand, begab er sich, verstört und aufgeregt, noch vor Tagesanbruch heimlich auf die Insel Wight, wo er voller Sorge zu überlegen und Argumente zu suchen begann und darüber nachsann, wie er sich an seinen Baronen rächen konnte.« Ein Mann am Ende.

Die Magna Charta beinhaltete sogar etwas, das er als eine Bevormundung ansehen konnte: Ein Gremium von fünfundzwanzig Baronen sollte die Durchführung der darin niedergelegten Bestimmungen überwachen. Im Bewußtsein ihrer neuen Macht kränkten sie den verhaßten Mann, der ihnen auf Gedeih und Verderb ausgeliefert war, wann immer sich eine Gelegenheit bot.

»Eines Tages kamen die fünfundzwanzig Barone an den Hof des Königs, um zu Gericht zu sitzen. Der König lag so fußkrank darnieder, daß er nicht gehen konnte. Darum ließ er die fünfundzwanzig Barone ersuchen, zu ihm zu kommen und in seinem Gemach Recht zu sprechen; er sei außerstande, sich zu ihnen zu begeben. Darauf beschieden sie ihm, daß sie nicht kämen, denn das wäre gegen ihr Recht, und wenn er nicht gehen könne, möge er sich tragen lassen. Da der König nichts dagegen tun konnte, ließ er sich zu den fünfundzwanzig Baronen tragen, dahin, wo sie waren. Sie erhoben sich nicht vor ihm, denn man hatte ihnen gesagt, wenn sie sich erhöben, handelten sie wider ihr Recht. Solche Schmach taten sie ihm in ihrem Hochmut viele Male an.«

Der König von England war zwar entmachtet, aber immer noch listenreich. Es blieb ihm noch eine Möglichkeit: der Appell an den Papst. Hatte er ihm nicht in einer ebenso kritischen Situation sein Reich zum Lehen gegeben? Und, durchtrieben wie er war, gelobte er, einen Kreuzzug zu unternehmen. Das brächte ihm, dessen war er gewiß, das größte Wohlwollen Innonzenz' III. ein, der, wie er wußte, nur ein Ziel vor Augen hatte, nur von einem Gedanken beherrscht wurde: die heiligen Stätten zu befreien. Tatsächlich zeitigte dieser Schachzug die erhoffte Wirkung.

»So wollen also Englands Barone einen König, der sich zu einer Kreuzfahrt entschlossen und unter den Schutz des Heiligen Stuhls begeben hat, aus seinem Reich verjagen! Sie wollen den Besitz der heiligen Kirche jemand anders übertragen! Beim heiligen Petrus, wir können diese Beleidigung nicht ungeahndet lassen!«

Die Magna Charta war im Juni besiegelt worden; bereits im September waren die Barone exkommuniziert. Nun benötigten sie einen Anführer, einen Garanten, einen König – und sie taten das Nächstliegende: Sie wandten sich an Ludwig von Frankreich; er möge so rasch wie möglich nach England kommen und die Rechte seiner Gemahlin wahrnehmen.

Daher sah der König von Frankreich eines schönen Tages nicht nur einfache Boten an seinem Hof eintreffen, sondern eine feierliche Delegation unter der Führung des Grafen von Winchester, Sehier de Quincy. Gleich zu Anfang ein Paukenschlag: Der Graf erklärte, daß er in seinem und der anderen Fürsten Namen Ludwig von Frankreich den Gefolgschaftseid schwören wolle. Im gleichen Augenblick erschien ein Sendbote und bat, vor den König treten zu dürfen. Allgemeine Verblüffung: Das Schreiben, das er Philipp August überreichte, hatte zum Inhalt, daß König Johann mit seinen Baronen ein Abkommen getroffen hatte. Ludwig von Frankreich brauche sich nicht zu bemühen; und überdies werde man ihm die Kosten, die ihm vielleicht im Hinblick auf ein Übersetzen nach England entstünden, ersetzen. Das Schreiben trug die Siegel und Unterschriften der wichtigsten Barone, die Sehier de Quincy zu vertreten angab.

Nach einigen Minuten beklommenen Schweigens ein Zornausbruch König Philipps. Was bedeutete diese Komödie? Wer versuchte da, ihn hinters Licht zu führen? Nachdem Sehier de Quincy sich gefaßt hatte, bat er, das Schreiben und die Siegel sehen zu dürfen: Sie waren gefälscht – von König Johann. Wie später bekannt wurde, hatte er ein gleiches Schreiben an die Barone Nordenglands gesandt und ihnen im Namen Robert Fitz-Gautiers sagen lassen, daß er Frieden geschlossen habe.

Nachdem man einander verschiedene Versprechungen gemacht hatte, ging die Versammlung auseinander. Vorsichtig geworden, forderte König Philipp jedoch Geiseln, und bald landeten vierundzwanzig junge Männer, Söhne der unbotmäßigen Barone, in Frankreich und wohnten im Schloß von Compiègne; sie bürgten für das Leben Ludwigs, der sich anschickte, in See zu stechen.

Ludwig und Blanca hatten ein unwiderlegbares Recht darauf, über England zu herrschen. Sowohl der Adel als auch die Handwerker und Kaufleute von London, deren Stimmen an Geltung gewannen, hatten sie ausdrücklich herbeigerufen. Militärisch gesehen erschien das Unternehmen mindestens ebenso erfolgversprechend wie einst das von Wilhelm dem Eroberer oder selbst das Heinrich Plantagenets im vorangegangenen Jahrhundert. »Unverzüglich rief Ludwig alle Jünglinge Frankreichs, die er erreichen konnte, zu sich und begab sich auf seine Burg Hesdin. Dort ersuchte er die Adligen seiner Ländereien, ihm mit ihren Rittern zu helfen, nach England überzusetzen, und bat einige von ihnen, selbst mitzukommen.«

Keine Spur von »Freundlichkeit« mehr bei diesem Thronerben Frankreichs, der es kaum erwarten kann zu regieren. Den Feudalherren indes stellte sich eine Gewissensfrage, da die englischen Barone ja exkommuniziert waren. Ludwig nimmt darauf keine Rücksicht und beseitigt jedes Hindernis, das sich ihm in den Weg stellt. Herzog Eudes von Burgund will nicht mitmachen, er hat gelobt, ins Heilige Land zu ziehen. Dann solle er eben ziehen, aber vorher tausend Silbermark zahlen als Unkostenbeitrag für den Englandfeldzug. Gräfin Blanca von Champagne wendet ein, daß sie jemanden, der gegen einen königlichen Kreuzfahrer zu Felde zieht, nicht unterstützen kann – Johann Ohnelands List ist erfolgreich! Daraufhin läßt Ludwig einen Trupp Gewappneter in

Marsch setzen, die Blanca bedrohen und ihr so zusetzen, daß sie in ihrer Angst alles verspricht, was man von ihr verlangt, und in ihr Gemach flüchtet. König Philipp, dem dieses Vorgehen mißfiel, mußte seinen Erben zur Mäßigung ermahnen.

In den ersten Dezembertagen landete ein erstes Kontingent von hundertvierzig Rittern in Orewell und begab sich nach London, »wo sie freundlich empfangen wurden und fortan ein schönes Leben führten. Aber«, fügt der Chronist hinzu, »sie fühlten sich dennoch beeinträchtigt, denn es gab keinen Wein, und sie hatten nur Bier zu trinken, was ihnen mitnichten gefiel.« Eine zweite Abteilung von hundertzwanzig Rittern sollte folgen. »Sie segelten so über das Meer, daß sie in die Themsemündung einliefen und an der Brücke von London anlangten.« Das geschah Anfang Januar 1216.

»Ludwig, ältester Sohn König Philipps, an alle seine Getreuen und Freunde, die in London weilen, Gruß und aufrichtiges Wohlwollen. Seid versichert, daß wir am bevorstehenden Ostertag in Calais sein und uns, so Gott will, einschiffen werden. Dafür, daß Ihr mich mutig und voller Begeisterung in allen meinen Angelegenheiten unterstützt habt, gewähre ich Euch zahlreiche Gunstbeweise und ersuche Euch inständig und heute inständiger denn je, weiterhin mutig und voller Begeisterung für mich einzutreten, so wie Ihr es stets getan habt. Seid versichert, daß Ihr binnen kurzem unseren Beistand haben werdet, und wir bitten Euch dringend, Euch in dieser Sache nicht auf irgendeinen falschen Vorschlag, Brief oder Sendboten zu verlassen, denn wir glauben, daß Ihr darüber unechte Briefe und erlogene Botschaften erhalten habt. Gott befohlen.«

Dieses Schreiben wurde von Ludwig wahrscheinlich Ende März oder Anfang April 1216 abgeschickt – Ostern fiel in jenem Jahr auf den 10. April. Seine Ritter, die nun seit drei beziehungsweise vier Monaten in London waren, langweilten sich vermutlich bereits und waren des Biers überdrüssig. Dabei unterließen die englischen Barone und die Bürger von London auf Anordnung ihres Schultheißen Serle de Mercier nichts, um ihnen das Leben angenehm zu machen. Ein Turnier folgte dem anderen. Eines endete sogar tragisch. »Um sich die Zeit zu vertreiben, begannen die Ritter zu turnieren. Geoffroy de Mandeville, Graf von Essex, war mit den anderen anwesend. Doch hatte er weder Waffenrock noch Wams angelegt. Ein Ritter aus Frankreich, den man ›Maulbeerlocke‹ nannte, stürmte auf ihn zu. Als der Graf ihn herankommen sah, rief er: ›Maulbeerlocke, stoß nicht zu, ich habe mein Wams nicht angelegt.‹ Doch dieser achtete nicht auf den Zuruf und versetzte ihm einen so heftigen Schlag gegen den Bauch, daß er starb. Darob herrschte große Trauer, aber der junge Mann wurde nie bestraft.« Geoffroy de Mandeville hatte, bevor er das Zeitliche segnete, ausdrücklich darum gebeten, nicht gegen ihn vorzugehen.

Während die Ritter ihre Zeit mit Turnieren verbrachten, verteidigte sich Johann Ohneland mit der Kraft der Verzweiflung. Er hatte flämische, walisische und andere Söldner für teures Geld anwerben lassen. Unter ihnen befanden sich Bandenführer wie der Poiteviner Savary de Mauléon und der Normanne Fauquet de Bréauté, erste Vorläufer der schrecklichen »routiers«, Räuber, die während der englisch-französischen Kriege im 14. und 15. Jahrhundert in Frankreich ihr Unwesen trieben. Nur wenige seiner Gefolgsleute standen noch zu ihm, neben anderen Pierre des Roches, Bischof von Winchester, auch er Poiteviner, der übrigens in schlechtem Ruf stand und nacheinander von beiden Seiten des Verrats bezichtigt wurde; aber auch Hubert von Bourg, Philippe d'Aubigné, Guillaume le Maréchal, die, vor allem der letztgenannte, ihr Leben lang die einem Lehnsherrn schuldige Ergebenheit verkörperten. Den aufständischen Baronen ihrerseits war es gelungen, sich mit den walisischen Anführern und mit dem König von Schottland, Alexander II., zu verbünden, doch wagten sie nicht loszuschlagen, solange Ludwig, den sie zu ihrem Oberherrn gewählt hatten, nicht bei ihnen war; inzwischen verwüstete Johann Ohneland die Gegend. Verständlich, daß zu beiden Seiten des Ärmelkanals die Ungeduld wuchs. Doch noch andere Hindernisse sollten die so sehnlich erwartete Landung verzögern.

In der Tat verfolgte jemand die Ereignisse mit verzweifelter Aufmerksamkeit, nämlich Papst Innozenz III. Wiederum fand er sich mit einem jener schier unlösbaren Fälle konfrontiert, von denen es in seinem Pontifikat so viele gab.

»Wenn der König von England besiegt wird, teilen Wir seine Bestürzung, denn er ist Unser Vasall, und Wir sind gehalten, ihn zu verteidigen. Wird der Herr Ludwig besiegt, was Gott verhüten möge, wird dies die römische Kirche ebenso hart treffen wie ihn, und Wir betrachten seine Verletzung als die Unsere.« Und er fügt hinzu: »Wir haben ihn stets und jederzeit als den Arm, Trost und die Zuflucht der römischen Kirche im Unglück und in der Verfolgung betrachtet und tun dies auch heute noch.«

Um zu versuchen, den Lauf der Dinge aufzuhalten, hatte er seinen Legaten Galon von Beccaria nach Frankreich entsandt; übrigens keine willkürliche Wahl, denn der Legat galt als wenig umgänglich, und er war es gewesen, der acht Jahre früher die Rechte der Königin Ingeborg gegenüber Philipp August vertreten hatte. Dennoch wurde er mit allen Ehren am französischen Hof empfangen, wo eine feierliche Versammlung für den 24. April in Melun anberaumt wurde. Würde Blanca daran teilnehmen? Sie war wieder schwanger, erwartete einen Sohn, Robert, dem sie im September das Leben schenkte. Wenn sie auch nicht persönlich auftrat, so waren es doch ihre Rechte, um die es ging; sie stand im Mittelpunkt der erregten Debatten, die von der Versammlung geführt wurden.

Unfreundliche Debatten. Vor dem thronenden Legaten im päpstlichen Rot – die reisenden Legaten vertraten den Papst und trugen daher dessen Ornat – tagte im Kreis seiner Barone der König von Frankreich. Ludwig hatte an der Seite seines Vaters Platz genommen, nachdem er, wie es in den Texten heißt, dem Legaten im Vorübergehen einen drohenden Seitenblick zugeworfen hatte. Dieser ergriff als erster das Wort und wiederholte die Bitte, die der Papst bereits schriftlich formuliert hatte: »Daß Ludwig darauf verzichten möge, in England zu landen und das Patrimonium der Römischen Kirche zu besetzen; sein Vater solle es ihm nicht gestatten.«

»Ich bin dem Herrn Papst und der Römischen Kirche stets treu und ergeben gewesen«, antwortete Philipp, »und ich habe bisher bei allen seinen Unternehmungen mein möglichstes getan, um seine Angelegenheiten tatkräftig zu unterstützen; auch heute wird es weder mit meiner Hilfe noch auf meinen Rat hin geschehen, daß mein Sohn Ludwig, in welcher Weise auch immer, die Römische Kirche verletzt. Wenn jedoch Ludwig irgendeinen Anspruch hinsichtlich des Königreichs England anzumelden hat, möge man ihn anhören und ihm zugestehen, was rechtens erscheint.«

Daraufhin erhob sich ein Ritter, den Ludwig für diesen Anlaß zu seinem Sachwalter bestellt hatte, und antwortete:

»Herr König, es ist jedermann sehr wohl bekannt, daß Johann, der sich König von England nennt, für seinen Verrat an seinem Neffen Arthur, den er mit eigenen Händen getötet hat, von Eurem Pairsgericht zum Tode verurteilt wurde. Danach haben sich Englands Barone wegen der vielen Verbrechen und weiteren abscheulichen Schändlichkeiten, die er dort begangen hat, von ihm losgesagt; sie wollten nicht, daß er länger über sie herrsche, und darum haben diese Barone begonnen, ihn zu bekriegen, um ihn für immer vom Boden seines Reiches zu vertreiben. Da übergab der genannte König, ohne um die Zustimmung der Barone nachzusuchen, sein Königreich England dem Herrn Papst und der Römischen Kirche, um es aus deren Hand wieder entgegenzunehmen und es mittels eines Tributs von tausend Mark im Jahr zu besitzen. Da er Englands Krone nicht ohne die Einwilligung seiner Barone irgend jemandem übergeben konnte, legte er sie einfach nieder, und sobald er das getan hatte, fand sich das Reich ohne König. Nun konnte ohne die Zustimmung der Barone das Reich nicht herrscherlos bleiben. Deshalb haben die Barone den Herrn Ludwig gewählt wegen seiner Gemahlin, deren Mutter, will heißen die Königin von Kastilien, die einzige von den Geschwistern des Königs von England war, die noch lebte.«

Es folgte eine hitzige Debatte, wobei der Legat ins Feld führte, daß König Johann ja Kreuzfahrer sei, während Ludwigs Sachwalter die Untaten aufzählte, deren sich der nämliche König Johann schuldig gemacht hatte. Galon von Beccaria drohte mit der Exkommunizierung. Worauf Ludwig sich an seinen Vater wandte:

»Herr, ich bin Euer Vasall für das Lehen, das Ihr mir von Euren Besitzungen auf der anderen Seite des Meers gegeben habt; es kommt Euch nicht zu, über irgend etwas zu entscheiden, was das Königreich England angeht. Deshalb unterwerfe ich mich in diesem Punkt dem Urteil meiner Pairs, will heißen, ob Ihr mir untersagen dürft, mein Recht zu verfolgen – ein Recht, hinsichtlich dessen Ihr nicht die oberste Gerichtsbarkeit besitzt. Ich ersuche Euch daher, mich nicht daran zu hindern, dieses Recht zu verfolgen, wenn ich mich dazu genötigt sehe, und bis zum letzten Atemzug um das Erbe meiner Gemahlin zu kämpfen.«

Danach zog Ludwig sich mit den Seinen von der Versammlung zurück. Der Legat ersuchte den König um einen Geleitbrief bis zur Küste. Worauf der König erwiderte: »Für mein eigenes Gebiet gebe ich Euch gerne einen Geleitbrief, doch wenn Ihr zufällig Eustache le Moine in die Hände fallt oder einem anderen von Ludwigs Leuten, die die Wege zum Meer bewachen, macht mich nicht verantwortlich, wenn Euch ein Unglück widerfährt.« Wütend verließ der Legat den Hof.

Ludwig wartete nur noch günstiges Wetter ab, um über das Meer zu fahren. Aber der Frühling des Jahres 1216 erwies sich als katastrophal, ein Sturm folgte auf den anderen. Eine von König Johann nach Calais entsandte Flotte wurde zerstreut, und man freute sich darüber, »denn eines seiner Schiffe war soviel wert wie vier von Ludwigs Schiffen«. Schon jetzt zeigte sich die Überlegenheit der englischen Seestreitmacht. Freilich besaß Ludwig einen Trumpf in der Person jenes Eustache le Moine, von dem König Philipp gesprochen hatte. Dieser bemerkenswerte Mann, dem man Zauberkräfte nachsagte, genoß als Pirat und Seefahrer einen solchen Ruf, daß später über sein Leben ein episches Gedicht geschrieben wurde, der ›Roman von Eustache le Moine‹; seinen Beinamen »le Moine«, der Mönch, hatte er erhalten, weil er zunächst Ordensbruder im Kloster Saint-Vulmer gewesen war, später jedoch ins weltliche Leben zurückkehrte. Wie viele andere hatte er dem König von England gedient, war aber von ihm so schlecht behandelt worden, daß er bei der erstbesten Gelegenheit seine Dienste dem französischen Thronfolger anbot.

Seeleute vom Schlag eines Eustache le Moine zu Verbündeten zu haben war für das Gelingen des französischen Unternehmens von unschätzbarem Wert: »Ich fürchte sehr, daß der König nicht in der Lage sein wird, ihm Widerstand zu leisten, wenn er kommt«, schrieb am 7. Januar 1216 ein englischer Adliger an einen seiner Freunde über Prinz Ludwig. »Er soll angeblich mit einer so starken Streitmacht anrücken, daß ich befürchte, daß das gesamte Land verwüstet werden wird. Er vergibt die Ländereien derer, die gegen ihn sind, wie man mir bedeutet hat ...« Die Aussicht, ihren Besitz zu verlieren, hätte vielleicht genügt, auch diejenigen Barone zu gewinnen, die nach wie vor zu König Johann standen; Londons Bürgertum, dessen Stimme im Lande zu zählen begann, stellte sich einmütig auf die Seite des französischen Thronfolgers. Die Bevölkerung der anderen Städte und auf dem Land war zweifellos ebenso hin und her gerissen zwischen widersprüchlichen Gefühlen wie einige zeitgenössische englische Chronisten, die kein Blatt vor den Mund nehmen. Einer, Matthieu Paris, behauptet bei der Aufzählung der eingenommenen Städte: »Das Gelichter aus Frankreich soff dort viele Fässer leer« – er gibt nicht an, ob es sich um Wein oder Bier handelte –; ein anderer, Giraud de Barri, ruft begeistert aus: »Möge es sich freuen, das englische Volk, auf das der Herr endlich einen wohlwollenden Blick geworfen hat; es möge sich freuen und, willfährig, wie es ist, dem zu dienen wissen, der ihm dieses Glück beschert hat.« Eines steht fest: Johann Ohneland wurde von allen gehaßt, und die Engländer waren es gewohnt, daß ein König vom Festland kam, um über England zu herrschen.

Blieb noch der Klerus. Er befand sich in einer schwierigen Lage. Etwa zur gleichen Zeit wie Ludwig von Frankreich war noch jemand in England gelandet und hatte sich nicht geschlagen gegeben: Es war der päpstliche Legat Galon von Beccaria. Er hatte sogleich für Johann Partei ergriffen und Ludwig exkommuniziert. Stephen Langton, der Erzbischof von Canterbury, war zuvor vom Papst seines Amtes enthoben worden, weil er sich auf die Seite der Barone gestellt und bei der Ausarbeitung der Magna Charta eine führende Rolle gespielt hatte. Viele fragten sich besorgt, was es wohl auf sich haben mochte, daß gegen einen untadeligen Prälaten und einen Prinzen ohne Fehl solche Strafmaßnahmen ergriffen wurden, während man einen Mann wie Johann Ohneland, dessen Verbrechen nicht zu zählen waren, weiterhin unterstützte. Daher gab es in London Kirchspiele, in denen »gesungen wurde«, und solche, wo gemäß dem päpstlichen Interdikt »nicht gesungen wurde«. Bald waren es nur noch fünf, die »nicht sangen«.

Die Stürme indes schienen nachzulassen. Nachdem Ludwig alle Vorbereitungen getroffen hatte, bestimmte er, daß die Schiffe am Freitag, dem 20. Mai 1216, um neun Uhr abends auslaufen sollten. Er »ließ in die Hörner stoßen und gab den Befehl, in See zu stechen«. Aber in der Nacht wurde das Wetter wieder schlecht. Einige mußten umkehren, unter ihnen Enguerrand von Coucy und Hervé de Donzy, Graf von Nevers, der übrigens während des ganzen Feldzuges eine recht zwielichtige Rolle spielen würde – er war eine Zeitlang Johann Ohnelands Bundesgenosse gewesen, und es hieß, daß seine Tochter Agnes mit dem Sohn des Königs vermählt werden sollte. Unerschrocken wie immer hatte Ludwig beschlossen, trotz der schlechten Witterung weiterzusegeln, aber er hatte nur noch sieben Schiffe, als er sich am nächsten Morgen in Sichtweite der englischen Küste befand. Da er vermutete, daß der Hafen Sandwich von den königlichen Truppen bewacht wurde, entschied er sich, in Stonor auf der Insel Thanet zu landen.

König Johann hatte inzwischen vollkommen den »muot« verloren. Der Verfasser der ›Geschichte der Herzöge der Normandie‹, der wahrscheinlich als Söldner in seinen Diensten stand, schreibt, daß er bei Ludwigs Ankunft zutiefst niedergeschlagen war. »Er ritt ein wenig am Strand auf und ab, ließ in seine Hörner stoßen, doch wenige seiner Gefolgsleute wurden wach, und wenige zeigten Begeisterung. Er machte einen sehr bejammernswerten Eindruck. Nach einer kleinen Weile galoppierte er auf seinem Zelter in großer Eile gen Dover. Er hatte bereits gut eine Meile zurückgelegt, ehe die Mehrzahl seiner Leute es gewahrte... Daß der König davongeritten war, mißfiel ihnen aufs höchste; sie wagten nicht dazubleiben und folgten ihm weinend, denn sie waren sehr schmerzlich getroffen und zornig; in Dover fanden sie ihn überaus entmutigt vor.«

Der Ausgang des Unternehmens schien festzustehen. Im Gegensatz zu Johann, der sich auf dem Rückzug befand, zeigte sich Ludwig äußerst aktiv. Nachdem er am 2. Juni in London eingezogen und von den Bürgern der Stadt »mit großer Freude« begrüßt worden war, setzte er sich am 6. wieder in Marsch. Am 7. Juni kapitulierten mehrere Burgen in Sussex; am 8. Guildford in Surrey; am 11. Farnham. Danach wandte er sich in Richtung Winchester, wo Savary de Mauléon genötigt war, sich ihm zu ergeben. Der gesamte Adel Englands stand nun auf seiner Seite. Er empfing sogar die Huldigung des illegitimen Bruders des Königs, Wilhelm Langschwert, Graf von Salisbury, der bis dahin den Plantagenets die Treue gehalten hatte. Die einzigen, die unbeirrt bei Johann ausharrten, waren der Graf von Chester und der betagte Guillaume le Maréchal; dessen einziger Sohn hingegen hatte sich ebenfals Ludwig angeschlossen. Auch der junge König von Schottland, der sechzehnjährige Alexander II., huldigte Ludwig.

Im großen und ganzen konnte sich Ludwig Ende Juli als Herr über England betrachten. Nur drei Festungen blieben Johann ergeben: Lincoln, Windsor und Dover. Lincoln wurde von einer Frau verteidigt, Nicole de la Haie, die einem ersten Angriff hartnäckig standgehalten hatte. Windsor wurde erfolglos belagert, und man verdächtigte den Grafen von Nevers, der sich für die Sache seines Oberherrn aus Frankreich nur lasch eingesetzt hatte, mit dem Burgherrn abgesprochen zu haben, daß die Belagerung der Burg weitergetrieben werden würde. Blieb Dover, das Ludwig fast zwei Monate lang vergeblich belagerte. Schließlich wurde mit seinem Verteidiger Hubert von Bourg ein Waffenstillstand geschlossen: Sandte König Johann keine Hilfe, würde sich Hubert ergeben. Das war am 14. Oktober 1216.

Fünf Tage später geschah etwas Unerwartetes: Am 19. Oktober starb Johann in der Abtei Swineshead an einem verdorbenen Erbsengericht, wie die einen behaupteten, anderen zufolge an einem Anfall von Ruhr, verursacht durch übermäßigen Genuß von Apfelwein.

Noch nie ist Blancas Erbe so zum Greifen nah gewesen. Was steht Ludwig noch im Wege? Johann hat mehrere Bastarde, doch die drei legitimen Kinder, die Isabella von Angoulême geboren hat, sind noch sehr jung: Heinrich, der älteste Sohn, wird erst neun Jahre alt. Vor seinem Tod hat sein Vater ihn der Obhut des Mannes anvertraut, der bereits ihn selbst auf den Thron gesetzt hatte, dem inzwischen achtzigjährigen Guillaume le Maréchal. »Bei Gott, bittet den Marschall, mir all das Unrecht zu vergeben, das ich ihm zugefügt und das ich tief bereue; stets hat er mir treu gedient; nie hat er gegen mich gehandelt, gleichgültig, was ich ihm angetan oder gesagt. Bei Gott, Ihr Herren, bittet ihn, mir zu verzeihen, und da ich mich auf seine Redlichkeit mehr verlassen kann als auf die jedes anderen, ersuche ich Euch, ihm die Obsorge meines Sohnes anzuvertrauen, dem es allein durch ihn gelingen wird, das Reich zu bewahren.«

Ein Kind von neun Jahren, ein Achtzigjähriger. Wäre es für England nicht besser, von Blanca und Ludwig regiert zu werden?

»Dich allein bittet es (England),
dir behält es vor
die allein dir zustehenden Pflichten,
gemäß deiner Gemahlin Recht,
das zu wahren
Englands Geistlichkeit, Volk und Fürsten
dir einmütig auftrugen.«

Das schreibt der offizielle Chronist des französischen Königshofes, Guillaume le Breton, an Ludwigs Adresse. Seine eindringlichen Worte geben gewiß das wieder, was alle Welt, auch Blanca selbst, denkt und empfindet: Ein Recht, dessen der Vater verlustig gegangen ist, kann er nicht auf seinen Sohn übertragen. Nur der schreckliche Legat Kardinal Galon ist nicht dieser Auffassung.

Was Guillaume le Maréchal angeht, so ist er jedem seiner Herren ein getreuer Diener, und daß es sich bei seinem neuen Gebieter um ein hilfloses Kind handelt, ist für ihn ein zusätzlicher Grund, sich mit Leib und Leben für ihn einzusetzen.

Die Ebene von Malmesbury, wo sich die wenigen Barone eingefunden haben, die noch König Johanns Parteigänger sind, wird zum Schauplatz einer bewegenden Szene. »Es waren da Raoul von Saint-Sanson, der Erzieher des jungen Prinzen, den er auf den Armen trug. Wohlerzogen begrüßte das Kind den Marschall mit den Worten: ›Seid willkommen, Herr; ich begebe mich in Gottes und Eure Hand; möge Gott Euch die Gnade schenken, mich gut zu behüten.‹ Der Marschall antwortete: ›Bei meiner Seele, Herr, ich werde nichts unterlassen, Euch treu zu dienen, solange meine Kraft dazu ausreicht.‹ Alle brachen in Tränen aus, der Marschall ebenso wie die andern, dann machten sie sich wieder auf den Weg nach Gloucester.«

Mit Unterstützung des Legaten beschließen die Barone, den kleinen König umgehend krönen zu lassen, und betrauen Guillaume le Maréchal mit der Aufgabe, ihn zum Ritter zu schlagen: »Keiner von uns kann ihm das Wasser reichen; er soll ihn mit dem Schwert gürten, und damit wird er zwei Könige zum Ritter gemacht haben.« Tatsächlich hatte der Marschall einst den ältesten Sohn Heinrich Plantagenets, der auch der »Junge König« hieß, zum Ritter geweiht. »Man legte dem Kind königliche Gewänder in seiner Größe an: ein hübscher kleiner Ritter ... Der Legat Galon sang die Messe, und gemeinsam mit den dort versammelten Bischöfen krönte er ihn.«

Was machte in dieser Zeit Königin Isabella, die frühere Isabella von Angoulême? In keinem Text ist sie erwähnt. Sie war übrigens schwanger und sollte bald eine Tochter zur Welt bringen. Doch da war eine Frau, die von fern die Ereignisse verfolgte und dem kindlichen König die gleiche bedingungslose Zuneigung entgegenbrachte, wie es auch Guillaume le Maréchal tat: Nicole de la Haie, der man nachsagte, sie sei eine »sehr gewitzte und entschiedene Alte«. Sie hatte im vergangenen Jahr Johann Ohneland bei seinem Besuch in Lincoln die Schlüssel ihrer Burg übergeben wollen mit der Begründung: »Ich bin alt; ich habe hier viel Mühsal und Angst durchgemacht, und ich möchte solches nicht mehr erleben.« König Johann hatte abgelehnt: »Meine Teure, ich wünsche, daß Ihr diese Burg weiterhin verteidigt, wie Ihr es bisher getan habt.«

Wahrscheinlich war dies die beste Entscheidung, die er treffen konnte, wie der Verlauf der Ereignisse zeigen sollte. Die handfeste Normannin aus La Haie-du-Puits bei Coutances schien vom selben Schlag wie die berühmte Arlette, die Mutter Wilhelm des Eroberers, oder dessen Gemahlin Mathilde.

Blanca wird sehr glücklich gewesen sein, als ihr Gemahl zurückkehrte, um das Weihnachtsfest mit ihr zu verbringen. Während seiner letzten Wochen in England hatte er sich zweier befestigter Plätze, Hartford und Ely, bemächtigt. Der Winter war jedoch keine geeignete Jahreszeit für kriegerische Unternehmungen. Und außerdem fand er, daß die militärische Eroberung bereits so weit vorgeschritten war, daß er sich nun Zeit lassen konnte. Darum hatte er eine Waffenruhe bis zum nächsten Osterfest vereinbart.

Die einzige Frage, die Ludwig und Blanca nach wie vor Kummer bereitete, war die religiöse: Solange sie exkommuniziert waren, konnten sie nicht daran denken, sich zum König und zur Königin von England krönen zu lassen. Papst Innozenz III. war inzwischen gestorben, und vielleicht würde sich sein Nachfolger, der gutmütige greise Honorius III., verständig zeigen.

Doch dem war nicht so: »Johann ... hat seine Söhne und sein Reich in Unsere Hände gelegt und Unserem Schutz anvertraut: Man soll Uns nicht jenem Tagelöhner gleichsetzen können, der beim Auftauchen eines Wolfes seine Herde im Stich läßt und das Weite sucht.« Gleichzeitig entsandte er zum König von Frankreich Legaten mit folgenden dringenden Weisungen: »Beschwört ihn beim Blute Christi, Unseren Schutzbefohlenen die Kränkungen zu vergeben, die ihr Vater, König Johann, ihm zugefügt hat; ersucht ihn, sich reinen Herzens zu bemühen, seinen Sohn Ludwig zur Rückkehr zu bewegen.«

Die Krönung des jungen Heinrich in Gloucester hatte Englands Primas Stephen Langton verstimmt, denn als Erzbischof von Canterbury war nur er befugt, seinen König zu weihen; aber Galon von Beccaria hatte auch ihn exkommuniziert und kürzlich, politisch sehr geschickt, einige Prälaten und Barone in Bristol versammelt, vor denen der jugendliche König geschworen hatte, die Magna Charta anzuerkennen.

Als Ludwig von Frankreich am 22. April von Calais aus wieder in See stach, tat er dies in der Absicht, dem Spuk in England schleunigst ein Ende zu machen. Sein Vater jedoch, der sich nicht mit der Kirche anlegen wollte, tat so, als interessierten ihn die Vorbereitungen nicht; doch Ludwig und Blanca verfügten über ausreichende Mittel, um den Kampf fortzusetzen.

Wo sollte man den entscheidenden Schlag führen? Nicole de la Haie leistete in ihrer Burg zu Lincoln noch immer Widerstand und hatte kundgetan, daß sie alle aufständischen englischen Adelsherren aufnehmen würde, die sich dem kleinen König unterwerfen wollten. Ihr Beispiel machte Schule und trug diesem neue Parteigänger ein. Ludwig entsandte gegen Lincoln den Burgherrn von Arras, der das Land verwüstete, aber vor der Burg scheiterte. Als er erfuhr, daß Guillaume le Maréchal dort Ritter und Armbrustschützen zusammenzog, schickte er eilends sechshundert Ritter und tausend Infanteristen zur Verstärkung, mit dem Befehl, eine Schlacht zu schlagen.

Er selbst befand sich in Dover, als ihn die Nachricht von dem Kampf erreichte, der am 19. Mai stattgefunden hatte. Ein Desaster: Da doppelt so stark wie ihre Gegner, hatten die Franzosen geglaubt, die Burg von Lincoln im Sturm nehmen zu können. Sie waren gegen den Wall angerannt, und dieser hatte bereits nachzugeben begonnen, als ein Pfeilhagel von den Zinnen sie gezwungen hatte, sich zu entfernen; Nicole de la Haie hatte nämlich Boten zu Guillaume le Maréchal entsandt, um ihm mitzuteilen, daß die Zugänge an der Nordseite nicht bewacht waren. So kam es, daß die in aller Eile gesandten Armbrustschützen in luftiger Höhe oberhalb der Festungsmauern hatten Stellung beziehen können. Trotzdem war es einem Teil der Belagerer gelungen, in die Burg einzudringen. Besonders erbittert wurde bei den Stadttoren gekämpft. Guillaume le Maréchal zeigte den Mut eines Löwen und hielt mit seinen achtzig Jahren geradewegs auf das Banner des Grafen von Perche zu, der die Belagerer dirigierte. Es folgten einige Minuten dramatischen Kampfes, bis man den Grafen von Perche von seinem Pferd stürzen sah; als seine Gefährten ihn aufhoben, »war er gerade gestorben«.

Die Schlacht endete aufgrund eines lächerlichen Zwischenfalls. Das französische Heer fand sich vor dem Wigford-Tor eingekeilt, das so niedrig und eng war, daß nicht einmal zwei Pferde nebeneinander hindurchkonnten. Nun hatte sich eine Kuh, die irgendwo ausgerissen war, in diesem Tor quergestellt; man mußte sie töten, und während dies geschah, machten die Männer der Nicole de la Haie jede Menge Gefangene; es waren vierhundert, ebenso viele wie die Ritter, die Heinrich III. treu geblieben waren. Eine nach damaligen Begriffen blutige Schlacht, denn am Ende dieses Tages wurden auf dem Kampfplatz die Leichname von dreihundert Gefallenen eingesammelt, darunter der des Grafen von Perche.

Das war am 19. Mai 1217. In Lincoln hatte sich die Lage mit einem Schlag völlig verändert; der Kindkönig Heinrich III. stand nun als Sieger da, und durch diesen unerwarteten Erfolg sollte sich ihm so mancher Zauderer anschließen.

Ludwig sandte unverzüglich an seinen Vater »und an seine Gemahlin Dame Blanca« Botschaften, um sie über die Lage zu unterrichten. Er war sich seines Prestigeverlusts bewußt und mußte mitansehen, wie rund um ihn ein Baron nach dem andern zu Johann Ohnelands Sohn überlief. Johann war zutiefst verhaßt gewesen – es hieß allgemein, sein Eintritt in die Hölle habe diese besudelt –, aber der Gedanke, daß »die Sünde des Vaters nicht dem Sohn angerechnet werden konnte«, wie Matthieu Paris schrieb, setzte sich durch. »Ich möchte Euch zu wissen tun, daß ich nicht in der Lage bin, auszuharren oder mich aus England wegzubegeben, wenn Ihr mir nicht starke Militärhilfe sendet«, schrieb Ludwig an seinen Vater und an seine Gemahlin.

Als der König von Frankreich von der Niederlage in Lincoln erfuhr, fragte er: »Lebt Guillaume le Maréchal noch?« – »Ja«, lautete die Antwort. »Dann fürchte ich nicht um meinen Sohn.« Eine Huldigung an den Marschall, einen ebenso ehrenhaften Gegner wie treuen Vasallen. Doch nach Meinung Philipps, der erfahren genug war, um die Situation beurteilen zu können, war die Partie verloren.

Blanca hingegen war nicht so schnell zu entmutigen. Sie würde zeigen, wozu sie fähig war. Der fröhliche Menestrel von Reims, Erfinder der »romanhaften Viten«, hat darüber eine lustige kleine Geschichte geschrieben, die immer wieder von den Historikern zitiert wird. Wir wollen sie hier wiedergeben, denn sie ist zwar, was die Fakten angeht, weniger interessant, jedoch sagt sie eine Menge über Blancas Charakter aus.

»Messire Ludwig ... ersuchte seinen Vater, ihm um Gottes willen zu helfen und Geld zu senden. Der König antwortete, daß er bei der Lanze des heiligen Jakobus nichts dergleichen tun und sich nicht seinetwegen exkommunizieren lassen werde. Als Dame Blanca dies hörte, ging sie zum König und sagte: ›Wollt Ihr Euren Herrn Sohn in fremden Landen sterben lassen? Sire, um Gottes willen, er muß nach Euch regieren. Sendet ihm, was er benötigt, zumindest aber die Einkünfte aus seinem Patrimonium.‹ – ›Ganz sicher‹, sagte der König zu Blanca, ›werde ich nichts unternehmen.‹ – ›Wirklich nicht, Sire?‹ – ›Nein, wahrhaftig nicht‹, erwiderte der König. ›In Gottes Namen‹, sagte darauf Dame Blanca, ›dann weiß ich, was ich zu tun habe.‹ – ›Was habt Ihr denn vor?‹ fragte der König. – ›Bei der gebenedeiten Mutter des

Herrn, ich habe von meinem Gebieter schöne Kinder, ich gebe sie als Pfand und werde sicher jemanden finden, der mir Geld auf sie borgt.‹ Danach verließ sie den König, scheinbar außer sich. Als der König sie so davongehen sah, dachte er, daß sie recht hatte. Er ließ sie zurückrufen und sagte zu ihr: ›Blanca, ich gebe Euch meinen Schatz. Nehmt davon, soviel Ihr mögt, und macht damit, was Euch gut dünkt; doch wisset, daß ich ihm tatsächlich nichts schicken werde.‹ – ›Sire‹, sagte Dame Blanca, ›Ihr habt wohlgesprochen.‹ Daraufhin wurde der Dame Blanca der große Schatz ausgehändigt, und sie sandte ihn an ihren Gebieter.«

Danach machte sich Blanca auf und bereiste Ludwigs Besitzungen, verhandelte mit den Baronen und Bürgern des Artois und »mühte sich sehr ab«, heißt es in den Texten, um ihrem Gemahl wirksam zu helfen. »Dame Blanca, Ludwigs Gemahlin, war in Calais, wo sie alle Gefolgsleute und Ritter, die sie erreichen konnte, versammelte, um sie nach England zu schicken, damit sie ihrem Gebieter beistünden. Robert de Courtenay war gekommen, um das Meer zu überqueren, und Michel de Harnes und andere Ritter, aber im ganzen waren es keine hundert.« Der Biograph von Guillaume le Maréchal bewundert aufrichtig ihre außerordentliche Tatkraft. »Wären alle jene, die sie zusammengerufen hatte, in Waffen nach London gekommen, hätten sie das Königreich erobert.« Die Flotte erreichte Dover. »Am nächsten Tag, als sie zur Themsemündung zu segeln glaubten, erhob sich ein Sturm, und der starke Wellengang trieb sie zurück in Richtung des Boulonnais und Flanderns und jagte ihnen große Furcht ein.«

Diesmal waren Heinrichs Parteigänger guten Mutes und marschierten gen London. Die Franzosen rückten aus der Stadt aus und taten so, als wollten sie gegen sie antreten. Daraufhin, so berichtet die Chronik der Normandie, stieg der Legat auf einen Zelter, »vergaß indes nicht seine Sporen. Er machte sich aus dem Staub und ritt in einem Zug durch bis Windsor.« Immer wieder wurde jedoch verhandelt. Ein Zisterzienser, Pönitentiar des Papstes, machte zahlreiche Angebote für einen Friedensschluß; Königin Isabella in Person trat auf den Plan und führte zu diesem Zweck eine »Unterrede« mit dem Grafen von Nevers. Guillaume le Maréchal jedoch beunruhigten Blancas Aktivitäten in Calais. Tatsächlich gelang es ihr, am 24. August knapp achtzig Schiffe, »sowohl große wie kleine«, auslaufen zu lassen. Das war zwar nicht sehr viel, aber an der Spitze dieser Flotte stand Eustache le Moine, und ihm konnte man vertrauen.

Es kam zu einer Seeschlacht nicht weit von jener Insel Thanet entfernt, wo der Thronerbe Frankreichs das erste Mal gelandet war. Eustaches Schiff wurde von drei anderen eingekreist und angegriffen. »Die Engländer bedrängten sie hart und beschossen sie mit Steinen und Kalk, so daß alle geblendet wurden. So lange setzten sie ihnen zu, bis sie die Schiffe schließlich entern konnten.« Eustache le Moine wurde niedergestreckt; ein Seemann namens Etienne Trabe, der einst unter seinem Befehl gedient hatte, schnitt ihm das Haupt ab. So endete das englische Abenteuer.

Dieses Mal wurden die Unterhandlungen von Ludwig selbst, Guillaume le Maréchal und der Königin geführt. Sie fanden auf der Themse-Insel Staines bei Kinston statt. Ludwigs Leute standen an einem Flußufer, Heinrichs Gefolgschaft am anderen; zwischen den beiden Gruppen die Königin und der Legat, »ganz in Scharlachrot gewandet«. Es folgt nun das zu jener Zeit Übliche: Beide Seiten geloben Frieden, Ludwig soll eine Kriegsentschädigung erhalten, und am nächsten Tag werden in einer aus Zeltplanen errichteten Kapelle vor dem Altar feierlich die Eide ausgetauscht. Danach geben der Legat und die Barone dem französischen Thronfolger das Geleit von London bis zum Meer, und in ganz England läßt man »den Königsfrieden ausrufen«.

Eine Enttäuschung zwar für Ludwig und Blanca, doch man muß sich den Tatsachen beugen: Die Rechte des Kindkönigs, dem der greise Haudegen Guillaume le Maréchal und jener andere Greis, der von Rom aus Hilfe geschickt hatte, zur Seite standen, sind unantastbar.

Ludwig verließ Dover am 28. September 1217. Seine Niederlage hatte nichts Schimpfliches an sich, und die Kriegsentschädigung – sechstausend Mark, deren Zahlung über einen Bürger aus Saint-Omer mit dem vielsagenden Namen Florent der Reiche erfolgt war – deckte die Unkosten für die Ausrüstung und Bewaffnung seiner Gefolgsleute.

Doch nicht genug damit, daß das königliche Paar seine ehrgeizigen Pläne begraben mußte: Im folgenden Jahr starb Ludwigs und Blancas ältester Sohn Philipp. Tot jener, mit dem Blanca »den Franzosen und den Engländern einen Herrscher gegeben hatte«; tot jener, dem bei seiner Geburt die Krone Frankreichs und Englands verheißen war. Er wurde nur neun Jahre alt, und man weiß nicht, woran er starb.

Auf der anderen Seite des Ärmelkanals starb im selben Jahr auch Guillaume le Maréchal, durch dessen Treue den Plantagenets zweimal die englische Königskrone erhalten geblieben war. Er konnte beruhigt sterben: Er hatte seinen Auftrag erfüllt. Heinrich III. hatte alle Barone seines Reichs zurückgewonnen.

3

Das Königreich der Lilien

»Freuden für uns Glückliche,
die uns schenkt der Königsspross,
König Philipps Erstgeborner!
Erhaben durch des Vaters Taten,
geschmückt mit eignem Ruhme.
Nach soviel arger Mühsal,
soviel willkommenen Erfolgen
gebührt dir Gallien wohl,
dir, dessen junge Herrschaft,
o du von Gott gewählter Fürst,
ganz deine Milde erfordert.
Komm, Heiliger Geist.«*

Am 6. August 1223, dem Tag der Verklärung Christi, wird in Reims nicht ein König, sondern ein königliches Paar gekrönt. Ludwig und Blanca, die vor dreiundzwanzig Jahren vermählt worden waren, empfangen nun gemeinsam die Königskrone.

Drei Wochen zuvor, am 14. Juli, war König Philipp verschieden. Auf dem Totenbett hatte er seinem Sohn noch letzte Empfehlungen gegeben: Er möge Gott fürchten, seine Kirche ehren, gerecht sein zu seinem Volk, die Armen und Minderen schützen vor der Anmaßung der Hochmütigen. »Er hieß ihn richten über hoch und niedrig, arm und reich.« Und in einer zärtlichen Anwandlung fügte er hinzu: »Niemals, mein Sohn, hast du mir Kummer bereitet.«

Das war richtig. Dieser Sohn, dem man weder Unternehmungsgeist noch Tatkraft absprechen konnte und dessen Ungestüm ihm den Beinamen »der Löwe« eingetragen hatte, war ein gehorsamer Sohn, der auf den Spuren seines Vaters wandelte. Zwischen ihnen hatte stets vollkommene Über-

* Verse zu Ehren der Königsweihe Ludwigs VIII. auf dem Antiphonar des Peter von Medici.

einstimmung geherrscht. Als der Waliser Giraud de Barri den Vergleich zwischen den Königshäusern Englands und Frankreichs zog, pries er die frommen, bescheidenen und züchtigen Herrscher des »Königreichs der Lilien«. In seinem Überschwang setzte er das Wahrzeichen des Königs von England, den Leoparden, der Lilie Frankreichs gegenüber. Der Duft der Lilie, so sagte man, vermöge wilde Tiere in die Flucht zu treiben; was der walisische Chronist, der die Plantagenets verabscheute, mit diesem Bild ausdrücken wollte, ist klar, denn die Mitglieder des englischen Herrscherhauses hatten sich in der Tat immer wieder gegenseitig zu zerfleischen versucht. Philipp August als »bescheiden« und »züchtig« zu bezeichnen war freilich alles andere als sachlich und verriet Parteilichkeit! In einer zeitgenössischen Legende über seinen Tod hieß es, der König sei nur durch das Eingreifen des heiligen Dionys mit knapper Not der Hölle entronnen, in die der Satan ihn schon schleppen wollte. Sibylle von Beaujeu, des Königs Schwägerin – Schwester seiner Gemahlin Elisabeth von Hennegau –, behauptete steif und fest, ein Kardinal Roms habe die Geschichte aus dem Mund eines Mönchs vernommen, der in dem Augenblick, als der König starb, diese Vision gehabt hatte.

Zehn Jahre vor seinem Tod, 1213, hatte Philipp seiner Gemahlin, Königin Ingeborg, die ihr zustehende Stellung am französischen Hof zurückgegeben. Um sie zu verstoßen, hatte er seinerzeit sämtliche Hintertreppen des weltlichen und des kanonischen Rechts benutzt, sie eingeschüchtert, bedroht, schließlich zuerst in der Abtei Cisoing bei Tournai, dann in einem Turm in Étampes gefangengehalten. Gefällige Prälaten hatten die Ehe annulliert, und Legaten des Papstes hatten sie wieder für gültig erklärt. Zwanzig Jahre lang hatte Ingeborg mit eisernem Willen durchgehalten und mit solcher Hartnäckigkeit ihr Recht gefordert, daß Philipp schließlich nachgeben mußte.

Königin war sie, und Königin wollte sie auch bleiben. Und tatsächlich blieb sie es bis zu ihrem Tod, der sie 1236, also sehr viel später als ihren Gemahl, ereilte. Während ihrer letzten Lebensjahre nannte man sie »die Königin von Orléans«, denn nachdem sie Witwe geworden war, hielt sie sich am liebsten in Orléans und Corbeil auf. Eine starke Persönlichkeit, diese Königin von Orléans, wie übrigens viele fürstliche Frauen jener Zeit.

König Philipp scheint ihr während seiner letzten Lebensjahre verhältnismäßig treu gewesen zu sein. Er bedachte sie in seinem Testament und nennt sie darin seine »carissima uxor«, seine sehr teure Frau. Was Ludwig anging, so behandelte er sie, wie Zeitzeugen einstimmig erklärten, »nicht wie eine Stiefmutter, sondern wie eine Mutter«.

Ludwig hatte übrigens einen ausgeprägten Familiensinn und pflegte seine persönlichen Bindungen: Er war ein respektvoller Sohn und zärtlicher Ehemann. Gemäß der ersten Urkunde, in der sein Name erwähnt ist, als er die Bewohner von Aire und Saint-Omer schwören ließ, treu zu ihm zu stehen, versäumte er nicht hinzuzufügen: »Vorbehaltlich des Rechts unserer sehr teuren Dame Blanca«, und diese Formel wurde Bestandteil des Eids, den ihm die Bürger dieser Städte zu leisten hatten.

Als Blanca an der Seite ihres Gemahls gekrönt wird, weiß sie, daß sie allein Herrin seines Herzens ist. Es ist ein ideales Paar, das der Erzbischof von Reims, Guillaume de Joinville, durch die Salbung weiht. Selbst Ludwigs erbittertste Gegner in England hatten nichts an seinem Lebenswandel auszusetzen. Im Gegensatz zu seinem Vater ist er ein Mann, der nur eine Liebe hat. Blanca weiß das. Auch andere wissen es: Wenn man vom König etwas will, braucht man nur die Königin darum zu bitten. Sogar der durch seine Legaten gut informierte Papst wendet sich an Blanca, wenn er von Ludwig etwas möchte.

Wie viele Hoffnungen setzt man auf dieses Paar, das auf dem Höhepunkt seiner Reife den Thron besteigt! Blanca und Ludwig sind fünfunddreißig, das Alter der überlegten, fruchtbringenden Unternehmungen, in dem sich zeigt, wer man ist. Für die Verwirklichung ehrgeiziger Vorhaben verfügen sie über eine Macht, wie sie keiner ihrer Vorfahren je besessen hat. Welche Fortschritte waren in den vierzig Jahren zwischen der Krönung Ludwigs und Blancas und der Philipps erzielt worden! Die Krondomäne umfaßt nun Gebiete, wo man sich einst ungestraft über den Willen des Königs von Frankreich hinwegsetzen konnte: die Region von Paris bis Calais, das üppige Artois und Flandern, das Land zwischen Orléans und Rouen, die fruchtbare Normandie, Anjou, Berry – wie viele ehemalige Besitzungen des Königs von England sind gegenwärtig unmittelbare Lehnsgüter des Königs von Frankreich! Alles deutet auf eine ruhmreiche Regierungszeit hin. Und in der Umgebung des Königs spricht man gern davon, daß mit Ludwig VIII. das Geschlecht Karls des Großen auf den Thron zurückkehrt.

Der Dichter Gilles de Paris widmet Prinz Ludwig sein Werk, das den Titel ›Carolinus‹ trägt; nach dem Hinweis, daß Ludwig durch seine Mutter Elisabeth von Hennegau von dem großen Kaiser abstammt, erzählt er in aller Ausführlichkeit, wie einst der heilige Valerius Hugo dem Großen erschienen war und ihm mitgeteilt hatte, daß nach sieben Generationen das Königreich an Karls Nachkommenschaft zurückfallen werde.

Und wie um diese Vorhersage zu bekräftigen, schenkt der Himmel dem königlichen Paar fünf Söhne: Ludwig, der nach dem Tod des vor ihm geborenen Philipp Thronfolger wird, Robert, Johann, Alfons – dessen kastilischer Name an Blancas Familie erinnert – und einen weiteren Philipp, im vergangenen Jahr geboren, dem man seltsamerweise zusätzlich den Namen Dagobert gegeben hat.

Blanca ist eine glückliche Mutter, eine glückliche Frau. Als sie mit Ludwig nach der Krönung die traditionelle Rundreise durch das Reich unternimmt, eilen alle Untertanen herbei, um sie zu sehen; überall nehmen sie ohne überflüssige Pose die Treueide entgegen. Im September besuchen sie die Touraine, das Anjou, die Normandie, im November den Norden, die pikardischen Lande, das Artois, Douai, Saint-Riquier, Abbéville. »Es gibt keinen, der sich auflehnt und seine Waffen gegen die königliche Herrlichkeit richtet; die Normandie hebt nicht den Kopf; Flandern weigert sich nicht, demütig den Nacken unter das Joch eines solchen Herrn zu beugen.«

Dabei hätte es nach dem Tod Philipp Augusts in den beiden Provinzen Flandern und Normandie ohne weiteres zu einem Aufstand kommen können; seit Bouvines saß Graf Ferrand von Flandern ja in der Festung Louvre gefangen. Was die Normandie anging, so war sie erst jüngst hinzugewonnen worden, ein Erbe des großen Eroberers, auf das dessen Abkömmling, der junge Heinrich III., gewiß eines Tages Anspruch erheben würde.

Doch dieser schien sich um seine Ansprüche noch keine Gedanken zu machen; einige Jahre zuvor hatte sich sogar eine Art heiliger Frieden zwischen Frankreich und England eingestellt, nämlich bei der Besichtigung des Leichnams des heiligen Thomas Becket, die 1220 in Canterbury stattgefunden hatte. Der Erzbischof von Reims selbst hatte bei dieser Gelegenheit dem Offizium vorgesessen und die Messe gesungen; der Zeremonie wohnte auch Königin Berengaria bei, die einst die Gemahlin von Richard Löwenherz gewesen war. Die englischen Barone hatten sogar die Liebenswürdigkeit besessen, nicht in der Stadt Canterbury selbst zu logieren, um den fremden Gästen, besonders den Franzosen, die in großer Zahl erschienen waren, die besten Unterkünfte zu überlassen. Nur Guillaume le Maréchal der Jüngere war in der Stadt geblieben, wo er ein wenig die Rolle des Hausherrn spielte: Sein Recht, dies zu tun, ging auf seinen Vater zurück.

Für das königliche Paar scheinen die Dinge also zunächst günstig zu stehen; es residiert häufig in Saint-Germain-en-Laye; wenn es sich nach Paris begibt, die Stadt, die Philipp August so sehr geliebt hatte, kann Blanca feststellen, wie weit der Bau der Kathedrale gediehen ist. Zur Zeit der Krönung ist das Schiff fertiggestellt; die Fassade erhebt sich bis zum Geschoß des Rosenfensters, das man nun zu bauen beginnt. Ein kühnes Unterfangen, das den Dombaumeistern nun kein Kopfzerbrechen mehr bereitet: Die kreisrunde Öffnung wird mit feinstem, speichenartigem Maßwerk gefüllt, in dessen Zwischenräume man buntbemaltes Glas mit symbolischen Darstellungen von Motiven aus dem Kosmos oder aus dem Jahreslauf einfügt. Die neuen technischen Möglichkeiten erlauben den Baumeistern, das zu verwirklichen, was ihre Vorgänger in der Zeit der Romanik noch nicht vollständig in Stein ausführen konnten: den Kreis, die vollendete geometrische Figur und das Sinnbild der Welt.

Wie alle Pariser kann Blanca nun den Skulpturenschmuck der beiden Eingangsportale, des nördlichen und des südlichen, bewundern, während am Mittelportal noch gearbeitet wird. Das Südportal zeigt die Geschichte des heiligen Marcellus und darüber die thronende Gottesmutter. Neben der Jungfrau hat der Bildhauer den Bischof Maurice de Sully abgebildet, auf dessen Betreiben diese Kathedrale entstand und der den Grundstein gelegt hatte, und auch den Dechanten des Kathedralkapitels, Barbedor. Am Nordportal ist ebenfalls die Jungfrau Maria zu sehen, die Gottesmutter, gekrönt von ihrem Sohn; dieses Motiv wurde erstmals im Kronland am Portal von Senlis ins Bild gesetzt: Die Frau, die der Welt Christus geschenkt hat, ist Königin in dieser Welt und in der anderen.

Blanca ist von der gleichen tief empfundenen Religiosität beseelt wie alle Menschen ihrer Zeit – eine Religiosität im Sinne der Zisterzienser, zu denen sie sich besonders hingezogen fühlt. Die zugleich eindringliche und sanfte Stimme des heiligen Bernhard entspricht ihrem Wesen. In dem Jahr vor ihrer Krönung war Blanca auf ihre Bitte hin bei der Versammlung des Generalkapitels zu den Gebeten und guten Werken des Ordens von Cîteaux zugelassen worden. Unser Archiv beherbergt die älteste Urkunde, die sie betrifft, diejenige, in der ihr gestattet wird, an den Gebeten der Zisterzienser teilzunehmen; sie weist bereits auf die starke Spiritualität dieser Königin hin, die später selbst zwei Klöster für Zisterzienserinnen gründen sollte.

Aus dieser Zeit datiert das erste Werk, das ausdrücklich ihr gewidmet wurde: der ›Spiegel der Seele‹. »Sehr edle und sehr mächtige Dame, Madame Blanca, Königin Frankreichs von Gottes Gnaden, ich sende Euch dieses Buch, das man den ›Spiegel der Seele‹ nennt, das ich für Euch habe schreiben lassen«, lautet die Widmung. Später wird es, analog zu diesem Titel, eine ganze Reihe von ›Spiegeln‹ geben: ›Spiegel der Welt‹, ›Spiegel der Geschichte‹ et cetera; der Begriff wird hier zum ersten Mal gebraucht, zumindest im Französischen, und der Verfasser erläutert ihn folgendermaßen: »Warum er ›Spiegel der Seele‹ heißt, hat seinen Grund. Denn so wie ein Mann oder eine Frau ihren Körper im Spiegel betrachten, um auszumerzen, was ihnen vielleicht mißfällt, sollte auch die Seele einen Spiegel haben, damit sie sich der Laster und Sünden entledigen kann, die im Körper ihren Ursprung haben und ihn zum Höllentod führen, und sich bei einem Blick in diesen Spiegel mit den guten Tugenden schmücken kann, die Seele und Körper in die Freude des Paradieses eingehen lassen.«

Dieser ›Spiegel der Seele‹ – wir besitzen nicht das Original, das Blanca offeriert wurde – ist in Form einer kleinen, schlichten Handschrift erhalten geblieben, deren Initial jedoch mit einer Miniatur auf Goldgrund verziert ist; sie zeigt eine sitzende Königin, die aus den Händen einer knieenden Nonne im weißen Gewand und schwarzen Schleier der Zisterzienserinnen einen Spiegel entgegennimmt. Es wäre nicht verwunderlich, wenn es das Werk einer Frau, einer Ordensfrau wäre; sie wendet sich mit liebenswürdiger Vertrautheit an die Königin; an der Stelle, wo sie ihr empfiehlt, bei der Vergabe von Almosen großzügig zu sein, fügt sie hinzu: »Ich sage das zu Euch, Dame, nicht weil Ihr in diesen Dingen fehltet, sondern ich sage es, damit Ihr mit stets wachsender Begeisterung Gutes tut.« Zweifellos handelt es sich um eine Klosterfrau, die selbst der königlichen Großzügigkeit teilhaftig geworden war. Die Analyse der Gefühle, die sie empfindet, ist voller Scharfsinn und Poesie zugleich: »Das Herz ist also dergestalt, daß es nicht mit sich selbst übereinstimmt; es hüpft von einem Vorsatz zum nächsten, es unterläuft seinen Willen, es verändert seinen Rat, es schafft Neues, nimmt das Alte auseinander, setzt das Auseinandergenommene wieder zusammen ... es will und es will nicht wie einer, der nicht im selben Zustand verharren kann ... es ist vernarrt in dies und jenes, von vielem ganz besessen, und sucht einen Ort, wo es sich ausruhen kann ...« Es folgt eine Aufzählung dessen, was es zu wandeln vermag: »Eitelkeit enttäuscht es, Neugierde bringt es auf, Begehrlichkeit tut ihm weh, Lust formt es, Neid bereitet ihm Kummer, Zorn verwirrt es, Traurigkeit erzürnt es...«

Zum Schluß: »Selbsttäuschungen sind ungreifbarer und unbeständiger als der Schlaf oder der Schatten oder die Brise, die weht, und wenig Schönes ist in ihnen...« Dieser Unzulänglichkeit steht das himmlische Glück gegenüber, dem der größte Teil des Traktats gewidmet ist: »Ihr werdet Bürgerin sein dieser heiligen Stadt, wo Engel die Bürger sind, Gottvater das Kloster, Gottes Sohn das Licht, der Heilige Geist die Helle.« Und weiter über diese Vision Gottes: »Der den Erleuchteten das Licht ist, den Gequälten die Ruhestatt, den Bittenden der Friede und den Lebenden das Leben, die Krone der Sieger.« Der Traktat endet mit schwärmerischen Beschreibungen der himmlischen Wonnen: »Sehr teure Dame, bedenkt also, wie erhaben diese Stadt vielleicht ist, denn sie ist ein sicheres Haus, ein Land, wo alles vorhanden ist, was den Menschen gefällt und sie ergötzt, wo alle Bewohner in Frieden leben, ohne Murren, ohne Leid und ohne Not. Welches Licht, o Dame, meint Ihr, besitzen die Seelen, wenn das Licht des Körpers gleichen wird der Sonne...«

Welchen Einfluß mag dieser kleine, ihr gewidmete Traktat auf die Königin gehabt haben? Man weiß es nicht, aber er trägt dazu bei, eine Stimmung herzustellen; in seiner Feinfühligkeit und in der Bedeutung, die darin dem »glückseligen« Leben zugemessen wird – »glückselig durch der Liebe Süße und der Betrachtung Anmut...« –, liegt der liebenswürdige, fröhliche Optimismus, der dieser Zeit eigen ist – zu finden auch in den Gesichtern der steinernen Engel an den Archivolten von Notre-Dame und in den Tympana der Kathedralen in den Antlitzen der anmutigen Marien, die von ihrem göttlichen Sohn die Krone empfangen.

Gern würde man sich ein genaueres Bild von Blanca machen, von ihrem Seelenleben, ihrer Erscheinung, ihren Gesichtszügen, ihren Gewohnheiten, aber leider wissen wir darüber nur sehr wenig. Keiner ihrer Zeitgenossen hat beschrieben, wie sie am Krönungstag an der Seite ihres Gemahls aussah. Sie beschränken sich darauf, ganz allgemein zu sagen, daß sie schön war: »Wohlgebildet an ihrem Leib, von edler Haltung und Schönheit, von der Natur reich begabt.« Das klingt zwar sehr positiv, sagt aber wenig aus.

Das Bild von ihr, das uns erhalten ist, auf ihrem Siegel, ihrem persönlichen Zeichen, widerlegt diese Beurteilung nicht. Es zeigt sie stehend, eine vornehme, würdevolle Gestalt im liliengeschmückten Königsmantel, den sie mit der linken Hand am Halsansatz zusammenhält. Die Geste läßt darauf schließen, daß der Mantel eine kostbare goldene Schließe besaß. In der Rechten hält sie eine Lilie. Ein ziemlich tiefsitzender Gürtel verlängert ihre Taille. Das Kleid zeichnet die Linien ihres Körpers nach, den man unter den Falten des Stoffes ahnt. Die Krone, der Schleier, der das Gesicht umrahmt, vervollständigen den Eindruck von Anmut und Entschiedenheit. Matthieu Paris, dem es sonst an jeglichem Wohlwollen gebricht und der mit Kritik an Blanca nicht spart, hat sie mit nur einem Wort charakterisiert: Er nennt sie die »großartige« Königin. Und dieses Wort ist treffend, vor allem, wenn man es in dem Sinn nimmt, den es damals hatte: Es bezeichnete außer der Persönlichkeit eines Menschen auch dessen Schönheit und Freigebigkeit.

Daß Blanca freigebig war, steht außer Frage. Aus den Rechnungsbüchern wissen wir, was sie Tag um Tag an Geschenken und Almosen verteilte. Das war zu ihrer Zeit nichts Ungewöhnliches, aber Blanca war zweifelsohne großzügiger als die anderen zeitgenössischen Herrscher.

Sie gibt den Armen, Mönchen, Nonnen, den Aussätzigen, den Hospitälern, den Boten, die aus Spanien und anderswoher zu ihr kommen, den Menschen ihrer Umgebung, sei es ihrem Sekretär Guillaume, ihrem Koch Girardin, ihrem Pferdeknecht, dem sie zur Hochzeit zehn Livres schenkt, ihrer Familie, an die sie Pelze und Schmuckstücke verteilt wie jenen Goldgürtel, den sie ihrer Schwester Eleonore, Königin von Aragonien, schenkt. Da sind zum einen die ständigen Gaben: zehn Sous jeden Tag an die Armen, das macht von Mariä Lichtmeß bis Mariä Himmelfahrt achtundzwanzig

Livres; Brot im Wert von einem Livre, das täglich verteilt wird. Zum anderen Geschenke zu bestimmten Anlässen: hundert Sous an die Armen von Corbeil bei ihrer Ankunft in dieser Stadt, hundertsechzig Livres für Filtriertücher und andere Stoffe, die sie den Ordensschwestern von Pointoise zukommen läßt, zehn Livres für die Aussätzigen von Dourdan, zwanzig Sous an zwei alte Frauen von Montargis und den gleichen Betrag an zwei in Nemours, hundert Sous an die Priorin von Oursan für den Unterhalt eines bedürftigen Mädchens, acht Livres an den Kurier, der ihr die Nachricht von der glücklichen Niederkunft der Königin von Navarra überbracht hat, und so weiter. Geldgeschenke und Sachgeschenke wie jenes, dem Preis von vierzehn Livres nach wohl reich ausgestattete Brevier für Hugo d'Athies oder das Schachspiel, das sie Ludwig schenkt, oder jenes andere aus Elfenbein, dessen Empfänger wir nicht kennen.

Da entsprechende Hinweise fehlen, wissen wir auch kaum etwas über ihren Geschmack: Von einem bestickten Wams, das Blanca für zwanzig Sous erwirbt, heißt es lediglich, daß es »bunt« war, weiter nichts. Daß sie ihren Wagen blau ausschlagen läßt, bedeutet nicht, daß sie eine besondere Vorliebe für diese Farbe hatte, denn sie ist die Farbe Frankreichs. Vermutlich ist es aber kein Zufall, daß die beiden Krummstäbe, die sie nacheinander der Äbtissin von Maubuisson und der von Notre-Dame-la-Royale schenkt, aus Kristall sind, einem schönen, wunderbar geschnittenen Bergkristall. Und die illustrierten Seiten des Psalters, das sehr wahrscheinlich das ihre war, gehören zu den schönsten eines Jahrhunderts, in dem man ausgewogene Schönheit über alles schätzte.

Da in Blancas Rechnungsbüchern recht häufig Käufe von Gewändern und anderer Kleidung verzeichnet sind, besteht kein Zweifel daran, daß sie eine sehr weibliche Vorliebe dafür hatte, sich gut anzuziehen. Zeitzeugen sprechen auch davon, mit welcher Sorgfalt sie die königlichen Kinder »vornehm kleiden« ließ. Auch hierin trifft das Epitheton »großartig« auf sie zu. 1234 sehen wir sie hundertfünfzig Livres für ihre Gewänder ausgeben und für zwei Teppiche, die für ihr Schlafgemach bestimmt sind, fünfundzwanzig Sous. Sie kauft auch ein silbernes Gefäß, das hundertacht Sous kostet. Auf dem Sankt-Dionys-Jahrmarkt läßt sie zahlreiche Käufe für sich tätigen. Zum Beispiel erwirbt im Jahr 1241 Jean d'Ermenonville, wahrscheinlich ein Diener der Königin, für sie Tuch, braunes und blaues, »camelin« – ein Kamelhaarstoff, den man auch »triple« nennt, weil er aus der Stadt Tripolis kommt –, Hasenfelle und anderes Pelzwerk für insgesamt fünfundsiebzig Livres, eine schöne Summe also. Für weiteres Pelzwerk werden im selben Jahr zweiundvierzig Livres ausgegeben.

Neben einigen wenigen Abrechnungen haben sich verschiedene Angaben über die damaligen Kosmetika erhalten. Blanca scheint sich sehr gepflegt zu haben, da sie, Zeitgenossen zufolge, bis zu ihrem Tod schön und anziehend blieb. Es gab natürlich die ganze Palette von Parfüms, die man aus dem Orient kommen ließ, die meisten mit dem Grundstoff Moschus, aber da waren auch die einfachen kleinen Rezepte, die man damals allgemein anwandte. In einer Zeit, in der man sich viel im Freien aufhielt und zwangsläufig zu Fuß ging oder ritt, galt ein blasser Teint als Zeichen höchster Eleganz. Um ihn zu bewahren, nimmt man Gesichtsdampfbäder, danach trägt man in Rosenwasser gelöste weiße Schminke auf der Basis von Weizenschrot oder Bleiweiß auf. Zur Belebung des Teints benutzt man Pfirsichkernöl oder, wie ein Rezeptbuch mit dem Titel ›Der Schmuck der Frauen‹ empfiehlt, eine Mischung aus zerstoßenen Erbsen oder Kichererbsen und Eiweiß, die getrocknet, zu Pulver zerrieben und in lauwarmem Wasser aufgelöst aufgetragen wird. Hautflechten behandelt man mit Auripigment, Ampfer- und Wermutsaft und Seifenlauge. Gegen Falten hilft man sich mit einem Malvenabsud und mit in Wein gekochten Veilchen. Die Zähne werden mit Gerstenmehl, gemischt mit Alaunpulver, etwas Salz und einer Spur zerlassenem Honig geputzt. Die Haare pflegt man mit Olivenöl, Honig und Alaun zu gleichen Teilen vermischt mit Quecksilber. Durch Weidenblätteraufgüsse werden sie kräftiger, Olivenöl und Leinsamen verhindern, daß sie ausfallen.

Einige Monate vor der Krönung ihres Sohnes war Isabella von Angoulême von den englischen Baronen höflich, aber sehr bestimmt gebeten worden, England zu verlassen. Sie hatte nicht darauf gedrungen zu bleiben, denn sie wußte um ihre Unbeliebtheit: Man nannte sie, auf ihren Vornamen anspielend, »Königin Jesebel«. Sie kehrte also auf das Festland zurück.

»Die Königin begab sich ins Poitou und kam nach Angoulême, ihre Heimatstadt, die ihr Erbe war, und nahm die Ehrerbietung des Landes entgegen und war von da an Herrin des Angoumois; sie verheiratete ihre Tochter mit dem Herzog von Lusignan, Sohn Hugos des Braunen, Graf von Marche, damit er sie unterstütze; dann löste sie diese Ehe und nahm ihn selbst zum Gemahl, worüber viel geredet wurde.«

Und es gab auch einen Grund dafür, daß geredet wurde. Weniger vermutlich wegen der Ungeniertheit, mit der Isabella plötzlich den Mann für sich beanspruchte, den sie zuerst für ihre Tochter bestimmt hatte, als wegen der Tatsache, daß sie zwanzig Jahre zuvor mit ihm verlobt gewesen war und ihn von einer Stunde zur anderen verlassen hatte, um Johann Ohneland zu heiraten. Isabella war nämlich noch recht jung. Bei Johanns Tod war sie noch keine dreißig. Doch überraschenderweise war Hugo von Lusignan bereit, die Kränkung zu vergessen, die sie ihm einst zugefügt hatte. Die weitere Geschichte würde es zeigen: Hugo von Lusignan stand voll und ganz in Isabellas Bann, und die poitevinischen Barone sollten spüren, daß ihre Herrin eine Königin war.

Ludwig war noch nicht sechs Monate König, als er bereits mit Hugo von Lusignan in intensiven Verhandlungen stand. Vergeblich forderte Blanca in England ihr Leibgedinge, das heißt die Mitgift, die Johann Ohneland ihr einst ausgesetzt hatte. Ludwig beeilte sich, ihr als Ausgleich dafür eine jährliche Rente anzubieten sowie die Landstriche, die er vielleicht im Poitou erobern würde. Er dachte sogar daran, ihr die Stadt Bordeaux zu schenken. Die Unterhandlungen liefen darauf hinaus, daß Hugo von Lusignan sich in ligischer Vasallität mit dem König von Frankreich verband.

Eine Art militärische Exkursion sollte Ludwig danach nach Tours führen, dann nach Montreuil-Bellay und schließlich nach Niort und Saint-Jean-d'Angély. Die beiden letzten Städte ergaben sich dem König ohne großen Widerstand. Wie würde es sich mit La Rochelle verhalten? Einen Hafen am Atlantik zu besitzen war für die Kapetinger von enormem Wert, vor allem, wenn es sich um den Hafen La Rochelle handelte, wo der Wein und das Salz für alle Nordgebiete gelöscht wurden. Aber La Rochelle wurde von einem geschickten Kriegsmann, Savary de Mauléon, verteidigt, der sich bei den französisch-englischen Kämpfen hervorgetan hatte. Er leistete heftigen Widerstand. In Paris war man natürlich beunruhigt, als man erfuhr, wie schwierig die Belagerung war. »Savary de Mauléon, dreihundert Ritter und mehrere Soldaten, die darin waren, verteidigten und hielten die Burg mit aller Macht gegen den König und seine Leute. Da die Belagerung und der Krieg schon seit achtzehn Tagen andauerten, sorgten sich der Klerus und die Mönche und das Volk von Paris und gingen barfuß und im Hemd in einer feierlichen Prozession von der Notre-Dame-Kirche zur Saint-Antoine-Abtei, auf daß Gott dem König von Frankreich den Sieg sende. In dieser Prozession waren drei Königinnen: Madame Ingeborg, einst König Philipps Gemahlin, Madame Blanca, Gemahlin König Ludwigs, und Madame Berengaria, Gemahlin des König Johann von Jerusalem.«

Das war am 2. Juni 1224. Am nächsten Tag ergab sich die Stadt La Rochelle König Ludwig. Die Übergabe geht auf einen tragikomischen Zwischenfall zurück: Savary de Mauléon habe von König Heinrich III. eine Truhe erhalten, die er mit Geld gefüllt glaubte. Als er sie öffnete, sah er, daß sie aber nur Steine und Stroh enthielt. Vielleicht soll diese Anekdote die finanzielle Bedrängnis der Verteidiger von La Rochelle symbolisieren, die darauf zurückzuführen war, daß der König von England selbst mit zahlreichen Schwierigkeiten zu kämpfen hatte. Jedenfalls beschloß daraufhin der enttäuschte Savary zu kapitulieren.

Ludwig hatte eine Zeitlang die Absicht, nach dem Poitou auch die Gascogne zu erobern. Überall wurde er mit offenen

Armen empfangen. In Limoges hatten sich ihm die Bürger der Stadt ergeben; desgleichen in Pui-Saint-Front und Sarlat, das fortan eine Lilie im Stadtwappen führte. Mit Unterstützung des Grafen von Marche sah Ludwig sich bereits als Herr von Bordeaux, aber die Stadt wies jedes französische Angebot entschieden zurück mit der Begründung, daß sie mit den Feinden König Heinrichs weder einen Waffenstillstand noch Frieden schließen wolle. Daraufhin kehrte der König von Frankreich an die Seine zurück, wohin ihn eine seltsame Geschichte zurückrief, deren Schauplatz Flandern war. Ein offener Hafen am Atlantik, das Poitou, das ganz unter seiner Botmäßigkeit stand, ein Bündnis mit den schrecklichen Lusignans und ein Savary de Mauléon, der ihm sein Schwert zur Verfügung stellte, das alles in wenigen Monaten – mehr denn je verdiente er seinen Beinamen »der Löwe«.

Der Graf von Flandern, Ferrand, war bereits seit fast zehn Jahren der Gefangene des Königs von Frankreich, aber seine Gemahlin Johanna behielt dennoch die Regentschaft über die Provinz. Eines Tages kam ein merkwürdiges Gerücht auf: Graf Baudouin, Johannas Vater, sei, so hieß es, aus dem Heiligen Land zurückgekehrt. Dieser Graf Baudouin, der 1204 zu einer Kreuzfahrt aufgebrochen war, war der erste lateinische Kaiser von Konstantinopel gewesen. Zwei Jahre später war er in einen Hinterhalt geraten und seither verschollen.

Im Wald von Glançon zwischen Tournai und Valenciennes lebte damals ein geheimnisvoller Einsiedler, an dem einigen flämischen Rittern eine frappierende Ähnlichkeit mit ihrem verstorbenen Grafen aufgefallen war. »Ein Mann kam nach Flandern und sagte, er sei der Graf Baudouin von Flandern, einst Kaiser von Konstantinopel, und daß er wie durch ein Wunder aus griechischer Gefangenschaft entkommen sei. Mehrere Leute aus der Grafschaft Flandern, hochgestellte und niedere, sahen, daß er stark dem Grafen Baudouin glich ..., und begrüßten ihn als ihren Grafen und Grundherrn. Und da sic die junge Gräfin Johanna, die Tochter des Grafen Baudouin, haßten, vertrieben sie sie und nahmen ihr fast die ganze Grafschaft Flandern weg und waren sich mit dem falschen Baudouin in allen Dingen einig. Als die Gräfin sich solcherart von ihrem ererbten Land vertrieben sah, war sie sehr entmutigt und ging hin zum König Ludwig von Frankreich und bat ihn, sich im Namen Gottes ihrer zu erbarmen, und erklärte ihm, warum er sich darob erregen könne und müsse, und ersuchte ihn, ihr wieder zu ihrem Besitz und ihrer Grafschaft zu verhelfen.«

Eine sehr bekannte Skulptur in der Franziskanerkirche zu Nancy gibt eindrucksvoll wieder, was vielleicht die Heimkehr eines Kreuzfahrers darstellen soll: Es ist ein zerlumpter Ritter, der von seiner Gemahlin freudig umarmt wird.* Man glaubte in der Figur den Grafen von Vaudémont, Hugo I., wiederzuerkennen, der mit dem französischen König Ludwig VII. um 1147 ins Heilige Land gezogen war und den man lange Zeit für gefallen gehalten hatte. Seine Gemahlin Anna von Lothringen aber hatte eine Wiederverheiratung abgelehnt und voller Glück erlebt, daß ihr Gatte nach fast zwanzig Jahren Abwesenheit 1163 nach Hause zurückkehrte. Wie oft geschah es, daß Kreuzritter nach einer Schlacht oder einem Kampf spurlos verschwunden waren, jedoch überlebt hatten, in sarazenischen Kerkern jahrelang dahinvegetierten oder im Dienst irgendeines Emirs gestanden hatten und dann wieder auftauchten, wenn jeder sie schon abgeschrieben hatte.

Der Einsiedler von Flandern scheint von Angesicht tatsächlich dem Kaiser von Konstantinopel geähnelt zu haben. Deshalb konnte man denen, die den Grafen Baudouin in ihm wiederzuerkennen glaubten, keinen Vorwurf machen, selbst wenn sie jenen früher gekannt hatten. Einige Leute wie der Abt von Saint-Jean in Valenciennes und der von Saint-Vaast in Arras waren fest der Meinung, ihren einstigen Herrn wiedergefunden zu haben. Der echte Baudouin soll jedoch größer gewesen sein. Und als sein ehemaliger Schreiber – wir würden sagen: Sekretär – Gautier aus Courtrai ihn aufsuchte,

* Diese Skulptur befindet sich in der Franziskanerkirche von Nancy, ein Abguß davon im Musée des Monuments Français in Paris.

erkannte er ihn nicht. Wie auch immer, einige nutzten die Neugier und Begeisterung aus, die der mysteriöse Einsiedler alsbald weckte, um der Gräfin Johanna Schwierigkeiten zu bereiten. Sie war nicht beliebt, und viele, ob Großbürger aus den Städten oder kleine Grundherren vom Land, sahen darin eine Gelegenheit, ihre Unabhängigkeit zu erklären.

Schließlich nahm die Bewegung die Größenordnung einer Revolution an. Der falsche Baudouin wurde von einer Stadt zur anderen getragen, im Triumph durch Flandern geführt. Er spielte seine Rolle perfekt und zeigte auf seinem Körper einige Narben, die, wie er behauptete, die des ehemaligen Kaisers von Konstantinopel seien. Am Pfingstsonntag schließlich setzte er sich feierlich die Grafenkrone aufs Haupt, erhob Männer in den Ritterstand, vergab Lehen und gebärdete sich wie der Landesherr. Gräfin Johanna, die ihn nicht hatte wiedererkennen wollen, sah keinen anderen Weg, als sich nach Paris zu flüchten und den König zu bitten, rechtliche Maßnahmen gegen den Betrüger zu ergreifen.

Graf Baudouin war der Onkel des Königs von Frankreich, der Bruder der Elisabeth von Hennegau. Ludwig wollte sich daher absichern und entsandte fürs erste seine Tante Sibylle von Beaujeu, die Schwester Baudouins und Elisabeths, nach Flandern; diese sah sofort, daß sie es mit einem Erzschwindler zu tun hatte. Sie riet jedoch dem Eremiten, ihrem angeblichen Bruder, sich zum König zu verfügen, und sagte zu ihm, daß Ludwig ihn mit allen gebotenen Ehren empfangen werde, wenn er wirklich der Kaiser von Konstantinopel sei. Nun war es an Ludwig zu handeln. Er kam mit Blanca, die sich persönlich für die Angelegenheit interessierte, nach Péronne »und bat denjenigen, der sich als Graf Baudouin ausgab, zu sich«. Dieser nahm die Herausforderung an und erschien vor dem König. »Er nahm eine vornehme und stolze Haltung ein.« Der Bischof von Beauvais, der zugegen war, fragte ihn: »Wo habt Ihr Eure Gemahlin geheiratet?« Er antwortete nicht. Worauf, der Chronik zufolge, der König erkannte, daß er ein »Spitzbube« war. Dennoch setzte er die Befragung fort, wollte wissen, wo er von König Philipp mit der Grafschaft Flandern investiert worden war und wo dieser ihn zum Ritter geschlagen hatte. Der Mann entzog sich der Frage und »erbat für diesen Abend seine Mahlzeit und Ruhe, und daß er am nächsten Tag antworten werde«. Ludwig »gewahrte den Wahnsinn und den Stolz« des falschen Eremiten und wurde darüber sehr wütend. Er befahl ihm, »innerhalb von drei Tagen sein Land und sein Reich zu verlassen, und gab ihm einen Geleitbrief, um davonzugehen«. Baudouin wehrte sich nicht dagegen und machte sich davon. Aber während der König nach Valenciennes zurückkehrte, versuchte er zu entkommen und ging nach Burgund. Dort erkannte ihn ein Ritter und lieferte ihn der Gräfin von Flandern aus, die ihn Anfang Oktober jenes Jahres, 1225, kurz entschlossen in Lille aufhängen ließ.

Die Episode hatte eine Aussöhnung mit Flandern zur Folge. Johanna begann, mit dem König über die Freilassung ihres Gemahls zu verhandeln, Ludwig willigte ein, besonders als er erfuhr, daß Johanna vorhatte, ihre erste Ehe annullieren zu lassen und den Grafen von Bretagne, Pierre Mauclerc, zu heiraten. Man kam überein, daß Ferrand an Weihnachten des folgenden Jahres, 1226, gegen bestimmte Garantien und die Zahlung eines Lösegelds freigelassen werden würde. Ferrand kam tatsächlich frei, aber unter ganz anderen Umständen, als der König vorgesehen hatte.

Die Königin war wieder guter Hoffnung. Sie hatte im Jahr 1225 einem Mädchen, Isabella, das Leben geschenkt, der ersten Tochter des Königspaars. Der letzte Sohn, Karl, sollte 1226 geboren werden.* Dieses Jahr, das für Blanca ein so folgenschweres sein würde, begann mit der Ankündigung eines weiteren Kreuzzugs in den Süden des Landes. Seit dem vergangenen Jahr reiste der vom Heiligen Stuhl entsandte römische Legat Frangipani durch Frankreich und versuchte, eine Truppenaushebung zu erreichen, damit der Ketzerei der

* Man weiß nicht genau, ob Karl im März 1226 geboren wurde, oder ob vor seiner Geburt nicht die eines Kindes liegt, das nicht lebte und Étienne hieß. In diesem Fall wäre Karl ein nachgeborenes Kind, das 1227 zur Welt kam.

Albigenser, die im Languedoc zu Unruhen geführt hatte, ein Ende gemacht würde.

Ludwig hatte sich schon zweimal in den Süden begeben: kurze Aufenthalte, die eher den Charakter eines Besuchs des obersten Lehnsherrn gehabt hatten als den eines Kreuzzugs. Beim zweiten hatte sich jedoch das schreckliche Massaker an den Einwohnern von Marmande zugetragen, das im ›Lied vom Albigenserkreuzzug‹ so drastisch geschildert wird:

»Barone und Damen und kleine Kinder,
Männer und Frauen, alle nackt und tot.
Sie zerschneiden, zerhauen sie mit scharfer Klinge,
und das Fleisch und das Blut, Hirn und Rumpf,
Glieder und Leiber, erschlagen und aufgeschlitzt,
die Lebern und Herzen herausgerissen und zerfetzt,
liegen allerorts umher, wie zum Vergnügen verteilt,
denn von ihrem Blut, das da geflossen,
hat sich gerötet Erde, Boden und Sumpf.
Keiner übrig, weder Mann noch Frau, weder jung
  noch alt,
der sich nicht hatte versteckt.
Und die Stadt ist zerstört und alles brennt.«

Der zweite Teil des ›Lieds‹ endet mit den Vorbereitungen zur Belagerung von Toulouse, die Ludwig von Frankreich danach getroffen hatte, beschreibt die Bogenschützen, die auf der Bazacle-Brücke postiert sind, jenem wunderbaren »Kunstwerk«, zugleich Wehr und Standort von Mühlen, die man damals an der Garonne baute. Aber Ludwig hatte die Belagerung nicht zu Ende geführt, entweder weil er nicht dazu in der Lage war oder weil er seine »quarantaine« – die für die Absolution notwendigen vierzig Tage – abgedient hatte.

Übrigens hatte er bis dahin dem Treiben der Katharer im Süden ebensowenig Aufmerksamkeit geschenkt wie sein Vater Philipp. Sein Interesse hatte in erster Linie Flandern gegolten, der Normandie und England, »Blancas Erbe«, das für ihn zu jener Zeit, 1219, eine so bittere Enttäuschung gewesen war.

In den sechs oder sieben Jahren, die seither vergangen sind, hat sich die Situation geändert. Ludwig, nun König, muß sich mit dem Languedoc beschäftigen, dessen Suzerän er ist, und Blanca muß sich ins Gedächtnis rufen, daß der junge Graf von Toulouse, Raymond VII., ihr Vetter ist, der Sohn Johannas, Tochter der Eleonore von Aquitanien. Raymond war übrigens teilweise in England aufgewachsen; wie immer auch sein Vater Raymond VI. gewesen sein mag – »Teufelsanhänger«, »Sohn des Lasters«, »Feind des Kreuzes«, »Verbrecher an der Kirche«, »Verteidiger der Ketzer« ..., wie Pierre des Vaux-de-Cernay ihn nennt –, man kann ihn nicht für dessen Fehler verantwortlich machen. So hatte übrigens Papst Innozenz III. entschieden. Und das Parlement, das 1224 in Paris in Anwesenheit des Königs tagte, »tat kund und zu wissen, daß Raymond VII., Graf von Toulouse, ein guter Christ ist und gottgefällig und nach dem christlichen Glauben lebt«. Es ist an der Zeit, in diesen südlichen Gebieten einzugreifen, wo der Krieg ein Dauerzustand ist und grausamer denn je wütet:

»Dieser Krieg war kein Spiel:
Man warf die Albingenser ins Feuer.
Und den Christen schnitt man ab
Nase und Lippen und Kinn
und Füße und Fäuste und Ohren,
um sie zur Abschreckung zu zeigen.
Und um den Franzosen noch mehr Angst zu machen,
stach man ihnen die Augen aus,
ob Ritter oder Gemeinem,
und stieß sie in den lodernden Brand.«

Wie stehen zu Beginn dieses Jahres 1226 die Dinge im Süden?

Die Kreuzfahrer des Jahres 1209 hatten, wir erinnern uns, nach der Plünderung von Béziers und der Einnahme von Carcassonne den Grafen von Leicester, Simon von Montfort, zu ihrem Anführer gemacht, jenen Mann, der es einige

Jahre früher abgelehnt hatte, an der Eroberung von Zara teilzunehmen – »Ich bin nicht hierher gekommen, um die Christen zu vernichten« –, und deshalb von den Venezianern mit dem Tode bedroht worden war. Danach hatte er einen Ehrgeiz entwickelt, der ihm schließlich zum Verhängnis wurde, aber auch der eigentlich von Anfang an zweifelhaften Sache des Kreuzzugs selbst schadete. Dieser war nämlich schon nach kurzer Zeit zu einem persönlichen Konkurrenzkampf zwischen dem Grafen von Toulouse, Raymond VI., und Simon entartet. Die Bewohner der südlichen Regionen jedoch, einschließlich derer, die sich nicht für den Irrglauben hatten gewinnen lassen – das war in Toulouse selbst der Fall, wo nur der Marktflecken der Händler den Ketzern wohlgesinnt war, die eigentliche Stadt ihnen aber feindselig gegenüberstand –, begehrten dagegen auf, daß das Unternehmen immer mehr politischen Charakter annahm.

Aufgrund der großen Schlacht bei Muret am 12. September 1213, die man gegen die vereinigte Streitmacht des Tolosaners und des Königs von Aragonien, Peter II., geschlagen hatte, der Raymond mit größeren Truppenkontigenten zu Hilfe gekommen war, hatte Simon seine Herrschaft auf Toulouse selbst und auf sämtliche Ufer der Garonne ausdehnen können. Doch schon zum Zeitpunkt seines Triumphes zeigte sich die Problematik einer Eroberung, durch die offenkundig wurde, wozu man den Kreuzzug mißbrauchte. Bei einer neuerlichen Belagerung von Toulouse – die Stadt, die fortwährend zurückerobert werden mußte – von einem Stein an der Stirn getroffen, war Simon 1218 gestorben. Sein Sohn Amaury hatte nicht das Format, die schwierige Nachfolge anzutreten. Raymond VI. war 1222 gestorben, doch nachdem sein Sohn das Agenais zurückerobert hatte, holte er sich nacheinander neben Toulouse auch noch Lavaur, Puylaurens, Montauban, Castelnaudary, Moissac und Carcassonne zurück.

Im Endeffekt fiel dem König von Frankreich die Aufgabe zu, die inzwischen höchst verworrene Lage zu klären, denn schließlich war er der rechtmäßige Oberherr der Grundherren im Süden und der erklärte Erbe Amaurys, der 1225 die

Rechte, die er von seinem Vater geerbt hatte, in Ludwigs Hände legte. Ein am 28. Januar 1226 in Paris einberufenes Konzil exkommunizierte zum wiederholten Male den Grafen von Toulouse, dessen Verhalten inzwischen dem päpstlichen Legaten Anlaß zur Sorge gegeben hatte:

»Und der Papst ließ ersuchen
Frankreichs König, um Gottes willen
nach Toulouse zu gehen und alles
Land zu nehmen, wenn er wollte.
Und es war wie seine eigene Eroberung,
ohne daß Amaury es merkte.
Und das mußte der König sehr wohl tun,
denn Toulouse gehört zu seinem Reich,
und von ihm muß man es entgegennehmen.«

Der vom Papst gesandte Legat Romano Frangipani, Kardinal von Sant'Angelo, war eine starke Persönlichkeit und hatte auf Ludwig – er war übrigens mit ihm verwandt – und noch mehr auf Blanca sogleich großen Einfluß gewonnen. Seiner Meinung nach sollte man den Kreuzzug unverzüglich wieder aufnehmen: Die Ketzer höben wieder das Haupt, sie zögen durch die Lande und predigten ihre Irrlehre, wie es Pierre Garcias oder Raymond Niort taten, der Burgherr des Landstrichs von Sault; der katharische Bischof Guilabert von Castres lese in Fanjeaux die Messe und habe kürzlich bei einem regelrechten Ketzerkonzil in Pieusse den Vorsitz geführt. Ihr Predigen bedeute eine Gefahr für die Gläubigen. Man müsse einschreiten.

Ludwig war um so geneigter, auf diese Reden zu hören, als er von anderer Seite wußte, daß der junge Graf von Toulouse, Raymond VII., in Verhandlungen mit dem König von England stand.

Also wurde umgehend beschlossen, im folgenden Frühling in Bourges ein Kreuzfahrerheer aufzustellen. Der König von Frankreich würde die meisten der großen Feudalherren des Reichs an seiner Seite haben: seinen Vetter Humbert von Beaujeu, seinen Bastardbruder Philipp, Graf von Saint-Pol,

Archambaud von Bourbon, Enguerrand von Coucy, Robert von Courtenay, Thibaud von Champagne, den Grafen von Bretagne, Pierre Mauclerc, Jean de Nesle und natürlich Amaury von Montfort sowie einige Prälaten, darunter Bruder Guérin, der bereits Philipp August nach Bouvines begleitet hatte. Obwohl es gewiß keine hunderttausend Ritter waren, wie ein Chronist mit überschäumender Phantasie behauptet, oder fünfzigtausend, die ein anderer ihm beigibt, verfügte Ludwig doch über eine beträchtliche Streitmacht, und viele kleine Grundherren aus dem Süden hielten es für ratsamer, sich sofort unter seinen Schutz zu stellen.

»Wir sind begierig, uns in den Schatten Eurer Flügel zu begeben und unter Eure weise Herrschaft«, schrieb ihm Barnard Oton, Herr von Laurac. Desgleichen taten die Einwohner von Béziers, die von Saint-Antoine und viele andere Grundherren wie Raymond von Roquefeuil, Pons von Thézan und so weiter. Die traditionellen Bundesgenossen des Grafen von Toulouse, Nuñez Sancho, Graf von Roussillon, und Jaime I. von Aragonien, nahmen ebenfalls Stellung für den König von Frankreich. Es schien außer Zweifel, daß die normale Zeit für einen Feldzug – vierzig Tage – ausreichen würde, um in den einst aufständischen Gebieten die Herrschaft des Königs zu konsolidieren. Ludwig war sich noch nicht darüber im klaren, welche Route er nehmen sollte, und entschied sich dann für das Rhône-Tal, den Weg, den er das erste Mal gewählt hatte. Er war der bequemste, denn die Wasserstraße war nach wie vor am schnellsten und am einfachsten zu bewältigen.

Die Fahrt flußabwärts ging ohne Zwischenfall vonstatten. In Montélimar empfing der König die Abgesandten der Stadt. Beaucaire schickte ihm Abgeordnete entgegen. Ebenso Avignon. Es war eine durch ihren Handel reich gewordene, mächtige Stadt, die immer wieder bekundet hatte, daß sie mit den Grafen von Toulouse verbündet war. Raymond VII. hatte das Wohlwollen der Avignoner gewonnen, indem er ihnen auf seinem Grund und Boden jedes Wegegeld erlassen hatte. Dennoch rechnete man nicht damit, in Avignon auf ernsthaften Widerstand zu stoßen.

Am 7. Juni schlug der König in Pont-de-Sorgues sein Feldlager auf. Dort empfing er die Abordnung der Bewohner von Avignon. Und was geschah zwei Tage später? Die Stadt, die ihm freien Durchzug zugesagt hatte, besann sich plötzlich anders. Beinahe wäre der König in eine Falle geraten. Die Kreuzfahrer wurden mit den Einwohnern handgemein, und diese machten sich daran, die Holzbrücke zu zerstören, über die ein Teil des Heeres bereits ans andere Ufer gezogen war. Das bedeutete den Bruch, und sofort begann die Belagerung, ein unerwartetes Hindernis auf einem Marsch, der bis dahin völlig problemlos verlaufen war. Durch ihre beiden Türme – Quiquenparle und Quiquengrogne – war die Stadt Avignon sehr gut geschützt; ihre reichen und wohlhabenden Bürger hatten umfangreiche Vorräte eingelagert und sogar – was vermuten ließ, daß es nicht zufällig zum Bruch kam – einen Trupp brabantischer und flämischer Söldner in ihre Dienste genommen. Außerdem hatte der Graf von Toulouse vor dem Eintreffen des Heeres des Königs von Frankreich das Land verwüstet, ja, er hatte sogar die Wiesen umpflügen lassen, damit es kein Futter für die Pferde gäbe. Anders als sonst bei einer Belagerung fehlte es den Belagerten an nichts, und es waren die Belagerer, die hungerten.

Glühende Hitze lag über dem Land. Nicht lange und es brachen Seuchen im Heer aus, unter anderem die Ruhr. Ein Versuch am 8. August, die Stadt zu stürmen, schlug fehl: Die Brücke, über die die Kreuzfahrer den Vorstoß wagten, brach unter ihrer großen Anzahl zusammen; etwa dreitausend Mann sollen dabei in der Rhône ertrunken sein. Die Avignoner hingegen unternahmen einige Tage später zu der Zeit, da die Franzosen ihre Mahlzeit zu sich nahmen, einen Ausfall, der vielen Belagerern das Leben kostete. Blanca werden die Nachrichten von dieser unvorhergesehenen Belagerung sehr betrübt haben; diese zog sich so lange hin, daß man in der Umgebung des Königs ernstlich überlegte, sie abzubrechen.

Inmitten der allgemeinen Mutlosigkeit bewies Ludwig erneut seine Tatkraft. Er traf Maßnahmen zur Verbesserung der hygienischen Bedingungen, ließ die sich im Lager häufenden Leichen in die Rhône werfen und ordnete an, zwischen der Stadt und seinen eigenen Stellungen einen breiten Graben auszuheben, um Überraschungsausfälle der Belagerten zu verhindern. Schließlich verkündete er, daß man die Belagerung so lange wie nötig fortführen würde. Der »Löwe« war wiedererwacht, und seine Haltung verfehlte die Wirkung auf den Gegner nicht. Um den 15. August waren die Avignoner verhandlungsbereit. Man forderte Geiseln, worauf der Legat am 9. September in die Stadt einzog. Das Leben ihrer Verteidiger sollte geschont werden, aber man verlangte, daß die Stadtmauern geschleift würden. Die Bauern aus der Umgebung machten sich, wie es heißt, sehr freudig ans Werk, denn Avignons Macht war allenthalben gefürchtet, und seine Bürger ließen sie das flache Land grausam spüren.

Ludwig VIII. vertraute die Stadt der Obhut Wilhelms von Orange an, dessen Vater von ihren Bewohnern einst geschunden und grausam ermordet worden war. Es wurde beschlossen, in Villeneuve-lès-Avignon eine Festung zu bauen, um möglichen Aufständen standhalten zu können. Es war die Festung Saint-André.

Der König von Frankreich empfing indes während der Belagerung wie auch nach seinem Sieg weiterhin die Huldigung der Grundherren im Süden. In der Folge war Ludwigs Kreuzzug nur noch ein Triumphzug über Béziers, Carcassonne, Castelnaudary, Pamiers und Puylaurens; überall wurde seine Herrschaft anerkannt.

Die Episode von Avignon sollte dennoch die Expedition schwer belasten. Überdruß und Unzufriedenheit hatten sich breitgemacht, die Ritter murrten, und viele Barone trugen sich mit dem Gedanken, ihren Oberherrn im Stich zu lassen. Einer der ersten Adligen, die abgefallen waren, war Graf Thibaud von Champagne gewesen. In der ersten Augusthälfte, zu einem Zeitpunkt, da die Lage hoffnungslos schien, machte er sich aus dem Staub mit der Begründung, er habe seine »quarantaine« abgedient. Der König hatte ihn gewarnt: Wenn er ihn verließe, würde er später kommen und höchstpersönlich die Champagne verwüsten und brandschatzen; aber Thibaud hatte sich nicht zurückhalten lassen. Allerdings hatte er nur nachts aufzubrechen gewagt. Seine Ritter wurden von den Knechten, Fleischern und Flickschustern des Heers verhöhnt, »die sie verrückt und hinterhältig nannten«.

Das Verschwinden des Grafen roch nach Verrat und verursachte einen Skandal. Zur gleichen Zeit nämlich lichteten sich in der Umgebung des Königs die Reihen. Der Erzbischof von Reims, Guillaume de Joinville, der ihn drei Jahre zuvor gekrönt hatte, erlag einer Krankheit, desgleichen seine beiden Ratgeber Philipp, Graf von Namur, und Bouchard de Marly. Der König selbst schien sehr erschöpft zu sein, als er sich im Laufe des Oktobers auf den Heimweg machte. Er hatte seinen Vetter Humbert von Beaujeu zurückgelassen, damit er über das Gebiet wache, das man im großen und ganzen als befriedet bezeichnen konnte.

Man war beunruhigt. Der König hatte sich bei der Belagerung von Avignon, bei der es so maßlos heiß gewesen war, offenbar zu sehr angestrengt und verausgabt. Er war am 29. Oktober aufgebrochen, und man hatte täglich nur kleine Strecken zurückgelegt. Auf der Burg Montpensier angelangt, spürte Ludwig, daß er nicht mehr in der Lage war weiterzureiten.

Am 3. November versammelte er seine treuesten Gefährten um sich: seinen Halbbruder Philipp Hurepel, Enguerrand von Coucy, die Marschälle von Frankreich Robert von Coucy und Jean Clément, die Grafen von Blois und Montfort sowie mehrere Prälaten, darunter den Erzbischof von Sens, Gautier Cornut, die Bischöfe von Beauvais, Noyon und Chartres. Er ließ sie feierlich schwören, seinen ältesten Sohn Ludwig als Erben des Königreichs anzuerkennen. Sofort wurde eine Urkunde abgefaßt und von jedem Anwesenden mit seinem Siegel versehen. Der König hatte im Vorjahr, ehe er in den Süden aufgebrochen war, sein Testament verfaßt. Darin hatte er für den Fall, daß ihm etwas zustieße, festgelegt, daß seine Gemahlin die Herrschaft übernehmen solle; an seine Kinder hatte er verschiedene Domänen verteilt, sogenannte »Leibgedinge«: Sein zweiter Sohn Robert sollte die Ländereien seiner Mutter Elisabeth von Hennegau, das heißt das Artois, erhalten, der dritte, Johann, die Grafschaft Anjou, der vierte, Alfons, die Grafschaft Poitiers und die Auvergne. Die jüngeren sollten, wie damals üblich, in geistliche Orden eintreten.

»Der König starb an dem Sonntag nach der Oktav von Allerheiligen. Seine Seele ist bei Jesus Christus, denn er war ein guter Christ und hat stets heiligenmäßig und züchtig gelebt, denn es wurde nie bekannt, daß er sich jemals einem anderen Weib genähert hätte als der Frau, die er geehelicht hatte. Viele sagen, mit dem Tod des Königs hätte sich Merlins Weissagung erfüllt, die also lautet: ›In monte ventris morietur leo pacificus‹, das heißt: ›Auf dem Bauchberg wird der friedfertige Löwe sterben.‹ In seinem Leben ist der König stolz wie ein Löwe gegenüber den Schlechten gewesen und wunderbar friedfertig gegenüber den Guten. Und kein anderer König von Frankreich außer ihm starb auf Montpensier (Mont von lateinisch mons = Berg; pensier, vielleicht abgeleitet von panse, lateinisch venter = Bauch).«

Die glänzende Streitmacht, die sich sechs Monate zuvor in Marsch gesetzt hatte, war zu einem Leichenzug geworden. Aber nicht nur Trauer begleitete die sterbliche Hülle des Königs, sondern auch Groll, Verleumdung und bösartiger Klatsch.

Es wurde gemunkelt, der König sei vergiftet worden. Ein verdorbener Wein sei ihm kredenzt worden. Aber von wem? Von seinem Gegner Thibaud von Champagne, der ihn so schmählich verlassen hatte. Die Lücken, die durch Krankheiten im Gefolge des Königs entstanden waren, ließen solche Gerüchte glaubwürdig erscheinen. Es waren wirklich nur Gerüchte, denn es braucht keinen vergifteten Wein, um die infolge schlechter hygienischer Bedingungen ausbrechenden Krankheiten und im ganzen Heer latent vorhandenen Seuchen zu erklären.

Da Thibaud von Champagne die Belagerer bereits in der ersten Augusthälfte verlassen hatte, konnte man ihn kaum für ein Verbrechen verantwortlich machen, das erst soviel später sein Opfer forderte. Aber sein Abfall, der einem Verrat gleichkam, hatte die Gemüter aufs höchste erregt, und bald sollte Blanca selbst die Folgen davon zu spüren bekommen.

König Ludwig VIII. hinterließ jedenfalls einen untadeligen Ruf. Er war ein mutiger Krieger gewesen, hatte sich, wenn es um seine Ehre, seine Pläne und seine Besitzungen ging, stets wie ein Löwe verteidigt. Im Gegensatz zu seinem Vater, dessen Liebesabenteuer im Mittelpunkt des Klatsches gestanden hatten, fand man nichts, was man ihm als Mann hätte vorwerfen können. Später hieß es sogar, daß sein Gefährte Archambaud von Bourbon ihm, als er sich bereits krank fühlte, eine gefällige Dirne ins Bett gelegt habe, damit sie den kranken König wärme und aufmuntere, ein damals beliebtes Heilmittel.

Vielleicht drückte die Geste des Vasallen, wenn die Geschichte stimmt, ganz einfach den Wunsch aus, seinen Oberherrn von den schweren Sorgen abzulenken, die ihn nun nach so vielen unvorhergesehenen Problemen und vor allem nach dem Abfall Thibauds beschäftigten. Aber der König wies das Mädchen zurück – ob Heilmittel oder »Erholung des Kriegers« – und erklärte, er wolle auf alles verzichten, was seinen Seelenfrieden beeinträchtigen könne.

»Man hatte der Königin gesagt,
der König käme wohlbehalten geritten.
Sie ließ ihren Wagen anspannen,
um ihm ihre Söhne entgegenzuführen.«

Anfang November hatte Blanca ihre Kutsche anspannen lassen und war mit ihrer Familie dem König entgegengefahren. Es war Bruder Guérin, der Kanzler, der, den Baronen vorauseilend, als erster dem Zug der Königin begegnete. Der kleine Prinz Ludwig ritt den Seinen voraus; der Kanzler hieß ihn, sein Pferd zu wenden und zu seiner Mutter zurückzukehren.

Blanca war wie von Sinnen vor Schmerz; dieser Ausdruck ist nicht übertrieben, um ihre Verzweiflung zu beschreiben. Die Nachricht soll einen solchen Schock bei ihr ausgelöst haben, daß sie sich das Leben genommen hätte, wäre sie nicht »gegen ihren Willen« zurückgehalten worden.

Blanca ist impulsiv, absolut. Dieser Tod, der ihr da so unerwartet »mitten auf der Straße entgegentrat«, trifft sie in ihrem ganzen Wesen, bis ins Innerste. Der zärtlich geliebte Gemahl, der noch junge König, der Vater ihrer Kinder – Ludwig ist alles für sie gewesen. Sein Tod zerstört zwei Leben; alles in ihr und um sie herum stürzt zusammen. Ihr hemmungsloses Weinen ist für die anderen kaum zu ertragen. Und von Bruder Guérin heißt es bei den Chronisten, daß er »grimmige Trauer« empfand. Die Verwirrung ist groß am französischen Hof, der innerhalb von drei Jahren nun den dritten König hat. Diesmal ist es ein Kind.

Trotz der tiefen Trauer, die alle erfüllt, gilt es, rasch eine Entscheidung zu treffen: Das Kind muß gekrönt werden. Ob Blancas Gedanken zu dem heiligen Bischof zurückwandern, der sie, als sie im selben Alter gewesen war wie der junge Ludwig, ermahnt hatte, ihre Tränen zu trocknen: »Eine Königin weint nicht!«

Für uns Heutige besonders interessant ist eine Gegenüberstellung der beiden Daten: Am 8. November stirbt Ludwig VIII. auf Montpensier in der Auvergne, am 29. November wird der junge Ludwig IX. in Reims gekrönt. Nur einundzwanzig Tage, genau drei Wochen, liegen zwischen den beiden Ereignissen. Wenn man der damaligen Reisegeschwindigkeit Rechnung trägt – man konnte täglich höchstens sechzig Kilometer zurücklegen –, war dies eine sehr kurze Zeitspanne angesichts all der Vorbereitungen, die einer Krönung vorausgingen, der Vielzahl der Barone, die eingeladen werden mußten:

»Und der junge Herzog von Burgund
und die gesamte Geistlichkeit
und die drei Brüder von Coucy,
Graf von Bar, Graf von Blois,
die Normannen und die Hurepoix ...«

Wie viele Kuriere und Boten waren in alle Himmelsrichtungen zu entsenden, die Urkunden bei sich trugen in der Art jener, die uns erhalten geblieben sind, versehen mit den

Siegeln aller Barone und Prälaten, die am Sterbebett des Königs versammelt gewesen waren: der Bischof von Chartres, der Erzbischof von Sens, Gautier Cornut, der Bastardbruder Philipp Hurepel, die Grafen von Blois und von Montfort und so weiter. Denkt man an alle Einzelheiten des Krönungsrituals, das in dieser Zeit feste Formen anzunehmen beginnt – angefangen von der Unterbringung der königlichen Familie bis hin zu den Festgewändern und der Krone, die für den Knaben, der sie tragen soll, passend gemacht werden muß –, kann man sich vorstellen, daß Blanca ihren Schmerz sehr bald in den Hintergrund schieben und sich ganz als Königin und Frau zeigen muß.

Ihr Gemahl hatte ausdrücklich sie mit der Verwaltung des Königsreichs betraut, was übrigens zur damaligen Zeit nichts Außergewöhnliches war, da in der Praxis auch Frauen Lehnsgüter übernahmen. Das Feudalrecht war in dieser Hinsicht nicht so restriktiv wie das römische Recht. Blanca würde also allein herrschen, wie es einige Zeit auch ihre Schwester Berenguela im Königreich Kastilien und León getan hatte; es ist, nebenbei bemerkt, ganz und gar unrichtig, wenn die Historiker später von Blancas »Regentschaft« sprechen.

Urkunden aus jener Zeit sind unterschiedslos von Blanca oder ihrem jugendlichen Sohn, dem König, unterzeichnet, und es wäre recht schwierig festzustellen, welche Beschlüsse auf sie und welche auf ihn zurückgehen. Da Ludwig erst zwölf ist, ist es jedenfalls Blanca, die in den nächsten Jahren das Reich regiert.

»Bewahrt Euch unsere Königin und rettet ihre Kinder.«

So sprach die Volksstimme aus der Verspredigt, die »in dem Monat, da der gute König Ludwig verschied«, ein Priester aus Sancerre namens Robert verfaßte.

Am Ende dieses selben Monats, dem Tag des heiligen Andreas – 29. November – findet also »ohne Lied oder Gedicht« die bewegende Krönungszeremonie statt. Das Kind, das gesalbt werden soll, ist in einem Wagen angekommen.

»Doch beim Einzug in die Stadt
saß es auf einem mächtigen Streitroß.
Ein schöner Knabe,
blond war er und wohlgebildet von Angesicht
wie alle Sprosse der Hennegaus.«

Diese Schönheit hatte er von seiner Großmutter Elisabeth geerbt, eine blonde, zarte, verfeinerte Schönheit, die allen Grafen von Hennegau eigen war. Hoch auf seinem großen Streitroß, das ihn bis an das Portal der Kathedrale trägt, rührt der kleine Ludwig sicher alle Herzen. Ein zeitgenössischer Chronist weiß zu berichten, daß er an diesem Tag »erfüllt von Freude und Trauer« zugleich war. Am Vortag oder zwei Tage zuvor ist er in Soissons zum Ritter geschlagen worden, eine Zeremonie, die man aus gegebenem Anlaß vorgezogen hatte; die Schwertleite erfolgt sonst erst im Mannesalter, also zwischen dem achtzehnten und zwanzigsten Lebensjahr, denn sie setzt voraus, daß der Betreffende mit den Waffen umzugehen versteht. Doch ehe man König werden kann, muß man Ritter sein.

Der junge Ludwig steigt ab. Dabei hilft ihm Bruder Guérin, der getreue Diener, der loyale gute Gefolgsmann, wie es für König Heinrich III. von England einige Jahre früher Guillaume le Maréchal gewesen ist. Die beiden Zeremonien haben übrigens eine große Ähnlichkeit. In beiden Fällen sind es eine Frau, ein alter Mann und auch ein Vertreter der Kirche – hier der Kardinal Romano von Sant'Angelo –, die über die Zukunft des Kindes wachen. In den wenigen Augenblicken der Ruhe, die Blanca während dieser anstrengenden, aufregenden Wochen vergönnt gewesen sind – Ludwig ist am 15. November in Saint-Denis feierlich bestattet worden –, und trotz ihrer materiellen und ideellen Sorgen und Probleme hat sie gewiß einen Vergleich angestellt zwischen der Lage ihres Sohnes und der des jungen Heinrich III. vor zehn Jahren: fast auf den Tag genau vor zehn Jahren – 28. Oktober und 29. November.

Von den Ängsten, die sie in dieser Zeit durchmachte, ist uns ein Zeugnis erhalten geblieben. Im Nationalarchiv befindet sich ein schlichtes Pergamentpapier, gesiegelt mit einer Bleibulle, die an einer dünnen Hanfschnur hängt, wie damals bei päpstlichen Urkunden üblich. Diese beiden Materialien, Blei und Hanf, symbolisierten in ihrer Schlichtheit die Armut des heiligen Petrus. Es handelt sich um eine Bulle Papst Gregors IX., der am 7. Dezember 1227 in seinem Palast im Lateran Königin Blanca von einem Gelübde entbindet, das diese unbedachterweise abgelegt hat und nicht erfüllen kann. Welch ein Gelübde war das? Was hatte Blanca gelobt, das sich als unerfüllbar erwies? Wir werden es nie erfahren. Das Schreiben des Papstes enthält keine Angaben darüber, und zweifellos hatte Blanca den Papst, der darüber wachte, daß Schwüre eingelöst wurden, mündlich, durch einen Boten, gebeten, sie von dem ihren zu entbinden. Aber es ist sehr gut denkbar, daß dieses Gelübde sich auf die tragischen Ereignisse dieses Monats November 1226 bezog. Und wenn es auch für immer das Geheimnis der Königin bleiben wird, weist es doch auf einen wesentlichen Charakterzug von ihr hin: In dem Augenblick, da sie ihre ganze Person in den Dienst des Königreichs stellen muß, schöpft sie ihre Kraft aus einer verborgenen Quelle, der gleichen, die aus ihrem Sohn einen Heiligen machen wird.

»Freue dich, glückliches Frankreich.«

Für Krönungsfeierlichkeiten werden herkömmlicherweise neue Gesänge komponiert, und der sogenannte ›Königszug‹, Kernstück der für die Krönung Ludwigs IX. komponierten Musik, ist uns erhalten geblieben; es ist das »Gaude, felix Francia«, freue dich, glückliches Frankreich. Dieses Lied wird bei der Prozession der heiligen Ampulle gesungen, die der Abt von Saint-Denis unter einem von vier Mönchen gehaltenen Baldachin trägt, während der Knabe, der gekrönt werden soll, bereits die Estrade im Vordergrund des Chors betreten hat, auf der er und die großen Barone des Königreichs Platz nehmen werden. Er spricht den Eid: die Bräuche der Kirche hochzuhalten, seinem Volk Gerechtigkeit widerfahren zu lassen, den Frieden zu bewahren. Artig kniet sich die kleine Gestalt hin, dann wirft sie sich der Länge nach vor dem Altar auf den Boden, während man über ihr die Litanei der Heiligen singt:

> »So wolle Gott, der ans Kreuz geschlagen wurde,
> Euch behüten, gnädiger König, und alle Eure Freunde;
> und Euch geben, Herr, Tugend und Macht,
> Eure Herrschaft zu behalten und Eure Rechte
> auszuüben.«

Danach braust in der Kathedrale das ›Te Deum‹ auf. Auf dem Altar liegen das Königsornat, die Krone, das Schwert in seiner Scheide, die goldenen Sporen, das goldene Lilienzepter, die violetten, mit goldenen Lilien bestickten Beinkleider, ebenso der Waffenrock und der Überrock, eine Art Umhang. Die Zeremonie beginnt. Ludwig entledigt sich seines Gewands, wobei er darauf achtet, daß das Hemd geöffnet bleibt. Der Oberkämmerer Barthélemy de Roye zieht ihm die Beinkleider über; der Herzog von Burgund, ein noch sehr junger Mann, legt ihm die Sporen an. Statt des Erzbischofs von Reims, der auf dem Feldzug seines Vaters gestorben ist, überreicht ihm dann der Bischof von Soissons, Jaques de Bazoches, das blanke Schwert; er wird später auch die Salbung vornehmen. Der kleine König hält das Schwert in Richtung Altar, dann wendet er sich zu seinem Onkel Philipp Hurepel um und gibt es ihm, damit er es trage. Danach empfängt er die Salbung, die an die Weihe der biblischen Könige erinnern soll: auf dem Kopf, den Schultern, Armen, Händen, der Brust. Dann legt man ihm die violette Tunika und den Umhang an, steckt ihm den Ring an den Finger und gibt ihm das Zepter in die rechte Hand; der Bischof nimmt die Krone und setzt sie ihm auf das Haupt. Sogleich legen alle großen Barone des Reichs die Hand darauf, halten sie symbolisch; anschließend wird der König zu seinem Sessel geführt, den ein mit goldenen Lilien besticktes Seidentuch schmückt; hier empfängt er den Kuß des Bischofs, der ihn geweiht hat; dann küssen ihn auch die Barone, seine Pairs. »Alle weinten, selbst Gräfin Johanna von Flandern«, deren Treue allerdings fragwürdig war und die als nicht sehr empfindsam galt.

Während der Messe, in deren Verlauf der König beim Opfer einen Klumpen Silber und dreizehn Goldtaler spendete wie bei einer Hochzeit, konnte Blanca mit einem Blick auf die Anwesenden die Risiken und Gefahren ermessen, die ihrer harrten: Viele Plätze in der Kathedrale waren leer geblieben; einige Barone hatten ausrichten lassen, daß sie »aus Trauer um den Vater und Kummer über die Herrschaft« nicht kommen würden. Eine Entschuldigung, aber auch eine Drohung. Konnte der Schmerz um den Verlust des Vaters so stark sein, daß man es nicht für nötig erachtete, dem Sohn die Treue zu beweisen, die man ihm schuldete? Blanca zählte ihre Getreuen: Neben Philipp Hurepel und Hugo von Burgund waren da die beiden Söhne des Hauses Dreux, Robert und sein Bruder Henri de Braisne, der kurze Zeit später das Erzbistum Reims erhalten sollte; da waren auch die Herren von Coucy, Bar und Blois, die sich an den Eid hielten, den sie ihrem verstorbenen Oberherrn geschworen hatten; eine einzige herausragende Persönlichkeit: Johann von Brienne, König von Jerusalem, vor kurzem von einer Pilgerfahrt nach Santiago de Compostela zurückgekehrt, nach der er eine Nichte Blancas namens Berengaria, so genannt nach ihrer Mutter, geheiratet hatte; da waren auch Johanna von Flandern und die mit ihr verwandte Blanca von Champagne; und natürlich alle die Getreuen, die fest und unverbrüchlich zu ihr standen – diejenigen, die in Bouvines oder La Roche-aux-Moines dabeigewesen waren, die drei Jahre zuvor an einer ähnlichen Zeremonie teilgenommen hatten und sich nun erschüttert rund um Bruder Guérin scharten. Ihrer Ergebenheit konnte man sicher sein: Es handelte sich um Barthélemy de Roye, den Kämmerer, Robert von Courtenay, den Mundschenk, Matthieu von Montmorency, den Oberstallmeister, Jean Clément, Johann von Beaumont, Guillaume des Barres den Jüngeren, Jean de Nesle und jenen Michel de Harnes, dessen abenteuerliches Leben eng verbunden gewesen war mit dem der Herrscher, denen er gedient hatte, eine Art Guillaume le Maréchal, der aber zu unserem Leidwesen nicht wie dieser einen Biographen fand. Vor allem hatte Blanca an ihrer Seite den Kardinal Romano von Sant'Angelo, den päpstlichen Legaten, der ihr in diesen schweren Tagen Stütze und unerwarteter Trost gewesen war.

»Großen Trost werdet Ihr haben von Gott,
dem mächtigen König,
er möge Euch behüten und alle Eure schönen Kinder.«

Neben all diesen ergebenen Gefolgsleuten, auf die absoluter Verlaß war, also viele, deren Abwesenheit nichts Gutes verhieß: Hugo, Graf von Marche, und seine Gemahlin Isabella hatten auf die Einladung nicht reagiert, auch nicht der Graf von Bretagne, Pierre, mit dem Beinamen »Mauclerc«, der »schlechte Geistliche«; und noch zahlreiche andere, die schamloserweise hatten bestellen lassen, daß vor einer Krönung die Grafen von Flandern und Boulogne freizusetzen seien, die seit mehr als zehn Jahren gefangen waren.

Ein weiterer leerer Platz war der von Thibaud, Graf von Champagne; aber bei ihm wußte Blanca zumindest, warum er nicht erschienen war. Als sie am Vortag erfahren hatte, daß Thibaud seine Sergeanten geschickt hatte, um eine Unterkunft in Reims vorzubereiten, hatte sie kurzerhand diese Männer durch den Bürgermeister der Stadt zurückweisen lassen. Seine Banner waren auf die Straße geworfen und seine Bediensteten weggejagt worden.

»Der Graf machte wieder kehrt,
ganz erzürnt und sich wie toll gebärdend.«

Blanca würde ihm nicht so schnell sein Verhalten gegenüber ihrem Gemahl verzeihen.

»Freue dich, glückliches Frankreich.« Wieder sang man den ›Königszug‹, während der kleine Ludwig IX., von Bruder Guérin auf sein Pferd gehoben, mit dem Zepter in der Hand und einer Krone auf dem Haupt – für den Umzug trug er eine schlichtere Krone als bei der Zeremonie – den Jubel der Menge entgegennahm.

Freue dich, glückliches Frankreich! Welch seltsame Litanei hatten die Geistlichkeit und die Vorsänger von Reims da gewählt! Konnte man sich denn bei solch einer tränenreichen Krönung, die ein Kind, eine Frau und einen Greis an die Spitze des Königreichs brachte, überhaupt freuen? Welch makabrer Gegensatz zwischen diesem Jubel und dem sich bereits ankündigenden Winter, dem kalten Wind, der die letzten dürren Blätter von den Bäumen riß! Freue dich: Angesichts der vielen sich schon jetzt abzeichnenden Bedrohungen, in diesem Land, wo an allen Ecken und Enden die rebellischen Barone nun freie Hand hatten, endlich Vergeltung zu üben, ob es sich nun um den katharischen Süden handelte, um das englische Poitou, um Flandern oder die Champagne, ganz zu schweigen von England, dessen König Heinrich III. sich wohlweislich gehütet hatte, seinen Vasallenpflichten bei der Krönung seines Oberherrn nachzukommen.

Freue dich, glückliches Frankreich! Welch ein Irrtum! Oder welch merkwürdige Vorahnung ...

4
Schach der Königin

Nicht mehr diejenige sein, die assistiert, sondern diejenige, die entscheidet. Rat einholen und nicht mehr Rat erteilen. Sich verantwortlich fühlen für einen König, ein Königreich und zugleich für ihre Haushaltungen, ihren Landbesitz, ihre Kinder, die umfangreiche Verwandtschaft, für Verbündete, Schreiber, Diener und Würdenträger unterschiedlichen Ranges, die sich innerhalb und rund um eine herrschaftliche Familie bewegen – das ist Blancas künftige Aufgabe. Die Blicke, die sich einst zu dem königlichen Paar hoben, begegnen nun nur noch dem ihren. Der unschuldige Blick Ludwigs, die Blicke seiner Brüder, seiner kleinen Schwester. Die Blicke der Vertrauten, die sich nach den Aufgaben des Tages erkundigen. Die Blicke der Boten, denen eine heikle Mission anvertraut wurde oder die über einen gerade ausgeführten Auftrag Bericht erstatten. Die bald durchtriebenen, bald ernsten Blicke der Ratgeber. Die gewitzten oder demütigen Blicke der kleinen Leute, die beim Parlement um Gerechtigkeit bitten. Die unterwürfigen Blicke derer, die um Bestätigung ihrer Privilegien nachsuchen. Die undeutbaren Blicke eines Barons, der den Eid leistet. Verführerische Blicke, wenn unversehens ein Vorhang gehoben wird. Verbitterte, spöttische, bisweilen mitfühlende Blicke; Blicke, die Worte Lügen strafen oder sie unterstreichen.

Blanca muß diese Blicke nun allein einschätzen, allein erkennen, was sie aussagen oder verbergen; allein einschätzen, ob sie Ehrlichkeit, Schmeichelei oder gezügelte Gier ausdrücken; allein erraten, welche Ränke sich hinter einem Lächeln, welche Niederträchtigkeiten sich hinter einem Gruß verstecken, welche Redlichkeit mit einer arroganten Haltung zugedeckt wird; allein den Blicken standhalten, die zu Unrecht ihr Mitleid erheischen oder mit Recht ihre Milde erflehen. Allein, allein, allein . . .

Weil sie eine Frau ist, werden viele dieser Blicke sie verletzen, beunruhigen, täuschen; aber vielleicht gerade weil sie eine Frau ist, wird sie leichter unterscheiden können, welchen von diesen Blicken sie trauen darf und welche sie ignorieren muß; nur sehen, was sehenswert ist, über das hinaussehen, was sie sieht. Und manchmal wird – heimliche Rache für ihre Einsamkeit – auch ihr eigener Blick einen anderen daran zweifeln lassen, was Recht ist, ihm unzweideutig sagen, was sich gehört, eine Gemütsbewegung auslösen, eine Leidenschaft abkühlen.

Allein, allein, allein . . . Aber das Leben an der Seite ihres Gemahls hat sie auf solche Probleme vorbereitet; Ludwig hat ihr in bezug auf die Verwaltung des Reichs nichts vorenthalten, und deshalb wird sie in der Lage sein, sofort die Zügel in die Hand zu nehmen.

Allein, aber nicht ohne Beistand und eigene Kraftquellen. Die sachkundigen Ratschläge des Kardinals von Sant'Angelo, die klugen Hinweise Bruder Guérins, die zärtlich-freundschaftlichen Gefühle, die sie wachzurufen versteht, die Liebe ihrer Kinder, vor allem die Ludwigs, »den sie mehr liebt als alles auf der Welt« – das ist ihr Trost in ihrer Einsamkeit. Wenn sie schon in ihrem Leben als Frau und Gemahlin das Wesentliche entbehren muß, so weiß sie zumindest die ihr dargebotene Hilfe zu erkennen und anzunehmen, sie zu beachten, aus ihr Kraft zu schöpfen. Das Ereignis, das sie mehr als jedes andere gefürchtet hatte, war eingetreten und hatte ihr eine Rolle aufgezwungen, die sie sich nicht ausgesucht hatte: die Verantwortung für die Zukunft des Königreichs zu übernehmen. Doch in dieser Aufgabe, die sie zurückgewiesen hätte, wäre es ihr möglich gewesen, wird sie ihre wahre Berufung finden, diejenige, die in der Geschichte den Ruhm der Königin Blanca ausmachen wird.

Die Barone des Königreichs waren lange Zeit von König Philipp August und seinem Sohn, dem Löwen, in Schach gehalten worden. Aber Ruhe und Ordnung schließen Unzufriedenheit nicht aus. Die Adligen warteten nur auf eine Gelegenheit loszuschlagen, wie sich bei der Belagerung von Avignon gezeigt hatte. Sie würden sich von nun an keinen Zwang mehr antun.

Eine riesige Schachpartie beginnt auf dem Schachbrett Frankreich. Hier eine Burg, dort eine Provinz – fast überall Aufruhr. Man muß Zug um Zug zurückschlagen, einen Bauern gegen einen anderen, auf alles ein Auge haben, auf die Partie als solche wie aufs Detail, mit Angriffen rechnen und verwegene Manöver unterbinden.

Die erste Handlung der Königin nach der Krönung ihres Sohnes ist die Freilassung eines prominenten Gefangen: Es handelt sich um Ferrand von Portugal.

Das hatte man zwar erwartet. Seine Gemahlin hatte ja darauf hingearbeitet. Und bei einer Königskrönung war es allgemein üblich, Straferlasse zu gewähren. Doch wenn man Blancas Leben insgesamt und die Episode betrachtet, die für ihre letzten Jahre ausschlaggebend sein wird, ist diese Geste von symbolischer Bedeutung. Es ist nun nicht mehr unwesentlich, daß sie der erste Akt ihrer Herrschaft ist.

Ferrand verließ also am Dreikönigstag des Jahres 1227 sein Gefängnis im Louvre. Zusammen mit seiner Gemahlin, der Gräfin Johanna, kehrte er in seine Domäne Flandern zurück, wo er wieder in alle seine Rechte eingesetzt wurde. Blanca erließ ihm sogar die Hälfte seines Lösegelds – fünfundzwanzigtausend Livres – und erstattete die drei Städte Lille, Douai und Sluis zurück, die er dafür als Pfand gegeben hatte; nur die Burg von Douai behielt sie als Sicherheit. Das war zu den früher getroffenen Vereinbarungen eine zusätzliche Vergünstigung. Zuvor hatte sie wohlweislich zwei ihrer Vertrauten, Aubry Cornu und den Brotmeister Hugo von Athies, entsandt, um die Einwohner der wichtigsten Städte Flanderns dem König und der Königin Treue schwören zu lassen für den Fall, daß Ferrand und seine Gemahlin abermals Verrat übten. Aber konnte der Graf von Flandern überhaupt noch an Verrat denken? Er würde zwölf Jahre Haft wohl nicht so schnell vergessen, ebensowenig wie Blancas Großzügigkeit.

Würde sie sich gegenüber Renaud de Dammartin, Graf von Boulogne, ebenso mild zeigen? Wahrscheinlich hoffte dieser darauf. Von dem harten Gefängnis in Péronne, wo Philipp August ihn hatte einkerkern lassen, war er in die

Burg von Goulet in der Normandie überstellt worden und litt sehr unter seiner Gefangenschaft. Aber im Gegensatz zu Ferrand hatte er echten Verrat begangen; dazu kam, daß Blanca ihn nicht freilassen konnte, ohne es sich mit ihrem Schwager Philipp Hurepel zu verscherzen, auf den die Grafschaft Boulogne übertragen worden war. Renaud war sich bald darüber im klaren, daß er nichts zu erwarten hatte. Er nahm sich deshalb um Ostern 1227 das Leben. Lange Zeit kursierten unheimliche Geschichten über die Burg von Goulet, dem Schauplatz des Selbstmords, eine damals noch seltene Tat, die bei den Zeitgenossen Abscheu erregte.

»Verderb droht Frankreich,
ihr Herren Barone, vernehmt's
wenn eine Frau ist sein Vogt,
und wie Ihr wißt...«

Blanca ist auf der Hut: Die bei der Krönung leer gebliebenen Plätze sind die der rebellischen Barone. Hugo von Lusignan sieht nichts, hört nichts, tut nichts, was seine Gemahlin Isabella von Angoulême nicht will; diese vergißt nicht, daß sie einst Königin von England gewesen ist, und macht, was ihr gefällt. Hugo hat sich kürzlich mit zwei anderen mächtigen Feudalherren im Westen Frankreichs verbündet, mit dem Vizegrafen von Thouars und dem Herrn von Parthenay. Zwei bekannte Namen für diejenigen, die, und sei es auch nur von fern, am Geschehen in La Roche-aux-Moines teilgenommen haben. Vom Poitou nach England ist es trotz der beträchtlichen geographischen Entfernung nur ein Schritt, und dieser Schritt ist bereits getan worden, denn König Heinrichs III. eigener Bruder, Richard von Cornwall, der zwei Jahre zuvor auf dem Kontinent gelandet ist, hat sich unverschämterweise den Titel eines Grafen von Poitiers zugelegt. Er behauptet, ihn von seinem Onkel zu haben, seinem Namensvorgänger Richard Löwenherz.

Doch da ist jemand, der nur zu gern bereit ist, zwischen den Baronen des Westens und England die Verbindung herzustellen: Es ist Pierre Mauclerc, Graf von Bretagne.

Ein gefährlicher Mensch, dieser Mauclerc: einer jener unersättlichen jüngeren Söhne, die um so gieriger werden, je mehr man ihnen gibt, um ihren Hunger zu stillen. Pierre kann sich nicht beklagen. Sie sind drei Brüder: der älteste, Robert, mit dem Beinamen Gâteblé, »Kornverderber«, hat die Grafschaft Dreux erhalten; der jüngste, Henri de Braisne, der in einen geistlichen Orden eingetreten ist, ist jüngst von den Domherren zum Erzbischof von Reims gewählt worden; bleibt Pierre, der nicht geerbt hat, dafür aber durch seine Heirat zu Besitz gekommen ist: König Philipp hatte dafür gesorgt, daß Alix, die Erbin der Bretagne, seine Gemahlin wurde. Alix war vor fünf Jahren gestorben und hatte ihm drei Kinder hinterlassen: Johann, genannt »der Rote«, Arthur und Yolanthe; der Älteste wird das Herzogtum Bretagne erben, über das jetzt stellvertretend für ihn sein Vater gebietet, der bei jeder Gelegenheit den großen Baron herauskehrt und sich fast wie ein Tyrann gebärdet. Die Kirche von Nantes hat schlimme Erfahrungen mit ihm gemacht. Pierre hat ganze Kirchspiele abreißen lassen, da er Platz benötigt für die Befestigung seiner Burgen. Die Geistlichen, die sich darüber beklagen, läßt er einsperren. Einem Pfarrer, der einem Wucherer ein kirchliches Begräbnis verweigert, droht er sogar, ihn zusammen mit dessen Leichnam lebendig begraben zu lassen! Verdankt er seinen Beinamen »schlechter Geistlicher« der Tatsache, daß er zunächst Mönch geworden sein soll? Stimmt es, daß er an der Universität von Paris studiert hat? Man weiß es nicht. Jedenfalls wußte man von seinen Auseinandersetzungen mit dem Klerus sogar am Hof zu Rom. Gleichzeitig ist er jedoch ein treuer Vasall, der auf der Seite Ludwigs VIII. sehr tapfer gekämpft hat, sowohl in Flandern wie auch im Anjou und in England.

Der Aufenthalt in England war es allerdings gewesen, der seine Begehrlichkeit geweckt hatte: Die Herzöge der Bretagne sind auch Grafen von Richmond, und was hört man nun? Pierre hat seine Tochter Yolanthe mit Heinrich III. von England verlobt! Die beiden warten nur noch auf die päpstliche Einwilligung, um die Hochzeit zu feiern, denn das Brautpaar ist in einem von der Kirche nicht gestatteten Grad miteinander verwandt. Da verbreitet sich ein Gerücht, das Pierre Mauclerc sehr gelegen kommt: Das Haus Dreux, aus dem er stammt, sei königlicher Herkunft; Robert, der erste Graf von Dreux, sei der Sohn Ludwigs VI. des Dicken gewesen. Es wird sogar gemunkelt, der älteste Sohn. Aber man soll ihn zugunsten Ludwigs VII. übergangen haben, da er weniger intelligent gewesen sei als dieser. Wäre nun, da Frankreich von einer Frau und einem Kind regiert wird, in diesem Fall nicht ein Anspruch geltend zu machen? Pierre Mauclerc ist genau der Mann dafür; sein ganzes Leben lang stellt er Ansprüche . . .

Blanca, die ihn gut genug kennt, um sich vor ihm in acht zu nehmen, wurde von den Bündnissen, die im einstigen Reich der Plantagenets geschlossen wurden, laufend unterrichtet. Den jüngsten Nachrichten zufolge droht eine regelrechte Verschwörung: Mauclerc hat sogar den Grafen von Champagne, Thibaud, auf seine Seite gebracht. Grund genug, den Wutanfall zu bedauern, der ihn daran gehindert hat, bei der Krönung zu erscheinen. Auch Thibauds Bundesgenossen Henri de Bar hat Mauclerc gewonnen; nicht lange, und die Krondomäne würde sich zwischen zwei gegnerischen Fronten befinden.

Blanca wartet nicht bis zum Frühling. Schon Ende Januar beruft sie die Vasallen ein, macht sich sogar selbst auf die Reise. Begleitet wird sie von ihrem Sohn, dem König, aber auch von einigen der treuen Barone, allen voran ihr Schwager Philipp Hurepel und Robert Gâteblé, Mauclercs ältester Bruder. Blanca und Ludwig werden am 20. Februar in der Kathedralkirche von Tours empfangen und wallfahrten zum Kloster Saint-Martin, das im ganzen Land große Verehrung genießt. Am nächsten Tag sind sie in Chinon, dem einstigen Schloß der Plantagenets, dann wenden sie sich nach Loudun. Die Rebellen haben ihre Streitkräfte in Thouars konzentriert; das heißt, daß die königlichen Truppen und die der Grundherren einander aus nächster Nähe beobachten können. Bald beginnt ein seltsames Hin und Her der Bauern auf dem Schachbrett; die fünf oder sechs Meilen, die zwischen den beiden Städten liegen, werden von Sendboten durchmessen, deren beliebtester Treffpunkt eine Wegbiegung nahe Curçay ist, von der man einen sehr schönen Blick auf das Tal der Dive hat. Wen soll man mit den Unterhandlungen betrauen? Im Lager der Verschwörer fällt die Wahl auf Thibaud von Champagne: Er ist ein Vertrauer des Hofes. Er und der Graf von Bar werden bald vom König mit einem ordnungsgemäßen Geleitbrief ausgestattet; sie sollen die Verhandlungen führen. Tatsächlich verhandeln sie, und Blanca empfängt sie höchstpersönlich.

Doch was geschieht nach einigen Tagen? Im Lager der Rebellen beginnt man sich zu fragen, ob die Verhandlungen nicht ein wenig zu gut laufen; Graf Thibaud zeigt sich stets bereit, die Dive zu überqueren. Und Richard von England, dem es gelungen ist, die furchterregende Persönlichkeit, halb Baron und halb Räuberhauptmann, die man Savary de Mauléon nennt, in Harnisch zu bringen, berät sich mit diesem. Beide haben denselben Eindruck: Sobald Thibaud von Champagne seine Base und Herrin Blanca wiedergesehen hat, ist er unzurechnungsfähig. Ihre Besorgnis überträgt sich auf die anderen aufständischen Adligen, bis eines schönen Tages Thibaud und Henri de Bar bei ihrer Rückkehr von Curcay von einem Hinterhalt Wind bekommen und auf dem Absatz kehrtmachen. Diesmal präsentieren sie sich als Asylsuchende in Loudun, nicht mehr als Unterhändler, und suchen um Unterstützung durch die königliche Streitmacht nach. Überflüssig zu sagen, daß sie mit großem Wohlwollen aufgenommen werden.

Eine große Enttäuschung für Mauclerc. Graf Richard hatte recht behalten: Was Thibaud angeht, so scheint Blanca ein Zaubermittel zu besitzen; seine Zuverlässigkeit ist dahin, sobald er mit der Königin zusammen ist.

Wie beendet man eine schlecht eröffnete Partie? Blanca lädt die Verschwörer ein, zu ihr nach Loudun zu kommen. Sie lehnen ab und schlagen Chinon vor. Dann eben Chinon. Doch an dem vereinbarten Tag lassen sich die Barone, die den Affront nicht verkraftet haben, nicht blicken. Nun wird ein Treffen in Tours vereinbart. Wieder bleiben sie fern. Diesmal verliert Königin Blanca die Geduld: Sie fordert sie auf, in Vendôme zu erscheinen, wenn nicht, würde das königliche Heer in Aktion treten. Mauclerc fügt sich. Mit seinem Gefährten Hugo von Marche gelobt er in Vendôme Gehorsam. Das Ganze endet am 16. März 1227 mit einem ordnungsgemäßen Vertrag. Wie immer in jener Zeit werden Friedensschlüsse durch Heiraten besiegelt. In Vendôme werden gleich drei vereinbart. Mauclercs Tochter Yolanthe wird nicht den König von England heiraten, sondern einen Sohn des Hauses Frankreich, Johann, für den Maine und das Anjou vorgesehen sind. Sein jüngerer Bruder Alfons wird Isabella heiraten, die Tochter der Isabella von Angoulême und des Grafen Hugo von Lusignan, und eine zweite Isabella, Blancas einzige Tochter, einen anderen Hugo, den Sohn des Vorgenannten. Drei königliche Kinder werden sich also mit Kindern der rebellischen Barone vermählen. Die Gefahr der englischen Heirat ist damit beseitigt, und das Poitou befindet sich wieder in der Einflußsphäre der Krondomäne. Richard von Cornwall, der sich etwas im Abseits fühlt, braucht nur noch ein Waffenstillstandsabkommen zu unterzeichnen und kann dann nach England zurückkehren. Blanca, der klar ist, daß sie nun nicht geizig sein darf, beeilt sich, Robert von Dreux Ländereien zu schenken, Philipp Hurepel Geld, und den Bürgern von La Rochelle, die trotz mancher Versuchungen dem König von Frankreich treu geblieben sind, gewährt sie einige Steuerfreiheiten.

Die erste Runde hat unbestreitbar die Königin gewonnen. Ohne einen Tropfen Blut zu vergießen, ist es ihr gelungen, eine regelrechte Verschwörung zu zerschlagen. Aber es hieße den Mauclerc nicht zu kennen, wenn man von ihm nicht einen Vergeltungsschlag erwartete. Warum sein Mißerfolg? Weil er sich auf Thibaud verließ? Der würde schon eines Tages dafür bezahlen. Wie auch immer: Das große Übel, an dem die Rebellen gelitten hatten, war ihre Uneinigkeit gewesen. Jeder befürchtete, die anderen würden ihn im Falle eines Sieges ausbooten. Statt in geschlossener Front gegen den jungen König Ludwig IX. anzutreten, planten sie indes nun etwas anderes: Sie wollten sich seiner versichern, einen Keil zwischen ihn und seine Mutter treiben. Den König beibehalten und in seinem Namen das Reich regieren – gewiß ein klügerer Schachzug, als offen gegen ihn zu revoltieren.

»König, glaubt nicht
dem weiblichen Geschlecht,
sondern laßt diejenigen kommen,
die Waffen zu tragen verstehen.«

Wenn der Knabe sich schämte, daß er noch am Rockzipfel seiner Mutter hing, dann wäre es wahrscheinlich ein leichtes, sich bei ihm Gehör zu verschaffen.

Der junge Ludwig befindet sich auf einer Rundreise durch seine Domäne und ist soeben in Orléans eingetroffen. Die Barone haben ihn wissen lassen, »daß Königin Blanca, seine Mutter, nicht etwas so Großes wie Frankreich regieren sollte und daß es einem Weib nicht anstehe, etwas derartiges zu tun«. Darauf läßt der König antworten, daß er zum Regieren keine andere Hilfe benötige als die »der guten Leute von seinem Rate«. Aber er ist gewarnt, und als er in Châtres – Arpajon – erfährt, daß ein mächtiges Heer in Corbeil steht, erkennt er trotz seiner dreizehn Jahre sofort, daß seine kleine Eskorte nicht ihn der Lage sein wird, ihn zu beschützen. Was tun? Ganz in der Nähe liegt die Burg Montlhéry mit ihren mächtigen Türmen. Diese Burg, deren Geschichte der junge Ludwig mehr als einmal vernommen hat – sie hatte seinem Ahnherrn König Ludwig VI. dem Dicken große Probleme bereitet, weil er ihretwegen nicht unbehelligt zwischen Paris, Étampes und Orléans hin- und herreisen konnte –, wird die Zuflucht der Dynastie. Ludwig begibt sich also eilends nach Montlhéry, läßt die Zugbrücke aufziehen und die Zinnen ausrüsten, dann schickt er zwei Boten zu seiner Mutter, die in Paris geblieben ist, sie sollen ihr berichten, was vor sich geht.

Wie immer erfaßt Blanca augenblicklich die Lage. Sie hat keine Zeit, die Vasallen zusammenzurufen, und macht sich keine Gedanken darum, ob die Verschwörer möglicherweise Montlhéry belagern werden. In Paris liebt man sie, das weiß sie; sie hat hier den größten Teil ihrer Kindheit und Jugend verbracht. Nachdem sie ständig mit brennendem Interesse die Fortschritte an der nahe dem Palast gelegenen Kathedrale verfolgt hat – die Fassade ist vor kurzem fertiggestellt worden und erhebt sich nun bis zu einer schönen, mit feinen Säulen geschmückten Galerie –, ist sie vor kurzem in die sogenannte »Notre-Dame-Bruderschaft« für Priester und Bürger, eine mildtätige Vereinigung, die Geistliche und Laien umfaßt, aufgenommen worden. An die Pariser wird sie appellieren. Sie läßt die Bürger zu sich kommen, teilt ihnen mit, daß ihr Sohn beinahe in einen Hinterhalt geraten wäre; alle erklären sich bereit, ihm zu Hilfe zu kommen. Und sie raten der Königin, sich auch an die »Kommunen« Frankreichs, das heißt der Île-de-France, zu wenden. »Unverzüglich sandte die Königin Schreiben in das gesamte Umland und bat, man möge denen von Paris beistehen, ihren Sohn von seinen Gegnern zu befreien. Darauf fanden sich allerorten in Paris die Ritter der ganzen Umgebung und die anderen guten Leute ein. Als sie alle versammelt waren, bewaffneten sie sich und verließen Paris mit wehendem Banner und zogen geradewegs nach Montlhéry. Kaum waren sie aufgebrochen, als die Barone davon Kunde erhielten; sie fürchteten selbige Leute sehr und sagten unter sich, daß sie keine ausreichend große Streitmacht hätten, um gegen sie kämpfen zu können. Darum rückten sie ab, ein jeder kehrte in seine Gegend zurück, und die von Paris kamen zur Burg Montlhéry. Dort fanden sie den jungen König; in geschlossenen, dichten Reihen brachten sie ihn nach Paris, bereit loszuschlagen, falls dies notwendig wäre.«

Blanca hatte das Volk um Hilfe gebeten, und sie hatte es nicht vergeblich getan; nach dem Abzug der Gegner herrschte im Volk großer Jubel, der die Zeitgenossen aufs höchste beeindruckte, angefangen beim jungen König selbst; viel später gehörte dies zu seinen Erinnerungen, auf die er in seinen Gesprächen mit dem Herrn von Joinville gern zurückkam: »Von Montlhéry bis Paris war der ganze Weg voll von bewaffneten und unbewaffneten Leuten, und alle beteten mit lauter Stimme zu unserem Herrn, er möge mir ein gutes und langes Leben schenken und mich gegen meine Feinde verteidigen und vor ihnen bewahren.«

Es ist verständlich, daß eine solche Erfahrung bei einem phantasievollen, empfindsamen Knaben dieses Alters einen nachhaltigen Eindruck hinterläßt; als später Ludwig IX. »sein Leben für sein Volk in Gefahr brachte« – was Joinville zufolge, der dies ausdrücklich erwähnt, viermal geschah –, tat er dies nicht nur, weil er es aufgrund seines Ranges für seine Pflicht hielt, sondern auch, um diesem Volk gegenüber eine Dankesschuld abzutragen.

Obschon ein zweites Mal von einer Streitmacht geschlagen, mit der sie nicht gerechnet hatten, geben die rebellischen Barone noch immer nicht auf. Ihre Wut gegen die »Dame Hersent« verdoppelt sich – »Hersent« ist der Name der Wölfin in dem ›Roman de Renart‹, dem Reinhart-Roman, der sich beim Bürgertum zur Zeit größter Beliebtheit erfreut. Aber auch Verleumdungen, in deren Mittelpunkt die Königin steht, erfreuen sich größter Beliebtheit. Hat diese Fremde, die das Reich regiert, nicht schamlos gezeigt, daß sie dem Grafen von Champagne in Liebe verbunden ist? Und wer weiß denn schon, ob der Graf ihren Gemahl, König Ludwig VIII., den er bei der Belagerung von Avignon feige verraten hatte, nicht gar mit ihrem Einverständnis beseitigte? Außerdem vergeudet sie das Staatsvermögen; einerseits predigt sie ihrem Sohn, dem König, Sparsamkeit, andererseits macht sie dem kastilischen Königshof und Graf Thibaud großzügige Geschenke.

Eine verstärkte Bautätigkeit in den Gebieten des Grafen von Boulogne erweckte Blancas Argwohn: Philipp Hurepel ließ Boulogne befestigen, errichtete in Calais eine Umwallung und eine Burg und verstärkte die Befestigungen von Hardelot und mehreren anderen Plätzen. Diese vielen aufeinandergetürmten Steine und Balken verhießen nichts Gutes. Seit dem Tod des Renaud de Dammartin brauchte Hurepel nicht zu fürchten, daß er seine Grafschaft zurückgeben mußte; war er nicht eher geneigt, dem Grafen von Bretagne Gehör zu schenken, der trotz der Vereinbarungen von Vendôme nicht wirklich die Waffe aus der Hand gelegt hatte? Kurzum, weshalb sollte sich ein Baron eigentlich nicht des Königreichs und des jungen Königs annehmen, ein Baron wie Philipp, der trotz seiner illegitimen Geburt aufgrund seiner Abstammung in jedem Fall dazu geeigneter war als eine Frau? Und noch dazu eine Fremde! Oder aber, da man ja einen König brauchte, warum nicht einer der Barone? Mehrere von ihnen fühlten sich durchaus in der Lage, diese Bürde auf sich zu nehmen, nachdem ja nun das Reich zum Kunkellehen zu werden schien. Unter ihnen befand sich der neue Verbündete, den Mauclerc in seinen konspirativen Machenschaften unermüdlich, auf seine Seite hatte ziehen können: Enguerrand III. von Coucy. Er war ein naher Verwandter, durch seine Mutter Alix von Dreux auch er ein Abkömmling Ludwigs VI. Es bedurfte eines großangelegten Komplotts und diesmal auch des Einsatzes von Waffen, ohne daß man sich von »Dame Hersent« beeinflussen ließ. Es mangelte nicht an Unzufriedenen im Königreich, und außerhalb des Königreichs wartete jemand nur auf das Ablaufen des Waffenstillstands, um die Feindseligkeiten wieder aufzunehmen: der König von England. An Weihnachten 1228, als der junge Heinrich III. in Oxford hofhielt, empfing er Abordnungen der Einwohner von Bordeaux, der Guyenne, des Poitou und der Normandie, die ihn ersuchten, durch eine Landung auf dem Kontinent seine Stärke unter Beweis zu stellen.

Von den Vorbereitungen und dem fortwährenden Kommen und Gehen, das sie da und dort beobachtete, alarmiert, plazierte Blanca nun ebenfalls ihre Bauern auf dem Schachbrett. Sie wußte jetzt, wie wichtig eine Unterstützung durch die Kommunen sein konnte, und es sind abermals die Einwohner der Kommunen, an die sie sich wendet.

Während des Monats Oktober 1228 werden die königlichen Baillis zwischen dem Seine-Tal und den Grenzen Flanderns gebeten, die Schöffen und Bürgermeister der wichtigsten Städte zu besuchen und sie der Königin und ihrem Sohn Treue schwören zu lassen. Damit zeichnet sich bereits zwischen dem Bürgertum und dem König eine Bundesgenossenschaft ab, deren Tragfähigkeit sich im Laufe der Zeit herausstellen wird. Was wird dereinst ein König wie Ludwig XI. anderes tun, als dem Beispiel der Königin Blanca zu folgen? Natürlich ganz zu schweigen von Ludwig XIV., der alle seine Minister unter den Bürgern des Königreichs auswählte. Die Umstände unterscheiden sich zwar in jedem Fall, aber eines ist ihnen gemeinsam: Es gilt einen immer rebellischer und unerträglicher werdenden Adel in Schach zu halten, der alles unternimmt, um sich der königlichen Autorität zu entziehen.

In den Kartons des Nationalarchivs zeugen kleine Pergamente, jedes mit dem Stadtsiegel versehen, von dem Treuegelöbnis, das die Bürger damals ablegten – die von Amiens und Compiègne, die von Senlis und Arras, die von Montreuil-sur-Mer und von Tournai. Alle diese Städte – es sind achtundzwanzig, und die Originalurkunden mit dem Schwur sind leicht zu finden –, die in weit zurückliegender Zeit – wie vor etwa zweihundert Jahren Saint-Quentin – manchmal selbst gegen ihren Grundherrn aufbegehrten oder sich ihre Freiheit erkauft hatten, erklärten sich bereit, ihren kleinen König und dessen Mutter zu verteidigen.

Der Gedanke an die versprochenen, und zwar bedingungslos versprochenen, Unterstützungen ist Blanca eine große Beruhigung, zeugt doch die Hilfsbereitschaft der Bürger von ihrem Vertrauen in das Herrscherhaus.

Auch die Barone rüsten sich und legen unter sich ganz genaue Verhaltensmaßregeln fest, um diesmal keine Enttäuschung zu erleben: Pierre Mauclerc sollte die Feindseligkeiten eröffnen. Daraufhin würde die Königin von ihren Vasallen die »ost« fordern, die militärische Hilfe, die ihre Barone ihr schulden. Diese kämen der Aufforderung selbstverständlich nach; sie würden sich an den Hof begeben, aber jeder würde nur zwei Ritter mitnehmen; so könnten sie nicht beschuldigt werden, gegen den Eid verstoßen zu haben, den sie einst dem König geschworen hatten. Aber die »Dame Hersent« hätte ausgespielt, und da sie über keine oder nur lächerlich geringe Streitkräfte verfügte, würde sie bald kapitulieren und dann nach ihrer Pfeife tanzen müssen. Schach und matt. Es ist schließlich an der Zeit, daß die Dynastie Hugo Capets, die von den Baronen gewählt worden war und ihnen den Thron verdankte, jetzt einer jüngeren und stärkeren Dynastie das Feld überläßt.

Das Jahr ging zu Ende. Der junge Ludwig IX., der seinen Weihnachtshof in Melun halten sollte, hatte Pierre Mauclerc für den 31. Dezember zu sich gebeten. Dieser erschien nicht. Das war der Beginn der geplanten Feindseligkeiten.

Blanca wartet nicht länger. Der Treue der Städte und kleinen Leute im gesamten Norden und Osten der Krondomäne sicher, hat sie beschlossen, Mauclerc in seinen eigenen Ländereien zu überrumpeln. Große Verblüffung, denn entgegen den Erwartungen der Verschwörer ist es eine beträchtliche Streitmacht, die da anrückt. Woher hat Blanca plötzlich Verstärkung erhalten? Man hätte es sich ja denken können, der Graf von Champagne ist da, und er hat nicht nur zwei Ritter mitgebracht, wie es die Rebellen vereinbart hatten, auch keine dreihundert – wie später Joinville schreiben wird, der von den Auseinandersetzungen nur gehört hatte, weil er zu dem Zeitpunkt zu jung gewesen war – sondern gut achthundert Ritter, wie aus der Musterrolle ersichtlich, die uns erhalten ist.

Ein Stück hinter Chartres und Nogent-le-Rotrou, an der Straße in die Bretagne, mitten in der Perche, die König Philipp einst Pierre Mauclerc anvertraut hatte, steht die Burg Bellême, die der Graf trotz seiner Verpflichtungen gegenüber seinem obersten Lehnsherrn eilends in einem Maße befestigt hat, daß sie als uneinnehmbar gilt. Sie ist das Ziel der ersten militärischen Aktion, die Ludwig IX. selbst befehligt. Er ist erst fünfzehn, weiß aber, daß sein Großvater Philipp im selben Alter ebenfalls seine ersten Kämpfe ausgefochten hat.

Was er vorhat, ist übrigens ziemlich gewagt: Abgesehen von den mächtigen Verteidigungsanlagen der Burg, ist es Mitte Januar, und der Winter verspricht rauh zu werden. Der Herzog von Bretagne, der begonnen hat, die in seiner Reichweite liegenden Landstriche des Königs zu verwüsten, rechnet mit einem Gegenschlag nicht vor dem Frühling. Der König nimmt in Kauf, daß die Belagerung unter Umständen länger dauern wird. Auf den Rat des Marschalls von Frankreich – wahrscheinlich Jean Clément, ein erfahrener alter

Kriegsmann – legt er sein Quartier in die Häuser der umliegenden Dörfer oder läßt, was meistens der Fall ist, Zelte aufstellen; man errichtet Notlager und läßt aus den Weilern der Umgebung kommen, was die Menschen und die Pferde benötigen. Saint-Martin-du-Vieux-Bellême, Saint-Jean-de-la-Forêt, Saint-Ouen-de-la-Cour, Sérigny und noch viele andere Dörfer müssen ihren Tribut leisten.

Sehr viel später, bei den Erhebungen durch königliche Beamte, wird die Bevölkerung von den schlimmen Schäden berichten, die damals angerichtet wurden: sowohl die Pfarrkinder von Saint-Sauveur und Saint-Pierre in Bellême, deren Häuser auf Befehl der Grafen von Bretagne niedergebrannt worden waren, wie auch jene, die alles hergeben mußten, was die Sergeanten des Königs von ihnen haben wollten.

Man bezieht die Quartiere, aber ohne rechte Freude, denn inzwischen ist der Winter mit aller Härte hereingebrochen. Es friert Stein und Bein, man muß das Eis von den Tränken schlagen, die Belagerer sind vor Kälte buchstäblich gelähmt.

Blanca ist eingetroffen, um persönlich die Operationen zu überwachen. Sie ist sich der kritischen Lage bewußt, in der sie sich befindet und mit ihr ihr Sohn und alle jene, die sie den Gefahren dieses Feldzugs ausgesetzt hat, der ein Erfolg werden muß. Die Zukunft des Königreichs steht auf dem Spiel.

So würde ein Heerführer urteilen. Aber sie ist eben kein Heerführer und reagiert in diesem Augenblick weniger als Stratege denn als Frau: Die Männer ihrer Streitmacht frieren, und darum gilt es als erstes, dafür zu sorgen, daß sie sich aufwärmen können. Praktischer Verstand, gepaart mit Mütterlichkeit: »Es herrschte so große Kälte, daß Männer und Pferde in großer Gefahr geschwebt hätten, wäre nicht Königin Blanca gewesen, die bei der Belagerung vor dem Schloß anwesend war. Sie ließ im Heer verbreiten, daß alle jene, die siegen wollten, hingehen und Bäume – Nuß- und Apfelbäume – fällen und alles Brennholz, das sie fänden, herbeischaffen sollten. Kaum hatte sie das angeordnet, gingen die minderen Kriegsknechte hin und fällten, was sie fanden, und schafften es auf Karren und Pferden zum Heer. Und die Männer des Heers entzündeten große Feuer bei den Zelten, so daß die Kälte weder Mensch noch Tier etwas anhaben konnte.«

Der nahe Wald von Bellême und die Balken der alten Häuser in der Stadt sowie im benachbarten Marktflecken Sérigny liefern den Truppen Brennmaterial, und die »großen Feuer«, die überall aufflammen, geben den Männern und den Pferden wieder Auftrieb. Die uneinnehmbare Festung Bellême ergibt sich nach zweitägigem Sturm. Ludwig, der das Leben der Besatzung schont, kann sich sagen, daß er seinen ersten militärischen Erfolg einer mütterlichen Geste Königin Blancas verdankt. Die Einwohner des Ortes werden später zum Gedenken an diese Belagerung, die nach Frauenart geführt worden ist, ein Kreuz errichten; nach all den Jahrhunderten heißt es auch heute noch das »Königin-Feuerkreuz.«

Die Nachricht von der erfolgreichen Belagerung hat sich in Windeseile verbreitet. Der Burgherr des westlich von Bellême gelegenen La Perrière, Hugo der Blonde, beeilt sich, dem König die Schlüssel der Festung auszuhändigen, während Blanca ihren Bailli von Gisors, Jean de Vignes, zu einem der Verbündeten Mauclercs entsendet, dem Herrn von la Haie-Paynel, der bedeutenden Landbesitz in England sein eigen nennt. Es genügt, daß de Vignes sich im Namen der Königin präsentiert, und schon ergibt sich auch der Herr von la Haie-Paynel, höchst überrascht, von dem Erfolg zu hören, den man dank Blancas Beharrlichkeit mitten im Winter errungen hat.

»Ihr sagtet zu mir, daß selbiger junge König keinerlei Hilfe von seinen Gefolgsleuten erhalten würde: Und nun sehe ich, daß er mehr Leute hat als ich und Ihr zusammen«, schrieb der König von England einige Zeit später ungehalten an den Grafen von Bretagne.

Ein starkes Heer, aber woher hat er diese große Streitmacht? Der Zorn, den Mauclerc seit seinem Mißerfolg im Herzen trägt, richtet sich ebenso wie der seiner Bundesgenossen gegen den, der nach einhelliger Meinung Schuld daran hat, nämlich Graf Thibaud von Champagne. Er, dieser dicke, verliebte Mann war es, der alle Pläne zunichte gemacht hatte. Das sollte ihn teuer zu stehen kommen. »Graf Thibaud, gelb vor Gier und im Herzen Verrat, Euren Ruhm verdankt Ihr nicht Eurer Kriegskunst, sondern Euren Kenntnissen der Wundarzneikunst.« Nicht erst heute hält man ihn für einen Giftmörder: »Hätte Euer Herr überlebt, wäret Ihr aller Eurer Besitzungen verlustig gegangen.«

Daraufhin erheben die Barone die Waffen gegen die Champagne. Thibaud, der alles andere als ein gewiefter Politiker ist, hat es ausgerechnet jetzt fertiggebracht, sich mit Graf Hugo von Burgund zu entzweien. Noch schlimmer: In einem nicht zu rechtfertigenden Jähzornanfall hat er sich der Person des Robert d'Auvergne, Erzbischof von Lyon, bemächtigt, weil er ihn verdächtigt, mit den Burgundern einen Komplott gegen ihn zu schmieden. Eine regelrechte Entführung: Der Erzbischof war überfallen worden, als er die Champagne durchquerte; man nahm ihn gefangen und brachte ihn nachts mit verbundenen Augen auf eine Burg, wo man ihn als Geisel festhielt. Er hätte dort wohl eine Weile ausharren müssen, wäre da nicht der Graf von Bar gewesen, der, empört über dieses Vorgehen, den geistlichen Herrn befreien ließ. Mit einem Schlag hatte sich Graf Thibaud drei neue Gegner geschaffen: den Grafen von Burgund, den Erzbischof und den Grafen von Bar, der bis dahin sein Verbündeter gewesen war. Er wird zum Gegenstand von Spottgedichten und anzüglichen Liedern, die von Burg zu Burg und von Jahrmarkt zu Jahrmarkt getragen werden und in denen der Baron als »alt, scheußlich und gedunsen« dargestellt wird – obwohl noch nicht dreißig, ist Thibaud schon ziemlich korpulent, was sein ganzes Leben lang Anlaß zu Scherzen geben wird.

Doch damit nicht genug. Der Herzog von Burgund und der Graf von Nevers fallen in die Champagne ein; sie plündern Saint-Florent, brandschatzen die Burg von Ervy und umzingeln Chaource. Ein neues Lied wird in den Burgen und Marktflecken gesungen – von einem Thibaud, der alles verloren hat und nach Freunden Ausschau hält, die ihm unter die Arme greifen.

Natürlich handelt Blanca manchmal auch sehr weiblich. Unverzüglich setzen sie und der junge König ihre Truppen in

Richtung Champagne in Marsch. Nach einigen Tagen trifft sie in Troyes ein. Außerdem hat Blanca ihren einstigen Gegner Ferrand von Flandern, mit dem sie jetzt gut Freund ist, gebeten, gegen Philipp Hurepel zu ziehen, der sich offen mit den Feinden des Grafen von Champagne verbündet hat. Ferrand ergreift die Offensive, marschiert in Richtung Calais und legt unterwegs die Burg von Marck und die Meierei von Oye in Schutt und Asche. Ein wenig später wird der Menestrel von Reims recht witzig von Philipps Winkelzügen berichten:

»Der Königin wurde geraten, das Land der Champagne und der Brie verteidigen zu helfen, denn der Graf von Champagne sei doch ihr Verwandter und ein Gefolgsmann des Königs. Vier Meilen von Troyes entfernt ließ sie ein großes Heer zusammenziehen, und der König begab sich mit ihr dorthin. Dem Grafen von Boulogne und den Baronen tat sie zu wissen, sie sollten bloß nicht wagen, im Lehen des Königs Schaden anzurichten, und sie sei durchaus bereit, Recht zu sprechen, wenn sie dem Grafen etwas vorzuwerfen hätten. Und sie antworteten ihr, sie wollten keinen Rechtshandel gegen ihn führen, und es sei ja bekanntlich Weiberart, daß eine Frau den Mörder ihres Gemahls jedem anderen vorziehe.

Der Graf von Boulogne, ihres Verrats bereits gewahr geworden, antwortete darauf so: ›Meiner Treu, Ihr habt Unrecht. Es ist nicht bewiesen, was Ihr dem Grafen zur Last legt. Andererseits würden wir dem König gegenüber eidbrüchig werden, wenn wir Schaden anrichteten, obwohl man uns davor gewarnt hat. Überdies ist der König mein Neffe, der Sohn meines Bruders; er ist mein ligischer Lehnsherr, und ich bin sein ligischer Gefolgsmann. Daher tue ich Euch kund und zu wissen, daß ich mich Euch nicht mehr verbunden noch mit Euch einig betrachte, sondern loyal auf seiten des Königs stehen werde.‹ Als die Barone den Grafen so sprechen hörten, sahen sie einander fassungslos an und sagten zu dem Grafen, der ihr Anführer war: ›Herr, Ihr habt uns also getäuscht, denn Ihr werdet Frieden schließen mit der Königin, und wir, wir werden unser Land verlieren.‹ – ›Bei Gott‹, erwiderte darauf der Graf, ›besser, man läßt eine Narrheit sein, als man hält an ihr fest.‹ Sogleich ließ er ein Schreiben an die Königin abfassen, in dem er ihr mitteilte, daß er weder ihrem noch des Königs Befehl zuwiderhandeln wolle, sondern ihn ausführen werde. Als die Königin das erfuhr, war sie darob sehr glücklich, und der Graf von Boulogne trennte sich von den Baronen. Die Barone gingen davon, und ein jeder kehrte mit Unbehagen im Herzen in seine Lande zurück. Denn sie hatten nicht erreicht, was sie vorgehabt hatten, und waren bei der Königin in Ungnade gefallen, die zu hassen und zu lieben wußte, wer es verdiente, und jedem sein Tun zu vergelten verstand.«

In der Tat hatte sich Philipp für die eher unbesonnenen Barone als kein sehr resoluter Verbündeter erwiesen; Ferrands Demonstration war ihm eine nützliche Lehre: Er gab auf. Hugo von Burgund seinerseits legte keinen Wert auf einen Zusammenstoß mit der königlichen Streitmacht: Er schloß Frieden. Es gab ein großes Hin und Her von erneuerten und aufgehobenen Bündnissen, Waffenstillstandsangeboten und Kriegsdrohungen; wenn man den zeitgenössischen Chronisten glauben darf, gingen einige Barone sogar so weit, Königin Blanca um Erlaubnis zu bitten, ihre Streitigkeiten mit dem Grafen von Champagne durch einen gerichtlichen Zweikampf zu bereinigen. Zweifellos nahm der gehässige Dichter, der sich Hugo de la Ferté nennt, dies zum Anlaß, ein weiteres Lied zu verfassen, in dem er die Königin so hochmütig darstellt, daß sie auf die Frage der Feudalherren nicht einmal antwortet:

»Denn sie haßt alle und schätzt sie gering.
Als sie dann anderntags in Compiègne erschien,
durften die Barone nicht vor sie treten:
Sie geruhte weder, sie zu sehen noch zu sprechen.«

Zu Beginn des 13. Jahrhunderts war es schon seit langem nicht mehr üblich, durch gerichtlichen Zweikampf zu einem Urteil zu kommen. Zwei Kämpfer gegeneinander antreten zu lassen und den Unterlegenen schuldig zu sprechen entsprach einem Rückschritt in die Merowingerzeit! Verständlich, daß Blanca diesem reaktionären Vorschlag nur verächtliches Schweigen entgegensetzte. Eines Tages würde der König, ihr Sohn, diesen überkommenen Brauch mittels einer einfachen Verfügung offiziell abschaffen.

Doch Mauclerc gab sich noch immer nicht geschlagen. Im Oktober 1229 traf er in England ein. Es ging darum, den zögernden Heinrich III. von der Notwendigkeit einer Landung auf dem Kontinent zu überzeugen. Diesmal war es offener Verrat. König Heinrich traf freilich ohnehin schon Vorbereitungen, sich zurückzuholen, was sein Vater einst verloren hatte, und wäre früher oder später von sich aus in Frankreich eingefallen. Gerade kürzlich hatte er einen schrecklichen Auftritt mit seinem Gerichtsherrn Hubert von Bourg gehabt – derselbe, der einst so eisern die Festung von Dover verteidigt und seine Krönung ermöglicht hatte. Er warf ihm vor, das geplante Unternehmen nicht mit der nötigen Umsicht vorbereitet zu haben: Die Anzahl der in Portsmouth liegenden Schiffe sei für den Transport eines Heers, wie es für eine Invasion vonnöten war, absolut unzureichend. In seinem Zorn beschuldigte der junge König den betagten Minister sogar, er habe sich von der Königin von Frankreich kaufen lassen! Sie, immer wieder sie!

Durch Mauclercs Eintreffen gewann der König seinen Optimismus zurück. Die beiden Komplizen beschlossen, die Invasion für Ostern des folgenden Jahres vorzubereiten; inzwischen leistete Mauclerc Heinrich III. den Lehnseid für sein Herzogtum Bretagne.

Wieder hieß es, zu den Waffen zu greifen und, wenn möglich, der englischen Landung zuvorzukommen. Heinrich III. traf minuziöse Vorbereitungen und hielt mit seiner Absicht, sich die Königskrone Frankreichs aufs Haupt zu setzen, nicht mehr hinter dem Berg: In seinem Gepäck befanden sich, neben dem silbernen Tafelgeschirr, das er mitnahm, ein Königsmantel aus weißer Seide, ein Zepter, ein Stab aus vergoldetem Silber, Prunksandalen und Handschuhe. Wenn Enguerrand von Coucy noch immer nach dem Thron schielte, so würde er, das war nun klar, einen Konkurrenten haben.

Aber da war Blanca, und schon im Januar 1230 lag König Ludwig mit den königlichen Truppen in Saumur; von dort begab er sich nach Arras. Er war für den Krieg zuständig, Blanca für die Verhandlungen. Sie erreichte sogar, daß Mauclercs Vertraute – wie sein Schwager André de Vitré – sich von ihm abwandten, und bald – welche Überraschung – konnte man einen Vertrag mit dem Grafen von Marche unterzeichnen, der nicht, wie fälschlich angenommen, zu einem Bündnis mit den Plantagenets tendierte. Zwei andere Feudalherren im Poitou, Raymond und Guy de Thouars, schlossen sich bald diesem Vertrag von Clisson an. Daraufhin nahm Ludwig IX. dem Grafen von Bretagne nacheinander Ancenis, Oudon und Champtoceaux weg, während Heinrich III. – aus Vorsicht oder Unwissenheit? – im Westen Frankreichs eine militärische Exkursion unternahm, ohne es anscheinend im geringsten eilig zu haben, den königlichen Truppen zu begegnen: Er belagert und nimmt im Juli die kleine Festung Mirambeau ein, zieht hinunter bis Bordeaux, bleibt dort einige Zeit, kommt dann nach Nantes zurück, schifft sich schließlich in Saint-Malo ein und erreicht am 28. Oktober sein Inselreich. Die so spektakulär angekündigte Expedition war fehlgeschlagen; der Berg war mit einer Maus niedergekommen.

Vermutlich war der Abfall des Philipp Hurepel – er geschah im Herbst nach einem neuerlichen Angriff auf die Besitzungen des Grafen Thibaud und einem abermaligen Vorstoß der königlichen Truppen in Richtung Troyes – mit ein Grund für den Rückzug des Königs von England. Jedenfalls waren seine Parteigänger darüber enttäuscht, wütend und besorgt. »Die Königin von Frankreich hat geschworen, daß sie mich aller meiner Besitzungen berauben wird«, schrieb Renaud de Pons an den englischen Monarchen. Enguerrand von Coucy indes zog sich auf seine Besitzungen zurück und tröstete sich mit der stolzen Devise, die etwas von seinen früheren Ambitionen durchscheinen läßt:

»Nicht König bin ich,
nicht Prinz noch Herzog noch Graf,
der Herr von Coucy bin ich.«

Um diese Zeit läßt er den prachtvollen Bergfried bauen, der bis in unser Jahrhundert der schönste und imposanteste Europas bleiben wird.

Mauclerc, voller Wut, streckte noch immer nicht die Waffen. Doch da entstanden in seiner Umgebung einige Spottlieder über ihn. Eines davon, in Form einer Debatte, bei der zwei Gesprächspartner einander in Wechselstrophen antworten, gibt schön den Tenor dieser halbherzigen Auseinandersetzungen und Schlußfolgerungen wieder, die man in der Umgebung der rebellischen Barone zog, die offenbar nicht in der Lage waren, den Gegner matt zu setzen.

»Gauthier, der Ihr aus Frankreich kommt und bei diesen Baronen wart, sagt mir doch, ob Ihr wißt, welches ihre Absicht ist. Dauern ihre Dispute noch immer an, und werden wir sie jemals einig sehen? Werden sie nie nahe genug handgemein werden, um ein Wappenschild zu durchbohren?«

»Pierre, wenn man unserem Grafen Hurepel glauben darf und dem Bretonen und dem beherzten Barer und dem Herrn der Burgunder, werdet Ihr noch vor der Bittwoche die großmäuligen Basken so geschlagen und kleinmütig erleben, daß es keinen König geben wird, der ihnen beispringen wollte.«

»Gauthier, man hört sie schon zu lange, die Drohungen, sie sind nicht sehr ernst zu nehmen; es scheint so, als wollten sie sich gar nicht rächen, und doch wollen sie es, meiner Treu. Jeden Tag sehe ich, wie sie sich versammeln, sie kommen von weit her, mit zahlreicher Begleitung, um ihr Hab und Gut zu verlieren, ihre Ehre und ihr Geld an Männer, die weder zu reden noch zu schweigen wissen.«

»Pierre, wie oft hat zuviel Aufregung Unglück nach sich gezogen. Nach reiflicher Überlegung haben sie dem Kardinal und dem König die Ehre erwiesen, der sie auf Anraten der Dame Hersent dann ins Unglück stürzte. Doch nun soll sich alles in Rauch auflösen, und jeder braucht nur noch an sich selbst zu denken.«

»Gauthier, darauf wage ich mich nicht zu verlassen; ich finde, sie gehen es zu langsam an, sie haben die gute Jahreszeit verstreichen lassen, und nun wird es regnen und schneien, und wenn ich sie besonders erzürnt sehe, wenn sie verärgert dem Hof den Rücken kehren, lassen sie zwei oder drei der Ihren zurück, damit die unter der Hand für eine Verlängerung des Waffenstillstands sorgen.«

Trotz aller dieser Sorgen hatte Blanca die vielleicht größte Leistung ihrer Herrschaft vollbracht, einen Akt, der – aus heutiger Warte gesehen – zweifellos für den weiteren Verlauf der Geschichte Frankreichs höchst bedeutungsvoll war. Sie brach mit der bisherigen Politik und schloß mit Raymond von Toulouse Frieden.

Selbstverständlich entschied über diesen Frieden die Königin nicht allein. Der Krieg im Albigeois war vor allem auf Beschluß des Papstes geführt worden, um die Ketzer zu bekämpfen. Aber er zog sich bereits seit zwanzig Jahren hin, und niemand wußte so recht, wie weit es dabei um Politik ging und wie weit um den Glauben, was dabei Ambition war und was Habgier, welche Rolle die Fürsten spielten und welche die Prälaten. Immer wieder wollten Konzilien über das Schicksal des Languedoc entscheiden. Die Grafen von Toulouse wurden abwechselnd exkommuniziert und losgesprochen. Doch eines stand fest: Jeder war dieses Unternehmens überdrüssig, das unter schlechten Vorzeichen begonnen hatte, ungut verlaufen war und dessen Ende nicht abzusehen war. Zum gegenwärtigen Zeitpunkt hätte niemand mehr sagen können, warum im Süden gekämpft wurde, wo selbst diejenigen, die gegen die Ketzer angetreten waren, nun gegen die guten Christen aufgebracht waren.

Man mußte einen anderen Weg gehen. Die dauernden Kriegshandlungen hatten zu nichts geführt als zum Tod des Königs von Frankreich.

Und Blanca geht einen anderen Weg. Dabei wird sie tatkräftig unterstützt vom Kardinal von Sant'Angelo, der, von Papst Honorius III. beauftragt, den Albigenserkrieg zu einem guten Ende zu bringen, schließlich den Frieden durchsetzt.

Zunächst bemüht sich der Prälat energisch darum, daß der Klerus die ihm auferlegten Subsidien bezahlt: Es handelt sich um einen Glaubenskrieg, und da ist es nur natürlich, daß die Geistlichen ihren Teil dazu beitragen. Er weiß, mit welchen Schwierigkeiten die Königin zu kämpfen hat und daß sie alle Mittel einsetzen muß, um die königlichen Truppen zu unterhalten und den Stolz der Barone zu brechen. Voller Zorn darüber, daß die Kathedralkapitel der Krondomäne ständig neue Vorwände finden, um die anläßlich des Kreuzzugs erhobene Steuer nicht zu bezahlen, hat sich Blanca bei dem Legaten beklagt; dieser antwortet ihr, er werde, damit sie den »décime« – ein Zehntel der Einkünfte der Kathedrale – erhalte, notfalls die Pluviale der Chorherren verkaufen. Das wiederum nehmen ihm die Chorherren übel und beschweren sich beim Papst. All diese ärgerlichen Mißverständnisse, Beschwerden, Aufrufe und Proteste enden schließlich mit der Zahlung einer Kontribution von fünftausend tourischen Pfunden durch die widerspenstigen Kapitel von Reims, Tours und Rouen. Blanca wird deswegen zwar von dem einen oder anderen der Kirchenfeindlichkeit geziehen, verfügt dafür aber nun über die nötigen Mittel, um die Dinge im Languedoc nach ihren Vorstellungen zu regeln.

Der Konnetabel Humbert de Beaujeu, der nach dem Tod seines Oberherrn mit fünfhundert Rittern im Süden geblieben war, hatte mittlerweile einige unsichere Operationen durchgeführt. In Castel-Sarrasin, wo ihm der Graf von Toulouse, durch die Bewegungen seiner Truppen gewarnt, einen Hinterhalt gelegt hatte, hatte er eine Niederlage einstecken müssen: »Als die Franzosen zu der Stelle kamen, wo er ihnen die Falle gestellt hatte, überfiel er sie mit seiner Streitmacht. Sie waren ahnungslos gewesen. Es wurde sehr heftig gekämpft. Von den Franzosen wurden fünfhundert Ritter und mehr gefangengenommen und zahlreiche getötet. Ungefähr zweitausend Gewappnete gingen in Gefangenschaft. Man nahm ihnen alles weg, so daß sie schließlich nichts mehr am Leibe hatten, und manchen von ihnen ließ der Graf die Augen herausreißen sowie Nase und Ohren abschneiden; anderen ließ er die Füße und Hände abhacken und sandte sie dieser Art schmählich verstümmelt zu den Ihren zurück, um den Franzosen diesen scheußlichen Anblick zu bieten.« Der englische Chronist, der darüber berichtet, hat wahrscheinlich übertrieben; aber sicherlich waren die Franzosen schlecht dran.

Einige Zeit später indes kam es zu einem Ausgleich für diese Schlappe: Die mächtige Festung Termes, die den Kreuzfahrern einst solche Probleme verursacht hatte und deren Name im ›Lied vom Kreuzzug‹ fortwährend auftaucht, wird dem König von Frankreich zurückgegeben; die beiden Grundherren Olivier und Bernard behalten sie als Lehen. Ist es der Verrat dieser beiden? Oder Kriegsmüdigkeit? Jedenfalls sandte kurz vor Weihnachten 1228 Raymond von Toulouse den Abt des Klosters Grandselve, Hélie Guérin, zu Blanca, seiner Base, um ihr sagen zu lassen, er wünsche unter die Botmäßigkeit des Königs zurückzukehren. Während Kardinal Romano von Sant'Angelo zwei Konzile abhielt, um die Angelegenheit mit den Kirchenleuten zu regeln, nahm Thibaud von Champagne die Verhandlungen auf. Eines Tages schließlich erschien in seinen Landen, und zwar in Meaux, der Graf von Toulouse: Er wollte sich mit der Kirche aussöhnen und akzeptierte die Bedingungen des Vertrags, den seine Abgesandten ausgehandelt hatten.

Nach einigen Tagen, die den dafür nötigen Gesprächen gewidmet waren, wurde Raymond von Toulouse in Paris empfangen, und Blanca lernte diesen mächtigen Vasallen kennen, der durch ihre Mutter ihr Vetter ersten Grades war. Die Art und Weise, in der Raymond ihr in der Folge schreibt, läßt nicht daran zweifeln, daß sich die beiden sympathisch, ja sogar sehr zugetan sind, in einem Maße, deswegen man Blanca später Vorwürfe machen wird.

Eine eindrucksvolle Angelegenheit war die Aufhebung der Exkommunikation. Raymond mußte sich einer Sühnezeremonie unterziehen. Wie einst sein Vater vor dem Portal von Saint-Gilles-du-Gard erschien er am Gründonnerstag, dem 12. April 1229, vor dem Portal von Notre-Dame zu Paris, barfuß, in Beinkleidern und Hemd. In Gegenwart des Kardinals gelobte er der Kirche feierlich Gehorsam. Zum Zeichen, daß er ihn von allen seinen Strafen entband, nahm Romano

Frangipani ihn bei der Hand und geleitete ihn zum Altar. Zum Beweis für die Ernsthaftigkeit seines Entschlusses erklärte der Graf von Toulouse am nächsten Tag, er werde das Kreuz nehmen, und versprach, fünf Jahre seines Lebens der Verteidigung des Heiligen Landes zu widmen.

Eine Seite war umgeblättert, ein Kapitel abgeschlossen: das Kapitel, das zwanzig Jahre zuvor mit dem Mord an dem Legaten begonnen hatte. Vielleicht waren Blanca die Umstände entgegengekommen, obgleich sich das Ganze zu einer Zeit abspielte, in der man sich mitten im Kampf mit den Baronen befand und mit der baldigen Landung des Königs von England zu rechnen war. In einen so leidvollen Kampf einzugreifen, in den vor ihr alle oder fast alle Autoritäten des christlichen Abendlandes involviert gewesen waren, ist jedenfalls überaus positiv zu werten: Dort, wohin ihr Gemahl nur Waffen zu bringen gewußt hatte, mit bald schrecklichem Ergebnis wie in Marmande, bald schmerzlichem wie in Avignon, brachte sie den Frieden.

Wie gewöhnlich sahen die Abmachungen eine Heirat vor: Einer der Brüder des Königs würde Johanna, die Tochter des Grafen von Toulouse, zur Gemahlin nehmen. Raymond hatte keine anderen Kinder; Johanna war seine Alleinerbin. Er selbst aber würde sich für den Rest seines Lebens des Friedens erfreuen, der in seinem Hoheitsgebiet oder dem größten Teil davon – dem Tolosanerland, der nördlichen Hälfte des Albigeois, einem Teil des Quercy und des Agenais sowie in Rouergue – wieder eingekehrt war. Er trat an den Papst die Rechte ab, die er an der Markgrafschaft Provence besaß, und Johanna erhielt als Mitgift das Herzogtum Narbonne, den Süden des Albigeois und die beiden Grundherrschaften Castres und Mirepoix. Der König schließlich behielt in seiner unmittelbaren Abhängigkeit Carcassonne und Beaucaire. Die Erfüllung dieses Vertrages wurde in mehreren Artikeln garantiert, einer davon war folgender: Die Zitadelle von Toulouse, auch genannt Château-Narbonnais, würde zehn Jahre lang eine Besatzung von Leuten des Königs aufnehmen, und zwanzig Bürger der Stadt würden sich als Geiseln zur Verfügung stellen, bis der Befestigungswall der

Altstadt von Toulouse zerstört wäre; doch das wertvollste Pfand war natürlich die damals neunjährige Johanna von Toulouse, die wie üblich am französischen Königshof zusammen mit ihrem Verlobten aufwachsen würde.

Blanca wird sich bei der Ankunft ihrer künftigen Schwiegertochter wohl keinen übermäßigen Hoffnungen hingegeben haben: Die bretonischen Heiraten waren nicht zustandegekommen, kaum geplant, auch schon widerrufen. Wie würde es sich mit der tolosanischen Heirat verhalten?

Der Graf blieb bis zum Eintreffen seiner Tochter im Louvre. Er würde später noch öfter Gelegenheit haben, an den französischen Hof zu kommen, und die Geschenke, die er stets dabei erhielt, zeugen davon, daß er ein gern gesehener Gast war.

Die Mission des Legaten Romano Frangipani ging zu Ende; zu seiner Freude hatte er sie in vollem Umfang erfüllen können: »Romano, durch Gottes Gnaden Kardinal von Sant'Angelo ... In Anbetracht der Demut und Ergebenheit des Edelmannes Raymond, Sohn des Raymond, einst Graf von Toulouse ... haben wir Sorge getragen, ihm die Wohltat der Absolution gemäß der rituellen Form der Kirche zuteil werden zu lassen ...« Zweifellos hatte er auch wesentlichen Anteil an der Abfassung des Vertrages.

An diesem Vertrag von Meaux–Paris fällt auf, daß er als erster systematisch aufgebaut ist, und das in einer Zeit, in der die verschiedenen Fragen meist ohne große Logik und ziemlich verworren abgehandelt werden: Die einzelnen Punkte sind so klar formuliert wie eine juristische Abhandlung; zwei davon sind übrigens von einer Tragweite, die damals noch niemand ermessen konnte. Der eine Punkt ist, daß sich Graf Raymond VII. verpflichtete, alles in seiner Macht Stehende zu tun, um das Ketzertum zu unterdrücken; in dem anderen wird festgelegt, daß die Magister der Universität von Toulouse, die gegründet werden sollte, um den Kampf gegen die Häresie weiterzuführen, von ihm einem Betrag von viertausend Mark erhalten sollen.

Zu dem Zeitpunkt indes, da er die Gründung einer Universität in Toulouse ins Auge faßte, sollten der Kardinal von

Sant'Angelo und auch die Königin selbst eine schwere Auseinandersetzung mit der Universität von Paris haben.

Angefangen hatte alles ganz harmlos. Am Rosenmontag jenes Jahres – am 26. Februar 1229 – »begaben sich einige Scholaren der Universität von Paris nach Saint-Marcel, um sich dort zu ergehen und auf die gewohnte Weise zu zerstreuen. Nachdem sie sich eine Weile solcherart entspannt und vergnügt hatten, entdeckten sie in einer Schankwirtschaft einen ausgezeichneten Wein, der ihnen köstlich mundete. Doch bald kam es zwischen den trinkenden Scholaren und den Schankleuten zu einem Streit über den Preis dieses Weins. Sie gerieten sich in die Haare und begannen sich zu schlagen, bis die Einwohner des Marktfleckens herbeigelaufen kamen und die Wirtsleute aus den Händen der Scholaren befreiten. Als diese jedoch nicht von ihnen ablassen wollten, verpaßten sie ihnen eine gehörige Tracht Prügel und jagten sie in die Flucht. Mit zerfetzten Kleidern kehrten die Scholaren in die Stadt zurück und stachelten ihre Gefährten auf, sie zu rächen. Am nächsten Tag erschienen sie mit Schwertern und Stöcken abermals in Saint-Marcel und drangen gewaltsam in das Haus des Schankwirts ein, zerschlugen sämtliche Weinfässer und schütteten den Wein auf den Pflasterboden des Hauses. Dann stürmten sie durch die Straßen und über die Plätze, machten Jagd auf jeden, der ihnen über den Weg lief, und ließen eine Menge Verletzter zurück.« So schildert der englische Chronist Matthieu Paris die Ereignisse.

Der Dekan des Kapitels von Saint-Marcel, das damals ein Marktflecken vor der Stadt war, verteidigte sogleich seine Leute gegen die Studenten und stellte Strafantrag bei dem Legaten Romano von Sant'Angelo und dem Bischof von Paris, Guillaume d'Auvergne. Der eine wie der andere konnten nur ein offenes Ohr dafür haben.

Der Bischof war noch nicht drei Monate in seinem Amt, als er mit den Studenten des Kollegiums Saint-Thomas-du-Louvre aneinandergeriet: Eine Handvoll Übermütiger hatte eines Abends die Türen eines Nonnenklosters eingerannt. Was den Kardinal betraf, so waren seine Beziehungen zur

Pariser Universität immer sehr schlecht gewesen. Einige Jahre zuvor – im Jahr 1225, also noch zu Lebzeiten Ludwigs VIII. – hatte diese ihn nämlich um die Bestätigung ihrer Privilegien gebeten, derer sie sich zum damaligen Zeitpunkt erst ungefähr fünfzehn Jahre erfreute. Durchdrungen von der Autorität, die er als Bevollmächtigter des Papstes besaß, hatte der Kardinal die Magister zu sich gerufen und, ohne sie anzuhören, vor ihnen das Universitätssiegel zerbrochen. Verblüffung, dann Wut: Das Siegel war das Kennzeichen einer Person; das Siegel der Universität zu zerbrechen bedeutete, ihre Autonomie in Abrede zu stellen; diese Autonomie hatten jedoch sowohl der König wie auch der Papst und der vorige Legat Robert de Courçon anerkannt. Die Nachricht davon hatte sofort die Runde gemacht. Magister und Studenten hatten zu den Waffen gegriffen und das Gebäude des Bischofssitzes gestürmt, in das sich der Kardinal zurückgezogen hatte. Zu seinem Glück weilte der König gerade in Paris; da der Lärm des Aufruhrs bis zum Palast gedrungen war, hatte Ludwig unverzüglich Reiter und Sergeanten gesandt, die für Ordnung sorgen sollten; dabei waren aber zwei Männer aus dem Gefolge des Kardinals getötet worden. Der Kirchenfürst selbst verließ am nächsten Tag unauffällig die Stadt und exkommunizierte seine Angreifer. Doch bereits nach knapp einem Monat war den achtzig Exkommunizierten die Absolution erteilt worden. Es braucht nicht eigens erwähnt zu werden, daß fortan zwischen der Universität und dem Legaten erbitterte Feindschaft herrschte. Der Vorfall im Marktflecken Saint-Marcel lieferte ihm also einen ausgezeichneten Anlaß, sich an der Universität, wo es ständig irgendwelche Unruhen gab, zu rächen.

Bischof und Legat begeben sich in höchster Aufregung zur Königin, die ebenfalls ein offenes Ohr für ihre Beschwerden zu haben scheint. Offenbar mag sie die Herren von der Universität nicht; vielleicht entsinnt sie sich jener lärmenden Nächte, die ihr in ihrer Jugend solchen Schrecken eingejagt hatten. Aber überlassen wir Matthieu Paris das Wort:

»Aus einer plötzlichen, ganz und gar weiblichen Eingebung heraus – sie konnte ziemlich zornig werden – gab die

Königin auf der Stelle dem Stadtprofoß und einigen seiner Helfershelfer den Befehl, umgehend in Waffen aus der Stadt auszurücken und die Unruhestifter gnadenlos zu bestrafen. Diese Männer, die vor keiner Grausamkeit zurückschreckten, gingen in Waffen durch die Stadttore und stießen hinter den Wällen auf Studenten, die an den Ausschreitungen überhaupt nicht beteiligt gewesen waren und sich hier die Zeit vertrieben. Diejenigen, die für die Streitigkeiten und Schlägereien verantwortlich waren, kamen aus dem fernen Flandern und wurden in der Volkssprache ›Pikarden‹ genannt. Trotzdem fallen die Bewaffneten über die Scholaren her, die keinerlei Schuld trifft und die unbewaffnet sind. Sie töten einige, verletzen ein paar, prügeln andere halbtot, schonen keinen. Einige Studenten ergreifen die Flucht, suchen Schutz, wo sie nur können... Unter den Verletzten befanden sich zwei geschätzte, hochgeachtete Scholaren, die später starben; der eine war ein Flame, der andere ein Normanne.

Als die Magister der Universität von diesem schrecklichen Zwischenfall hörten, versammelten sie sich alle in Gegenwart der Königin und des Legaten, nachdem sie zuvor ihre Vorlesungen und ›Dispute‹ ausgesetzt hatten, und baten die beiden inständig darum, ihnen für dieses Unrecht Genugtuung zu verschaffen. Es erschien ihnen unvertretbar, daß etwas so Geringfügiges wie das törichte Verhalten einiger tadelnswerter Studenten sich zum Schaden der gesamten Universität auswirke. Da ihnen jegliche Art von Gerechtigkeit verweigert wurde, vom König ebenso wie vom Legaten und vom Bischof der Stadt, kamen Magister und Studenten überein auseinanderzugehen, so daß die Doktores ihr Studium unterbrechen mußten und die Schüler nicht mehr unterrichtet wurden. Auf diese Weise blieb keiner in der Stadt, und die Stadt mußte auf ihre Studenten verzichten, derer sie sich sonst zu rühmen pflegte.«

Paris ohne seine Studenten, die Vorlesungen eingestellt, keine »Dispute« mehr, von denen die Wohnstätten der Scholaren widerhallten – das war arg. Der Wortführer der Universität scheute sich nicht, der Königin eine Frist zu setzen: Wenn bis zum Osterfest – den 15. April – den Magistern und

Studenten keine Genugtuung widerfahren wäre, würde man einen sechsjährigen Generalstreik beschließen. Wie man sieht, gab man sich damals nicht mit Halbheiten zufrieden. Kraft des Privilegs, das König Philipp der Universität gewährt hatte, war es nämlich den königlichen Sergeanten untersagt, gegen Studenten tätlich zu werden.

Blanca wußte, daß sie die Unterstützung sowohl des Legaten wie auch des Bischofs hatte, dem die Pariser Schulen einst unterstellt gewesen waren. Sie wollte die Universität ebenso in die Knie zwingen wie die aufrührerischen Barone. Eine Fehlentscheidung. Es kam tatsächlich zum Generalstreik.

Die Studenten verließen Paris; einige wechselten in die Schulen von Reims über, andere gingen nach Orléans, viele nach Angers, das damals Pierre Mauclerc, dem Herzog der Bretagne, unterstand. Die Magister der neuen Universität von Toulouse zogen ihren Nutzen daraus. Sie sandten Rundschreiben an die Scholaren, boten ihnen an, sie in ihrer Stadt aufzunehmen. Noch jemand versuchte, von diesen Mißhelligkeiten zu profitieren: König Heinrich von England. Am 16. Juli 1229 sagte er den Professoren und Schülern von Paris jegliche Unterstützung zu, wenn sie in sein Reich kämen. Die verleumderischen Behauptungen mehrten sich, wurden durch die Vagantenlieder in alle Winkel des Reichs getragen: dieser Legat, den man ständig an Blancas Seite sehe, der mit solchem Eifer bei jeder Gelegenheit ihre Partei ergreife, die Universität tyrannisiere, die Studenten attackiere, der Liebhaber der Königin zweifellos...

»Da kam ein schändliches Gerücht auf, das man eigentlich nicht wiederholen sollte. Es besagte, daß der hohe Herr Legat sich gegenüber Madame Blanca nicht sehr schicklich benehme; aber es wäre ruchlos, dieses Gerede zu glauben, weil es von den Feinden der Königin verbreitet wurde. Im Zweifel wird ein wohlwollender Geist eher das Gute glauben.« Da aber Matthieu Paris, dem wir diese Zeilen verdanken, selber alles andere als wohlwollend ist, behauptet er im weiteren folgendes: Wenn bestimmte Barone es abgelehnt hätten, zu den Krönungsfeierlichkeiten zu erscheinen, sei dies wegen des Legaten gewesen und der Beziehung zur

Königin, die man ihm nachsagte. Eine gewiß falsche Anschuldigung, die sich aber lange halten sollte. Es ist unmöglich, hier – nicht einmal nur die lateinischen – Vagantenlieder zu zitieren, deren Verfasser zu anderen Zeiten wegen Majestätsbeleidigung gehängt oder eingekerkert worden wären. Eine ganze Weile später – am Ende der Regierungszeit Ludwigs IX. – verwendete der witzige Menestrel von Reims die Verdächtigung als Vorwurf für folgende pikante Szene:

»Die gute, sittsame Königin hielt sich für sehr weise; sie hatte nicht das Üble vergessen . . ., das man ihr nachgesagt hatte, denn sie entkleidete sich bis auf ein schlichtes Hemd, legte sich einen Mantel um und trat so aus ihrem Gemach. Sie kam in den Saal, wo die Fürsten und Prälaten waren, und ließ ihnen durch die Amtsdiener Schweigen gebieten, und als es ruhig wurde im Raum, stieg sie auf einen unverrückbaren zweibeinigen Tisch und sagte: ›Ihr edlen Herren, seht alle her! Einige behaupten, ich ginge mit einem Kind schwanger.‹ Darauf läßt sie ihren Mantel auf den Tisch gleiten und dreht sich nach vorn und nach hinten, damit alle sie sähen, und es war offenkundig, daß sie kein Kind im Leibe trug. Als die Barone ihre nackte Herrin sahen, sprangen sie auf, legten ihr den Mantel wieder um und geleiteten sie zurück in ihr Gemach und ließen sie ankleiden. Dann kehrten sie zu ihrer Gerichtssitzung zurück, und es wurde viel über dies und jenes gesprochen.«

Unnötig, darauf hinzuweisen, daß diese Episode nicht historisch ist.

Es war anzunehmen, daß der Papst, wenn er von der Angelegenheit erführe, die Unruhestifter verurteilen würde. Doch das Gegenteil war der Fall. Am 24. November 1229 richtete Papst Gregor IX. an den König von Frankreich und dessen Mutter einen scharfen Brief; übrigens hatte er im selben Sinn auch an den Bischof von Paris, Guillaume d'Auvergne, geschrieben. Mit seinem Tadel an beiden stellte er sich eindeutig auf die Seite der Studenten.

Als Blanca das Schreiben erhielt, hatte sie bereits von sich aus getan, was in ihrer Macht stand, um den Streit beizulegen, nachdem der König, ihr Sohn, schon im August das

Privileg erneuert hatte, das der Universität durch Philipp August gewährt worden war. Der Profoß von Paris hatte sogar geschworen, die Immunität der Universitätsmitglieder von nun an zu respektieren. Dennoch hielt der Streik an; er sollte zwei Jahre dauern.

In einem am 14. April 1231 datierten Schreiben zeigte sich der Papst schließlich zu einer gütlichen Lösung bereit, hielt aber seine Forderungen zugunsten der Universitätsangehörigen aufrecht: Der König sollte ihre Privilegien erneuern, was ja im August 1229 bereits geschehen war; er sollte einen Höchstpreis für die Unterkünfte festlegen, die in Paris und seinen Vororten – Sainte-Geneviève-Berg und »Quartier latin« – an die Studenten vermietet wurden, und angemessene Entschädigungen zahlen. Im Lauf des Jahres 1231 wurde der normale Universitätsbetrieb wieder aufgenommen.

Der Tag bricht an. Im Palast auf der Cité schläft alles noch. Bereits angekleidet, lauscht Blanca dem Text, den ihr ein Predigerbruder vorliest, einer von denen, die Bruder Dominikus in seinem Gefolge mitgebracht hat und die nun in Paris auf dem Jakobsweg ein Kloster eingerichtet haben. Die Königin pflegt die morgendliche Stille für Sammlung und Gebet zu nutzen, denn ihre Tage sind so ausgefüllt, daß ihr sonst kaum Zeit dafür bleibt. Plötzlich macht der vor dem Fenster kniende Mönch ihr ein Zeichen. Blanca tritt heran und blickt auf seine Aufforderung hin in den Palasthof. Er steht jedermann offen, und die Armen und Zerlumpten, die Obdachlosen und Vagabunden der Stadt kommen jeden Morgen hierher, um sich ein Almosen zu holen. Um diese frühe Stunde, in der man in den Gemächern des weitläufigen Schlosses noch alle schlafend glaubt, hat sich ein Knabe, gekleidet wie ein einfacher Stallbursche, durch eine Tür in den Hof geschlichen; er geht zwischen den Elenden umher, gibt jedem eine kleine Münze. Blanca braucht eine Weile, bis sie an dem blonden, halblangen, schön gekämmten Haar ihren eigenen Sohn, König Ludwig, erkennt.

Als dieser in sein Gemach zurückkehrt, hält ihn im Gang der Dominikaner an und bittet ihn in das Gemach seiner

Mutter: »Majestät, Ihr habt etwas Ungehöriges getan, ich habe Euch dabei gesehen!« Ludwig errötet ein wenig und antwortet: »Mein Bruder, diese Menschen sind die wahren Krieger des Königreichs; sie kämpfen für uns gegen unsere Feinde; sie sind es, die dem Königreich Frankreich den Frieden erhalten. Und wir haben ihnen nicht einmal den gesamten Sold gezahlt, der ihnen zusteht.«

Blanca kennt ihren Sohn besser als jeder andere; trotz seines jugendlichen Alters sind ihm solche Gesten bereits zur Gewohnheit geworden. Beglückt sieht sie ihren Sohn heranwachsen, der alle ihre Hoffnungen übertrifft. Natürlich legt sie als liebende Mutter ihr ganzes Augenmerk darauf, daß er eine ausgezeichnete Erziehung erhält, bereitet ihn sorgfältig auf das Amt vor, das er einmal übernehmen wird. Sie gibt ihm die besten Lehrer, überwacht seine Studien und vertraut ihn Geistlichen an, von denen sie weiß, daß sie fromm und ohne Fehl sind, aber auch über ein großes Wissen verfügen.

Der König und seine Brüder erhalten die für die damalige Zeit übliche Erziehung, das heißt, daß Gebet und religiöse Übungen zu ihrem täglichen Leben gehören; jeden Tag besuchen sie die Messe und hören die Vesper. Aber für die königliche Familie, für Blanca und vor allem für Ludwig, handelt es sich dabei nicht einfach um Rituale oder gesellschaftliche Formalien: Das tägliche Beten und die Liturgie, die damals mit Bußen und Freuden, »mageren« Tagen und Festtagen, an denen geschmaust und gezecht wird, den Lebensrhythmus bestimmt – sie haben sich beides zu eigen gemacht, es verinnerlicht. Mit Inbrunst schöpft der junge Ludwig aus einer geheimen Quelle in seinem Innern, etwas, worauf sich sein Leben gründen wird. Er braucht nicht ermahnt zu werden, die Psalmen zu singen und in die Kirche zu gehen. Ludwig scheint diese Hinwendung zum mystischen Leben angeboren, und später werden seine Vertrauten aussagen, daß er in den schwierigsten Augenblicken »stets im Gebet« ist. Einen Beweis dafür kann man darin sehen, daß er schon in seiner Jugend, in der man sich gewöhnlich für andere Dinge interessiert, den Allerärmsten und Elendsten Beachtung schenkt. Die Armen, die er als »die Krieger des Königreichs und seine Beschützer« bezeichnet, sind für ihn die Inkarnation Christi auf Erden. Diese Einstellung kann nur auf dem Evangelium fußen.

Doch gewiß hätten sich diese Anlagen ohne die überlegte und liebevolle Erziehung, die Blanca ihren Söhnen angedeihen läßt, insbesondere »dem, den sie vor allen anderen liebte«, nicht in diesem Maß entwickelt. Es ist eigenartig, daß die beiden Schwestern Blanca und Berenguela unter ihren Kindern je einen Heiligen haben werden: Ludwig IX. und Ferdinand III. Beide Frauen sind selbst keine Heiligen, aber eben gute Mütter.

Die einzige der Nachwelt erhalten gebliebene Bemerkung über Blanca als Erzieherin stammt von Joinville. Nach der Königin eigenen Worten, so schreibt er, »sähe sie ihren Sohn lieber tot, als zu erleben, daß er eine einzige Todsünde beginge« – ein hoher Anspruch, aber auch Zeichen von geringer Sensibilität. Der Darstellung des Predigerbruders Geoffroy de Beaulieu zufolge, welcher der Beichtiger des heiligen Königs war und besser als dessen Waffengefährte die Nuancen des spirituellen Lebens wahrzunehmen vermochte, klingt die Geschichte ein wenig anders: Der König selbst habe ihm erzählt, so sagt er, daß ein Mönch von falschen Zeugen erfahren habe, Ludwig hätte vor seiner Ehe Konkubinen gehabt, mit denen er dann und wann sündigte, und zwar mit Wissen und Billigung seiner Mutter, die seine Ausschweifungen deckte. Selbiger Mönch habe Blanca aufgesucht und ihr seine Entrüstung darüber kundgetan. »Diese hatte sich in aller Demut von dieser Unwahrheit reingewaschen und etwas hinzugefügt, dessentwegen ihr Lob gebührt: Wenn ihr Sohn, der König, den sie von allen Menschen am meisten liebe, todkrank darniederläge und man ihr sagte, er könne gesunden, schliefe er mit einer anderen Frau als seiner Gemahlin, zöge sie es vor, daß er stürbe, als daß er auch nur eine einzige Todsünde gegenüber seinem Schöpfer beginge.«

Erst im Zusammenhang gelesen wird der wahre Sinn der Geschichte deutlich. Im übrigen hat sie eine gewisse Ähnlichkeit mit der, die man von dem sterbenden Ludwig VIII. erzählt. Sie entspricht ganz und gar der damaligen Auffassung, daß der Tod des Körpers nicht so schwer wiegt wie der Tod der Seele, und drückt nur mit der damals üblichen drastischen Bildhaftigkeit das Gebot des Evangeliums aus: »Fürchtet nicht jene, die den Leib töten können«, oder aber: »Wenn dein Auge dich ärgert, reiße es aus und wirf es weit weg von dir.« Der heilige Ludwig selbst wird diesen Gedanken in anderer Form wieder aufgreifen, als er seinem Seneschall die berühmte Frage stellt: »Ist es besser, eine Todsünde zu begehen oder aussätzig zu sein?«

Doch zurück zu Blanca. Man kann sich gut vorstellen, daß sie auf diese Klatschgeschichte, die dieser ein wenig einfältige Mönch ihr erzählte, sehr heftig reagierte. Andere Zeugnisse geben etwas konkretere Hinweise auf die Erziehung, die sie ihren Kindern zuteil werden ließ. An erster Stelle steht ein Psalter, dessen Bilderschmuck noch stark von der Romanik inspiriert ist und in dem nachträglich vermerkt wurde: »Dieser Psalter gehörte seiner Majestät Ludwig dem Heiligen, König von Frankreich, und er lernte aus ihm in seiner Kindheit.« Der Psalter ist das Lesebuch. Das große Initial, das die erste Seite schmückt, ist ein »B«, »B« von »Beatus«, selig derjenige ... Der Anfang des seit Jahrhunderten vertrauten Gebetes ist auch der Anfang der schulischen Ausbildung. Wie jeder Schüler seines Alters lernt der kleine Ludwig zuerst in der Handschrift die Wörter wiederzufinden, die er Tag für Tag in der Messe gesungen hört. Jegliche Unterweisung beginnt bei der Bibel mit ihren zahlreichen Gebeten, ihrer Poesie, ihrer Weisheit; sie verbindet die Menschen miteinander, und man macht keinen Unterschied zwischen lesen können und seine Psalmen auswendig wissen. Der junge König ebenso wie seine Brüder und seine Schwester – sie waren so gelehrt geworden, daß sie später in der Lage waren, ihre Kaplane zurechtzuweisen, wenn diese im Lateinischen einen Fehler machten – waren also »lettrés«, gebildet, das heißt, sie hatten »les lettres«, Latein, gelernt. Sie werden auch in jener kunstvollen Musik unterwiesen worden sein, die auf derselben Miniatur des Psalters durch fünf Instrumente evoziert wird: eine Drehleier, eine Zither, eine Harfe und zweierlei Violen mit Bogen.

Ihre Zeit ist eine Blütezeit der Musik und der Schreibkunst, der schönen Weisen und der Kalligraphie, und der heilige Ludwig wird sein ganzes Leben lang eine Vorliebe für Bücher haben: Seine Sammlung, die einige Jahrhunderte lang als »königliche Bibliothek« bezeichnet wurde, war der Grundstock für die französische Nationalbibliothek. Diese Neigung verdankt er ohne jeden Zweifel seiner Mutter: Der ›Psalter der Blanca von Kastilien‹ gilt als eine der schönsten Handschriften jener Zeit, vergleichbar nur noch mit dem berühmten ›Psalter des heiligen Ludwig‹.

Wir wissen übrigens nichts Näheres über den Tagesablauf der königlichen Kinder, nur daß sie ab und zu ins Freie gingen und sich entspannten. Später wird Ludwigs erster Biograph erzählen, daß der König, wenn seine Mutter ihn dazu aufforderte, »nie Lust verspürte, zum Zeitvertreib in den Wald oder an den Fluß zu gehen«, und derselbe Biograph verzeichnet auch, welchen Wert die Königin darauf legte, »daß er vornehm und in seinem besten Staat auftrat, wie es sich für einen so großen König geziemte«. In der Tat verstand keine Epoche so sehr wie die ihre, die Liebe zur Armut mit dem Wohlgefallen an der Prachtentfaltung zu verbinden.

Am 24. Oktober 1227 befanden sich Blanca und ihr königlicher Sohn in Longpont bei Soissons, wo sie auf Ersuchen des Abtes der Weihe einer neuen Abteikirche beiwohnten; dieses Gotteshaus ersetzte das bisherige, das vor etwa hundert Jahren bei der Gründung der Abtei durch den Bischof von Soissons, Jocelyn de Vierzy, entstanden war. Das prachtvolle, hundertfünf Meter lange Hauptschiff war überspannt von Kreuzrippengewölben, die jetzt immer häufiger verwendet wurden. Trotz der gewaltigen Ausmaße hatte der Bau des dreiteiligen Schiffs samt Querschiff und Chorumgang mit sieben Radialkapellen nur knapp siebenundzwanzig Jahre in Anspruch genommen. Die Abtei Longpont war von Zisterziensermönchen aus Clairvaux 1132 gegründet worden und hatte den Annalen des Ordens einige heilige Persönlichkeiten hinzugefügt, von denen eine am französischen

Königshof besonders verehrt wurde. Es handelte sich um Johann von Montmirail, ehemals Konnetabel, der mit vierundzwanzig Jahren in Longpont sein Ordensgelübde abgelegt hatte. Er war zwölf Jahre zuvor, 1217, im Geruch der Heiligkeit gestorben, und die Erinnerung an ihn blieb unter den neuen Gewölben, deren Entstehung er noch miterlebt hatte, lebendig.

Der kirchlichen Feier folgte wie üblich ein großes Festmahl. Dem Mundschenk Graf Raoul von Soissons fiel die Ehre zu, das Fleisch für seinen königlichen Herrn zu schneiden. Er benutzte dazu ein Messer mit goldenem, ziselierten Griff, das der Abt von Westminster, Richard von Berking, der vor zwei Jahren in diplomatischer Mission nach Frankreich gekommen war, der Abtei geschenkt hatte.

Von Longpont existieren heute nur noch Ruinen. Dieses größte und wahrscheinlich schönste Bauwerk des Soissonnais ist während und vor allem nach der großen Revolution – der Periode der systematischen und barbarischen Zerstörungen, da sie das Werk von Händlern waren, die den Stein mit Gewinn verkauften – zerstört worden. Das Messer jedoch, mit dem das Fleisch des Königs geschnitten wurde, ist seltsamerweise erhalten geblieben. Man fand es Ende des 19. Jahrhunderts in Villers-Cotterets bei einem Krämer. Sein goldener Griff ist verschwunden, aber die Stahlklinge mit den Spuren der einstigen Vergoldung und der Inschrift, die keinen Zweifel an seiner Herkunft läßt, ist uns erhalten geblieben. Sie ist der einzige Zeuge jenes Tages, der in die Annalen der Kunstgeschichte eingehen sollte.

Kurz nach dieser Weihe erwarb nämlich der junge König – damals vierzehn Jahre alt – in der Nähe von Asnière-sur-Oise eine der königlichen Residenzen, wo sich die Familie häufig aufhielt, eine Domäne, ein Stück Land, genannt »Cuimont«. Er wollte dort nach dem Wunsch seines Vates eine Abtei errichten. In der Tat hatte Ludwig VIII. verfügt, daß die Perlen und Kleinode der Krone verkauft und der Erlös für die Gründung einer Abtei verwendet werden sollte. So entstand Royaumont – der königliche Berg. Blanca mit ihrer Vorliebe für den Orden von Cîteaux stand diesem Vorhaben sicher wohlwollend gegenüber; dies um so mehr, als Royaumont eine Zisterziensergemeinschaft aufnehmen sollte. Ludwig VIII. hatte freilich in seinem Testament bestimmt, die Abtei den Mönchen von Saint-Victor anzuvertrauen; die Änderung erfolgte übrigens im vollen Einverständnis mit diesem Orden, denn der Abt von Saint-Victor, Johann der Teutone, war zusammen mit dem Zisterzienser Gauthier von Chartres einer der Testamentsvollstrecker des Königs, und beide heißen diese Gründung gut.

Mit dem Bau von Royaumont erfüllte der junge König nicht nur den Wunsch seines Vaters, sondern gewiß auch den seiner Mutter. Bei der Grundsteinlegung, der sie beiwohnte, mag Blanca etwas Ähnliches empfunden haben wie damals, als sie feststellte, daß der Almosen verteilende junge Stallbursche kein anderer war als ihr Sohn, der König.

Die Bauarbeiten an Royaumont, die sofort in Angriff genommen wurden, schritten so rasch voran, daß sich bereits im folgenden Jahr 1229 einige Mönche dort niederlassen konnten. Ludwig entwickelte schon in jungen Jahren eine rege Bautätigkeit, die seine Herrschaft ebenso kennzeichnen wird wie seine Liebe zu Büchern. Höchstpersönlich verfolgte er den Fortgang der Bauarbeiten, überwachte sie, entschied über die Anordnung der Räumlichkeiten und legte bei Bedarf selbst mit Hand an. In Royaumont spielen mehrere jener Szenen, die später seine Biographen gern beschreiben werden, wenn sie von seiner Jugend berichten.

»Der König, der in dieser Zeit in seinem Landsitz Asnière weilte, der recht nahe – in zwei Kilometern Entfernung – der besagten Abtei lag, kam oft in selbige Abtei, die Messe und andere Gottesdienste zu hören und die Baustelle zu besichtigen. Und wenn die Mönche gemäß dem Brauch ihres Ordens von Cîteaux nach der Terzie zur Arbeit gingen und die Steine und den Mörtel an die Stelle trugen, wo man die Mauern aufführte, nahm der König die Trage und trug sie mit Steinen beladen hin, und er hielt sie vorn und ein Mönch hinten. Und das tat er damals des öfteren. Und in dieser Zeit hieß der König auch seine Brüder, die Herren Alfons, Robert und Karl, mit anzupacken. Und bei jedem trug ein Mönch die Trage auf der anderen Seite. Und dasselbe ließ der König von anderen Rittern aus seinem Umkreis tun. Wenn seine Brüder sich manchmal unterhalten oder herumschreien oder spielen wollten, sagte der König zu ihnen: ›Die Mönche schweigen gerade, und das sollten wir ebenfalls.‹ Und wenn die Brüder des Königs ihre Trage zu schwer beluden und unterwegs rasten wollten, sagte er zu ihnen: ›Die Mönche rasten nicht, darum sollt auch ihr nicht rasten.‹ Und so veranlaßte der heilige König seine Gefolgschaft, gut zu arbeiten.«

»Sie wollte, daß jeder alles gut machte und freute sich an allem Guten und tat Gutes, soweit es in ihrer Macht stand«, sagte Wilhelm von Saint-Pathus, dem wir die vorangegangenen Berichte verdanken, von Blanca. Ihr Sohn gab ihr mehr als einmal Gelegenheit, sich zu freuen.

An Weihnachten des Jahres 1230 hält Ludwig Hof in Melun. In den vier Jahren Herrschaft ist er in so manche Bedrängnis geraten, und mehr als einmal hätte er um ein Haar die Macht verloren. Doch heute haben sich die meisten großen Feudalherren des Königreichs um ihren sechzehnjährigen Lehnsoberherrn versammelt. Die getreuen ebenso wie die weniger getreuen: Da ist Philipp Hurepel, der nun unverbrüchlich auf der Seite seines Neffen steht, der Graf von Marche, der vier Jahre zuvor bei der Krönung gefehlt hat, und Thibaud von Champagne, der gern dabei gewesen wäre. Da ist Amaury von Montfort, der alles, was er im Languedoc hatte an sich bringen können, an den König abgetreten hat, der Herzog von Burgund, der Graf von Vienne und Maçon, Jean de Braisne – ein Bruder Mauclercs –, Enguerrand von Coucy und noch viele andere. Diese hohen Herren finden sich ebenso wie ihre Siegel auf der Verfügung, die bei dieser Gelegenheit ergeht, rund um das königliche Siegel vereint. Diese in unserer Zeit berühmt gewordene Verfügung untersagt jedermann die Wucherei, das heißt die Vergabe verzinslicher Darlehen: jedermann und insbesondere den Juden, die, wie es oft heißt, am liebsten mit Geld handeln. Ihre Schuldner sollen ihnen die geliehenen Beträge zinslos zurückzahlen.

Jeder Jude soll dem Herrn seines Wohnortes unterstellt sein und darf nur dann in dessen Herrschaftsgebiet bleiben, wenn er sich jeglichem Geldverleih enthält.

Aber so wichtig diese Verfügung von Melun von ihrem Inhalt her sein mag, so besitzt sie doch auch für Blanca besondere Bedeutung. Auf diesem schlichten, rechteckigen Stück Pergament haben sich bis heute so gut wie vollständig die achtzehn Siegel der Adligen erhalten, die diese Urkunde unterzeichnet haben; es sind Wappensiegel, die jeweils den Inhaber auf einem wappentragenden Roß zeigen, und bilden zu dem königlichen Siegel, einem Majestätssiegel – der thronende König mit Krone und Zepter – sozusagen eine glanzvolle Eskorte. Man kann sich vorstellen, mit welchem Wohlgefallen Blanca zusah, wie die anwesenden hohen Herren einer nach dem anderen vor dem Wachsschmelzer ihren Siegelstempel enthüllten. Wie viele von diesen Adligen standen vor nicht allzu langer Zeit noch auf der Seite der »Schwarzen«, der Gegner, die man mit Waffengewalt bekämpfte! Die meisten waren zu den »Weißen« übergewechselt, zu denen einst nur sehr wenige gehört hatten, Amaury von Montfort – er war soeben zum Konnetabel von Frankreich ernannt worden –, Robert von Courtenay und natürlich Thibaud von Champagne.

Das bedeutet freilich nicht, daß die Kämpfe beendet sind. Aber jetzt geht die Offensive vom anderen Lager aus; es ist der junge König, der militärische Unternehmungen beschließt. Da er mit der Unterstützung dieser Herren, die da für Jahrhunderte auf der Verfügung von Melun »an seiner Seite reiten«, rechnen kann, genügt im nächsten Jahr eine kleine Demonstration seiner militärischen Stärke, bei der es übrigens keinen Kampf gibt, so daß am 4. Juli in Saint-Aubin-du-Comier wenn schon kein Friedens-, so doch zumindest ein Waffenstillstandsabkommen unterzeichnet wird.

Ein Waffenstillstand für drei Jahre, das heißt, bis zum Johannistag – dem 24. Juni – des Jahres 1234, wird zwischen Frankreich einerseits und England und der Bretagne andererseits alle Kriegshandlungen ausgesetzt.

Dennoch bleibt Blanca wachsam und sorgt ständig dafür, daß ihr Sohn neue Bündnispartner gewinnt, die eines Tages Mauclerc die Luft abschnüren sollen. In den Grenzgebieten der Bretagne huldigt eine Burg nach der anderen dem König von Frankreich: Raoul, der Burgherr von Fougères, Henri d'Avaugour, das Haupt der Familie Penthièvre – der dafür, daß er ligischer Lehnsmann des Königs geworden ist, die Burg erhält, deren Name in die Geschichte eingehen wird, die Burg von du Guesclin nicht weit von Cancale, damals »Guarplic« genannt; und als Amaury von Montfort Konnetabel von Frankreich geworden ist, verpflichtet Blanca ihn vorsorglich, keinerlei Anspruch auf die Grafschaft Leicester zu erheben. Er tritt seine Rechte an seinen jüngeren Bruder ab, der Simon heißt wie beider Vater. Zu viele Enttäuschungen hat man erlebt aufgrund der Tatsache, daß die Adligen der Normandie, der Bretagne und des Poitou Güter in England besitzen. Simon der Jüngere, genauso raffgierig wie der erste Simon von Montfort, setzt sogleich über den Ärmelkanal, um sein Recht wahrzunehmen; er wird übrigens von König Heinrich III., der ihn zum Verbündeten gegen die Königin von Frankreich zu gewinnen hofft und nicht ahnt, welche Natter er sich selbst an den Busen setzt, mit offenen Armen empfangen.

Blanca beginnt, optimistischer in die Zukunft zu blicken; nolens volens verstummen die Unzufriedenen, während für sie weiterhin die Stimme des Dichterfürsten, Thibauds des Sängers, erklingt:

»Sehr hehre Liebe, die sich herabließ,
Wohnung zu nehmen in meinem Herzen ...«

Blanca ist solche leidenschaftlichen Beteuerungen von ihm gewöhnt, aber auch Vorwürfe: »Unbegreiflich seid Ihr und habt doch einen so hellen Namen ...«

Es mißfällt ihr in keiner Weise, die Rolle der Herzensdame zu spielen und für den Burgherrn des Hofs von Troyes, wo jener andere Poet, Chrétien, lebt, die Königin Ginover eines neuen Lancelot zu sein. Ein unbekannter Verfasser hat vor etwa zehn Jahren begonnen, das Werk des Chrétien de

Troyes in Prosa umzuarbeiten, und verknüpft Lancelots Abenteuer mit dem Gralsstoff, der Suche von König Artus' Gefährten nach der geheimnisvollen Schale, die ihrem Besitzer irdisches und himmliches Glück verleiht.

Dieses Thema aus dem keltischen Sagenkreis, das nie aufgehört hat, die Phantasie der Menschen zu beschäftigen, wird in drei großen Werken, deren Aufbau man mit dem der gotischen Kathedralen verglichen hat, großartig entwickelt. Bestimmt fanden ›Lancelot‹, ›Die Suche nach dem heiligen Gral‹ und ›König Artus‹ am französischen Königshof ebenso wie am Hof der Champagne begeisterte Aufnahme. Der Held der Ritterromane wird zu einer sublimen Gestalt; Lancelot bleibt es zwar aufgrund seiner Verfehlung versagt, den Gral zu erringen, aber sein Sohn Galaad, der Reine, wird das geheimnisvolle Geschenk, das den Menschen zuteil geworden ist, erkennen; Galaad, der Ritter ohne Tadel oder vielmehr die Verkörperung des Rittertums.

Zu diesem Zeitpunkt sorgt eine Nachricht für große Aufregung am französischen Königshof. Thibaud, Graf von Champagne, im Vorjahr zum zweiten Mal Witwer geworden, will sich wieder verheiraten, und auf wen ist seine Wahl gefallen? Auf Mauclercs Tochter Yolanthe.

Diese neue Torheit ihres Minnesängers traf Blanca tief ins Herz. Yolanthe war einst mit einem Prinzen des Hauses Frankreich verlobt worden, und zwar anläßlich des ersten Abkommens mit dem Grafen von Bretagne, das dieser auf so unredliche Weise aufgekündigt hatte. Der Herr der Champagne mußte schon eine gehörige Portion Leichtfertigkeit besitzen, um sich ausgerechnet die Tochter jenes Mannes als Braut auszusuchen, der sein ärgster Feind und auch der Gegner der Königin gewesen war. Da es ihm schon immer an politischem Fingerspitzengefühl gefehlt hatte, stellte er sich wohl vor, solcherart die Mißhelligkeiten zu beenden, die schon so lange andauerten. Die Königin beurteilte die Angelegenheit anders; da sie besser als jeder andere Mensch wußte, wie leicht der Graf von Champagne zu beeinflussen war, sah sie das Werk, das sie mit soviel Geduld aufgebaut hatte, um Mauclerc zu isolieren, mit einem Schlag vernichtet...

Dieser hatte seine Tochter in die bekannte Prämonstratenserabtei Le Valsecret bei Château-Thierry bringen lassen. Thibaud von Champagne seinerseits hatte, ganz mit seinen Plänen beschäftigt, gerade diese Stadt verlassen, um sich zu ihr zu begeben, als er von einem Gefährten des Königs, Geoffroy de la Chapelle, angesprochen wurde: »Gnädiger Herr Graf von Champagne, der König hat jüngst erfahren, daß Ihr mit dem Grafen von Bretagne übereingekommen seid, seine Tochter zu Eurer Gemahlin zu machen. Der König ersucht Euch, davon Abstand zu nehmen, wenn Ihr nicht alle Eure Besitzungen im Königreich Frankreich verlieren wollt, denn Ihr wißt, daß der Graf von Bretagne ihm Schlimmeres angetan hat als jeder andere Mensch auf der Welt.«

Überrascht darüber, daß man ihn durchschaut hatte und ihm zuvorgekommen war, zögerte Thibaud einen Augenblick, dann sprach er kurz mit seiner Eskorte und kehrte sehr kleinlaut nach Château-Thierry zurück.

»Herrin, seid bedankt, die Ihr um alles Gute wißt,
mehr Tapferkeit und große Güte
sind in Euch denn in jeder anderen vor Euch:
Rettet mich, so Ihr dies vermögt!
O Lied, zu Philipp, meinem Freund, lauft hin,
denn er ist angehängt bei Hofe;
obwohl die Liebe umschlug in großen Haß,
kaum ist man von der schönen Dame geliebt worden.«

Es ist ein Freund, Philipp von Nanteuil, den Thibaud mit diesen Worten um Fürsprache bei der Königin bittet, da er selbst ihr nicht mehr unter die Augen zu treten wagt. Und gewiß benötigte er Fürsprache! In der Folge wurde ihm jedoch klar, vor welchem gravierenden Fehler Blanca ihn bewahrt hatte. Als er gerade die Vorbereitungen für diese Hochzeit traf, hatte sie nämlich erfahren, daß Pierre Mauclerc weiterhin die Hand seiner Tochter anbot und in Verhandlungen stand, um herauszufinden, ob es ihm nicht gelänge, sie mit dem König von England zu vermählen... Thibaud tröstete sich, indem er Margarete heiratete, die

Tochter Archambauds von Bourbon, der zu den treuesten Vasallen des französischen Königshofes gehörte.

Da er aber nicht nur ein großer Dichter, sondern auch ein unverbesserlicher Narr war, würde er sein ganzes Leben lang abwechselnd den Zorn der Königin auf sich ziehen oder in höchster Gunst bei ihr stehen. Vier Jahre später hatte Thibaud, der, sein mütterliches Erbe antretend, in Pamplona zum König von Navarra gekrönt worden war und erklärt hatte, er wolle ins Heilige Land ziehen, neue Heiratspläne. Diesmal geht es nicht um ihn selbst, sondern um seine Tochter; und da er auf diesem Gebiet noch nie eine glückliche Hand gehabt hat, plant er, sie mit Pierre Mauclercs Sohn Johann dem Roten zu verheiraten, der einmal die Bretagne erben wird. Eine gute Partie, gewiß, aber der Königin paßt diese Heirat nicht, und der König greift mit seinen beiden Brüdern Robert und Alfons zu den Waffen. Er belagert Montereau, das Thibaud gehört. Dieser wagt nicht einmal, eine Schlacht zu liefern, und sieht keinen anderen Ausweg, als den Papst einzuschalten: Er hat zwei Jahre zuvor das Kreuz genommen, und die Besitztümer eines Kreuzfahrers sind unantastbar. Der Papst wendet sich an den König, und, noch wirksamer, einmal mehr greift Blanca ein. Es kommt zum Friedensschluß, nachdem der König Montereau und Bray-sur-Seine erhalten hat. Thibaud wird in den Königspalast eingeladen, um sich in Blancas und Ludwigs Gegenwart zu erklären und den Treueid zu erneuern, den er gebrochen hat.

Die Angelegenheit endet mit einem komödienhaften Zwischenfall. Thibaud trifft im Palast ein, und in dem Augenblick, als er das königliche Gemach betreten will, schüttet ihm ein Diener des Grafen von Artois, »der ihn noch nie leiden konnte«, aus der Höhe einer Treppe den Inhalt einer Quarkschüssel über den Kopf.

»Niemals hat man vernommen, daß einem König oder Grafen solches angetan wurde«, bemerkt der zeitgenössische Chronist Philippe Mouskèse. Der Anblick des beleibten Mannes, dessen Prunkgewand von gestockter Milch trieft, muß von einer recht abgeschmackten Komik gewesen sein. Blanca, darob »mißgestimmt«, befahl, die Schuldigen dingfest zu machen, und drohte, sie im Châtelet einzukerkern. Worauf sich Robert von Artois ohne große Reue über seine Tat stellte; er fand, daß Graf Thibaud eine Lektion verdient habe. Vielleicht ärgerte sich der Junge auch schon seit langem über die Art, wie der Dichter um seine Mutter herumscharwenzelte. Jedenfalls verschlug dieser Vorfall Thibaud von Champagne die Sprache, und er schwieg fortan. Die »Großen Chroniken Frankreichs« berichten von der Vergebung der Königin und der Liebe des Dichters in Worten, die es wert sind, im Original zitiert zu werden.

»Der Graf blickte die Königin an, die so klug war und schön, daß er von ihrer Schönheit ganz überwältigt war. Er antwortete ihr: ›Meiner Treu, Herrin, mein Herz und mein Leib und mein gesamtes Land stehen Euch zu Gebote; es gibt nichts auf der Welt, das ich nicht liebend gern für Euch täte; und niemals werde ich, wenn es Gott gefällt, gegen Euch oder die Euren ziehen.‹ Daraufhin entfernte er sich nachdenklich. Und oft entsann er sich des weichen Blicks der Königin und ihrer wunderbaren Haltung; dann erfüllte jedesmal ein zärtlicher und verliebter Gedanke sein Herz. Doch wenn ihm einfiel, daß sie eine so hochgestellte Dame war, ein so vornehmes Leben führte und so rein war, daß er sich niemals ihrer würde erfreuen können, verwandelte sich sein zärtlicher, verliebter Gedanke in große Traurigkeit. Und da düstere Gedanken Schwermut erzeugen, rieten ihm einige kluge Männer, es mit schönen Klängen auf der Drehleier und zärtlichen, herzerfreuenden Liedern zu versuchen. So schufen er und Gace Brulé die schönsten und herzerfreuendsten und melodischsten Lieder, die man je gesungen und auf der Drehleier gehört hat. Und er ließ sie in seiner Wohnung zu Provins und in der zu Troyes niederschreiben; man nennt sie die Lieder des Königs von Navarra.«

Danach scheint Thibaud endlich zu seiner Kreuzfahrt ins Heilige Land aufgebrochen zu sein und sich dort durch so manche Heldentat ausgezeichnet zu haben, ohne je aufzuhören, an Blanca zu denken.

»Herrin, der meine ganze Sehnsucht gilt,
einen Gruß sende ich Euch über das salzige Meer,
seid Ihr doch diejenige, an die ich morgens und abends
denke,
kein anderer Gedanke kann mich erfreun.«

5

Die zwei Königinnen

Seinen ältesten Sohn zu verheiraten ist für jeden Feudalherrn, vom geringsten bis zum mächtigsten, eine wichtige Angelegenheit. Dieser Sohn soll ja für den Weiterbestand des Geschlechts sorgen, und deshalb ist er es, der die Stammburg, den wesentlichen Teil des Erbes, erhält.

Handelt es sich aber bei diesem Sohn um den König von Frankreich, ist die Angelegenheit noch gewichtiger. Blanca weiß besser als jeder andere, wie sehr die Geschicke der Krone und des Königsreichs von der Wahl der Gemahlin abhängen. Ludwig wird bald zwanzig, das heißt, er ist schon längst im heiratsfähigen Alter. Seine Mutter hat sich ihre Wahl reiflich überlegt.

Im Jahr 1233 hatte Graf Raymond VII., mit der Kirche wieder ausgesöhnt, den König von Frankreich um seinen Schiedsspruch gebeten, da er fortwährend in Streit mit seinem Klerus lag. Blanca hatte sich mehrere Male beim Papst für ihn eingesetzt, insbesonders dafür, daß ihm die Markgrafschaft Provence zurückgegeben werde, die der Heilige Stuhl seit dem vor vier Jahren unterzeichneten Friedensvertrag als Pfand in der Hand hatte. Raymond freilich zeigte keine Eile, seinen eigenen Verpflichtungen nachzukommen, ob es sich nun um die zehntausend Taler handelte, die er an den Klerus zu zahlen hatte, oder um das Gelöbnis, auf Kreuzfahrt zu gehen, das zu erfüllen ihn wenig kümmerte. Um jedoch zu versuchen, den Querelen ein Ende zu setzen, war ein französischer Ritter, Gilles de Flagy, damit betraut worden, den König zu vertreten und zwischen dem Grafen, dem Bischof von Toulouse und den anderen Prälaten seines Herrschaftsbereichs als Schiedsrichter aufzutreten. Kurz vor seinem Aufbruch ließ Blanca ihn zu sich rufen. Sie führte mit ihm ein Gespräch unter vier Augen, woraufhin er seine Reiseroute änderte. Um nach Toulouse zu gelangen, reiste Gilles de Flagy das Rhône-Tal abwärts.

Der Graf von Provence, Raymond-Bérenger, und seine Gemahlin Béatrice von Savoyen waren ein glückliches Paar. Durch seine Mutter Gersende de Sabran war der Graf fest mit dem lokalen Adel verbunden und durch seinen Vater verschwägert mit den wichtigsten Höfen Europas, darunter Kastilien und Aragonien. Seine Gemahlin stammte aus dem mächtigen Haus Savoyen, das wie auch die Provence selbst dem Deutschen Reich – botmäßig – unterstand. Nur ein Schatten lag auf ihrer Ehe: Sie hatten keinen Sohn, der ihr Nachfolger sein würde – keinen Sohn, jedoch vier Töchter. Sehr schön alle vier, und es hieß, daß der Vertrauensmann des Grafen, der berühmte Romée de Villeneuve, der wie kein anderer Ordnung in dessen angeblich zeitweilig chaotische Finanzen zu bringen verstand, seinem Herrn versichert habe, daß er jede seiner vier Töchter zu einer Königin machen werde.

Gilles de Flagy verbrachte einige Zeit im gräflichen Schloß, vielleicht in dem von Les Baux, das damals in voller Pracht stand. Dann folgte er der Regordanischen Straße, die ihn über Nîmes und das Aude-Tal nach Toulouse führte. Dort kam er seinen schiedsrichterlichen Verpflichtungen nach und kehrte dann in die Krondomäne zurück. Und wieder führte er mit Blanca lange Gespräche. Daraufhin ließ »der König den Grafen von Provence ersuchen, daß er ihm seine Tochter Margarete sende, denn er wolle sie heiraten und zur Gemahlin nehmen. Über diese Nachricht war der Graf sehr erfreut und veranstaltete für die Boten Lustbarkeiten und Feste und tat ihnen viel Ehr an. Er übergab ihnen seine Tochter, die klug war und wohlerzogen von Kindheit an. Die Boten nahmen die Jungfrau in Empfang, verabschiedeten sich vom Grafen und gingen von dannen, um dem König die Jungfrau zuzuführen. Der König empfing selbige voller Freude und ließ sie durch den Erzbischof von Sens zur Königin von Frankreich krönen.«

So geben die ›Großen Chroniken Frankreichs‹ das Ereignis wieder.

Margarete von Provence zog also an einem schönen Maitag in Sens ein, ihr voran sechs Herolde, die auf der Trompete bliesen, und ein Menestrel ihres Vaters, des Grafen Raymond-Bérenger. Als dessen Vertreter eskortierte der Bischof von Valence, Guillaume, die junge Prinzessin.

Blanca hatte ihr den Erzbischof von Sens, Gautier Cornut, einen der Getreuen des Königshauses, sowie einen Pariser Ritter, Jean de Nesle, entgegengeschickt. Man schrieb den 26. Mai 1234. Der König erwartete in Sens seine Braut. Er hatte Paris Mitte Mai verlassen und war über Fontainebleau, Pont-sur-Yonne und die Abtei Sainte-Colombe bei Sens seiner jungen Gemahlin entgegengeritten, die ihrerseits zuerst das Rhône-, dann das Saône-Tal hinaufgefahren war und, wie man ihm gemeldet hatte, am 19. Mai die Abtei Tournus erreicht hatte.

Seit mehreren Tagen sind umfangreiche Vorbereitungen im Gange in der Stadt Sens, die überragt wird von ihrer noch neuen Kathedrale. Auf den Straßen und Flüssen, die zu der alten Stadt führen, herrscht lebhafter Verkehr; Boote, Wagen, Reiter und Fuhrwerke sind unterwegs – eine Betriebsamkeit, die auf fast allen Straßen des Reichs zu beobachten ist, nachdem man Boten in alle Himmelsrichtungen losgeschickt hat. Ein Edelmann soll den Grafen und die Gräfin von Marche, den Erzbischof von Tours und das Kapitel von Poitiers verständigen; ein anderer, Simon de Poissy, bricht in Richtung Soissons auf; wieder ein anderer, Guillaume de Coqueville, nach Angers; ein weiterer, Lobert, benachrichtigt den Herzog und die Herzogin von Burgund sowie den Grafen Archambaud von Bourbon; ein anderer, Robert de Chamilly, den Grafen und die Gräfin von Nevers; und man versäumt natürlich nicht, auch jemanden nach Spanien zu entsenden, einen Geistlichen, Garcias, der zweiunddreißig Livres Reisegeld – Eintrag im Rechnungsbuch – erhält und die Geschenke mitnimmt, die Blanca ihrer Familie aus diesem Anlaß schickt.

Die Königin selbst hat vorab zwei Emissäre nach Sens gesandt, Bigot und Pierre de Crespières, damit sie die Unterkünfte ihres Sohnes und der königlichen Familie vorbereiten; in den Rechnungsbüchern ist der Ort, wo die einen und die anderen untergebracht werden, nicht näher bezeichnet, aber es ist wahrscheinlich oder zumindest denkbar, daß der Erzbischof von Sens ihnen seinen Palast zur Verfügung stellt. Es wird erwähnt, daß es eines eigenen Wagens bedurfte, um die königlichen Gewänder sowie die Geschmeide und die Gegenstände für die Krönung nach Sens zu schaffen. Mehrere Fuhrwerke waren auch vorgesehen für den Transport der »deniers«, das heißt des Geldes, das man damals gewöhnlich in Fässern oder Säcken beförderte, natürlich mit einer entsprechenden Eskorte. Auch die wichtigsten Barone ließen ihre Wohnungen herrichten. Den königlichen Rechnungsbüchern kann man entnehmen, daß die Königin für die der Gräfin von Flandern in Sens aufkam und außerdem Behelfsunterkünfte errichten ließ, wohl meist einfache Rund- oder Giebelzelte für die Pferde oder für die Sergeanten, Diener und Stallburschen.

Ähnlich, wenn auch nicht so umfangreich, darf man sich die Vorbereitungen vorstellen, die mehr oder weniger zum Alltag eines Hofs gehören, der sich fortwährend im Umzug befindet. Denn der König und nach seinem Vorbild die großen Barone verbringen ihr Leben damit, durch ihre Besitzungen zu reisen, und in Blancas Epoche hat nicht einmal der König ein festes Domizil. Philipp August fühlte sich zwar sehr zu Paris hingezogen, im Unterschied zu seinen Vorgängern, die sich am liebsten in Orléans aufhielten. Aber selbst der Pariser Palast, den Ludwig IX. teilweise wiederaufbauen und vergrößern läßt, ist nur eine Residenz unter vielen, und es ist für die königliche Familie nichts Außergewöhnliches, des öfteren mit dem gesamten Mobiliar, Betten, Truhen, Bänken und Auflagerböcken – das, was man das »Gemach« nennt – umzuziehen und es ein paar Meilen weiter wieder aufzustellen: in Saint-Germain-en-Laye, das Ludwigs VIII. und Blancas bevorzugte Residenz gewesen war, in Senlis, Pontoise, Compiègne, Étampes und so weiter.

Alle diese Schlösser sind leer und füllen sich erst bei der Ankunft der Quartiermacher, die in kürzester Zeit die »roncins« – Pferde für alle möglichen Zwecke –, »sommiers« – Lasttiere, Pferd oder Maultier – und Karren ihres »Fuhrparks« abladen, um die Wandteppiche aufzuhängen, die Betten mit Matratzen und Decken herzurichten und zu gegebener Zeit die Tischplatten auf die Böcke zu legen.

In der königlichen Familie sollte man noch lange Zeit das Abenteuer Isabellas erzählen, die morgens, eingewickelt in ihre Laken, im Bett zu beten pflegte; im dämmrigen Morgenlicht hatte ein noch etwas schlaftrunkener Diener, der ihr Bett holte, nicht die kleine Gestalt bemerkt und mechanisch die Laken und Decken zusammengerollt, ohne zu merken, daß er die Prinzessin mit eingepackt hatte; er war höchst verdutzt, als es in seinem Ballen zu schreien und zu zappeln begann, und man lachte sehr über sein Versehen.

Die Angaben in den Rechnungsbüchern, die uns erhalten sind, beziehen sich zweifellos auf umfangreichere Transporte als gewöhnlich; es müssen zwei zusätzliche »roncins« gekauft werden, eines für die Küchengeräte, das andere für die Einrichtung, Möbel und Wandbehänge. Ein »sommier« bringt das »Gemach der Königin«, ein anderes ist mit den für das Festmahl bestimmten Früchten beladen. Ein für die Hofbäkkerei zuständiger Beamter und einer, der sich mit dem Gemüseanbau befaßt, haben jeder ein »roncin« und einen Zelter zu ihrer Verfügung, während unter der Aufsicht des Kochs der Königin namens Guillaume zwei »roncins« beladen werden, eines mit den Kochutensilien und das andere mit dem für seine Tätigkeit nötigen Geld. Andere »sommiers« – es sind besonders kräftige Zugpferde; sie kosten vierzehn bis sechzehn Livres, mehr als ein Zelter, das heißt ein Paradepferd – befördern das »Gemach« der jungen Königin und das Bett des Königs.

Blanca hat für die Königin eine Matratze mit bestickter Seidensteppdecke und weitere Bettdecken anfertigen lassen; scharlachrot ausgeschlagene Truhen enthalten Leinenlaken, Pelzwerk für die Betten und ein ganzes Sortiment Hemden und Leibwäsche. Sie hat auch die Juwelen für die Krönung vorbereiten lassen, von denen man einige Stücke dem Goldschmied des Grafen von Flandern abgekauft hat, und die Krone herrichten lassen; denn die Krönungszeremonie sollte zusammen mit der Hochzeit stattfinden, damit die Königin ebenso gekrönt sei wie der König. Mitgenommen wird natürlich auch die Tischwäsche für das Festmahl – sowohl die für die Tische der geladenen Gäste wie auch die für die Tische der kleinen Leute, die ausgewählt worden sind, an der Festlichkeit teilzunehmen: sechsundachtzig weiße Tischtücher, zweihundertvierzig Stück Leinen, hundert Servietten. Der königliche Haushalt beschäftigt eine Wäscherin namens Rosette, der eine Dienstmagd, Laurence, zur Hand geht und die wahrscheinlich bei einem Umzug jeweils vor Ort die mit Bleueln ausgestattete kleine Schar Wäscherinnen anheuert.

Am Tag vor der Reise wird Blanca von ihrem Leibarzt Geoffroy Miniaz, offenbar ein Spanier, zur Ader gelassen, eine übliche Maßnahme vor einem anstrengenden Ritt oder vielleicht eine Art Frühjahrskur. Sie nimmt nicht ihr ganzes Gefolge mit; eine ihrer Hofdamen, eine gewisse Eudeline, fährt mit dem Schiff nach Sens; eine andere ihrer Vertrauten, die sogenannte »Dame von Amboise«, und Mincia die Spanierin, die so oft in den Rechnungsbüchern erwähnt ist, begleiten sie wahrscheinlich; die letztgenannte wird anschließend zu der Hochzeit nach Spanien reisen und dafür zwei »roncins«, eine Geldsumme und einige Wagen erhalten, die sie bis La Rochelle begleiten. In Blancas Umgebung befinden sich auch mehrere hohe Hofbeamte, darunter der Kammerherr Barthélemy de Roye, den man den »feisten Ritter« nennt, der Kämmerer Jean de Beaumont, der spätere Marschall Ferry Paté, Gräfin Johanna von Flandern und auch Graf Raymond von Toulouse, der seinen Aufenthalt bei Hof verlängert hat, um der Hochzeit beizuwohnen. Die Eskorte umfaßt vierundzwanzig Armbrustschützen und zwanzig Sergeanten, die alle vierzehn Tage entlohnt werden und zusätzlich noch ihre Pferde frei haben. Die Armbrustschützen werden begleitet von einer Schmiede, die bei Bedarf ihre Waffen – Lanzen, Armbrustbolzen und so weiter – repariert und natürlich die Pferde beschlägt. Die Gewappneten werden übrigens von Zeit zu Zeit ersetzt, und manchmal werden Armbrustschützen abkommandiert, damit sie diesen oder jenen Feudalherrn begleiten, dem man eine besondere Ehre erweisen will. So etwa gibt man André de Vitré fünf mit auf den Weg, als er nach den Krönungsfeierlichkeiten nach Hause zurückkehrt.

Die Abrechnungen dieses Jahres 1234, in dem das große Ereignis stattfand, sind erhalten geblieben. Die Eintragungen erfolgten völlig unsystematisch – zu unserem Glück, da wir auf diese Weise einen Einblick in die Vielfalt der Gegenstände erhalten. Da lesen wir von drei »aumucelles«, wahrscheinlich Pferdedecken, die Robin de Poissy bezahlt; ebenso von Vorkommnissen während der Reise wie das Aufstellen von Schraubstöcken und Herden für die Feldküchen im Wald, von der Vertreibung der Wölfe in Pont-sur-Yonne und im Wald von Othe; von den sechs Kammerdienern, den neun diensttuenden Edelmännern neben den sieben am Standort, über die der König verfügt; von den kleinen Handwerkern, deren Dienste man fortwährend benötigt, wie Simon du Louvre und einem gewissen Stephan, der die Armbrustteile herstellt, den zwei Dienern, die sich um die Hunde des Königs kümmern, und Simon de Moret, der seine Falken versorgt, und natürlich von den Jägermeistern und ihren Gehilfen. Unterwegs werden Almosen verteilt, zum Beispiel an Ordenshäuser wie das der Nonnen von Le Pré oder von La Cour-Notre-Dame. Der Almosenier ist übrigens für die kleinen Almosen unterwegs zuständig; man händigt ihm sechzig Sous aus, die er auf dem Weg nach Fontainebleau verteilen wird. Da, wo man Station macht, sind die milden Gaben schon größer. In Fontainebleau erhalten am 24. Mai immerhin hundert Arme jeder einen Sou. Man wird auch einen armen Mann entschädigen, dessen Pferd in Sens getötet wurde.

Jeder Ortswechsel des Hofes findet also in den Rechnungsbüchern seinen Niederschlag; manchmal sind es sehr rührende Geschichten, die mit solchen Spenden verbunden sind, wie etwa die eines jungen Mädchens, das sich kurz vor seiner Hochzeit auf den Grand-Pont in Paris gestellt hatte, um an die Großzügigkeit des vorüberfahrenden Königs zu appellieren: Ihm wurden durch einen Edelmann namens Hugo vierzig Livres übergeben. Blanca bedenkt oft junge Mädchen, denen sie zufällig begegnet, mit einer Aussteuer, einmal die Tochter einer armen Dame in der Nähe von Anet, der sie hundert Pariser Sous schenkt; ein anderes Mal läßt sie einem kleinen Mädchen aus dem Burgbann von Nogent fünfzehn Livres zukommen. Oder es sind die Aussätzigen: Anläßlich der Hochzeit in Sens läßt Ludwig zwanzig Livres und dreizehn Sous an sie verteilen; seine Freigebigkeit nimmt noch zu, und während der Fastenzeit jenes Jahres, dem Jahr, in dem er zwanzig wird, hat er fünfundvierzigtausend Heringe an die Armen verteilen lassen. Nicht zu vergessen das Brot, das am Königshof jeden Tag an die Armen ausgegeben wird, riesige Mengen offenbar, denn es wird täglich ein Pariser Livre dafür aufgewendet.

Man hatte umfangreiche Vorbereitungen in Sens getroffen, um die junge Königin würdig zu empfangen. Die unmittelbare Umgebung der Kathedrale wurde umgestaltet, ja sogar eine Mauer niedergerissen, vielleicht um Gerüste und Tribünen aufzustellen oder ausreichend Platz für die Tische des Festmahls zu haben. Der Innenraum der Saint-Etienne-Kathedrale war, wie bei feierlichen Anlässen üblich, mit Teppichen ausgelegt und mit Wandbehängen geschmückt worden. Außerdem hatte man im Freien für den König und die Königin eine Art Laube, eine mit Zweigen und Laubwerk überdachte Tribüne, errichtet, auf der das Paar während der Darbietungen, Ritter- und Gauklerspielen, Platz nehmen könnte; die Sessel, auf denen sie sitzen würden, waren mit Seide überzogen.

Der Menschenansturm ist groß in der Stadt; zahlreich sind die Geladenen, und jeder bringt sein Gefolge und seine Pferde mit. Man kann das Gepränge, das bei solchen Gelegenheiten entfaltet wird, an den Geschenken ermessen, mit denen der König seine Umgebung bedenkt. Da sind die neunzehn Sättel für die neuen Ritter, daneben die, welche der König für seine Brüder hat anfertigen lassen und für denjenigen, den man »Alfons den Neffen« nennt, Sohn von Blancas Schwester Urraca, der Königin von Portugal. Er wuchs am französischen Königshof auf, wo man die beiden Alfonse auseinanderhielt, indem man von Alfons dem Sohn und Alfons dem Neffen sprach. Ludwig selbst hatte von seiner Mutter eine vollständige Ritterausrüstung erhalten: fünf Sättel, sechs gestickte Waffenröcke für ihn und seinen Bruder Robert, Sporen, Pferdedecken aus Zindeltaft, Halfterbinden oder Zaumzeug mit Zügeln, Gebiß und Steigbügel passend zu den goldenen Sporen, und für seine junge Gemahlin zwei Sättel, Röcke, Halfterbinden, Decken und Zierat.

Aber vor allem verteilt man »Gewänder«; Kleider zu schenken ist gang und gäbe: Könige und Feudalherren tun es zu Weihnachten, Ostern oder zum Geburtstag; die Hochzeit des Königs und die Krönung der Königin sind ebenfalls Anlaß für Geschenke dieser Art.

Beim Durchsehen der Rechnungslisten erblicken wir vor unserem geistigen Auge eine Fülle von Farben, die sich auch auf den filigranen Miniaturen der Zeit finden. Die Mitglieder des königlichen Haushalts wie Ferry Paté, Jean de Beaumont und Henri der Falkner erhalten purpurne Gewänder, und ebenfalls in Purpur kleiden sich die beiden Alfonse, der Sohn und der Neffe. Die Hofdamen der Königin tragen blaue und rote zinnobergefütterte Kleidungsstücke. Der Graf von Toulouse kleidet sich dank der königlichen Freigebigkeit vornehm in violettes »brunette« und zwei grüne Gewänder; er erhält übrigens während dieses Aufenthalts auch noch einen Zelter und ein Tragtier, man zahlt außerdem den Lohn seines Falkners und vergißt auch nicht die kleinen Geschenke für sein Hauspersonal. Robert, der später Robert von Artois heißen wird, trägt schwarzes, grünes und violettes »brunette«, mit rotem Scharlach, Hermelin und Feh verbrämt. Die Kinder, das heißt die jüngsten Familienmitglieder, sind in Paris geblieben. Die Königin hat sie ausdrücklich der Obhut der Pariser Bürger anvertraut. Diese Kinder sind die damals neunjährige Isabella und der erst sieben Jahre alte Karl; vermutlich zum Trost hat man ihnen hübsche Kleider aus rosa und schwarzem »brunette« anfertigen lassen, in denen sie ihren ältesten Bruder und ihre junge Schwägerin empfangen werden. Ihre beiden anderen Söhne hat Blanca inzwischen verloren: Johann und Philipp Dagobert waren im Jahr 1232 gestorben; woran, ob an einer Krankheit oder durch einen Unfall, wissen wir nicht.

Zurück zur Hochzeit des Königs. Aus den Abrechnungen erfahren wir, daß sein Gewand aus persischem, das heißt blauem Stoff, schwarzem »brunette«, rotem und violettem Scharlach gefertigt ist. Die junge Königin erhält einen Mantel und einen mit Feh, Hermelin und Zobel verbrämten Schulterkragen. Eine bunt gekleidete Menschenmenge drängt sich in der Stadt Sens, in ihrer Kathedrale und auf der Jahrmarktswiese, wo die Feste stattfinden. Blancas Lieferanten, Yvon, der Handschuhmacher, und Jean Godriche, der Hutmacher, haben alle Hände voll zu tun gehabt. Die jungen Männer tragen Filzhüte mit Pfauenfedern, Goldbändchen und seidenen Verzierungen.

Auch die Schmuckwaren- und Juwelenhändler haben eine Menge Aufträge gehabt: zwei goldene Ringe für den König; für Robert und Alfons goldene Gürtel mit goldener Schnalle und für den letztgenannten eine Stechbeckenhülle; doch vor allem haben sie an den Schmuckstücken für die junge Königin gearbeitet. Blanca hat keine Ausgaben gescheut, um sie prächtig zu empfangen. Die goldene Krone, die der König ihr schenkt, muß ein Meisterwerk gewesen sein, denn sie kostete nicht weniger als achtundfünfzig Livres. Er überreicht ihr auch ein goldenes »chapel«, wohl eine Art Diadem, und zwei goldene Löffel und schenkt ihr kostbare Pelze, Hermelin und Zobel. Auch ein goldener Becher ist für den König und die Königin angefertigt worden, aus dem die beiden wohl bei dem Festessen getrunken haben. Diesen Becher erhält dann traditionsgemäß der Obermundschenk von Frankreich. Becher sind übrigens ebenso wie Kleidungsstücke übliche Geschenke, und in diesem selben Jahr 1234 schenkt Blanca ihrem Sohn einen »hanap de madre«, einen Humpen aus Hartholz auf einem goldenen Fuß, den man sich vielleicht ähnlich vorstellen kann wie jenen anderen hölzernen Humpen, den Blanca später der Abtei Maubuisson schenkt und der in Versailles – im Museum Lambinet – aufbewahrt wird.

Desgleichen kennt man, nicht nur von den Miniaturen her, ziemlich genau die Mode der damaligen Zeit. Eine Reihe prachtvoller Stücke sind in dem einzigartigen Museum des

Klosters Las Huelgas in Burgos ausgestellt. In diesem Kloster – dem Saint-Denis der kastilischen Könige – befinden sich die Grabstätten von Blancas Eltern und deren Nachfolgern; dank des sehr trockenen Klimas haben sich in den steinernen Gräbern die Kleider der Beigesetzten, wie zum Beispiel die des Prinzen Don Ferdinand de la Cerda, ausgezeichnet erhalten.

Das wunderschöne »Kleid«, in dem man ihn zur letzten Ruhe bettete, war vermutlich sein Prunkgewand: Es besteht aus einem damastartig gewebten Stoff mit grünen Mustern auf hellem Grund, gefüttert mit amarantroter Seide; dazu gehören ein besticktes und mit goldenen Ösen versehenes Wehrgehänge, goldene Sporen und eine mit Perlen bestickte Kappe, auf der abwechselnd Löwen- und Burgenmedaillons aufgenäht sind, die die Wappenschilder von Kastilien und León darstellen. Neben diesen intakten Stücken kann man sich anhand zahlreicher Fragmente von bestickter Seide oder dünner, sehr kunstvoll gestrickter Wolle ein gutes Bild von der Pracht und der Vielfalt der mittelalterlichen Stoffe machen. Einige sind wohl orientalischer Herkunft, da zu dieser Zeit in Europa die Seidenweberei noch nicht existierte; bestimmte Brokate weisen übrigens kufische Schriftzeichen als Ornamente auf. Aber die Stücke aus gestrickter Wolle, eindeutig abendländische Arbeiten, sind ebenso meisterhaft hergestellt: Gestricke mit oft sehr ausgefallenen Mustern in verschiedenen Farben, grün, rot, cremefarben, die einen Schwan, einen Greifen, Blümchen, stilisiertes Laubwerk und so weiter darstellen, auf einem Hintergrund aus abwechselnd helleren und dunkleren Rauten. Dieses Stoffmuseum in Burgos, das in Europa nicht seinesgleichen hat – im allgemeinen gibt es aus dieser weit zurückliegenden Zeit nur winzige Stoffragmente, die man in Gräbern gefunden hat –, läßt uns ahnen, wie diese Decken, Überwürfe, Zindeltafte, Seiden oder Scharlachstoffe aussahen, die in den Rechnungslisten aufgeführt sind. Man kann sich gut vorstellen, daß der junge König Ludwig ein ähnliches Gewand trug wie Ferdinand de la Cerda in seinem steinernen Sarg oder daß er auf einem Sessel saß, der mit einer Seide ähnlich diesen leuchtenden Damaststoffen drapiert war, als er mit seiner Gemahlin während der drei Festtage den Darbietungen beiwohnte.

Es war der damals achtzehnjährige Robert, Ludwigs jüngerer Bruder, mit dem sich der König – trotz ihres unterschiedlichen Charakters – von allen seinen Geschwistern am besten versteht, der die Einzelheiten des Fests mit den Menestrels festlegte. Und weil er seine Sache sehr gut machte, kostete die ganze Veranstaltung hundertzwölf Livres zweiunddreißig Denar, nicht mitgerechnet die zehn Livres für den Menestrel, den der Graf von Provence entsandt hatte.

Leider haben wir keinen Bericht über die Darbietungen, denen das junge Paar in seiner Laube, von deren Seidendraperien in den Rechnungsbüchern die Rede ist, beiwohnte. Nur ein paar kurze Hinweise wie der des Chronisten Aubry de Trois-Fontaines über ein ähnliches Fest lassen die Menestrels und ihre »eitlen« Darbietungen vor uns erstehen: wie etwa die desjenigen, »der auf einem Seil durch die Luft ritt«, oder die jener beiden anderen, »die auf zwei mit scharlachrotem Stoff drapierten Ochsen ritten und bei jedem Gang, der aufgetragen wurde, in ein Horn stießen«. Menestrels, das bedeutet Musik, Lachen und Lieder; bald werden Gedichte vorgetragen, die in dieser Zeit Liedertexte sind, bald komische Nummern aufgeführt, ähnlich wie im Zirkus oder auf den Gerüstbühnen der Jahrmärkte.

Natürlich wird auf einem solchen Fest auch getanzt, und sicher stürzte sich auch Ludwig mit seiner jungen Gemahlin in das fröhliche Getümmel. Wir kannten Ludwig zunächst nur aus hagiographischen Texten, deren Verfassern es vor allem darum ging, seine Heiligkeit hervorzuheben. Sie sprechen in erster Linie von den drei Nächten, die der König im Gebet verbrachte, bevor er sich mit seiner jungen Gemahlin vereinte, und wie er sie dazu bewog, vorher mit ihm zu beten. Die Rechnungsbücher bezeugen freilich, daß er trotz seiner tiefen Frömmigkeit den irdischen Freuden dennoch in keiner Weise abgeneigt war und daß sein als sparsam bekannter Hof gelegentlich fast verschwenderisch war: einhundertachtzehn Livres für Brot, dreihundertsieben für Wein, sechshundertsiebenundsechzig für die Speisen und die Küche und für die Beleuchtung fünfzig Livres. Die Kosten für die Kleider der königlichen Familie und diejenigen, die sie verschenkte, für die Löhne der Diener und Stallburschen, den Hafer für die Pferde, die Zimmer für die Eskorte und verschiedene Löhnungen beliefen sich auf den für die Zeit horrenden Betrag von zweitausendfünfhundertsechsundzwanzig Pfund fünfzehn Sous sieben Denar. Es ist immer verlokkend, die damaligen Summen in heutiges Geld umzurechnen, aber das Ergebnis ist stets entmutigend. Im vergangenen Jahrhundert veranschlagte man das Pariser Pfund auf 22 474 Franc; also hätten sich die Ausgaben auf circa fünftausendsiebenhundert Goldfranken belaufen, deren Bewertung wir den Wirtschaftsfachleuten überlassen.

Eines jedoch steht fest, nämlich daß es zwischen Ludwig und Margarete Liebe auf den ersten Blick war und daß diese Liebe nie nachlassen sollte. Margarete war erst dreizehn Jahre alt, und alle Zeitzeugen stimmen darin überein, daß sie sehr schön und von »edler Bildung« war, wie man damals sagte. Das wiederum bedeutete, daß sie für ihre Rolle als Königin sehr gut vorbereitet war und im Rahmen ihrer umfassenden Ausbildung auch Latein gelernt hatte. Wir besitzen von ihr einige anmutig formulierte Privatbriefe in lateinischer und französischer Sprache, und es ist nicht ausgeschlossen, daß die junge Königin mit dem Blumennamen einen Gelehrten namens Guillaume aus Lorris, wo das junge Königspaar häufig residierte, einige Jahre nach Margaretes Ankunft am französischen Königshof zu seinem ›Rosenroman‹ inspirierte.

Man kann sich die Frage stellen, in welcher Sprache sich die beiden Verliebten unterhielten. Margaretes Sprache war natürlich das Provenzalische; daß Ludwig die langue d'oc lernte, ist wenig wahrscheinlich. Eher denkbar wäre, daß Margarete sich den Dialekt der Île-de-France aneignete; ihn zu sprechen gehört von dieser Zeit an zu den guten Umgangsformen jedes Menschen, der eine sorgfältige Erziehung genossen hat. In einem Gedicht, das eine Art Traktat der feinen Lebensart darstellt, heißt es:

»Seid sanftmütig und vollendet höflich;
befleißigt euch auch des Franzischen (Französischen),
denn es ist die hochgelobte und
überaus beliebte Sprache der Edelleute.«

Dieser Rat richtet sich in dem Gedicht an die Adligen; aber es dauert nicht lange, bis das Französische zur normalen Unterweisung selbst der Nichtgebildeten – derjenigen, die nicht Latein studiert haben – gehören wird, denn der gebürtige Italiener Brunetto Latini, der für sie schreibt, verfaßt seinen ›Trésor‹ in französischer Sprache, die er als »überaus ergetzlich« und auch »den meisten Leuten gemein« – also am verbreitetsten – bezeichnet. Übrigens spielt die Sprache in der damaligen Zeit nicht ganz die gleiche Rolle wie heutzutage; da das gesprochene Wort einen anderen Stellenwert hat als in der unseren, setzt man die sprachlichen Grenzen längst nicht so eng wie heute. Wenn man sich die Texte aus jener Zeit ansieht, gewinnt man den Eindruck, daß im 13. ebenso wie im 12. Jahrhundert jedermann mehr oder weniger zwei-, wenn nicht gar dreisprachig ist. Kaum jemand im einfachen Volk radebrecht nicht ein paar Worte Latein; die Verständigung zwischen Menschengruppen unterschiedlicher geographischer Herkunft ist trotz der zahlreichen Dialekte, die es gibt, erstaunlich unproblematisch. Als zum Beispiel Jacques de Vitry, ein Prediger aus der Champagne, wie sein Name besagt, nach Italien kommt und dort in den Kirchen so mitreißend predigt, daß die Frauen auf seinen Aufruf hin das Kreuz nehmen, kann man sich fragen, ob er dies in italienischer oder französischer Sprache tat; ebenso überzeugend sind die zahlreichen Gedichte aus jener Zeit, in denen abwechselnd die langue d'oc und die langue d'oïl verwendet wird, ohne daß dies die Zuhörer zu stören scheint.

Ludwig und Margarete haben offenbar einen Weg gefunden, sich zu verständigen, und obwohl ihre Ehe nicht immer unproblematisch ist, scheint sie doch sehr glücklich gewesen zu sein.

Doch da ist jemand, eine dritte Person, die über Margaretes Anwesenheit weniger glücklich ist.

Blanca hatte diese Verbindung gewollt; sie hatte alles getan, damit sie zustande käme, und sich gefreut, als es soweit war – selbst wenn sie, wie wir das aus unserer Perspektive können, nicht zu ermessen vermochte, was eine Heirat bedeutete, durch die das französische Königshaus auf dem anderen Rhône-Ufer, auf der »Reichsseite« Fuß faßte, wo man es doch schon als immense Bereicherung ansah, daß man auf der »eigenen Seite« jüngst die beiden Sénéchausséen Beaucaire und Carcassonne für die Krondomäne hatte gewinnen können. Doch plötzlich war ihr bewußt geworden: Am französischen Königshof gab es nun zwei Königinnen, und – was sie sicher insgeheim schmerzte – die neu hinzugekommene ist für alle die »Junge« Königin.

Blanca ist damals sechsundvierzig. Wie allen Frauen, die auf die Fünfzig zugehen, machen ihr die Ängste und halb unbewußten Schuldgefühle zu schaffen, die bei jedem Menschen in einem schwierigen Lebensabschnitt auftreten können – und noch verstärkt bei einer Frau. Dazu kommt, daß sie immer klarer sieht, wieviel Kraft es erfordert, Macht auszuüben. Diese Macht, die sie nicht gewollt hat, die ihr das Schicksal aufgezwungen hat – heute gefällt es ihr, sie auszuüben, und sie stellt fest, daß in ihrer Umgebung jedermann diese Machtausübung als ihre vordringlichste und wichtigste Aufgabe ansieht, eine Aufgabe, die weder Mittelmäßigkeit noch Aufschub, weder Vergnügen noch Entschuldigung duldet.

Die Burg von Pontoise existiert heute nicht mehr, aber wäre sie der Zerstörung entgangen, wäre sie vermutlich das Pilgerziel der Liebenden aus aller Welt geworden. In dieser Burg gab es eine Wendeltreppe, die das Gemach des Königs mit dem darunter liegenden der Königin verband. »Ludwig und Margarete hatten sich so arrangiert, daß sie ihre traulichen Gespräche auf einer Wendeltreppe führten, die von einem Gemach ins andere hinabging. Und das taten sie derart geschickt, daß die Türhüter, wenn sie die Königin zum Gemach ihres Sohnes, des Königs, gehen sahen, mit ihrem Stab an die Tür klopften, so daß der König in sein Gemach rannte, damit seine Mutter ihn dort anträfe; so taten es auch die

Türsteher der Königin Margarete, wenn Königin Blanca zu ihr kam, damit sie Königin Margarete darin vorfände.«

Pontoise wird die Lieblingsresidenz des jungen Paares...

Blanca, die perfekte Gemahlin und Mutter, ist offensichtlich eine ungute Schwiegermutter. Die in unserer von der Psychoanalyse geprägten Zeit nächstliegende Erklärung, daß Blanca schlichtweg eifersüchtig ist, wird eindeutig widerlegt durch eine Bemerkung Joinvilles, der die Gabe hat, die Dinge auf den Punkt zu bringen: »Königin Blanca konnte es nicht ausstehen, wenn ihr Sohn mit seiner Frau zusammen war, außer am Abend, wenn er mit ihr schlief.« Blanca hat nichts gegen Margarete als Ludwigs Gemahlin, aber sie hat sehr viel dagegen, daß ihr Sohn ihr, dem unbedeutenden jungen Ding, auf Kosten seiner herrscherlichen Pflichten soviel Zeit widmet. Aber wir können beruhigt sein: Der verliebte Ludwig ist nicht verlegen um Listen, wie sie Verliebte zu allen Zeiten gebraucht haben, um einander ihre Liebe zu beweisen.

Unangenehmer berührt uns eine andere Geschichte, die ebenfalls von Joinville stammt: »Der König weilte einmal bei seiner Gemahlin, der Königin, die auf den Tod darniederlag, weil sie bei der Geburt eines Kindes eine Verletzung davongetragen hatte. Königin Blanca trat ein, nahm ihren Sohn bei der Hand und sagte: ›Kommt mit. Ihr habt hier nichts zu suchen.‹ Als Königin Margarete sah, daß seine Mutter den König hinwegführte, rief sie aus: ›Weh mir! Ihr wollt, daß ich weder im Leben noch im Tode meinen Gebieter bei mir habe.‹ Darauf schwanden ihr die Sinne, und man glaubte sie bereits tot; der König, der dachte, sie würde sterben, kam zurück. Mit Müh und Not holte man sie aus ihrer Ohnmacht zurück.« Auch in diesem Fall geht es Blanca, so unsympathisch sie auch dabei erscheinen mag, nur darum, den König dazu zu bringen, daß er seine persönlichen Gefühle gegenüber seiner Pflicht als König hintanstellt.

Mag Blanca ihren Sohn auch in den Grenzen der »strengen Pflicht« halten, so hat doch der Hof selbst nichts Strenges an sich, so daß sich eine junge Frau wie Margarete voll entfalten kann. Vorüber sind die Zeiten der Trauer; ein Fest folgt dem anderen. Und immer wieder tauchen in den Rechnungsbüchern des Hofes Menestrels mit komischen Spitznamen auf: Malapareillé (Schlechtgepaarter), Pelé (Glatzkopf) oder einer, den man »Quatre-œufs« (Viereier) nennt und welcher der Menestrel des Herrn von Courtenay ist.

Drei Jahre nach seiner Heirat ließ Ludwig die Schwertleite seines Bruders Robert mit der gleichen oder fast gleichen Pracht feiern wie seine eigene Hochzeit. Diesmal fanden die Festivitäten in Compiègne statt, und zwar an Pfingsten, im Juni 1237. Hundertvierzig junge Edle sollten gleichzeitig mit Robert ihre Rittersporen erhalten. Alle wurden an diesem Festtag mit Seidenkleidern beschenkt, und die wichtigsten Gäste erhielten kostbare Präsente. Für die Damen wie die Gemahlin des Herzogs von Châtillon und die des Enguerrand von Coucy gab es Smaragde, für andere Silberhumpen, für den König einen goldenen Gürtel und für Robert ebenfalls einen. Dieser muß großartig ausgesehen haben in seinem Gewand aus Seide und violettem Scharlach mit einem Mantel aus purpurnem, pelzverbrämten Scharlach; eine goldene Spange hielt diesen Mantel an der Schulter zusammen; auf dem Kopf trug er eine goldene Binde. Der König seinerseits hatte an diesem Tag einen purpurnen Satinmantel über ein Gewand aus violettem Scharlach angelegt; die junge Königin erschien in einer mit Hermelin und Zobel verbrämten Estanfort-Robe mit einer Fehmantille darüber. Vielleicht ritt der König bei dieser Gelegenheit den schönen Apfelschimmel, den er einige Zeit zuvor für den immensen Betrag von einundzwanzig Livres, den Preis für ein Schlachtroß, erstanden hatte. Von Roberts Pferd wissen wir nichts Näheres, aber gewiß hatte der junge Ritter, der ein Pferdenarr war, kein schlechtes gewählt. Bei der Hochzeit seines Bruders hatte der Bischof von Chartres, Gauthier, gedacht, ihm kein schöneres Geschenk machen zu können als ein Pferd.

Auf diesen Festen beginnt man, die »Kinder«, Isabella und Karl, als junge Erwachsene zu behandeln: die beiden Edelfräulein des Hofes, Isabella und ihre künftige Schwägerin Johanna, Tochter des Grafen von Toulouse, tragen rote Estanfort-Kleider und »Monseigneur Karl«, der erst zehn ist, ein schönes Gewand aus gestreiftem Scharlach. Ebenfalls aus gestreiftem Scharlach ist das Kleid, das der Graf von Toulouse, Raymond VII., der an der Feier teilnahm, als Geschenk erhält.

Als Ludwig seinen Bruder Robert zum Ritter rüstete, konnte er nicht ahnen, daß sich in ihm als dem ersten in der Geschichte des Königshauses die Fehler verkörpern würden, die den Verfall ebendieses Rittertums, das damals auf dem Höhepunkt seiner Blüte stand, kennzeichnen würden. Seine an Wahnwitz grenzende Tollkühnheit sollte diesen strahlenden Ritter vorzeitig das Leben kosten und das Heer des Königs in die Katastrophe führen. Robert ist über die Maßen verschwenderisch. Bei den Festen von Compiègne zahlt er den Menestrels zweihundertzwanzig Livres, dazu hundert Sous an die Trompeter und einen Betrag in ähnlicher Höhe an einen Sackpfeifer, da ihm die Sackpfeife als Instrument offenbar besonders gefällt. Aber er ist auch den Seinen sehr zugetan, besonders seinem ältesten Bruder und seiner Mutter Blanca, an die er während des Kreuzzuges ausführliche Briefe schreiben wird.

Gleichzeitig mit seinem Ritterschlag feierte man in Compiègne Roberts Vermählung mit Mahaut, der Tochter des Herzogs von Brabant. Nun war der Zeitpunkt gekommen, da der König von Frankreich seinem jüngeren Bruder das Erbe übergeben mußte, das ihr Vater für ihn vorgesehen hatte. Die Inbesitznahme seiner persönlichen Domänen gab Anlaß zu einer Neuverteilung verschiedener Lehen aufgrund eines von Blanca herbeigeführten Familienbeschlusses. Sie hatte seinerzeit als Leibgedinge – die Morgengabe ihres Gemahls – die drei Burggrafschaften Hesdin, Bapaume und Lens erhalten und später von sich aus einen weiteren Besitz in dieser Gegend erworben, das Land von Vilaines, das diesen Lehnskomplex abrundete. Aber während diese Gebiete bei ihrer Heirat deshalb für sie von Interesse gewesen waren, weil sie nahe den persönlichen Besitzungen ihres Gemahls lagen, war dem nun nicht mehr so. Das Artois wurde Roberts Lehen, und sie selbst lebte lieber in der Île-de-France, näher beim König und den Krongütern. Ein Tausch sollte vorgenommen werden, aufgrund dessen nach und nach eine

Reihe von Burggrafschaften an Blanca übergehen sollten als Ausgleich für ihr Leibgedinge, das sie an Robert abtrat. In den folgenden Jahren erhielt sie Meulan, Pontoise, Étampes, Dourdan, Corbeil und Melun. Dazu schenkte der König ihr Crépy-en-Valois, La Ferté-Milon und Pierrefonds, während Blanca auf Issoudun und Gracay, die Mitgift, die der König von England einst für sie ausgesetzt hatte, verzichtete. Sie hatte sich stets tatkräftig um die Verwaltung ihrer persönlichen Güter gekümmert: Mehrfach hatte sie sich eingeschaltet, zum Beispiel beim Bau der Markthallen von Issoudun, als es darum ging, die Eigentümer der Häuser zu entschädigen, die zu diesem Zweck abgerissen werden mußten; sie hatte die Huldigung der Vasallen auf ihren Besitzungen entgegengenommen und so weiter. Aus ihrem Leibgedinge bezog eine Königin ihre persönlichen Einkünfte, um die sich zu kümmern für sie sehr wichtig war. Margarete hatte bei ihrer Hochzeit als Leibgedinge die Stadt Le Mans mit ihren Dependenzien wie Mortagne und Mauves-sur-Huisnes erhalten.

In den Jahren nach der Heirat ihres Sohnes ist Blanca vor allem damit beschäftigt, Verbindungen zu knüpfen und andere zu verhindern. Sie befürwortet diejenigen, die ihr vorteilhafte Vereinigungen von Lehen zu verheißen scheinen, und unterbindet solche, die sie für die Zukunft der Krone gefährlich glaubt – das alles mit unerschütterlicher Kraft.

Robert selbst war zunächst Maria, der Tochter Johannas von Flandern und deren Erbin, versprochen gewesen, aber Maria war gestorben. Ihr Erbe Flandern, das man mit dem Artois hätte vereinigen können, würde nun an ihre jüngere Schwester Margarete fallen, diejenige, der die Flamen später den Beinamen »Schwarze Dame« geben würden. Durch die Heirat mit Mathilde oder Mahaut, der ältesten Tochter des Grafen von Brabant, würde sich Robert in Ermangelung der flämischen Erbschaft zumindest einen Einfluß in den nahe seinem persönlichen Lehen gelegenen Gebieten sichern.

Drei weitere Heiratspläne sollten in diesen Jahren Blanca Anlaß zur Sorge geben: die Heirat Johannas von Flandern, Ferrands Witwe, und die Heiraten der beiden Alfonse, des Sohns und des Neffen.

Flandern hatte dem Königtum einst zu viel Ärger bereitet, als daß Blanca nicht stets ein waches Auge darauf gehabt hätte. Johanna, die Witwe Ferrands von Portugal, ist eine ausgesprochen interessante Partie. Da erfährt Blanca zu ihrem Verdruß, daß jemand um ihre Hand angehalten hat, vor dem auf der Hut zu sein sie allen Grund hat: Simon von Montfort. Der jüngere Bruder Amaurys hat nicht nur den Namen seines Vaters geerbt, sondern auch dessen Ehrgeiz. Obwohl vom König von England freundlich willkommen geheißen, der ihn in seinem erblichen Besitz der Grafschaft Leicester bestätigt, ist er auf das Festland zurückgekehrt, wo er offensichtlich nach einer vorteilhaften Heirat Ausschau hält. Johanna ist um ein gutes Stück älter als er; das stört ihn nicht, aber Blanca sieht sich vor. Unverzüglich begibt sie sich nach Péronne und zwingt Johanna, eine Vereinbarung zu unterzeichnen, in der sie auf jegliche Verbindung mit dem Grafen von Leicester verzichtet: Zu groß wäre die Bedrohung für das Königreich gewesen. Mit einem seiner ihm am nächsten stehenden Vasallen als Herrn von Flandern fände sich der König von England plötzlich in der Lage, seine immer wieder aufgeschobenen Invasionspläne zu verwirklichen. Deshalb schlug Blanca vorsichtshalber Johanna einen Gemahl ihrer eigenen Wahl vor, nämlich Graf Thomas von Savoyen, Margaretes Onkel, den Johanna, die sich mit dem Wunsch ihrer Oberlehnsherrin abgefunden hatte, akzeptierte. Das Haus Savoyen betrat die Bühne der Geschichte und sollte, vor allem auf der italienischen Seite der Alpen, gegenüber dem Heiligen Stuhl noch für einige Unruhen sorgen. Im Augenblick war Blanca ja doch vor allem daran gelegen, eine Verbindung zu knüpfen, welche die Bande zur anderen Rhône-Seite noch festigen sollte. Thomas, der neue Graf von Flandern, lud alsbald seine Schwester Béatrice von Provence zu sich ein, und ihr Besuch gab am französischen Hof Anlaß zu einer Reihe großartiger Feste.

Béatrice reiste bei der Gelegenheit übrigens auch nach England, denn ihre zweite Tochter Eleonore war vor kurzem die Gemahlin Heinrichs III. geworden, und die dritte, Sancia, würde in Kürze des Königs Bruder, Richard von Cornwall, heiraten; das alles würde zu neuen Bündniskonstellationen führen, welche die bereits bestehenden noch schwieriger gestalten würden. Aber in dieser Zeit gibt es eine Menge komplizierter Bündnisse, und sie bilden das eigentliche Gefüge des Feudallebens.

Verstimmt, aber nicht entmutigt, beginnt sich Simon von Montfort für eine andere Erbin zu interessieren, auch sie eine Frau reiferen Alters, jedoch mit einer beachtlichen Mitgift ausgestattet: Es ist Mahaut von Boulogne, die Witwe Philipp Hurepels. Wieder ist Blanca alarmiert. Auch jetzt verliert sie keine Zeit, um vor dem Grafen von Leicester die Brücken abzubrechen: Mahaut wird mit Alfons dem Neffen, dem Sohn des Königs von Portugal und Kindheitsgefährten des Alfons von Poitiers, verlobt; zwar ist der Altersunterschied beträchtlich, aber Alfons ist so taktvoll, nicht zu protestieren. Er war praktisch am französischen Königshof aufgewachsen und sollte ihn erst verlassen, als er aufgrund eines Zusammentreffens unvorhergesehener Umstände König von Portugal wurde. Mahauts Besitzungen waren für ihn von diesem Augenblick an kaum noch von Interesse, ebenso wie sie selbst, und er verstieß sie.

Inzwischen hatte Simon von Montfort voller Zorn wieder den Ärmelkanal überquert. Wohl um ihn über seine beiden Enttäuschungen hinwegzutrösten, bot ihm König Heinrich III. die Hand seiner eigenen Schwester Eleonore an, die neunjährig Guillaume le Maréchal den Jüngeren geheiratet hatte und mit sechzehn Witwe geworden war.

Man kam überein, die Hochzeit Alfons des Sohnes mit Johanna von Toulouse zu feiern, eine Verbindung, die ebenso glücklich sein würde wie Ludwigs und Margaretes Ehe. Alfons, der dritte noch lebende Sohn Blancas, ist von zarterer Gesundheit als seine Brüder. Er ist das genaue Gegenteil von Robert, denn während dieser ein Ritter ist, der nur von Heldentaten und rauschenden Festen träumt, ist Alfons ein gewissenhafter, fast pedantischer Verwalter. Seine Rechnungsregister sind bewundernswert ordentlich geführt. Er ist übrigens nicht nur sparsam, sondern auch fortschrittlich, denn als erster Feudalherr verwendet er für seine Register statt Pergament das billigere Papier, von dem man damals ungefähr die gleiche Meinung hatte wie in unserer Zeit von den Kunststoffen. Man hielt Papier nur für den täglichen Gebrauch, die Rechnungen, die Tageseintragungen, geeignet. Jedenfalls benutzt in einer Zeit, in der Jean Sarrasin am französischen Hof die täglichen Ausgaben noch auf Wachstäfelchen festhält, Alfons am Hof von Poitiers für die gleichen Aufzeichnungen bereits Papier.

Seine Hochzeit findet 1238 statt, die seines Vetters Alfons des Neffen 1239. Auf diese Weise ist der französische Königshof in diesen Jahren ständig vom Lärm der Feste erfüllt. Er bevölkert sich mit fröhlicher Jugend: Der König, die Prinzen, deren Gemahlinnen, die Barone und die Damen, Menestrels und Jongleure sorgen für ein buntes, abwechslungsreiches Leben. Es ist wahrscheinlich der lebhafteste Königshof Europas.

Neben den weltlichen Festen gibt es die kirchlichen, die nicht weniger farbig sind als die erstgenannten. Eines davon wird in die Annalen von Ludwigs Herrschaft eingehen, und zwar das Fest, mit dem man im Jahr 1239 die Ankunft der Heiligen Dornenkrone in Frankreich feiert. Blanca hat darauf bestanden, ihren Sohn zu begleiten, und wohnt nicht weit von Villeneuve-l'Archevêque der feierlichen Anerkennung der in der gesamten Christenheit berühmten Reliquie bei. Der König läßt die Lade öffnen, die zwei Predigerbrüder, Bruder Jakob und Bruder Andreas, mit großer Sorgfalt befördert haben. In dieser Lade befindet sich ein silbernes Kästchen, auf dem die Siegel des Dogen von Venedig und der wichtigsten Barone des byzantinischen Kaiserreichs angebracht sind.

Man prüft die Siegel, indem man sie mit den Siegeln an den Patenten vergleicht, in denen die Fürsten sich für die Echtheit der an die beiden Dominikaner ausgehändigten Reliquie verbürgen; dann zerbricht man sie. In dem silbernen Kästchen befindet sich ein goldenes, und dieses enthält die Heilige Dornenkrone, genauer gesagt, ein schütteres Strohbündel in Form eines Diadems, an dem einige Fragmente dessen hängen, was man in Konstantinopel seit eh und je als die Dornenkrone Christi verehrt hat.

Diesem ergreifenden Augenblick war eine ganze Reihe von Verhandlungen zwischen dem König und dem jungen Baudouin II. vorausgegangen: Baudouin, der die immer problematischer werdende Herrschaft über das von den Kreuzfahrern zu Beginn des Jahrhunderts gegründete lateinische Kaiserreich des Orients ausübte, befand sich in solchen Geldnöten, daß er, um einige Subsidien zu erhalten, die Reliquie dem venezianischen Kaufmann Nicolo Quirino verpfändete. Bei einem Besuch am französischen Hof – im Zuge einer Reise durch die westlichen Staaten Europas, die er um Unterstützung anging – gestand er dem König, was er im vorangegangenen Jahr verpfändet hatte. Daraufhin entschädigte Ludwig IX. den Gläubiger und streckte dem Kaiser den Betrag vor, den er im Augenblick am dringendsten benötigte. Danach war die Reliquie von Venedig nach Frankreich auf den Weg gebracht worden.

Am 18. August zieht eine Eskorte in das Städtchen Villeneuve-l'Archevêque ein. Das Reliquiar der Heiligen Krone steht auf einer Bahre, die von zwei Männern, barfüßig und nur mit einem Hemd bekleidet wie Büßer, getragen wird; der hintere ist Robert von Artois, der vordere sein Bruder, der König von Frankreich. Während des ganzen Weges lockt der Zug Menschen an, die die kostbare Last barfuß begleiten, und drei Tage nach Mariä Himmelfahrt, am Donnerstag, dem 18. August, erreicht er Paris. Außerhalb der Tore, in der Nähe der Abtei Saint-Antoine an einem Ort, der »La Guette« genannt wird, hat man ein Gerüst errichtet. Hier würden nun auch die Pariser die Heilige Krone sehen und verehren können.

Es heißt, daß noch nie eine so riesige Menschenmenge aus Paris herausgeströmt ist. Nach einiger Zeit wird die Krone auf die Bahre zurückgestellt und zieht, auch jetzt wieder getragen vom König und vom Grafen von Artois, unter Gesängen in Paris ein, ihr voran eine gewaltige Menschenmenge, Geistliche, Mönche, Prälaten und Ritter, die sie mit großem Zeremoniell in die Pariser Kathedrale Notre-Dame geleiten. Dort wird eine Messe zelebriert. Dann formiert sich die Prozession abermals und zieht zum Cité-Palast, wo man die heilige Reliquie in der Saint-Nicolas-Kapelle abstellt.

Dem Erwerb der Heiligen Dornenkrone folgt der weiterer Reliquien, denn Ludwig versäumt keine Gelegenheit, seine Reliquiensammlung zu vergrößern. Im darauffolgenden Jahr kauft er den Templern des Heiligen Landes einen Splitter des Wahren Kreuzes ab, den Kaiser Baudouin, der sich wahrlich darauf versteht, alles zu Geld zu machen, ebenfalls verpfändet hat. Wieder lassen Prozessionen und feierliche Umzüge eine fromme Menschenschar gen Paris streben, an deren Spitze die drei Königinnen schreiten: Blanca, die junge Königin Margarete und Ingeborg, die Königin von Orléans. Ein Dichter, der offen gesagt mehr Talent hat, historische Augenblicke festzuhalten, als Verse zu schmieden, beschreibt sie in diesem Zusammenhang. Er nennt als erste »die Frau Königin« – das ist Margarete –, die »lauter und edel« ist; dann Königin Blanca, die er als »klug und ohne Falsch« bezeichnet; schließlich »die von Dänemark«, die »vornehm und klug« ist. Drei Königinnen, drei Gesichter, geschildert mit Worten wie aus einem Ritterroman, in dem Augenblick, da sie an einem Zug teilnehmen, der aus der »Suche nach dem Heiligen Gral« hätte stammen können.

Man mag sich fragen, was die Reliquien des Leidens Christi für Blanca darstellen. Einige Jahre zuvor gab es in Paris einen kleinen Vorfall, der sie uns vorsichtig, um nicht zu sagen mißtrauisch zeigt: die Sache mit dem Heiligen Nagel.

In der Abtei Saint-Denis herrscht eines Tages große Bestürzung: Die Reliquie des Heiligen Nagels, den sie besitzt, ist verlorengegangen – verloren in der Menschenmenge, die von Zeit zu Zeit Saint-Denis ebenso belagert wie zahlreiche andere Abteien oder Pilgerkirchen. Diese Menschenmassen, für die kein Gotteshaus weiträumig und keine Straße breit genug ist, sind typisch für diese Zeit. Als Abt Suger mit dem Wiederaufbau seiner berühmten Abtei begann, beschrieb er bereits sehr anschaulich dieses Gewühl, das manchmal so enorm ist, daß die Mönche, die die Reliquien zur Verehrung darbieten, überrannt oder umgeworfen werden, daß Menschen niedergetrampelt werden und schreien wie Frauen in

Kindsnöten und daß man sich, um das Gotteshaus zu leeren, nicht anders zu helfen weiß, als die kostbaren Reliquien durch die Fenster fortzuschaffen.

Während einer Feier, zu der wieder einmal eine unüberschaubare Menge herbeigeströmt war, war der Heilige Nagel verschwunden, die Reliquie im Gedränge auf den Boden gefallen. Der Vorfall erregte solches Aufsehen, daß der Kanzler der Pariser Kirche, Philippe de Grève, einen ausführlichen Bericht darüber verfaßte. Wenn man seinem Text sowie der Schilderung der Mönche von Saint-Denis glauben darf, weinte ganz Paris; auch der König und seine Mutter waren schmerzlich berührt. Der damals neunzehnjährige Ludwig soll erklärt haben, daß es ihm nicht so viel ausgemacht hätte, wenn die beste Stadt seines Reichs vom Erdboden verschwunden wäre; gleichzeitig setzte Ludwig eine Belohnung von hundert Livres für den Finder aus.

Der Nagel wird gefunden. Der Abt unterrichtet die Königin davon, und Blanca mahnt ihn in einem Schreiben zur Vorsicht: Ist der wieder aufgetauchte Nagel auch wirklich derjenige, der verlorengegangen war? Als die Mönche von Saint-Denis eine Zeremonie veranstalten, um die Wiederauffindung des Heiligen Nagels zu feiern, entschuldigt Blanca sich höflich, daß sie nicht daran teilnimmt, desgleichen ihr Sohn; dieser begibt sich einfach ein paar Tage später in die Abtei, um die Reliquie zu verehren.

Was jedoch die aus Konstantinopel gesandten Passionsreliquien angeht, so zeigt sie sich nicht so mißtrauisch. Ludwig hat alle Vorsichtsmaßnahmen getroffen, um nicht betrogen zu werden. Der Dorn und das Holzfragment, die man in die Palastkapelle getragen hat, sind tatsächlich die aus dem Palast der Kaiser von Byzanz. Hier allerdings enden die Nachforschungen. Die Echtheit wird nicht angezweifelt. Sie hat die Tradition auf ihrer Seite, und diese Tradition reicht bis in die Zeit zurück, da die Kirche offiziell anerkannt wurde, die Zeit Konstantins und dessen Mutter, der heiligen Helene.

Was die Einstellung zu Reliquien ganz allgemein angeht, so teilt Blanca gewiß die ihrer Zeitgenossen. Erst in unserer Zeit hat man einige Ressentiments gegenüber einem Kult angemeldet, der zweifellos mehr als jeder andere die Religiosität in die Richtung der Abgötterei, um nicht zu sagen der Magie lenkt. Dennoch kann man nicht einfach mit einem Schulterzucken ein Gefühl abtun, das tief im Herzen der Menschen verwurzelt ist, besonders zu einer Zeit, in der jede Entscheidung, jeder Beschluß in einer konkreten Geste Ausdruck finden, in der die Übergabe eines Stocks oder eines Erdklumpens noch immer den Verkauf eines Stück Lands bestätigt. Die Reliquie, in der ein winziger Knochensplitter den »heiligen Leichnam« versinnbildlicht, wird nur allzu leicht zu einem Gegenstand des Aberglaubens. Aber ob gerechtfertigt oder nicht, die Verehrung, die ihr entgegengebracht wird, entspricht ganz und gar einer Zeit, in der man weniger das Bedürfnis nach wissenschaftlicher Genauigkeit hat als nach Symbolen, die man »sehen und berühren« kann.

Die Ankunft der Reliquien der Heiligen Dornenkrone und des Wahren Kreuzes in Frankreich zeitigte ungeahnte Folgen in Frankreichs Architektur und Kunst. Kurze Zeit nach den Begrüßungszeremonien beschloß nämlich König Ludwig, für sie innerhalb des Palastes einen Schrein zu bauen, der ihrer würdig wäre. So entstand die Sainte-Chapelle, die konzipiert wurde wie ein Reliquiar, bei dem der Stein der Metallkörper und die farbigen Fenster die Emaillen sind. Sie ist für uns trotz der Zerstörungen, von denen sie teilweise betroffen wurde, der unvergleichliche Zeuge jener Zeit, in der sich Stärke mit Eleganz schmückte, in der sich der monumentale Baukörper in Lichtmauern auflöste, in der die Anmut über die Schwerkraft triumphierte. Daß die Sainte-Chapelle Ludwigs geheimsten Wünschen entsprach, geht daraus hervor, daß eine Bauzeichnung von ihr in dem Werk abgebildet ist, das er später in Auftrag gab: sein Psalter, sein Lieblingsbuch. Und daß seine Zeitgenossen und alle nachfolgenden Generationen sie zutiefst bewunderten, beweist die Tatsache, daß sie nicht nur in Frankreich – im Norden in der Sainte-Chapelle von Vincennes und im Frankreich der langue d'oc in der Sainte-Chapelle von Riom –, sondern auch in fernen Ländern wie Böhmen und Norwegen nachgebaut wurde.

Die fünf Jahre, in denen sie in Rekordzeit errichtet wurde – von 1243 bis 1248 – sind übrigens Jahre der Hochblüte in der Baukunst. Paris gleicht einer riesigen Baustelle. Außer an der Sainte-Chapelle wird an Notre-Dame gearbeitet, wo inzwischen wie ein erhobener Finger der Südturm aufragt, der Turm, in dem die Glocken aufgehängt werden und der die Stimme der Cité sein wird – ein Meisterwerk der Kraft und Eleganz mit dem doppelten Bogenwerk, das seine Massigkeit auflockert. Man baut teilweise Saint-Germain-des-Prés wieder auf, errichtet Klöster, darunter das der Jakobiner und der Franziskaner, zahlreiche Hospitäler und Hospize wie später die Quinze-Vingts, die Blindenanstalt von Paris. In diesen zahlreichen Baudenkmälern erkennen die heutigen Kunsthistoriker ganz genau den Einfluß des Königshofes, den »höfischen Stil«, der sich immer mehr entwickelt und in allen Bauwerken dieser in den Stein verliebten Epoche nachzuweisen ist.

Diese Tätigkeit des königlichen Hofes, die bald allenthalben Nachahmung findet, steht unter der Schirmherrschaft Königin Blancas, wobei es sich hier nicht um einen Ehrenvorsitz handelt. Joinville, der auf die Leistungen jener Epoche eingeht, weist auf die geheime treibende Kraft hin, die hinter dieser Aktivität steckt, die keineswegs mit zusätzlichen Steuern für das Volk verbunden ist. Er selbst wundert sich darüber, daß die öffentlichen Ausgaben, ob es sich nun um dieses Baufieber handelte oder um die Expeditionen des Königs, nicht – wie zum Beispiel in England oder zur Zeit Philipps des Schönen, als der Chronist die ›Geschichte Ludwigs des Heiligen‹ schrieb – mittels zusätzlicher Abgaben finanziert wurden: »Der König erhob nie eine Steuer, deretwegen man sich beklagte, weder von seinen Baronen noch von seinen Rittern, weder von seinen Leuten noch von seinen Beamten, und«, fügt er hinzu, »das war kein Wunder, denn er tat dies nach dem Rat der guten Mutter, die bei ihm war und auf deren Rat er zu hören pflegte.« Hinter der königlichen Großzügigkeit steht also Blanca. Sie hat etwas von einer guten Hausfrau an sich, weiß, wann es sich lohnt, viel auszugeben, aber weiß auch den Lebensstil bei Hofe den vorhandenen Mitteln entsprechend einfach zu halten und genau Buch zu führen über Einnahmen und Ausgaben. Wir besitzen eine Rechenmünze mit ihrem Namen – eine jener Münzen, die man beim Zählen benutzte, wenn Baillis und Schatzmeister an den Hof kamen, um Rechenschaft über ihre Tätigkeit abzulegen. Diese Rechenmünze ist für uns vielleicht das Symbol der großartigen Königin, die zugleich auch eine sparsame Familienmutter war.

»Der König hielt großen Hof zu Saumur im Anjou, und ich war da und bezeuge Euch, daß er so festlich geschmückt war, wie ich keinen je gesehen habe.« Diese Feste von Saumur, mit denen der Ritterschlag Alfons' von Poitiers gefeiert wurde, beeindruckten den staunenden Jüngling Joinville – er war damals siebzehn Jahre alt – und viele andere Zeitgenossen außerordentlich. Die ganze Zeremonie war so schön, daß man sie später »Sans Pareille«, die Unvergleichliche, nannte. Sie vereinigte die höchsten Feudalherren des Königreichs. Joinville behauptet, daß hinter den drei großen Baronen Humbert de Beaujeu, Enguerrand von Coucy und Archambaud von Bourbon gewiß dreißig Ritter in Röcken aus Seidentuch waren. Alfons hatte seine Sergeanten Tuniken aus Zindeltaft mit dem Wappen der Grafschaft, mit der er gerade belehnt worden war, anlegen lassen. Er selbst erschien in einem Gewand aus spanischem Purpur, gefüttert mit dem Zindeltaft, den seine Mutter ihm zu diesem Anlaß geschenkt hatte. Satinroben, Goldbrokate, Feh- und Zobelpelze, Ginsterkatzen- und Eichhörnchenfelle wurden in Mengen an die neuen Ritter verteilt, die gleichzeitig mit Alfons ihre Schwertleite empfingen, darunter zwei aus dem Süden Frankreichs namens Pons d'Olargues und Sicard de Villemur. Die Junge Königin trug ein kurzes Kleid aus spanischem Purpur und erhielt als Geschenk Hermelinpelze. Die Präsente des Königs an den Grafen von Poitiers, seinen Bruder, waren ein herrliches Schlachtroß und zwei Zelter.

Die Weine von Le Blanc, Saumur und Saint-Pourçain fließen in Strömen bei dem Festmahl in den berühmten Hallen des Palasts, den einst der König von England, Heinrich II.

Plantagenet, erbaut hatte. Dank Joinvilles Beschreibung kennen wir die Anordnung der an der Wand aufgereihten Tafeln, während die jungen Knappen, unter denen sich auch Joinville befindet, damit beschäftigt sind, auf den Kredenzen das Fleisch für ihre Herren zu tranchieren. Er selbst hat nur Augen für Thibaud von Champagne, nun König von Navarra, der an einer der Tafeln thront in einem Satinmantel mit goldener Schließe, auf dem Kopf eine Schweifkappe aus Goldbrokat. An einer anderen Tafel sitzt der König; und der Jüngling, der bereits zu beobachten versteht, bemerkt, daß der König, der über seinem prächtigen blauen Satinkleid einen mit Hermelin verbrämten roten Satinmantel trägt, um den Kopf nur ein schlichtes, baumwollenes Stirnband gebunden hat – ein Zeichen seines Hangs zur Armut, der inmitten all des Glanzes, der ihn umgibt, sich im Laufe der Zeit noch verstärken wird.

Natürlich ist auch Blanca bei dem Festmahl zugegen. Vorsorglich hat sie ihren Koch Adam für diesen Anlaß auf dem Sankt-Dionys-Jahrmarkt zusätzliches Geschirr kaufen lassen. Sie hat vier Bratköche aus ihrer eigenen Küche abgezogen und die Einzelheiten der Mahlzeit festgelegt, an der, wie Joinville erklärt, »eine solche Menge von Rittern teilnahm, daß ich sie nicht zählen konnte«. Die Tafel, an der Blanca speist, steht der königlichen Tafel gegenüber; drei junge Adlige bedienen sie: Alfons der Neffe, der Graf von Saint-Pol und ein junger deutscher Baron, Sohn der heiligen Elisabeth – jener Elisabeth, Tochter des Königs von Ungarn und Gemahlin eines thüringischen Adligen, die zehn Jahre zuvor sehr jung gestorben und vier Jahre nach ihrem Tod heiliggesprochen worden war. Blanca, so weiß Joinville zu berichten, pflegte »diesen jungen Mann verehrungsvoll auf die Stirn zu küssen, denn sie dachte, daß seine Mutter ihn viele Male so geküßt hatte«. Glanzvolle Feste, die da am 24. Juni 1241 in Saumur gefeiert wurden.

Sie kosteten dreimal soviel wie die Feste sieben Jahre zuvor anläßlich der Hochzeit des Königs: mehr als achttausendsiebenhundert Livres. Damit konnte die Prunkliebe jener Zeit schon befriedigt werden. Aber dieser verschwenderische

Aufwand konnte nicht grundlos sein. Wenn Joinville die »Sans Pareille« als so grandios in Erinnerung behielt, mußten sich doch mehrere der Festgäste sagen, daß man mit dieser Prachtentfaltung, die ein Hof mit gewöhnlich einfacher Lebensführung sich da leistete, mit diesem verschwenderischen Luxus, den eine sonst als sparsam bekannte Königinmutter bei dieser Gelegenheit zur Schau stellte, gewiß einen Zweck verfolgte – einen Zweck, den sich die meisten von ihnen nicht vorstellen konnten, der aber eine mächtige Triebfeder zu sein schien.

Sie hatten nicht Unrecht. Wenn jenseits der Loire der König, die beiden Königinnen, der neue Graf von Poitiers und ihr gesamtes Gefolge ein solches Wohlleben mit rauschenden Festen, Goldbrokat, Seide, kostbaren Pelzen und edlem Gerät demonstrierten, dann geschah dies nicht ohne Absicht – eine Absicht, über die wahrscheinlich Blanca als einzige genauer Bescheid wußte, da sie auch die einzige war, die in diesem Gewirr von Streitereien, gegensätzlichen Interessen und dubiosen Bündnissen den oder die roten Fäden zu erkennen vermochte: Sie wußte, daß kurz nach diesem 24. Juni 1241 folgenschwere Ereignisse zu erwarten waren. Gewiß, sie konnte nicht den Ausgang voraussehen, aber zumindest kannte sie die vorangegangenen in allen Einzelheiten. Und wieder einmal bereitete sie sich darauf vor, jemandem die Stirn zu bieten.

Man kann jedoch ihre Haltung während jener Festtage nicht völlig verstehen und bewerten, ohne einen Blick nach rückwärts zu werfen und, wie auch Blanca es wohl tat, eine Bestandsaufnahme der Partner zu machen, mit denen sie sich zu messen hatte.

». . . Nehmt durch die vorliegenden Schreiben zur Kenntnis, o Herrin, daß die Stadt Carcassonne von demjenigen, der sich zum Vizegrafen erklärt hat, und seinen Helfershelfern am Montag nach der Oktav der Geburt Unserer Lieben Frau belagert worden ist.« So begann ein Schreiben, das der Seneschall des Königs von Frankreich in Carcassonne, Guillaume des Ormes, im Oktober 1240 an Blanca richtete.

Was geschah in Carcassonne? Wer waren der Vizegraf und seine »Helfershelfer«?

Es handelte sich um Raymond Trencavel, Vizegraf von Béziers: zwei Namen, die eine ganze, vor der Geburt des jungen Ludwig IX. liegende Epoche heraufbeschworen, die aber bei Blanca alptraumhafte Erinnerungen weckten. Und wahrscheinlich war das der Grund, weshalb der Seneschall des Königs nicht dem König selbst, sondern der Königinmutter über die Geschehnisse berichtete, denn er wußte, daß sie ihn besser verstehen würde als ihr Sohn.

Diese Erinnerungen gingen, ganz genau gesagt, auf das Jahr 1209 zurück, als der von Papst Innozenz III. geforderte Kreuzzug begonnen hatte. Zur nicht geringen Verwunderung der Kreuzfahrer hatte sich der Graf von Toulouse, Raymond VI., ihnen angeschlossen, nachdem er sich überstürzt mit der Kirche ausgesöhnt hatte, indem er vor dem Portal der Kirche Saint-Gilles-du-Gard auf spektakuläre Weise Buße getan hatte. Auf seine Anregung hin war das erste Ziel die Stadt Béziers gewesen, deren Vizegraf Raymond-Roger seit eh und je sein Feind war. In Béziers hatte ein schreckliches Gemetzel stattgefunden. Sein Meinungsumschwung hatte dem Grafen von Toulouse wenig genutzt, Simon von Montfort hatte sich trotzdem seiner Besitzungen bemächtigt; dieser hatte die Führung der Expedition übernommen und sich den Titel eines Vizegrafen von Carcassonne und Béziers zugelegt.

Doch zu dem Zeitpunkt, als Guillaume des Ormes an Blanca schrieb, hatte ein neues Kapitel der Geschichte begonnen. Die Hauptakteure dieser schlimmen Ereignisse waren abgetreten. Eine andere Generation war an ihre Stelle getreten, und Blanca hatte 1229 ihren ersten Friedensvertrag abgeschlossen, jenes Abkommen, das zwanzig Jahren Krieg im albigensischen Süden ein Ende setzte.

Der Sohn Raymond-Rogers, Trencavel, hatte jedoch nicht die Waffen aus der Hand gelegt. Er war erst zwei Jahre alt gewesen, als sein Vater als Gefangener Simons von Montfort gestorben war. Man hatte ihn eine Zeitlang der Obhut des Grafen von Foix anvertraut, dann hatte er am Hof von Aragonien Zuflucht gefunden. Da er den von Raymond VII. 1229 gelobten Frieden nicht unterzeichnet hatte, galt er als geächtet, ein »faidit«, aber dadurch hatte er zumindest freie Hand, und er konnte, ohne eidbrüchig zu werden, an die Rückeroberung der väterlichen Besitzungen gehen. Im Sommer 1240 war er unversehens wieder aufgetaucht und hatte, unterstützt von einem kleinen Trupp aragonesischer und katalanischer Ritter, auf seinem Weg das Feuer der Revolte entfacht. Kleine Orte wie Montolieu oder Saissac, größere Städte wie Limoux oder Montréal begehrten gegen den Seneschall auf, und ihre Männer schlossen sich den Truppen Trencavels an. So kam es, daß dieser am 7. September 1240 plötzlich mit einer nicht unbeträchtlichen Streitmacht vor Carcassonne erschien.

Der Seneschall des Königs hatte sich in der Stadt verschanzt. Der Bischof von Toulouse und der Erzbischof von Narbonne waren dort zu ihm gestoßen und mit ihnen eine Reihe von Adligen und vor allem Geistlichen aus der Gegend, da sie sich hinter den Festungswällen der Stadt sicherer fühlten als in den umliegenden Marktflecken oder auf dem flachen Land. Sie hatten nicht Unrecht, wie sich in der Folge zeigen würde. Am 8. September schwor nämlich ein Teil der Einwohner des Marktfleckens Carcassonne – die eigentliche Stadt außerhalb der Umwallung – am Marienaltar der Kirche Sainte-Marie, dem König von Frankreich treu zu bleiben. Schon am nächsten Tag drang Trencavel in den Marktflecken ein, und etwa dreißig Geistliche, die sich in dieselbe Kirche geflüchtet hatten, wurden darin niedergemetzelt.

Was war der tiefere Grund für diesen Ausbruch von Kirchenfeindlichkeit? Er lag gewiß nicht darin, daß die gesamte Bevölkerung der südlichen Regionen der Irrlehre anhing. Die Schrecken des Krieges, die Plünderungen und Massaker, verhängnisvolle Folgen des noch verhängnisvolleren Beschlusses, das Ketzertum mit Waffengewalt auszurotten, hatte in den Menschen Groll und Verbitterung in einem Maße anwachsen lassen, daß es nur eines Funkens bedurfte, um das Pulverfaß explodieren zu lassen. Seit einigen Jahren hatte nämlich der Kampf gegen das Ketzertum eine neue

Wendung genommen, war zweifellos weniger gewalttätig als der Kreuzzug, aber für die Menschen noch unerträglicher durch den Rechtsapparat sowie die Atmosphäre von Verdächtigungen und Denunziationen, die damit Hand in Hand gingen.

Man hatte ein ständiges Tribunal eingerichtet, das die Aufgabe hatte, Ketzertum aufzudecken und zu verfolgen. Dieser Beschluß war von Papst Gregor IX. im Jahr 1231 gefaßt und zwei Jahre später in die Tat umgesetzt worden. Der Papst hatte zwei Predigerbrüder damit beauftragt, die Verfolgung des Ketzertums im Königreich Frankreich in die Hand zu nehmen. Die Inquisition, das ständige Gericht zum Aufspüren und Bestrafen von Ketzern, war geboren. Frankreichs Bischöfe und Erzbischöfe waren auf diese Weise der Last enthoben, selbst zu ermitteln, und sollten den damit betrauten Predigerbrüdern hilfreich zur Seite stehen. Von nun an gab es solche Gerichte fast überall: in Avignon, in Montpellier, in Toulouse. 1237 hatten sich auch in Carcassonne Inquisitionsrichter niedergelassen. Der Bruder, der ihnen vorstand, ein Katalane, Bruder Ferrier, sollte seiner furchtbaren Aufgabe mit solcher Tatkraft nachkommen, daß man ihm den Beinamen »Ketzerhammer« gab.

Übrigens beschränkte sich das wenig beneidenswerte Monopol dieser Kirchengerichte nicht nur auf die Gebiete im Süden. In La Charité-sur-Loire hatte der Papst die Aufgabe des Inquisitionstribunals einem Predigerbruder namens Robert der Kleine anvertraut, der alsbald den Beinamen »der Schuft« erhielt, da er ein konvertierter ehemaliger Katharer war. Er legte sich bei der Ketzerverfolgung so sehr ins Zeug, daß er weniger als ein Jahr nach seiner Einsetzung im Februar 1234 vom Papst suspendiert wurde. Nach achtzehn Monaten sollte dieser ihm jedoch sein Amt zurückgeben, und der schreckliche Inquisitor würde auf einer Rundreise durch Nordfrankreich in Châlons-sur-Marne, Péronne, Cambrai, Douai und Lille überall Scheiterhaufen entzünden, die im ganzen ungefähr fünfzig Menschen das Leben kosteten. Eine Flut von Beschwerden und Protesten ging beim Papst ein, und nach einer Massenverurteilung im Jahr 1239 in Provins, die einhundertdreiundachtzig Opfer forderte, wurde Robert der Schuft endgültig seines Amtes enthoben.

Jedenfalls trug die Inquisition im Süden wesentlich zum Unmut der Bevölkerung bei. Die Ereignisse von Carcassonne zeigten zur Genüge, daß die Menschen nur auf eine Gelegenheit warteten, um diesem Unmut Luft zu machen. »Wisset, Herrin, daß sie, seit sie die Belagerung begonnen haben, nicht aufgehört haben, gegen uns anzustürmen«, schrieb Guillaume des Ormes, »aber«, fügte er hinzu, »wir hatten so gute Wurfmaschinen und verteidigungswillige Männer, daß sie bei ihren Angriffen selbst große Verluste erlitten.« Sein Brief endete mit einer beruhigenden Nachricht: Trencavels Leute seien, als sie hörten, daß der Seneschall Verstärkung erhalten sollte, in der Nacht vom 11. auf den 12. Oktober heimlich abgezogen, nachdem sie die Häuser des Marktfleckens Carcassonne angezündet und das Minoritenkloster und das der heiligen Jungfrau zerstört hatten. Die Belagerung war also am Vortag jenes 13. Oktober 1240, Datum des Briefs des Seneschalls, abgebrochen worden, und zwar unter günstigen Bedingungen, denn dieser schrieb: »Von den Unseren ist durch die Gnade Gottes keiner gefallen noch tödlich verwundet worden.« Doch im letzten Satz seines Schreibens schien er auf irgend etwas anzuspielen, denn da hieß es: »Was die anderen Dinge des Landes angeht, Herrin, so werden wir Euch darüber die Wahrheit sagen, wenn wir uns in Eurer Gegenwart befinden werden.«

Trencavels Abenteuer hatte kurz nach der vergeblichen Belagerung von Carcassonne geendet. Blanca, die dem Seneschall militärische Verstärkung unter dem Befehl des Kammerherrn Jean de Beaumont gesandt hatte, drückte den königstreuen Einwohnern der Stadt Béziers ihre Dankbarkeit aus: »Wir sagen Euch Dank für Eure Treue ... mit der Bitte und dem Ersuchen, daß Ihr sie unserem Sohn, dem König, weiterhin schenken möget, daß Ihr es verdient, von ihm und von uns Hilfe und Gunst zu erhalten«, schrieb sie ihnen noch in demselben Monat Oktober 1240. Der in Montréal verschanzte Trencavel hatte bald kapituliert. Man hatte sein Leben geschont, und er war nach Aragonien gegangen.

Aber Blanca hatte schon zuviel Erfahrung mit dem Süden, als daß sie geglaubt hätte, dies sei ein einmaliges Vorkommnis ohne weitere Folgen gewesen. Und was konnte man überhaupt von dem Grafen von Toulouse erwarten? Als Carcassonne belagert wurde, befand er sich in Penautier. Der Seneschall hatte ihm eilends eine Botschaft gesandt, in der er ihn um Beistand ersuchte, aber dieser hatte nur ausweichend darauf geantwortet: Er müsse erst nach Toulouse zurückkehren und seinen Rat hören. Mittlerweile war er zwar – einige Zeit vor den Festen von Saumur – in Erfüllung seiner Pflichten gegenüber seinem Oberlehnsherrn, wie es einem treuen Vasallen anstand, an den Königshof in Montargis gekommen. Aber Blanca kannte ihren Vetter zu gut, um nicht aus seinem nach außen hin unveränderten Verhalten auf mögliche Hintergedanken zu schließen. Sie hegte eine gewisse Zuneigung zu Raymond VII. von Toulouse – ihre Zeitgenossen warfen ihr dies vor, wie wir gesehen haben –, aber diese Zuneigung machte sie ihm gegenüber nur noch scharfsichtiger. Raymond VII. hatte ihr im Lauf der letzten Jahre oft sogar Sorgen bereitet. Er hatte sich in den Kopf gesetzt, sich für seine Enttäuschungen in der Vergangenheit zu entschädigen, indem er die Grafschaft Provence an sich brächte, und verhandelte deswegen mit Kaiser Friedrich II. Außerdem war es ihm gelungen, sich von den Marseillern den Titel eines Vizegrafen ihrer Stadt verleihen zu lassen. Der Graf von Provence, Raymond-Bérenger, hatte Blanca und den König von Frankreich, seinen Schwiegersohn, als Schiedsrichter zwischen ihm und dem Grafen von Toulouse angerufen. Raymond hatte die beiden als Schiedsrichter akzeptiert, aber dennoch Arles belagert und die Camargue verwüstet. Schließlich hatte sich Papst Gregor IX. persönlich eingeschaltet: »Wir, die Wir auf Ersuchen Unserer sehr teuren Tochter in Jesu Christi, Blanca, Königin von Frankreich, eingewilligt haben, Dir eine Frist zu setzen, um über das Meer zu fahren . . ., haben dies nicht getan, damit Du hingehst und ungerechterweise die Besitztümer der Getreuen besetzest und sie wider jedes Recht angreifst . . .« Als Raymond in den Schoß der Kirche zurückkehrte, hatte er sich nämlich verpflichtet, das Kreuz zu nehmen, fand aber stets neue Ausreden, um seine Kreuzfahrt zu verschieben.

Aber noch näher und noch bedrohlicher als die tolosanische Gefahr ist die poitevinische. Was sie angeht, so hat Blanca weder Illusionen noch persönliche Gefühle. Sie mißtraut dem Grafen von Marche, Hugo von Lusignan; sie mißtraut vor allem dessen Gemahlin Isabella, ehemals Königin von England, die sie kennt, nachdem sie vierzig Jahre lang miterlebt hat, wie diese Frau agiert. Sie mißtraut ihr so sehr, daß sie einen zuverlässigen Mann, einen Bürger von La Rochelle, der unter den Vertrauten des Grafen und der Gräfin von Marche wohlangesehen ist, dort plaziert mit dem Auftrag, alles zu sehen und zu hören und ihr zu berichten. Regelrechte Spionage: Den Namen des Spions kennen wir nicht, aber zumindest einer seiner Berichte ist uns erhalten, ein kleiner, geschlossener Brief, ein Pergamentblatt, das, einmal gefaltet, nur fünf Zentimeter Seitenlänge hat und leicht versteckt werden konnte, aber, mit einer engen Schrift mit zahlreichen Abkürzungen bedeckt, einen sehr detaillierten Rapport über das Tun und Treiben des Grafen und der Gräfin in den Monaten nach den Festen von Saumur darstellt.

Während dieser Feste war Alfons, dem Bruder des Königs, der Titel des Grafen von Poitiers feierlich zuerkannt worden, und er hatte das Poitou und die Auvergne offiziell in Besitz genommen. Die Sache mit dem Titel war nicht ganz unumstritten, wenn man daran denkt, daß fünfzig Jahre zuvor Richard Löwenherz, König von England, ihn geführt hatte und er dann, wenn auch nur auf dem Papier, von einem anderen Richard, Richard von Cornwall, Bruder des damals regierenden Königs von England, Heinrich III., übernommen worden war. Man kann also verstehen, warum dem Poitou und den angrenzenden Gebieten Ludwigs und Blancas ganze Aufmerksamkeit galt. Schon seit mehreren Jahren war mit großen Unkosten die Burg von Angers wiederaufgebaut und befestigt worden, und die Ausgaben von Saumur finden hier eine neue Erklärung.

Im übrigen scheint sich alles gut anzulassen. Diese Zurschaustellung von Prunk und Macht hat den Grafen von

Marche offenbar beindruckt; nach einigem Zögern legt er schließlich im darauffolgenden Juli vor Alfons von Poitiers in Anwesenheit Ludwigs IX. den ligischen Lehnseid ab und lädt beide in seine Burg Lusignan ein. Danach bricht der König nach Orléans auf, reist von da nach Pontoise und Paris, während sich Alfons in Poitiers im Herzogspalast einrichtet.

Die Unterwerfung behagte Isabella gar nicht. Kaum waren Ludwig und Alfons davongezogen, als sie wütend auf Lusignan erschien und aus den Zimmern, in denen die beiden geschlafen hatten, alle Gegenstände entfernen ließ: Wandbehänge, Decken, Truhen, Dreifüße, ja sogar die Kochkessel und Küchengeräte; und in der Kapelle, in der sie den Messen beigewohnt hatten, die Altartücher, Ornate und selbst die Marienstatue über dem Altar – das alles vor den Augen ihres verblüfften und tief betrübten Gemahls. Schüchtern wies er darauf hin, daß sie, wenn sie die Burg Lusignan auf diese Weise plündere, um die Burg Angoulême auszustatten, sich nicht die Mühe zu machen brauche: Er würde ebensoviel oder noch mehr für sie kaufen, damit sie den Sitz ihres Vaters einrichten könne. Die liebenswürdige Art, in der Hugo diesen Einwand vorbrachte, reizte Isabella noch mehr: »Fort mit Euch. Geht mir aus den Augen, nichtswürdigster aller Menschen! Ihr seid ein widerlicher Kerl, der Schandfleck des ganzen Volkes, Ihr, die Ihr mit allen Ehren diejenigen empfangen habt, die Euer Lehen eingezogen haben! Ich will Euch nicht mehr sehen, nie mehr!« Ohne weiter Notiz von ihrem sprachlosen Gemahl zu nehmen, befahl sie dem Fuhrmann abzufahren und begab sich nach Angoulême, wo sie sich in der Burg einschloß.

Hugo benötigte zwei Tage, bis er wieder klar denken konnte, dann begab auch er sich nach Angoulême; doch als er in der Stadt ankam, verwehrte man ihm den Zugang zur Burg. Drei Tage ließ Isabella ihn nicht ein, weigerte sich, ihn zu empfangen; der unglückliche Mann verbrachte die Zeit im Haus des Templerordens, zu Tode betrübt. Unverdrossen sandte er einen Boten nach dem anderen mit Geschenken zu seiner Gemahlin, flehte sie an, ihn zu sich zu lassen. Schließlich ließ Isabella sich erweichen, aber das Treffen war für Hugo höchst unerquicklich. Als er ihr Gemach betrat, brach Isabella in Tränen aus. Aus den Vorwürfen, die dann folgten, konnte der Graf entnehmen, daß die Stille und die Einsamkeit den Zorn seiner Gemahlin in keiner Weise gemildert hatten: »Jämmerling, der Ihr seid! Habt Ihr in Poitiers nicht gesehen, daß man mich drei Tage warten ließ, zur großen Genugtuung des Königs und der Königin? Daß, als ich vor sie trat in dem Gemach, in dem der König saß, er mich nicht aufrufen ließ und mir nicht anbot, mich neben ihn zu setzen! Und das aus Boshaftigkeit, um mich vor den anderen Leuten zu demütigen! Da stand ich wie eine gemeine Magd. Weder bei meinem Eintreten noch als ich den Raum verließ, erhoben sie sich. Habt Ihr nicht gesehen, welche Mißachtung sie mir bezeugten? Mehr will ich dazu nicht sagen, Schmerz und Scham hindern mich daran, mehr noch als diese niederträchtige Art, in der sie mir meinen Besitz entzogen haben. Dieser Schmerz und diese Wut werden mich töten, wenn Gott nicht gestattet, daß sie bereuen und deswegen leiden. Sie werden ihre Besitzungen verlieren, oder aber ich werde es sein, die alles verliert, was sie hat, und vor Kummer stirbt!« Erschüttert konnte Hugo nur murmeln: »Herrin, befehlt! Ich werde alles in meiner Macht Stehende tun; das wißt Ihr genau.« – »Wenn Ihr es nicht tut, werdet Ihr nie mehr an meiner Seite ruhen; nie mehr werde ich Euch wiedersehen!« Er schwor zu gehorchen, sich nach allem zu richten, was sie wollte, und allmählich war der Frieden zwischen den beiden Gatten wiederhergestellt.

Diese tragikomische Szene wurde Blanca Wort für Wort übermittelt. Sie wußte nun, daß Hugo von Marche seinen Eid brechen und Isabella nicht eher ruhen würde, bis sie dieses Poitou zurückgewonnen hatte, dessen Lehnsoberherrin sie als Königin von England einst gewesen war. Um sie zufriedenzustellen, sollte Hugo zum Verschwörer werden. Man traf sich heimlich, und an einer dieser Zusammenkünfte, die in Parthenay stattfand, nahmen mehrere poitevinische Barone teil. Sicherheitshalber ließ Isabella sie nach Angoulême kommen – »sie tat ihnen große Ehr an, mehr als gewöhnlich, denn sie mochte sie nicht«, notiert der Spion aus La Rochelle –. Vor ihren Augen erneuerten sie den auf Anregung Hugos von Marche geschlossenen Pakt und versprachen, sich bei der nächstbesten Gelegenheit gegen den König von Frankreich zu erheben.

Eine andere Versammlung fand in Pons im Saintonge statt; der Spion aus La Rochelle nahm daran nicht teil, aber er hatte einen seiner Männer hingeschickt. Diesmal gewann das Komplott Gesicht, genaue Pläne wurden geschmiedet: Der Hafen von La Rochelle sollte abgeriegelt und die Straße nach Niort gesperrt werden, so daß kein Korn und keine Lebensmittel mehr in die Stadt gelangten. Der Spion warnte Königin Blanca. »Es wäre gut, Herrin, wenn Ihr . . . dem Bürgermeister von La Rochelle und denen der anderen Städte Anweisung gäbet, die Häfen gut bewachen zu lassen, damit niemand sie betritt, der nicht bekannt ist. Ich weiß nämlich aus einer geheimen Quelle, daß einige Männer Feuer in der Stadt legen sollen und daß sie dafür bezahlt worden sind . . . Bitte, laßt den Bürgermeister und die Profosse ersuchen, jene unbeschäftigten jungen Männer, die in La Rochelle offen ein verrufenes Lokal betreiben, zu verjagen. Viele Tumulte in unserer Stadt haben dort ihren Ausgang genommen, und in dem Lokal selbst sind zwei Männer getötet worden. Ich hätte das dem Bürgermeister der Stadt selbst gesagt, aber ich will nicht, daß er mich vielleicht verdächtigt, Euch irgend etwas, das den Grafen von Marche betrifft, geschrieben oder gesagt zu haben . . .«

Blanca wußte außerdem, daß sich unter den Verschwörern, die in Pons im Saintonge zusammengekommen waren, auch der Seneschall der Gascogne befunden hatte, der den König von England vertrat. Das Komplott wurde also mit Wissen des Letztgenannten vorbereitet, ungeachtet des Waffenstillstandsabkommens, das er vordem mit dem König von Frankreich geschlossen hatte. Vom Ärmelkanal bis zu den Pyrenäen war alles bereit für den großen Brand, den zu entzünden es nur eines Funkens bedurfte.

Alfons von Poitiers hielt an Weihnachten zum ersten Mal Hof; Hugo und Isabella fanden sich ein, aber statt ihm zu huldigen, forderten sie ihren jungen Oberlehnsherrn regelrecht heraus. Isabella zog mit scharfen Worten ihre Huldigung zurück und stellte Alfons als Usurpator hin. Dann verließen der Graf von Marche und seine Gemahlin überstürzt die Stadt, nachdem sie an das Haus, in dem sie untergebracht gewesen waren, Feuer gelegt hatten.

Damit war die Lage zumindest klar und der Krieg unvermeidlich.

Unverzüglich berief Ludwig für das kommende Osterfest das Heer der Barone ein. Hugo von Marche seinerseits begab sich nach England: »Er stach in See und setzte über und ließ König Heinrich wissen, daß der König von Frankreich ihm seine Lehen entziehen und zu Unrecht und ohne Grund seine Ländereien wegnehmen wollte.« Am 28. Februar 1242 versammelte Heinrich seine Barone und beschloß gemeinsam mit ihnen, die Gelegenheit zu nutzen, die sich da bot, die verlorenen Provinzen Normandie, Poitou und Anjou zurückzugewinnen und das Reich der Plantagenets bis zum Atlantik wiederherzustellen. Diesmal traf er Vorbereitungen größeren Umfangs. Hugo von Marche hatte ihm versichert, daß er, sobald er französischen Boden beträte, soviel Unterstützung finden werde, wie er wollte, denn die Poiteviner wünschten sich nichts mehr, als ihn wieder zu ihrem Oberherrn zu haben. Dennoch heuerte er Söldner an, die er aus Deutschland, Dänemark und Norwegen kommen ließ, dann rief er wie gewöhnlich seine Barone zu sich, und da seine Flotte günstige Winde hatte, landete er am 20. Mai 1242 in Royan, das zu seinen Besitzungen in der Guyenne gehörte.

Am Ufer erwartete ihn seine Mutter. »Schöner Sohn«, begrüßte sie ihn und küßte ihn sehr zärtlich, »Ihr seid von guter Wesensart, da Ihr Eurer Mutter zu Hilfe eilt, mit welcher die Söhne der Blanca von Spanien ihr böses Spiel treiben und die sie mit Füßen treten. Aber so Gott will, wird es nicht so kommen, wie sie meinen!«

Kein Zweifel: Zu den Forderungen der Vasallin gesellte sich eine Rivalität zwischen Frauen; es ist »Blanca von Spanien«, gegen die Isabella kämpfen will.

Ludwig war mittlerweile nicht untätig geblieben; er hatte sich mit seinen Baronen für den 28. April in Chinon verabredet. Die Organisation seiner Streitkräfte verriet seine persönlichen Interessen, denn ihn faszinierte wie einen Ingenieur alles, was »Maschine« war, also die Technik. Es ist nicht bekannt, ob damals schon der Artilleriemeister Jocelyn de Cournault in seinen Diensten stand, aber den Zeitgenossen fiel auf, daß seine Vorbereitungen im wesentlichen darin bestanden, »Maschinen zum Steinwerfen« herzustellen und »Zimmerleute für den Bau von Burgen und Barbakanen zu berufen, um aus größerer Nähe auf diejenigen schießen zu können, die in den Verteidigungsfestungen wären«. Übrigens geht dieses technische Interesse bei Ludwig IX. Hand in Hand mit einem ausgeprägten Interesse für Architektur; dazu sei gesagt, daß der Baumeister damals im wesentlichen mit den Problemen von Druck und Abstützung, Haltbarkeit der Baustoffe und Hebevorrichtungen befaßt war.

Jedenfalls hatte der König von Frankreich zu dem Zeitpunkt, als der König von England landete, bereits einige kleine Festungen an seinem Weg an sich gebracht: Montreuil-Bonnin, im Mai den Turm von Béruges, dann Anfang Juni Fontenay-le-Comte und die Burg von Vouvant.

Da kommt es zu einem eigenartigen Vorfall. In den Küchen des königlichen Lagers wurden zwei Männer aufgegriffen. Wenn man den Chroniken glauben kann, hatte ihr Kommen und Gehen den Argwohn des Küchenpersonals erregt, und sie wurden auf frischer Tat ertappt, als sie gerade »Gift in das Fleisch des Königs geschüttet« hatten. Dieses »Gift« soll Isabella selbst ihnen gegeben haben mit dem Auftrag, es in das Essen oder den Trinkbecher des Königs von Frankreich zu tun. Die beiden Männer wurden gehängt und, wenn man auch darin der einzigen Chronik, die dies verzeichnet, Glauben schenken darf, Isabella wurde krank vor Wut. »Die Gräfin erhielt die Nachricht, daß ihre zwei Hörigen bei ihrem üblen Tun gefaßt und gehenkt worden waren. Darüber geriet sie in solchen Zorn, daß sie ein Messer ergriff und es sich in den Leib stoßen wollte. Als ihre Leute es ihr entwanden und sie sah, daß ihr nicht gelingen wollte, was sie plante, zerriß sie ihr Hemd und raufte sich das Haar und trauerte so sehr, daß sie lange Zeit das Bett hüten mußte, ohne sich zu erholen.«

Was immer es auch mit dieser Geschichte auf sich hatte, die Dinge nahmen ihren Lauf, und man trat, wie es damals der Brauch war, in Verhandlungen ein: Gesandtschaften und Fehdebriefe wurden hin- und hergeschickt und so weiter. Der König von Frankreich festigte seine Eroberungen im Poitou; er besaß im Saintonge einen zuverlässigen Verbündeten in der Person des Geoffroy de Rancon, Herr von Taillebourg. Dieser haßte den Grafen von Marche »wegen einer groben Beleidigung, die der Graf von Marche ihm zugefügt, wie es hieß, und er hatte bei den Heiligen (den Reliquien) geschworen, daß er sich nie nach Art der Ritter scheren lassen, sondern sein Haar lang tragen würde nach Weiberart, bis er sich an dem Grafen von Marche entweder selbst oder durch jemand anders gerächt hätte«.

Ehe sich die in ihren Bündnissen stets schwankenden poitevinischen Barone versahen, bemächtigte sich Ludwig nacheinander der Burg Frontenay, die fortan »Frontenay-l'Abattu« (abattu bedeutet geschwächt) heißen sollte, dann der Orte Villiers, Prahecq, Saint-Gelais, Tonnay-Boutonne, Matha und Thors, die von den Besatzungen kampflos geräumt wurden. So hatten die königlichen Truppen die Charente erreicht, noch bevor der König von Frankreich die geringste militärische Aktion unternommen hatte. Der von seinen Rachegedanken ganz besessene Geoffroy de Rancon hatte Heinrich III. mit gegenstandslosen Unterhandlungen hingehalten bis zum 20. Juli 1242, dem Tag, an dem er die Franzosen einließ:

> »Die Poiteviner, die Gascogner, die Engländer
> bewachten schlecht die Brücke von Taillebourg,
> welche die Franzosen dennoch überschritten.
> Diese verjagten sie, warfen sie zurück
> bis Saintes, ohne zu kämpfen.«

So heißt es in einem zeitgenössischen Lied.

Der König von England wurde zum Kampf gezwungen, aber durch den raschen Vormarsch der Franzosen mußte er auf einen Teil der Streitkräfte, mit denen er gerechnet hatte, verzichten: »Als wir erfuhren, daß sich der König von Frankreich Taillebourg näherte, langten wir unsererseits dort an, aber da wir es nicht wagen konnten, weil wir wenige von unseren Engländern bei uns hatten, zogen wir uns wegen der offensichtlichen zahlenmäßigen Überlegenheit der Franzosen bis nach Saintes zurück.« So schilderte Heinrich III. die Ereignisse später in einem Schreiben an Kaiser Friedrich II. Zu diesem Zeitpunkt hatte er seinen Bruder Richard von Cornwall als Unterhändler zum König von Frankreich entsandt. Mit ihm hatte er eine gute Wahl getroffen: Richard kam gerade von einem Kreuzzug zurück und hatte nach einer katastrophalen Niederlage der abendländischen Ritter bei Gaza zahlreiche französische Ritter von den Sarazenen freigekauft. Der König von Frankreich empfing ihn freundlich, willigte jedoch nur in einen Waffenstillstand von einigen Stunden ein. Zu Heinrich III. zurückgekehrt, flüsterte sein Bruder ihm ins Ohr: »Schnell weg von hier, sonst ist es um uns geschehen.« Die beiden speisten hastig zu Abend – »denn die Franzosen waren schon auf der Brücke« – und hielten, gefolgt von dem in Auflösung begriffenen Heer, erst an, als sie die Stadt Saintes erreicht hatten. Das englische Heer drohte von zwei Seiten gefaßt zu werden, denn außer der Steinbrücke, die bei Taillebourg über die Charente führte, hatte Ludwig eine Holzbrücke über den Fluß schlagen lassen, über die, wie es hieß, bereits fünfhundert Sergeanten und Armbrustschützen gegangen waren.

Am nächsten Tag, dem 22. Juli, sollte Ludwig IX. selbst über die Charente setzen und die Straße nach Saintes nehmen. Als er davon unterrichtet wird, greift der Graf von Marche, der sich in der Stadt befindet, zu den Waffen und eröffnet das Gefecht. Der erste Schlag trifft Alfons den Neffen, Graf von Boulogne, doch sehr schnell kommt es zur Schlacht. Die zwei Könige stehen nun einander gegenüber; auf ihre Begegnung wartet man schon seit langem. Ihre Heere brechen in Kriegsgeschrei aus. »Königliche! Königliche!« rufen die Kämpfer auf englischer Seite und auf französischer: »Montjoie! Montjoie!« Bald zwingt König Ludwig seinen Widersacher zur Flucht. Heinrich zieht sich nach

Saintes zurück. Er wird mit solchem Eifer verfolgt, daß einer der Franzosen, Jean des Barres, der mit einer Handvoll der Seinen in die Stadt eingedrungen ist, sich nach Schließung der Tore gefangen findet.

Diese Gefangenen sollten später berichten, welchen »grand descort«, großen Streit, es nach dieser verfehlten Operation zwischen Heinrich III. und dem Grafen von Marche gab.

»Was ist aus deinem Versprechen geworden? Du hattest zugesagt, uns so viele Soldaten zu besorgen, daß wir dem König von Frankreich munter entgegentreten könnten!« – »Davon war nie die Rede.« – »Wie? Ich habe es noch hier, beim Heer, dein Schriftstück, in dem du das bekundest!« – »Es stammt nicht von mir, und ich habe es nicht unterzeichnet.« – »Was höre ich da? Hast du mir nicht immer wieder, bis es mir lästig wurde, Boten und Sendschreiben geschickt, daß ich hierher kommen möge, mit dem Vorwurf, ich schöbe es immer wieder auf? Wo sind deine Streitkräfte, die du mir versprochen hast?« – »Nie habe ich das getan. Sucht die Schuld bei Eurer Mutter, meiner Gemahlin! Sie hat das alles hinter meinem Rücken ausgeheckt!«

Am Tag nach der Schlacht trat Heinrich III. den Rückzug in Richtung Pons an, dann zog er sich, da er sich nicht in Sicherheit glaubte, abermals nach Barbezieux, danach nach Blaye zurück; klugerweise, denn der Herr von Pons, Renaud, begab sich unverzüglich zu Ludwig nach Colombiers, um sich ihm zu unterwerfen. Hugo von Marche indes sandte dem König von Frankreich seinen Sohn als Geisel, dann begab er sich am 26. Juni mit seiner Gemahlin und seinen Kindern zu ihm: »Sie dankten ihm laut unter Seufzen und Tränen und sagten zu ihm: ›Sehr lieber, nachsichtiger König, vergib und hab Erbarmen mit uns, denn wir haben schlimm und aus Stolz gegen Euch gehandelt. Majestät, bei Eurer Großmut und Barmherzigkeit, verzeiht uns unser übles Tun.‹ Als der König sah, daß der Graf von Marche ihm so demütig dankte, erfüllte ihn Mitleid; er hieß den Grafen aufstehen und verzieh ihm alles, was er ihm Böses angetan hatte.«

Der dramatischen Unterredung schließt sich ein komischer Epilog an: »Als Herr Geoffroy de Rancon den Grafen von Marche, dessen Gemahlin und Kinder vor dem König knien sah und ihre Dankesworte vernahm, ließ er einen Bock herbeibringen, löste sein langes Haar und ließ es sich in Anwesenheit des Königs, des Grafen von Marche und aller, die zugegen waren, blitzschnell abschneiden.« Er fühlte sich gerächt.

Isabella war für ihren Jähzorn und ihre Eigenwilligkeit genauso bekannt wie ihr Gemahl für seine Laschheit. Beide sollten übrigens ein erbauliches Ende haben. In dem Jahr nach der Schlacht von Taillebourg teilten sie ihren Besitz unter ihren Kindern auf; danach trat Isabella in Fontevrault ein. Matthieu Paris gibt freilich eine recht nüchterne Begründung dafür, daß sich diese leidenschaftliche, aufbrausende Frau in ein Nonnenkloster zurückzog. Er erzählt, daß Hugo von Marche sich ihretwegen mit einem Ritter duellierte, der ihn herausforderte, indem er ihm seinen Handschuh reichte – »nach Art der Franzosen«, sagt er. Da wurde sich Isabella »des vielen Argen bewußt und floh in die Frauenabtei, genannt Fontevrault, und daselbst in eine sehr abgelegene Zelle, versteckte sich dort im Gewand einer Nonne, da sie sich nicht sicher glaubte«. Aber Matthieu Paris ist ein dermaßen boshafter Chronist, daß man seine Behauptungen nicht ohne weiteres für bare Münze nahmen darf. Was immer Isabella bewogen haben mag, ins Kloster zu gehen, sie beschloß ihre Tage in Fontevrault, wo schon so viele andere Frauen vor ihr, Femmes fatales ebenso wie leidenschaftlich liebende, Ruhe und Frieden gefunden hatten. 1246 endete dort ihr bewegtes Leben, und man kann noch heute in der Abtei ihre Liegefigur sehen, eine schöne Holzskulptur nicht weit entfernt vom herrlichen Grabmal der Eleonore von Aquitanien.

Ihr Gemahl Hugo von Marche brach nach ihrem Tode zu einem Kreuzzug auf und starb als Held vor Damiette.

Für den Augenblick war vom Grafen von Marche, der das Komplott angezettelt hatte, nichts zu befürchten, aber deshalb konnte man die Feindseligkeiten noch lange nicht als beendet betrachten. Ludwigs Sieg hatte die englischen Streitkräfte zersprengt. Blieben noch die des Grafen von Toulouse, ganz zu schweigen von denen der Könige von Aragonien und von Navarra, die ihre Unterstützung zugesagt hatten, denen jedoch der König von Frankreich durch sein rasches Vorrükken zuvorgekommen war. Dazu kam, daß im Sommer ein Zufall beinahe alles in Frage gestellt hätte. Im Heer brach die Ruhr aus. Auch der König erkrankte daran. Das französische Lager war in heller Aufregung, wie man sich denken kann. Matthieu Paris schreibt, daß Verzweiflung – das Wort erscheint ihm nicht übertrieben – sich des Heeres bemächtigte. Die Erinnerung an den Tod Ludwigs VIII. war noch frisch und belastete die Gefährten des Königs sehr. Brachte der Süden dem Herrscherhaus Unglück? Man kann sich vorstellen, welche Ängste Blanca, die auf der anderen Seite der Loire geblieben war, ausgestanden haben muß. Jeden Augenblick rechnete sie damit, daß sich die dreizehn Jahre zurückliegende Szene wiederholen würde, die sie noch immer in allen Einzelheiten vor sich sah.

Endlich traf ein Bote ein, der gute Nachrichten brachte: Der König befinde sich auf dem Weg der Besserung und bereite seine Rückkehr in die Île-de-France vor. Tatsächlich konnte Blanca Ende September ihren Sohn, der inzwischen ganz gesund war, in die Arme schließen. Nun brauchte man nur noch seinen Sieg zu feiern. Die Barone aus dem Westen kamen einer nach dem anderen, um sich zu unterwerfen. Der erste war Guillaume der Erzbischof, Herr von Parthenay, in dessen Festung die Verschwörung ausgeheckt worden war. Dann bat Hertold, der Burgherr von Mirambeau, der nicht imstande war, seine Burg zu verteidigen, als getreuer Vasall König Heinrich III. um Erlaubnis, unverzüglich dem König von Frankreich seine Huldigung darbringen zu dürfen. Bald mußte sich Heinrich, der noch immer in Bordeaux weilte, eingestehen, daß er ziemlich allein war. Nur eine einzige Verbündete war ihm verblieben: die Gräfin von Béarn, eine außergewöhnliche Frau, die Matthieu Paris als »beispiellos abstoßend und von unglaublicher Leibesfülle« beschreibt, eine »Naturgewalt«, der man nachsagte, sie belaste durch ihren ungeheuren Appetit bei Tisch die königlichen Finanzen. Unentschlossen und sich nicht mit seiner Niederlage abfindend, hielt sich Heinrich noch immer an den Ufern der Garonne auf. Im übrigen waren die Nachrichten, die er aus England erhielt, nicht dazu angetan, ihn zur Rückkehr zu bewegen: Der Herbst war schlecht gewesen, mit so schweren Regenfällen, daß die Themse über die Ufer getreten war; im Westminster-Palast konnte man sich nur zu Pferd fortbewegen, er stand halb unter Wasser. Resigniert schloß er schließlich am 23. April 1243 mit dem König von Frankreich einen Waffenstillstand, nachdem er vergebens da und dort versucht hatte, Hilfe, welcher Art auch immer, zu erhalten. Matthieu Paris erzählt sehr nett, wie beim Generalkapitel der Zisterzienser, das in diesem Jahr stattfand, der König von Frankreich um Gebete bitten ließ und der König von England um Wolle – in dieser Form sandten im allgemeinen die Mönche ihre Subsidien.

Als er sich endlich im Oktober einschiffte, trieb er seine Inkonsequenz so weit, daß er einen triumphalen Empfang anordnete: Alle Edlen seines Reichs sollten bei seiner Ankunft zugegen sein, außerdem je vier Bürger der großen Städte, die Geistlichkeit in einer Prozession, brennende Kerzen und so weiter. Es wurde viel darüber gesprochen in London und Winchester, wo eine ähnliche Feier stattfand – aber nicht in dem Sinn, wie es sich der König gewünscht hätte ... Englands Barone waren sehr viel schneller gewesen als der König. Kurz nach Taillebourg hatte einer nach dem anderen den König von Frankreich um einen Geleitbrief ersucht, um seine Gebiete ungeschoren durchqueren zu können. Ludwig IX. stellte großzügig die Geleitbriefe aus. Man machte ihm deswegen Vorwürfe. Nicht ohne Humor erwiderte der König: »Mögen sie ungehindert reisen, aber mögen sie sich davonmachen! Was kann mir Besseres geschehen, als daß meine Gegner mein Reich auf Nimmerwiedersehen verlassen!«

Das war mehr als nur ein Scherz. Der wahre Feind befand sich im Innern.

In der Tat hatte der Graf von Toulouse, Raymond VII., sich eilends dem Bündnis zugesellt, nachdem nicht nur Trencavel, sondern noch ein anderer Baron im Süden, Roger, Graf von Foix, ihm hart zugesetzt hatten, es zu tun. Er hatte sich vor kurzem mit dem Grafen von Provence ausgesöhnt und hatte daher die Hände frei. Die Sache, die man vor zwei Jahren in Carcassonne inszeniert hatte, konnte sich wiederholen. Die zahlreichen Ketzer in der unmittelbaren Umgebung des Grafen von Toulouse schöpften wieder Hoffnung und hielten den Augenblick für günstig, einen Gewaltstreich zu versuchen.

Kurze Zeit nach Heinrichs III. Landung in Royan, am 25. und 26. Mai 1242, hatte das Inquisitionsgericht eine Rundreise durch das Languedoc unternommen. Die Inquisitoren waren ein Predigerbruder, Guillaume Arnaud, und ein Minorit namens Etienne de Saint-Thibéry – 1235 waren die Minoritenbrüder oder Franziskaner den Dominikanern im Kampf gegen die Häresie zur Seite gestellt worden. Sie hatten zwei weitere Prediger bei sich, einen Minderen Bruder mit Namen Raymond Carbonnier, einen Notar, zwei Gerichtsdiener, zwei weitere Geistliche, im ganzen ein Dutzend Leute, die in Avignonet in der Burg des Grafen von Toulouse abstiegen und die Zeugenaussagen der Einwohner zusammenzutragen begannen, wie sie es zuvor in anderen Städten der Region, in Laurac, Castelnaudary, Fanjeaux und Sorèze getan hatten.

Aber die Inquisitoren und ihre Begleiter waren in eine Falle geraten. Der Seneschall Raymonds VII., Raymond d'Alfar, der sein Bastardbruder – Sohn einer Maitresse Raymonds VI. – war und im Auftrag des Grafen die Burg Avignonet bewachte, hatte ihren Tod beschlossen. Bei der Ankunft der Inquisitoren hatte der Seneschall den Herrn von Monségur, Pierre-Roger de Mirepoix – ein überzeugter Häretiker, der dem Katharerbischof Bertrand Marty und zahlreichen »Vollkommenen« Asyl gewährt hatte –, benachrichtigt, daß er seine Gegner in der Hand habe. Pierre-Roger, der die Aktion selbst leiten wollte, setzte sich unverzüglich mit etwa vierzig Rittern in Marsch, heuerte unterwegs eine etwa dreißig

Mann starke und mit Äxten bewaffnete Bande an und stellte seine kleine Truppe auf. Der Einsatzbefehl wurde für den Abend des 28. Mai, einen Tag vor Mariä Himmelfahrt, gegeben. Pierre-Roger selbst hielt sich mit einigen Männern im Wald von La Selve nahe Avignonet versteckt, wo die Verschwörer nach dem Überfall zu ihnen stoßen sollten.

Es ging blitzartig. Die Bande drang mühelos in die Burg ein; die Mönche befanden sich in einem Gemach, dessen Tür mit Axthieben eingeschlagen wurde. Im Schlaf überrascht, hatten sie keine Möglichkeit, sich zu wehren, und stimmten das ›Te deum‹ an. Alle wurden niedergemacht.

»Warum hast du die Schale nicht mitgebracht?« fragte Pierre-Roger den Bandenführer, als er ihn mit den sterblichen Überresten der Opfer auf sich zukommen sah. Er meinte die Hirnschale des Inquisitors Guillaume Arnaud. Dessen Mörder entschuldigte sich: »Sie war zerbrochen.«

Wie man sich denken kann, löste das Blutbad wütende Empörung aus. Jedermann, ob hochgestellt oder niedrig, hielt den Grafen von Toulouse mehr oder weniger dafür verantwortlich. Was wäre geschehen, wenn der König von England, sein Verbündeter, gesiegt hätte?

Sicher ist, daß nach Taillebourg die Lage Raymonds VII. etwas heikel wurde: Er war exkommuniziert; mit militärischer Hilfe konnte er nicht mehr rechnen; als Rache hatte Frankreichs Klerus für eine Steuer von einem Zwanzigstel gestimmt, damit der König den Kampf gegen Raymond VII., »der die Predigerbrüder hatte ermorden lassen«, aufnehmen könne. Mehr noch: Der Graf von Foix, der ihn zur Rebellion angestiftet hatte, stand bereits im Oktober 1242 in Unterhandlungen mit Ludwig IX. und verpflichtete sich, ihm gegen den Grafen von Toulouse zu Diensten zu sein. Augenblicklich wurde ein Heer unter der Leitung des Konnetabels Humbert de Beaujeu gegen letzteren in Marsch gesetzt.

»Nach Gott vertraue ich am meisten der Milde Eurer Majestät, Euch, die Ihr uns in der großen Unbefangenheit Eurer Seele offensichtlich lange geliebt habt – und noch liebt und nicht anders könnt, als uns zu lieben, denn Ihr bewahrt in

Eurem Geist die Liebe Eurer Mutter in hervorragendem Angedenken, durch die uns verwandtschaftliche Bande mit Euch vereinen.« Mit diesen Worten wandte sich am 20. Oktober jenes Jahres 1242 der Graf von Toulouse, Raymond VII., an »Ihre Majestät, Dame Blanca, von Gottes Gnaden erlauchte Königin der Franzosen«; er selbst nennt sich »Euer ergebener und getreuer Vetter, der bereit ist, Euch das Homagium darzubringen.«

Blanca war seine Verwandte. Bei jeder Gelegenheit war sie für ihn eingetreten, hatte sich dabei sogar über die öffentliche Meinung hinweggesetzt. Raymond spielte in seinem Schreiben auf »diejenigen, die unseretwegen gegen Euch sprechen« an; der Ton war drängend, ja sogar flehend: »In den Sinn kommen uns wieder die zahlreichen Zeichen der Zuneigung, die wir sowohl unserer Verwandtschaft wie auch unserer Tochter wegen, die zu Eurem Hof gehört, erhielten.« Er beschwor also Blanca, bei ihrem Sohn ein gutes Wort für ihn einzulegen, und versprach, künftig stets ein treuer Vasall zu sein. Dann wartete er voll Bangen. Würde Blanca sich einmal mehr erweichen lassen? Raymonds Verhalten, als er sich mit dem König von England verbündete und trotz des Friedens, den man zuvor geschworen hatte, zu den Waffen griff, war nicht besser als das Ferrands von Flandern oder Renauds von Boulogne. Was sollte man mit ihm anstellen? »Einige haben der Frau Königin Blanca, der Mutter des Königs, vorgeworfen, ihrem Verwandten von Toulouse zu wohlgesinnt zu erscheinen«, schreibt der zeitgenössische Chronist Guillaume de Puylaurens, als er von den Geschehnissen berichtet. Es war jedoch weder wahr noch wahrscheinlich, daß sie ihn mehr liebte als ihre Kinder und gegen deren Interessen handelte, aber da sie eine überlegte, taktvolle Frau war, zeigte sie sich gütig und sicherte dadurch dem Königreich den Frieden.

Raymond VII. begab sich also von Penne d'Agenais, wo er residierte, nach Alzonne, wo er die Gesandten des Königs, Humbert de Beaujeau und Ferry Paté, den Marschall, der oft für Unterhandlungen eingesetzt wurde, antraf. Es wurde ein Waffenstillstand vereinbart. Der Graf von Toulouse wurde nach Lorris im Gâtinais berufen, um vor dem König von

Frankreich den Frieden von Meaux-Paris zu erneuern. Diesmal sollte er nicht mehr eidbrüchig werden.

»Von dieser Zeit an«, schreibt ein Chronist, »unterließen es die Barone Frankreichs, gegen den König aufzubegehren, denn sie sahen, daß offenbar der Segen des Herrn auf ihm ruhte.« Ludwig ließ sich von den wichtigsten Städten im Süden Treue schwören und gab Befehl, den Marktflecken Carcassonne zu schleifen, um den Ort für seine Rebellion zu bestrafen; die Stadt wurde nach dem Plan der neuen Städte wieder aufgebaut. Die Burg Montségur jedoch, die ein Herd der Rebellion blieb, ließ er vom Seneschall von Carcassonne einschließen; die Geschichte einiger weniger Widerstandsnester, die weiterhin bestanden, sollte ihren Epilog erst sehr viel später finden, als die letzte Burg, die »faidits« und Ketzern Asyl bot, die Burg Quéribus, 1255 von den königlichen Truppen zerstört wurde. Inzwischen hatte sich auch Raymond Trencavel unterworfen und im Heiligen Land an der Seite des Königs von Frankreich mit Ruhm bedeckt.

6

Die Königinmutter

»Gehn muß ich dahin, wo ich Leid werd' tragen,
Auf dieser Welt, wo Gott gemartet ward ...«

Wir begegnen Blanca wieder am 1. Mai 1244 in Rocamadour. Sie trifft mit großem Gefolge ein; ihre vier Söhne, deren Gemahlinnen und ihr Neffe Alfons von Boulogne begleiten sie. Die Notre-Dame-Kirche, »die auf dem Felsen sitzt« – vielleicht die älteste Marienkirche Frankreichs –, erblickt zum ersten Mal den königlichen Hof auf Wallfahrt. Ein großes Ereignis: Der Abt von Tulle, Pierre de Malemort, dem Rocamadour untersteht, ist gekommen, um Ludwig IX. und seinen Hofstaat zu begrüßen. Sein Name ist der Königin geläufig: Ist Pierre nicht der Neffe jenes Bischofs von Bordeaux, Elie de Malemort, der sie als junges Mädchen von Palencia nach Port-Mort eskortierte, wo sie Prinz Ludwig angetraut werden sollte? Zeichen der Zeit: Ein anderer seiner Neffen, der denselben Namen trägt wie er, ist gegenwärtig Seneschall des Königs von Frankreich in Limoges, »der erste Seneschall des Königs von Frankreich seit Menschengedenken in dieser Gegend«. Daran erkennt man den Umschwung, der auf der anderen Seite der Loire eingetreten ist, denn Limoges gehörte zum Herrschaftsbereich der Plantagenets, ebenso Rocamadour. Aber in Blancae vereinigen sich beide Dynastien. Auf dem Weg dorthin ist ihr bewußt geworden, daß sie sowohl auf den Spuren ihrer Großmutter Eleonore als auch auf denen ihres Großvaters, Heinrich II. von England, wandelt, die beide die berühmte Wallfahrt unternommen haben. Das Fresko an den Wänden, das einen der größten Pilger vor dem Ewigen, den heiligen Christophorus, darstellt – sie haben es gesehen und auch jene andere Wandmalerei unter den inzwischen aus der Mode gekommenen Rundbogenarkaden, die die Mutter Gottes mit dem Verkündigungsengel und die Begegnung zwischen Elisabeth und Maria zeigt.

Der ganze Hof ist aufgebrochen, weil es sich um eine Dankwallfahrt handelt. Drei Monate liegt der Anlaß dafür, das freudige Ereignis, nun zurück: Am 25. Februar hat die junge Königin Margarete einen kleinen Ludwig, den künftigen Thronerben, geboren. Er ist das dritte Kind des königlichen Paares; die beiden älteren sind Mädchen, von denen das erste zu Ehren der Königinmutter »Blanca« genannt worden ist.

Bei der Geburt der zweiten Tochter, Isabella, wagte Margarete nicht, es ihrem Gemahl zu sagen, weil sie glaubte, er würde enttäuscht sein; sie hatte den Bischof von Paris, Guillaume d'Auvergne, gebeten, ihm die Nachricht zu überbringen. Dieser soll, wie es heißt, ohne Umschweife zu seinem König gesagt haben: »Freut Euch, Majestät, denn heute hat Frankreichs Krone einen König erhalten: Ihr habt eine Tochter, durch deren Heirat Ihr noch ein Reich bekommen werdet!«

Die Geburt eines Sohnes in diesem Jahr 1244 sicherte die Zukunft des Herrscherhauses und war ein gewisser Trost für einen schmerzlichen Verlust, denn die kleine Blanca war kurz vorher im Alter von drei Jahren gestorben. Übrigens wurde dem Königspaar schon im nächsten Jahr ein zweiter Sohn, Philipp, geboren.

Vielleicht gab die Wallfahrt einem politischen Hintergedanken Ausdruck: Es war nicht schlecht, daß der königliche Hof friedlich durch diese südlichen Regionen reiste, wo erst vor kurzem wieder Frieden eingekehrt war. Damit demonstrierte man, daß die französischen Königssöhne in diesen Provinzen, die noch vor zwei Jahren Schauplatz blutiger Auseinandersetzungen gewesen waren, auf militärische Begleitung verzichten konnten.

Aber vielleicht ist diese Wallfahrt einfach nur damit zu erklären, daß man wie mehr oder weniger jeder Gläubige der damaligen Zeit den Wunsch hegte, die auf dem hohen Felsen thronende Heilige Maria zu besuchen.

Blanca trug sich schon seit langem mit dem Gedanken an eine Wallfahrt. Sie wäre gern nach Compostela gepilgert, wohin seit mehr als zweihundert Jahren die Christen des

Abendlands in Scharen über die Gebirgspfade Nordspaniens zogen. Auch viele Franzosen hatten diese Reise schon unternommen, so viele sogar, daß die Route, die sie wählten, »camino francès«, der französische Weg, hieß. Nach ihrer eigenen Krönung hatte sie den König von Jerusalem, Johann von Brienne, den Pilgerstab nehmen sehen; übrigens war er inzwischen mit ihr verwandt, denn er hatte auf dem Rückweg von Santiago in Kastilien ihre Nichte Berengaria, eine der Töchter Berenguelas, geheiratet. Warum konnte nicht auch sie das Sanktuarium besuchen und die Reliquien des heiligen Jakobus verehren und dann auf dem Rückweg in ihrer Heimat Kastilien verweilen? Aber was jedem Leibeigenen in ihrem Königreich zu tun gestattet war, das war ihr, der Königin, verwehrt. Zuviel war in all den Jahren geschehen, und nie hatte sie ihren Plan verwirklichen können.

Eines Tages hatte sie jedoch in Paris ganz glücklich Bischof Guillaume, ihren Beichtiger, aufgesucht. Die so lange beabsichtigte Wallfahrt, jetzt konnte sie sie ausführen. Alles war bereit, und sie hatte nicht geknausert an der Geldsumme, die sie auf dem langen Weg voraussichtlich benötigen würde. Doch der Bischof empfing sie nicht so, wie sie es sich erhofft hatte:

»Herrin, Ihr habt bereits für den Ruhm dieser Welt und um Eure Größe hienieden, in Eurer irdischen Heimat, zu zeigen, viele Reichtümer unnütz hingegeben, die man besser hätte verwenden können.« – »Ich bin bereit, Eurem Rat zu folgen«, erwiderte Blanca verblüfft. Darauf er: »Dann will ich Euch einen guten Rat geben: Die Predigerbrüder, jene, die man hier ›Brüder des heiligen Jakobus‹ nennt, sind mit ungefähr hundert Livres verschuldet; nehmt also die Feldflasche und den Pilgerstab, geht hin zum heiligen Jakobus, das heißt zu ihrem Kloster, und begleicht ihre Schuld. Was Euer Gelöbnis angeht, so übernehme ich es vor dem Herrn und werde beim Jüngsten Gericht für Euch antworten. Das ist besser, als soviel Geld auszugeben und einen überflüsigen Luxus zur Schau zu stellen.« Blanca hatte sich seinem Rat gefügt, aber es war ihr schwergefallen. Und bedurfte im übrigen das Reich nicht ihrer ständigen Fürsorge? Vor allem mußte sie an die widerspenstigen Barone denken, an die sich ständig auflehnende Universität, an die guten Städte, wo es immer häufiger zu Unruhen kam, an die Engländer, die Poiteviner . . .

Dennoch: In diesen Maitagen herrscht endlich wieder Frieden. Ein neues Blatt der Geschichte scheint sich zu öffnen. Blanca denkt daran, sich von den Regierungsgeschäften zurückzuziehen; Ludwig ist schon längst imstande, allein zu regieren. In ihrem sechsundfünfzigsten Lebensjahr sieht sie für sich endlich eine Zeit der Unbeschwertheit und Ruhe anbrechen. Warum soll sie nicht bald in die von ihr gegründete Abtei Maubuisson einziehen, deren Einweihung für den kommenden Monat Juni 1244, zwei Tage nach Johanni, vorgesehen ist?

Frieden im Königreich . . . Für Blanca, die Bouvines, La Roche-aux-Moines und Taillebourg miterlebt hat, die sich so vielen heimlichen und offenen Feindschaften hat stellen müssen, die so viele Fallen zu umgehen und sich mit so vielen Bedrohungen auseinanderzusetzen gewußt hat, kündigt sich endlich diese so sehr herbeigesehnte Zeit der Ruhe an. Von ihren Kindern sind nur noch Isabella und der junge Karl zu versorgen. Aber erstere scheint sich schon entschieden zu haben. Und Karl wird sicher nicht seine Mutter benötigen, um eine Wahl zu treffen. Der achtzehnjährige Jüngling hält sich für geschaffen, die Welt zu erobern. Ein wenig mehr Mäßigung, etwas weniger Hitzigkeit stünden ihm zweifellos besser an; daneben ist er wahrscheinlich der begabteste Musiker und Dichter der Familie. Hätte man nicht dann und wann diese Härte in seinem Blick beobachten können, wäre er ein Muster der Vollkommenheit gewesen. Schade, daß es ihm so schwer fällt, mit der jungen Königin auszukommen. Margarete neigt dazu, ihn als Kind zu behandeln, was Karl sehr verdrießt. Aber das belastet Blanca nicht sonderlich: Ludwig ist ziemlich gerecht und bemüht sich geduldig, dieser Unstimmigkeiten, unter denen er leidet, Herr zu werden.

Frieden im Königreich . . . Wenn nur rund um das Königreich ebenfalls Frieden herrschen könnte! Aber es scheint, daß die Wolken, die sich über Frankreich aufgelöst haben, sich anderwärts nur um so drohender zusammenballen. Wohin man auch blickt, überall geschehen beunruhigende, teilweise sogar schreckenerregende Dinge. Es geht nicht mehr so sehr um England; es ist Frankreich weiterhin feindlich gesinnt, aber beim Charakter König Heinrichs kann man damit rechnen, daß der Waffenstillstand einige Zeit halten wird. Seine Sammlungen, die er ständig erweitert, der schöne Schmuck, den er so liebt, beschäftigen ihn mehr als der Gedanke, ein Heer aufzustellen. Außerdem hat er die Lehre, die ihm zwei Jahre zuvor erteilt worden ist, noch nicht vergessen. Wirklich besorgniserregend ist etwas anderes. Die fortwährenden Streitigkeiten zwischen dem Papst und dem deutschen Kaiser haben sich verschärft, und jeder möchte den König von Frankreich auf seine Seite ziehen, den König – und dessen Heer! Vier Jahre ist es her, daß der Papst die römische Königskrone, das heißt die Nachfolge im Kaiserreich, dem zweiten Sohn des französischen Königshauses, Robert von Artois, angeboten hat. Natürlich hätte der ruhmsüchtige junge Mann, der so gern das Schwert zieht, mit Freuden eingewilligt. Aber Blanca ist strikt dagegen.

Die Kaiserkrone anzunehmen bedeutete, sich auf ein Abenteuer einzulassen – ein Abenteuer, das nichts anderes brächte als Zwietracht und Auseinandersetzungen, unter denen Frankreich zu leiden hätte. Ein Bastardreich war genug: Man brauchte nur daran zu denken, welche Wunde der Christenheit durch das lateinische Reich von Konstantinopel geschlagen worden war: eine blutige Eroberung mit noch blutigeren Folgen. Man hoffte, von Konstantinopel aus Jerusalem zurückerobern zu können, aber man mußte im Gegenteil Konstantinopel Unterstützung, Krieger und Hilfsgelder senden, die wahrscheinlich ausgereicht hätten, Jerusalem zu befreien.

Ständig erhält Blanca von Kaiser Baudouin, einem unfähigen, infantilen Mann, Schreiben, unter die er stets in großen Zinnoberbuchstaben würdevoll seinen Namenszug setzt, als sei er Kaiser Justinian persönlich – Bettelbriefe, in denen er sie anfleht, seine Schulden zu bezahlen, Geldbitten, wie sie irgendein Student der Universität von Paris an seinen Vater oder seine Familie richtet. Das Unglück will es, daß gerade jetzt, wo das Ostreich einer Kämpfernatur, eines klugen, erfahrenen Staatsmannes bedurft hätte, an seiner Spitze ein kleiner Baron ohne Format steht.

Und wahnwitzig verschwendungssüchtig obendrein: Kaum gekrönt, plünderte er den Kaiserschatz, dann ging er hin und weinte sich im Schoß der westlichen Fürsten aus. Auf Bitte des Papstes mußte man ihm wohl oder übel unter die Arme greifen. Blanca befriedigte mehrere Male seine Gläubiger; sein Schatzmeister aus Pontoise, Étienne von Montfort, hatte ein Lied davon zu singen. Hunderte von Livres gingen so an die Geldleiher in der Kaiserstadt, vor allem Toskaner, die sich ihre Dienste bezahlen zu lassen verstanden. Sie tat noch ein übriges, indem sie die sogenannten »Kinder von Akkon« – die Schwäger Baudouins, die ihre Großneffen waren, Brüder der Kaiserin Maria – an ihren Hof holte: Familienbande sind heilige Bande.

Doch der unselige Baudouin hörte nicht auf, sie mit Hilfeersuchen zu bestürmen. Kürzlich hatte er sich doch eine Lösung für das Problem der heiligen Stätten einfallen lassen, wie sie nur ihm kommen konnte: In einem langen Schreiben legte er Blanca in gemessenen Worten dar, daß der Sultan von Iconium – »ein sehr mächtiger Sultan, der reichste unter den Heiden, wie ich glaube« – ihm ein Bündnis vorgeschlagen und darum gebeten habe, zur Bekräftigung dieses Bündnisses eine christliche Prinzessin zu heiraten, »eine unserer Anverwandten«: Sie dürfe ihren Glauben behalten und einen Kaplan und Geistlichen ihrer Wahl um sich haben. Im übrigen könne man nie wissen! Der Sultan stamme selbst von einer christlichen Mutter ab; sein Vater hatte eine Griechin geheiratet. Und vielleicht wäre er irgendwann bereit, den christlichen Glauben anzunehmen; er würde Kirchen bauen lassen; er würde Baudouin gegen seine Widersacher in Griechenland und anderswo unterstützen. Ob Blanca ihm nicht eine Tochter Elisabeths von Montaigu – Baudouins Schwester – senden könne, damit sie die Gemahlin des Sultans werde? Je eher, desto besser, und so weiter.

Die Königin hatte auf dieses höchst naive Ansinnen nicht reagiert. Nachdem Baudouin ihr in einem früheren Schreiben versprochen hatte, ihre Ratschläge willig zu befolgen, empfahl sie ihm, sich weniger mit solchen Hirngespinsten zu befassen und statt dessen zu überlegen, wie er seine Gläubiger pünktlich bezahlen könne – wenn der Staatsschatz von Konstantinopel überhaupt dafür ausreiche!

Welch ein Gegensatz zwischen diesen kindlichen Träumereien und der harten Wirklichkeit im Morgenland! Einige Jahre zuvor hatte sich etwas ereignet, das Blanca vor Schreck fast das Blut stocken ließ und einen düsteren Schein auf diese kaum bekannte Welt der überseeischen Reiche warf.

Zuerst war es einfach nur ein Gerücht gewesen, dem man wenig Bedeutung beimaß: Der König von Frankreich sei in Gefahr, man trachte ihm nach dem Leben. Ein geheimnisvoller Scheich in den Bergen Syriens habe Geheimboten entsandt, die ihn töten sollten. Doch eines Tages hatte sich das, was man für Geschwätz gehalten hatte, bestätigt. Einige Syrer waren am Hof eingetroffen und hatten hartnäckig um eine Unterredung mit dem König gebeten: Sie seien gekommen, um ihn zu warnen; ihr Herr, der sogenannte »Alte vom Berg«, habe Geheimboten losgeschickt mit dem Auftrag, ihn zu töten. Dann habe er sich jedoch anders besonnen und habe sie selbst entsandt, um ihn über das bevorstehende Eintreffen der ersten zu unterrichten, ihm, dem König, den geplanten Anschlag zur Kenntnis zu bringen und das Todesurteil zu widerrufen, das er zuerst über ihn verhängt habe. Das war im Jahr 1236 gewesen. Ein Jahr zuvor hatte der Papst zu einem neuerlichen Kreuzzug ins Heilige Land aufgerufen; vielleicht wollte der Scheich durch die Ermordung des jungen Königs, der auch der mächtigste Herrscher des Abendlandes war, neuerliche kriegerische Auseinandersetzungen verhindern.

Was immer die Beweggründe für seinen Beschluß und seinen plötzlichen Sinneswandel gewesen sein mochten, so durfte man sich nicht über ihre Bedeutung täuschen. Die Drohungen des Alten vom Berg waren nie leeres Gerede. Ein König von Jerusalem hatte dies einige Zeit nach der Rückgewinnung der Stadt Akkon eines Abends am eigenen Leibe erfahren müssen: Diesem König, Konrad von Montferrat, hatten sich in den engen Gäßchen der Stadt Tyros zwei Syrer genähert, die er kannte, weil sie sich am selben Tag hatten taufen lassen. Der eine hatte ihm eine Bittschrift hingestreckt, die er ohne Mißtrauen ergriffen hatte; während er sie las, stieß ihm der andere einen Dolch ins Herz. Er war sofort tot. Durch diesen Mord, der die Handschrift seines Urhebers, des Alten vom Berg, trug, der sich in den unzugänglichen Schlupfwinkeln von Qadmus in den Alaouitenbergen verschanzt hatte, war der Fortbestand des erstehenden Königreichs im Heiligen Land in Frage gestellt gewesen.

Wer war diese geheimnisvolle Persönlichkeit? Joinville sollte sie später nach dem Bericht des Bettelmönchs Yves beschreiben, »der sarazenisch sprach« und mit dem schrecklichen Scheich persönliche Unterredungen gehabt hatte: »Wenn der Alte ausritt, ging ihm ein Ausrufer voran; dieser trug eine dänische Axt mit langem silberbeschlagenen Griff, in dem viele Messer steckten, und rief: ›Wendet euch ab von dem, der den Tod der Könige in den Händen trägt.‹«

Der Alte vom Berg war das Oberhaupt einer schiitischen Sekte, deren Anhänger bei den anderen Muselmanen als gefährliche Häretiker galten. Ihr Gründer Hassan-Sabbah, der in der Festung Alamut, einem Adlernest über einem Abgrund, lebte, hatte zahlreiche junge Männer, die er meist als Kinder aus der Umgebung hatte entführen lassen, um sich geschart und in eine Geheimlehre eingeführt. Er machte aus ihnen willenlose »Dolchmörder«. Er nannte sie »fidawis«, Ergebene, und konnte mit ihrem absoluten Gehorsam rechnen.

König Konrads Nachfolger als König von Jerusalem, Heinrich von Champagne, der fand, daß man den gefährlichen Scheich besser zum Freund denn zum Gegner hatte, war furchtlos mit ihm in Verbindung getreten, und es hieß, der Scheich habe seinen Gast mit einem Schauspiel besonderer Art geehrt: Auf seinen Befehl hätten sich zwei Sektenmitglieder, die auf den Zinnen des höchsten Turms Wache hielten, in die Tiefe gestürzt. Der Alte vom Berg habe Heinrich freundlich eine Wiederholung angeboten, aber dieser habe entsetzt abgelehnt. Als er dann seinen Besucher mit Geschenken überhäuft zurückbegleitete, habe er ihm zugeflüstert, er brauche sich nur an ihn zu wenden, wenn er einen Gegner aus dem Weg räumen wolle; seine fidawis würden sich ein Vergnügen daraus machen, ihm diesen Dienst zu erweisen.

Dann und wann starben ein Sultan oder ein Emir, die sich schuldig gemacht hatten, dem Sheik-el-Djebel zu mißfallen, von ihren Dolchen durchbohrt. Die Mörder, deren sanftes Wesen und leichte Benommenheit den Leuten auffiel, ließen sich widerstandslos festnehmen, verhören, foltern und lächelten dabei nur unbestimmt: Sie waren die fidawis des Scheichs und glücklich, auf seinen Befehl zu sterben; wahrlich Geistesgestörte.

Über die geheimnisvolle Macht, die ihn befähigte, diese jungen Männer nach seinem Willen zu lenken, wurde Seltsames gemunkelt. Der Sheik-el-Djebel, hieß es, begnüge sich nicht damit, ihnen nach ihrem Tod das Paradies zu versprechen, sondern versetze sie schon in diesem Leben in künstliche Paradiese. Es war von wunderbaren Gärten die Rede, in die er seine Eingeweihten führte und ihnen zwischen verwunschenen Bosketten und dufterfüllten Palästen, wo halb verschleierte Huris bereit waren, ihnen jeden Wunsch zu erfüllen, die unterschiedlichsten Vergnügen verschaffte. »Es gab«, erzählt Marco Polo, »schöne Frauen und liebliche Jungfrauen, die auf allen erdenklichen Instrumenten spielten. Der Alte wollte die Sarazenen davon überzeugen, daß sein Garten das Paradies sei ... Er ließ ihnen einen Trank verabreichen, der sie sogleich in tiefen Schlaf versetzte, worauf sie weggeführt und in den Garten gebracht wurden; dort weckte er sie wieder auf. Beim Erwachen erblickten die Burschen all das Schöne um sich herum und vermeinten wirklich im Paradies zu sein. Junge Frauen und Mädchen erheiterten sie tagtäglich mit Musizieren und Singen und erfüllten jeglichen Wunsch.« In Wirklichkeit handelte es sich um eher armselige Genüsse, die durch den Rauschtrank ins Unermeßliche gesteigert wurden. Die »Dolchmörder« waren drogensüchtig.

»Wenn der Alte jemanden sterben lassen wollte, gab er seinen Jünglingen einen Trank, der sie einschläferte, und ließ sie schlafend aus dem Paradies schaffen; wenn sie erwachten, rief er sie zu sich und sagte zu ihnen, sie würden nie mehr das Paradies betreten, wenn sie nicht den oder jenen Mann töteten; und wenn sie ihn töteten, würde er sie wieder in das Paradies einlassen, und sie dürften dort verweilen und würden noch Herrlicheres genießen als beim ersten Mal«, berichtet Oderich von Pordenone. Es war der Genuß von Haschisch, der die Jünglinge dem Beschaffer dieses Mittels auf Gedeih und Verderb auslieferte. Die Droge wurde ihnen nach und nach immer unentbehrlicher und stumpfte sie gleichzeitig ab: Sie fürchteten sich nicht mehr vor dem Tod – weder ihn zu geben, noch ihn selbst zu erleiden. Sie waren Haschischesser, »haschichins«; von dieser Bezeichnung leitet sich übrigens das französische Wort »assassin« für Mörder ab. So blieben fortan Rauschgift und Mord eng miteinander verbunden.

Es waren also Assassinen, die gekommen waren, um gehorsam die Befehle ihres Herrn auszuführen; die ersten sollten den König von Frankreich töten, die zweiten den Mord verhindern. In dieser Zeit verlor der Herr der Assassinen an Macht. Er verbreitete bei weitem nicht mehr den Schrecken wie zur Zeit der Sektengründung vor etwa hundertfünfzig Jahren. Aber niemand konnte voraussehen, daß seine Festungen Alamut und Masyaf so bald fallen würden. Inzwischen sollte sich Ludwig jedoch abermals mit den Assassinen konfrontiert sehen. Zuvor hatte er die ersten Abgesandten reich beschenkt zu ihrem Herrn zurückgeschickt: Sie selbst erhielten jeder ein kostbares Gewand, und fünf nahmen sie mit für den Alten vom Berg.

Der wahre Grund für den Meinungsumschwung des Scheichs, der dem König das Leben rettete, wurde alsbald bekannt: Ein furchterregendes Volk aus Nordasien verwüstete die muselmanischen Länder. Die Berichte über ihre Greueltaten sollten bald Europa erreichen.

Eines Tages, so berichtet Matthieu Paris, erhält Königin Blanca den Besuch des Guillaume d'Auvergne, Bischof von Paris. Er überbringt ihr ein Schreiben, über das sie zutiefst erschrickt. »Wo bist du, mein Sohn, König Ludwig?« – »Was ist los, Mutter?« – »Ein grauenvolles Gerücht ist über unsere Grenzen geflogen. Die Tataren sind im Anzug und drohen uns alle auszulöschen, uns selbst und auch die Heilige Kirche in unserer Zeit! Was ist zu tun, mein geliebter Sohn?« Die Chronisten schildern uns Blanca, wie sie, von Schluchzen geschüttelt, ihrem Sohn den Inhalt des Schreibens wiederholt, das der Bischof ihr soeben überbracht hat. Der König jedoch soll beschwichtigend zu seiner Mutter gesagt haben: »Schöpfen wir unsere Kraft aus den Tröstungen des Himmels; wenn sie auftauchen, jene, die wir ›Tataren‹ nennen, werden wir sie in ihre tatarischen Gebiete, aus denen sie gekommen sind, zurückwerfen; oder aber sie sind es, die uns in den Himmel schicken; dann werden wir zu Gott, den Bekennern und Märtyrern Christi eingehen.«

Die Unternehmungen Dschingis-Khans und seiner Nachfolger, die um den Beginn des Jahrhunderts mit der Eroberung Chinas einsetzten, hatten die Mongolen nach Mittelasien und danach bis an den Rand Europas vordringen lassen. Nach dem »Sarazenenschrecken« erfaßte nun die Mongolenangst die Menschen, angefangen bei den Türken selbst.

Was diese Gefahr aus dem fernen Osten betraf, so hatte es eine Weile gedauert, bis man sie als solche erkannte. Das hatte seinen Grund, denn man wußte ja kaum, was jenseits der ausgedehnten muselmanischen Welt, den Ländern der Araber und noch mehr denen der Türken vor sich ging. Als bekannt wurde, daß ein fremdes Volk diese bedrohte, hatte man zunächst geglaubt, es handle sich um das Volk des geheimnisvollen Priesters Johannes, jenes sagenhaften Königs, von dem es hieß, er sei ein Christ. Den ersten Sieg der Mongolen über die Choresmier-Türken hatte man daher mehr oder weniger für den Sieg eines Nachkommen des Priesters Johannes über das Perserreich gehalten.

Nach und nach kam jedoch die Wahrheit an den Tag. Ein ungarischer Predigerbruder namens Julian, den sein unermüdlicher Missionarsgeist bis in das Land an der Wolga hatte vorstoßen lassen, schlug als erster Alarm, als er dieses barbarische Volk beschrieb, das sich die ganze Welt untertan machen wollte. Die ersten näheren Einzelheiten, die 1241 an den französischen Königshof gelangten, stammten von Ponce d'Aubon, dem Oberhaupt der Tempelritter. »Die Tataren«, schrieb er, »haben das Land Heinrichs, des Herzogs von Polen, zerstört und verheert; er selbst sowie viele seiner Barone, sechs unserer Brüder und fünfhundert unserer Männer wurden getötet, drei Brüder, die wir gut kannten, sind entkommen.« Ungarn und Böhmen wurden verwüstet. Drei mongolische Heere rückten auf Europa zu, das eine auf das Herz Ungarns, das zweite auf Polen und das dritte auf Österreich. »Und nehmet zur Kenntnis, daß alle Barone Deutschlands, der König selbst, die gesamte Geistlichkeit, alle Ordensmänner, Mönche und Konversen, das Kreuz genommen haben; Jakobiner und Mindere Brüder bis Ungarn nahmen ebenfalls das Kreuz, um gegen die Tataren zu ziehen. Und wenn, so sagten unsere Brüder zu uns, jene durch Gottes Willen besiegt werden sollten, wird die Tataren nichts daran hindern, bis in Euer Land vorzudringen. Und wisset, daß sie keinen verschonen: Sie machen keine Gefangenen, sondern töten alle, arm und reich, hoch und niedrig, außer schöne Frauen, die ihnen zu Willen sein müssen ... Sie belagern weder Burgen noch befestigte Städte, sondern zerstören alles.«

Bald darauf ließ sich auch Kaiser Friedrichs II. warnende Stimme vernehmen. Er schrieb an alle Fürsten der Christenheit und beschwor sie, gegen die Mongolen das Kreuz zu nehmen; der König von Ungarn ersuchte den Papst, zum Kreuzzug gegen die »Tataren« aufzurufen.

Einzelheiten über dieses seltsame Volk wurden bekannt. Sie trügen Rüstungen aus gekochtem Leder, seien wild und überaus zäh – »sie reiten an einem Tag so weit wie von Paris nach Chartres«, behauptete Ponce d'Aubon.

Ein Engländer, halb Spion, halb Dolmetscher, hatte bei ihnen gelebt – es hatte den aus irgendeinem Grund aus seinem Land Verbannten nach Akkon verschlagen, wo er in den Spelunken der Stadt sein Geld verspielte; nach zahlreichen Abenteuern war er zu den Mongolen gelangt und hatte ihre Sprache erlernt. Dieser Mann gab einem seiner Freunde, einem Geistlichen aus Narbonne, eine Beschreibung von ihnen, die dieser eilends verbreitete: »Sie haben eine harte, kräftige Brust, ein breites, fahles Gesicht, hohe, gerade Schultern, eine platte, kurze Nase, ein vorstehendes, spitzes Kinn, einen flachen und tiefen Oberkiefer, wenige lange Zähne, Lider vom Haaransatz bis zur Nase, flinke schwarze Augen, einen finsteren schrägen Blick, knochige, sehnige Gliedmaßen, kräftige Beine, aber kurze Oberschenkel; ihre Größe indes gleicht der unseren: Was ihnen an den Beinen fehlt, wird durch den Rumpf wettgemacht.«

Dann verebbte die Angst mit einem Schlag: Die Mongolen waren – »Gott allein wußte wohin« – abgezogen. Um mehr über dieses geheimnisvolle ferne Morgenland zu erfahren, entsandte Papst Innozenz IV. im Jahr 1245 vier Gruppen von Bettelmönchen, Prediger- und Minoritenbrüdern. Eine davon, die von einem Predigerbruder namens Jean du Plan-Carpin geführt wurde – er war sechzig Jahre alt und einst der persönliche Freund und Schüler des Franz von Assisi gewesen –, drang durch die riesigen Weiten Rußlands vor bis ins Zentrum des Mongolenreiches, wo sie das Glück hatte, der Thronbesteigung des dritten Großkhans Guyuk beizuwohnen. Bei ihrer Rückkehr übergab sie dem Papst einen sehr vollständigen Bericht, den wir noch besitzen: die ›Geschichte der Mongolen, die wir Tataren nennen‹; den Legenden folgte die Information eines Augenzeugen.

Doch mittlerweile hatte eine andere Nachricht die Christenheit mit Trauer erfüllt. Das von den Christen zurückgewonnene Jerusalem war in die Hände der schrecklichen Choresmier-Türken gefallen. Diesmal bestand kein Zweifel daran, daß der Papst den König und die Feudalherren abermals zu einem Kreuzzug aufrufen würde. Seit ungefähr fünfzig Jahren waren zahlreiche Expeditionen ins Heilige Land entsandt worden. Keine hatte jedoch einen entscheidenden Erfolg errungen. Für eine größere Aktion, das stand fest, hätte es zuerst der Beilegung des noch immer schwelenden Konfliktes zwischen Papst und Kaiser bedurft.

Als Blanca und ihre Söhne in Rocamadour eintrafen, hatte das Drama seinen Höhepunkt erreicht, und man konnte sich fragen, ob die Christenheit nicht daran zugrunde gehen würde. Schon Anfang des Jahrhunderts hatten die Kanonisten und einige Theologen dem Gespräch bei der Gefangennahme Christi im Ölgarten, wie es im Evangelium stand, einen konkreten Sinn gegeben: »Herr, hier sind zwei Schwerter.« – »Das genügt.« Es waren das geistliche Schwert und das weltliche: das Schwert Petri – dasjenige, »das in der Scheide steckenbleiben muß« –, und das Schwert des Kaisers, dem die weltliche Macht übertragen ist. Aufgrund der beiden Schwerter herrschten Gerechtigkeit und Ordnung auf der Welt.

Doch mußte man einräumen, daß die beiden Schwerter nicht mehr aufhören wollten, sich im Duell zu kreuzen, was der Ordnung ebenso abträglich war wie der Gerechtigkeit. Das unter der Herrschaft Karls des Großen eine Zeitlang herrschende Gleichgewicht hatte sich in der Folge nur mehr selten eingestellt, zum Beispiel in der Zeit des heiligen Kaisers Heinrich II. Im Lauf des vorangegangenen Jahrhunderts hatte sich die Kluft sogar noch vertieft. Je mehr sich die Päpste bemühten, den idealen Kaiser zu finden, einen, der ganz in seiner Rolle als Verfechter der Gerechtigkeit und Beschützer der Kirche aufgehen würde, desto mehr bekämpfte der Nachfolger Karls des Großen die Kirche und bekundete schamlos nur noch seine materiellen Interessen. Mit Friedrich II. von Hohenstaufen erreichte die Enttäuschung ihren Höhepunkt. Nie zuvor war das Patrimonium Petri so offen bedroht worden wie durch diesen Kaiser, der vorgab, die Macht der Cäsaren für sich wiederherstellen zu wollen, und sich, mit Lorbeer bekränzt, im Mantel eines römischen Kaisers darstellen ließ.

Blanca nahm gewiß – ihre Reaktionen bewiesen es – dieselbe Haltung gegenüber der Kaisermacht ein wie alle Könige Frankreichs seit der Thronbesteigung Hugo Capets: eine höfliche, aber entschiedene Gleichgültigkeit. Vergeblich hatten die Kaiser versucht, der entstehenden Dynastie einen Vasalleneid abzunötigen.

Ein kurzes Gefecht hatte einst genügt, um die Sache klarzustellen. Zu Beginn der kapetingischen Herrschaft hatte es ausgesehen, als sei eine bewaffnete Auseinandersetzung unvermeidlich. Am 6. August 1023 lagerte Kaiser Heinrich II. am rechten Maas-Ufer in Ivois, der König von Frankreich, Robert der Fromme, am linken in Mouzon. Nach vier Tagen zermürbenden Wartens entschloß sich der Kaiser, über den Fluß zu setzen, aber nicht mit militärischem Gepränge, sondern als Besucher nach dem Motto: »Je höher du stehst, um so mehr mußt du dich in allen Dingen erniedrigen.« Er, der deutsche Kaiser, begab sich zum König von Frankreich. Es war nicht mehr die Rede davon, von diesem die Lehnshuldigung zu empfangen, sondern daß zwischen dem Kaiserreich und dem Königreich Frankreich, das sich seiner Oberherrschaft entzog, ein gutes Einvernehmen herrsche.

Der Kaiser, der auf diese Weise die Regeln der friedlichen Koexistenz aufgestellt hatte, war ein Heiliger gewesen. Seine Nachfolger hatten sich ziemlich weit von der Heiligkeit entfernt, aber ihre ewigen Streitigkeiten mit dem Papst nahmen sie derart in Anspruch, daß ihnen keine Zeit blieb, sich auf eine Auseinandersetzung mit dem König von Frankreich einzulassen. Sie hatten es einmal in Bouvines versucht. Das kleine Königreich im Westen, der kümmerliche König der Île-de-France: Sie hatten damals bewiesen, daß sie imstande waren es, wenn schon nicht mit einem Kaiserreich, so doch mit einem Kaiser aufzunehmen. Und nun waren es beide, der Kaiser und der Papst, die den König von Frankreich um Hilfe ersuchten. Neben den zwei Schwertern war eine dritte Macht entstanden.

Als Blanca am 26. Juni 1244 der Weihe von Notre-Dame-la-Royale, der Abtei Maubuisson, beiwohnte, waren die Prälaten und Geistlichen indes recht optimistisch gestimmt. Eine Versöhnung zwischen dem Papst und Friedrich II. schien bevorzustehen. Der Genuese Sinibaldo Fieschi, der unter dem Namen Innozenz IV. seit dem Vorjahr Papst war, galt als gemäßigter und urteilssicherer Mann. Es war an der Zeit. Während des vorangegangenen Pontifikats, dem Gregors IX., hatten sich die Reibereien in einem fort gesteigert. Nach seinem Tod war der Stuhl Petri achtzehn Monate lang vakant gewesen. Der Papst, der dann gewählt wurde, Zölestin IV., war nach ganz kurzer Zeit gestorben, und der Kaiser hatte die Versammlung der Kardinäle so sehr unter Druck gesetzt, daß vom 10. November 1241 bis Mitte Juni 1243 das Konklave nicht hatte einberufen werden können; der Kaiser hielt die Kardinäle gefangen, um sie an der Teilnahme zu hindern.

Durch die Unterhandlungen, die danach stattgefunden hatten, war es endlich zu einer Entspannung zwischen den beiden Gegnern gekommen. Und überall sprach man gerührt davon, daß am Gründonnerstag dieses Jahres 1244 auf dem Platz San Giovanni di Laterano Papst Innozenz IV. vor einer riesigen Menschenmenge den Eid der Abgesandten des Kaisers entgegennahm. Sie schworen, daß ihr Herr sich seinem Wunsch beugen und Frieden schließen wolle – einen heißersehnten Frieden nach all diesen Jahren des Kampfes, der in so vielen Städten Italiens zu blutigen Wirren geführt hatte. In der darauffolgenden kurzen Ansprache nannte der Papst Friedrich II. »seinen ergebenen Sohn, einen wahren katholischen Fürsten«. Alles deutete darauf hin, daß er die Exkommunikationen, die gegen ihn verhängt worden waren, nun aufheben würde.

Von diesen vielversprechenden Anfängen unbeeindruckt, schüttelten jedoch einige den Kopf und erinnerten daran, daß in den ersten Jahren des Pontifikats Gregors IX. sich ebenfalls eine Versöhnung abzuzeichnen schien; doch obwohl sich der Papst und der Kaiser in Anagni sogar schon den Friedenskuß gegeben hatten, kam es zu neuen Querelen, die neuerliche Exkommunikationen und aufsehenerregende Erklärungen von beiden Seiten nach sich zogen. Gregor IX. war damals zweiundneunzig Jahre alt gewesen; vielleicht würde sich sein Nachfolger offener zeigen als der halsstarrige Greis.

Leider gaben die folgenden Ereignisse den Pessimisten recht. Botschaften wurden ausgetauscht, Gesandte und Unterhändler reisten hin und her. Der Papst begab sich nach Civitá-Castellana, dann nach Sutri, wo zwischen ihm und Friedrich II. ein persönliches Gespräch stattfinden sollte. Da erfuhr man einigermaßen überrascht, daß Innozenz IV. nachts in einer Verkleidung die Stadt verlassen und in gestrecktem Galopp nach Civitá-Vecchia geritten war. Dort erwartete ihn eine genuesische Galeere, um ihn in seine Heimatstadt Genua zu bringen, wo man ihm einen jubelnden Empfang bereitete. Nach einigen Tagen reiste der Papst, der erkrankt war, nach Sestri, um in dem Zisterzienserkloster des heiligen Andreas wieder zu Kräften zu kommen.

In diesem Jahr waren Blanca und ihre Familie eingeladen worden, am Generalkapitel des Ordens von Cîteaux teilzunehmen. Der Papst hatte ihr einen besonderen Dispens gewährt, damit sie mit einem Gefolge von zwölf Damen, darunter ihre Tochter Isabella, das Kloster betreten konnte. Der König und seine Nächsten durften sich während ihres Aufenthalts dort sogar Fleisch servieren lassen, was nach der Ordensregel – außer im Krankheitsfall – untersagt war.

Für Blanca war dieser Aufenthalt in der wunderschönen Abtei, in der die Stimme des heiligen Bernhard erklungen war, wo seine Lehren weitergegeben wurden und man in seinem Geist lebte, gewiß eine große Freude, eine Zeit der Gnade für ihre »Zisterzienserseele«. Die Harmonie der Gewölbe, die schönen, ernsten Gesänge, der gemessene Ablauf der Zeremonien nach einer schlichten Ordnung standen in Einklang mit dem inneren Frieden, nach dem sie sich mit zunehmendem Alter immer mehr sehnte.

Die Mönche überhäuften sie mit Aufmerksamkeiten: Es hieß, daß man ihren und ihres Sohnes, des Königs, Namen in das Memento der Messen des Ordens aufnahm; im gesamten Orden würde man die Geburtstage ihrer Eltern Alfons und Eleonore von Kastilien feiern; für die Königin, ihre Söhne und deren Gemahlinnen sollten bei ihrem Tod und zu ihren Geburtstagen Seelen- und feierliche Gedenkmessen gelesen werden.

Der bewegendste Augenblick aber war, als der Pater Abt von Cîteaux und die Mitglieder des Kapitels in einer Prozession erschienen und vor Königin Blanca niederknieten – König Ludwig hatte beschlossen, zurückzustehen und ihr bei der Versammlung dieses ihr so teuren Ordens den Vorsitz zu überlassen: Man flehte sie und ihren Sohn an, dem vom Kaiser vertriebenen Papst Zuflucht zu gewähren und ihn in Frankreich aufzunehmen, wie es einst Ludwig VII. mit Alexander III. getan hatte, als dieser vor dem Zorn Friedrich Barbarossas geflohen war.

Besser als jeder andere Mensch kannte Blanca die verschiedenen Phasen dieses Kampfes, der sich sozusagen vor ihren Augen abgespielt hatte. Schon in ihrer Jugend hatte sie über Kaiser Friedrich II. sprechen hören. Sie waren ungefähr gleichaltrig: Friedrich, 1194 geboren, war sechs Jahre jünger als sie, hatte aber schon früh von sich reden gemacht. Sie wußte, daß er die Kaiserkrone auf das Versprechen hin erhielt, im darauffolgenden Jahr – 1221 – in das Heilige Land zu fahren, was er jedoch immer wieder aufschob; sie wußte um die Absichten dieses Mannes, der erklärte: »Gott hat unser Reich über das aller anderen Könige der Welt gestellt.« Sie hatte miterlebt, wie er sich bemühte, überall das römische Recht, Instrument der Zentralisierung, der autoritären Vereinheitlichung einzuführen; die von ihm gegründete Universität von Neapel widmete sich allein der Aufgabe, Studenten dieser Fachrichtung auszubilden, gegen die sich das Königreich Frankreich jedoch wehrte.

Im übrigen war Blanca von dem vorhergehenden Papst viele Male ersucht worden, sich an der Auseinandersetzung zu beteiligen, und wahrscheinlich traute sie dem Papst nicht recht, wenn er sagte: »Der König der Könige hat uns auf dieser Welt als seinen alleinigen Bevollmächtigten eingesetzt.« Papst und Kaiser rufen also in einem Konflikt, dem ganz offensichtlich ein grenzenloses Streben nach weltlicher Macht zugrundeliegt, in gleicher Weise die göttliche Macht an.

Bis dahin hatte man sich am Königshof jeglicher Parteinahme enthalten. Erst als Kaiser Friedrich II. Äbte und Kardinäle festhielt, um ihre Teilnahme am Konklave zu verhindern, schrieb der König einen sehr ernsten Brief, in dem er dem Kaiser eine bewaffnete Intervention androhte, worauf Friedrich die Prälaten umgehend freiließ.

Gegenwärtig hing die Entscheidung von Ludwig ab. Er antwortete so wohlwollend, wie man aufgrund seiner Frömmigkeit und seiner Verbundenheit mit der Kirche von ihm erwarten konnte: Er sei bereit, den Papst zu unterstützen und ihn ganz offiziell gegen ungerechtfertigte Angriffe zu verteidigen, allerdings mit der Einschränkung, die man von ihm als einem Feudalkönig ebenfalls erwarten konnte: Bevor er den Papst aufnähme, wünschte er die Ratgeber und Barone des Königreichs zu befragen.

Bei einem solchen Kampf war gewiß schwer zu erkennen, wo sich die Gerechtigkeit und das gute Recht befanden. Warum hatte Innozenz IV. es abgelehnt, die begonnenen Verhandlungen mit dem Kaiser fortzusetzen? Aus Angst vor einer Falle, hieß es. In der Tat hatte Friedrich II. zur Genüge gezeigt, daß er in der Wahl seiner Mittel nicht zimperlich war. Aber weshalb beabsichtigte nun der Papst, Genua zu verlassen? War es nicht vor allem deshalb, weil der Kaiser die Wege, die von Frankreich zu den italienischen Städten führten, bewachen ließ, um seinem Gegner die Nahrungsmittelversorgung abzuschneiden? Traf dies zu, in welchem Maß verbanden sich dann die niedrigsten Beweggründe mit der Sorge, die Kirche zu verteidigen? Als man dem Papst abermals eine persönliche Unterredung mit Friedrich II. vorschlug, hatte er geantwortet, er habe »nicht die geringste Lust, das Martyrium zu erleiden oder sich in einem Verlies wiederzufinden«. Der Kaiser indes, der nicht zu Unrecht »die Geistlichen von heute« dafür tadelte, »daß sie über ihrer weltlichen Gesinnung und den irdischen Freuden Gott vergessen, weil ihr Reichtum ihren Glauben erstickt«, zog daraus den noch beunruhigenderen Schluß, daß »solchen Menschen ihre sündigen Schätze wegzunehmen ein Werk der Nächstenliebe sei . . .« Ein solcher Konflikt mit solchen Kontrahenten brachte wahrscheinlich viele zu der gleichen Folgerung wie jenen Pfarrer einer englischen Gemeinde, der laut Matthieu Paris zu seinen Schäflein gesagt haben soll, daß er, da er nicht wisse, welcher der beiden, der Papst oder der Kaiser, zu exkommunizieren sei, den Schuldigen exkommunizieren und den Unschuldigen lossprechen würde.

Jedenfalls war dem König von Frankreich nicht daran gelegen, in eine so fragwürdige Auseinandersetzung anders einzugreifen denn als Mittler. Der Papst hatte bei den wichtigsten christlichen Herrschern, dem König von England, dem

König von Aragonien und dem König von Frankreich, mehrfach angefragt. Die Entscheidung, die er schließlich traf, zeugt von seinem außerordentlichen politischen Geschick. »Meine Kinder«, erklärte er dem Podesta von Genua und einigen Notabeln, die ihm ihre Aufwartung machten, »ich werde mit Jesu Christi Hilfe nach Lyon gehen. Ehe ich sterbe, muß ich allen Christen, Fürsten und Prälaten die verzweifelte Lage der Kirche und die Ungerechtigkeit, deren Opfer sie ist, aufzeigen. Wenn ich nicht reiten kann, werde ich mich tragen lassen.« Seine Landsleute stellten ihm ihre Schiffe zur Verfügung, aber da durch die vorangegangene Seereise seine Gesundheit stark angegriffen war, zog er den Landweg vor: Bald auf einem Maultier reitend, bald in einer Sänfte sitzend und so krank, daß man in Stella glaubte, er würde sterben, überschritt er dennoch von Susa aus den Mont Cenis, durchquerte die Maurienne und ging in Hautecombe am Bourget-See auf ein Schiff, um zur Rhône zu gelangen. Am 2. Dezember 1244 traf er nach zweimonatiger strapaziöser Reise schließlich in Lyon ein. Die Stadt Lyon unterstand dem deutschen Kaiserreich; inzwischen aber nur mehr theoretisch, und da 1239 die Grafschaft Mâcon direkt an die Krondomäne angeschlossen worden war, fand sich der Papst nicht weit entfernt vom französischen Königreich, wo er bei drohender Gefahr in Sicherheit wäre.

Aber in diesem selben Dezember wurde die Sorge um den Streit zwischen Papst und Kaiser mit einem Schlag durch eine andere, viel unmittelbarere in den Hintergrund gedrängt.

Der König weilte in Maubuisson, als ein neuerlicher Anfall von Ruhr ihn an den Rand des Grabes brachte. Die Krankheit, die ihn zwei Jahre zuvor befallen hatte, kehrte in heftiger Form mit hohem Fieber wieder, und die Ärzte gaben ihn auf.

Den Chronisten zufolge ließ Blanca die Passionsreliquien zum König schaffen und betete laut: »Herr, rette das Königreich Frankreich.« Schon hatte ihr Sohn sich von seiner Umgebung verabschiedet: »Ich, der ich sehr reich und sehr hochgestellt war in dieser Welt und durch meine Reichtümer, meine Kraft und meine Freunde mächtiger als alle, ich kann weder dem Tod noch der Krankheit einen Waffenstillstand abringen, und sei es nur für eine Stunde. Von welchem Wert sind also alle diese Dinge?«

Kurze Zeit später glaubte eine der Hofdamen, die bei Ludwig wachte, er sei gestorben, und zog ihm trotz des Einspruchs einer anderen das Laken über das Gesicht und ließ die Türen öffnen. Man begann an dem vermeintlichen Totenlager vorbeizudefilieren, als unter dem Laken ein Seufzer zu vernehmen war. Der König kam wieder zu sich und stöhnte leise. Eilends holte man die Ärzte, die überrascht feststellten, daß der Todgeweihte ins Leben zurückkehrte. Mit großer Mühe flößten sie ihm durch die kalten, verkrampften Lippen einige Tropfen heißer Brühe ein. Nach und nach normalisierte sich die Atmung, das Leben ergriff von dem bereits erstarrten Körper wieder Besitz.

Außer sich und atemlos vor Freude beobachtete Blanca, wie etwas geschah, worauf sie nicht mehr zu hoffen gewagt hatte: Ihr Sohn war ihr wiedergegeben, er lebte.

Am darauffolgenden 23. Dezember fand auf ihre Bitte in der Abteikirche von Saint-Denis eine feierliche Zeigung der Reliquien statt, und das Volk von Paris eilte in Scharen herbei, um für die vollständige Genesung des Königs zu beten. Am Weihnachtstag war Ludwig ganz gesund.

Doch auf diese Prüfung folgte eine weitere. Als der König wieder in der Lage war zu sprechen, verkündete er, daß er das Kreuz nehmen wolle.

Er selbst erzählte später Joinville, daß seine Mutter »darob solche Trauer zeigte, als sei er gestorben«.

Blanca reagierte wie jede fürsorgliche Mutter: Es sei in höchstem Maße unvernünftig, nach einer so schweren Krankheit die Anstrengungen einer so weiten Reise auf sich zu nehmen, noch dazu in eine Gegend, deren Klima schon gesunden Menschen zusetzte. Wie sein Vater habe Ludwig eine schwache Konstitution, vertrage Hitze schlecht und sei anfällig für fiebrige Erkrankungen, vor allem Wechselfieber. Schon das Klima in Südfrankreich habe ihm zu schaffen gemacht: Wie würde es erst in Syrien und Palästina sein!

Aber sie war ja nicht nur Mutter, sondern auch Königin, und zwar eine mit einem sehr gesunden Menschenverstand.

Deshalb meinte sie, daß die Regierungsgeschäfte in dieser schwierigen Zeit die Anwesenheit des Königs erforderten. In der Machtausübung hatte sie sich jene praktische Urteilskraft erworben, die auch das Geschlecht der Kapetinger kennzeichnete. Die impulsive Kastilierin, Enkelin der Eleonore von Aquitanien, hatte aus der Erfahrung ihres Schwiegervaters Philipp August offenbar viel gelernt und sich zusätzlich die entschieden realistischere Einstellung ihrer französischen Umgebung zu eigen gemacht.

Es sei denn, noch ein anderes Gefühl wäre bei ihr zum Durchbruch gekommen. In ganz jungen Jahren hatte Blanca tagtäglich die neuesten Nachrichten von der Eroberung Konstantinopels gehört. Danach hatte sie erlebt, in welchem Maße dieses fehlgeleitete Unternehmen die Christenheit belastete: Statt Jerusalem zurückzuerobern, verteidigte man Konstantinopel. Gab es denn kein anderes Mittel als Waffengewalt, keinen anderen Weg, als in regelmäßigen Abständen Truppen dorthin zu entsenden, keine andere Handhabe als die, derer man sich seit eineinhalb Jahrhunderten bediente?

Kaiser Friedrich II. hatte sich damit gebrüstet, Jerusalem der Christenheit ohne Blutvergießen zurückgegeben zu haben. Zunächst hatte er sich einfach die Krone der lateinischen Reiche angeeignet und war, nachdem er so die Mühen der anderen zu einem persönlichen Nutzen vom Tisch gefegt hatte, mit den Sultanen in Verhandlungen getreten, damit die Christen freien Zutritt zur Heiligen Stadt erhielten. Aber welch ein Irrtum: Die diplomatische Eroberung hielt nicht einmal zehn Jahre vor. Die Sultane hatten, da sie schlauer waren als ihr Verhandlungspartner, zur Bedingung für ihre Einwilligung gemacht, daß Jerusalems Umwallung niedergerissen werde. Worauf ein Einfall der Chorasmier genügt hatte, so daß die ungeschützte Stadt, die den Angreifern buchstäblich offenstand, der Christenheit abermals verlorenging.

Ein einziger Mensch hatte eine neue Lösung gefunden, ein einziger anders gehandelt: Bruder Franziskus. Trotz ihrer Verbundenheit mit den Traditionen der Zisterzienser verfolgte Blanca tief beeindruckt den Lebensweg des reichen

Bürgers aus Assisi, der die Geschäfte des Vaters an den Nagel gehängt und sich der Armut verschrieben hatte. Als Bruder Franziskus zwei Jahre nach seinem Tod 1228 heiliggesprochen wurde, war die Freude groß gewesen unter den Christen; die Mönche von Mont-Saint-Michel, die in diesem Jahr auf ihrem vom Meer umtosten Felsen ihren Klosterbau fertigstellten, gaben darin seinem Abbild unverzüglich einen Ehrenplatz.

Franziskus war, wie jeder Christ es gern getan hätte, ins Heilige Land gereist. Er tat sogar noch mehr. Er begab sich in das Lager der Kreuzfahrer, das damals in Ägypten war. Inzwischen wußte ja jedermann, daß der Schlüssel zum Islam in Ägypten lag und daß man, um Jerusalem zu erobern, an den Ufern des Roten Meers und im Nildelta kämpfen mußte. Seit zwei Jahren belagerten damals die Christen Damiette. Der Kampf wurde immer erbarmungsloser. Auf keiner Seite mehr wurden Gefangene gemacht. Der Sultan von Ägypten hatte für jedes Haupt eines Christen, das ihm überbracht werden würde, einen Goldbesant ausgesetzt.

Eines Tages erblickten die turbantragenden Posten, die auf der Festungsmauer von Damiette wachten, zwei seltsame Gestalten. Sie waren barfuß, hatten zerzaustes Haar und trugen ein langes, härenes Gewand, das in der Mitte von einem Hanfstrick zusammengehalten wurde. Und sie sangen.

Der Anblick dieser beiden Männer, die sich da offenbar ahnungslos der Festung näherten und an diesem Ort, wo man seit zwei Monaten nichts anderes vernahm als das Zischen der Pfeile, das Donnern des griechischen Feuers und das Gebrüll der Verwundeten, freudig vor sich hinsangen, war so ungewöhnlich, daß die Bogenschützen fassunglos ihre bereits gespannten Waffen sinken ließen. Franziskus, inzwischen an den Toren der Festungsmauer angelangt, rief: »Ich bin ein Christ, bringt mich zu Eurem Herrn!« Verblüfft hatten die Wächter ihn und seinen Gefährten eingelassen. Und Franziskus, in dessen Gegenwart jeder seinen Zorn vergaß und jeder seinen Haß ablegte, war vor den Sultan geführt worden. Sie hatten lange miteinander gesprochen, von Mann zu Mann, beide Gott suchend. Franziskus und sein

Gefährte waren so an mehreren Tagen vom Sultan empfangen worden, der ihnen, bevor er sie entließ, »viele Geschenke und Schätze« mitgeben wollte. Doch der Gottesmann hatte sie zurückgewiesen: Er verachtete die irdischen Güter mit der Begründung, daß die göttliche Vorsehung für das Wohl der Armen sorge, behauptet der Chronist, der die Szene beschreibt. Danach wurden die beiden Männer mit großer Hochachtung zum Heer der Christen zurückgeleitet, nachdem der Sultan beim Abschied zu Franziskus gesagt hatte: »Bete für mich, auf daß Gott mich das Gesetz und den Glauben erkennen lassen möge, die ihm am besten gefallen.«

Das lag fünfundzwanzig Jahre zurück. Mittlerweile bevölkerten die Söhne Bruder Franziskus' das Abend- und auch das Morgenland. Nach dem Beispiel ihres Ordensgründers begann man vielerorts wie in Bethlehem zu Weihnachen das Santo Bambino in seiner Krippe zu verehren. Und im christlichen Morgenland wurde so mancher Sarazene zum Christen, wenn er die Stimme der Bettelmönche vernahm, die Franziskus in alle Welt geschickt hatte. Im Abendland schlossen sich auch zahlreiche Laien den Franziskanern an und nahmen an ihren Gebeten teil, der sogenannte »Dritte Orden«. Ludwig liebte die Söhne des heiligen Franziskus, ebenso Königin Margarete. Beide unterstützten sie nach Kräften, und Franziskaner waren die bevorzugten Beichtiger der jungen Königin.

War es nicht an der Zeit, so zu handeln wie der heilige Franziskus?

Doch dazu mußten im Abendland und vor allem im Königreich erst die Streitigkeiten geschlichtet, persönlicher Ehrgeiz zum Schweigen gebracht, den Wucherern, die das Volk aussaugten, das Handwerk gelegt und ganz allgemein eine bessere Rechtssprechung eingeführt werden. Angefangen bei den königlichen Beamten, die allzuoft ihre Macht mißbrauchten: Wie viele Klagen erreichten den König und sie selbst, Blanca, über ihre unrechtmäßige Eintreibung von Geldern! Wie viele von ihnen, die zu weit weg waren, um kontrolliert werden zu können, nutzten ihre Befugnisse, das Recht zu verdrehen und auf Kosten der kleinen Leute ihren

Geldbeutel zu füllen! Auf einen genauen und gewissenhaften Bailli kamen so viele ungerechte und raffgierige!

Ein dramatischer Wortwechsel, der dennoch etwas Komisches an sich hatte, soll nach Matthieu Paris zwischen dem König und Blanca stattgefunden haben, die den Bischof von Paris, Guillaume d'Auvergne, zu sich gebeten hatte, damit er ihr Schützenhilfe leiste. Der Bischof hatte versucht, Ludwig dazu zu bewegen, daß er sein Kreuzzugsversprechen widerrief.

»Majestät, mein König, erinnere dich, daß du krank und, wenn alles gesagt werden soll, nicht bei Sinnen warst, als du mit einem Mal den schwerwiegenden, aber unüberlegten Schwur tatest, das Kreuz zu nehmen. Dein Hirn war leer, du warst nicht Herr deiner selbst; darum haben deine damaligen Worte nicht das Gewicht der Wahrheit gehabt, noch waren sie sonst maßgebend. Der Papst wird uns gern einen Dispens erteilen, denn er weiß, in welcher Not sich das Königreich befindet und wie schwach deine Gesundheit ist. Bedenke auch die Gefahr, die von Friedrich, dem Schismatiker, ausgeht, die kostspieligen Finten des Königs von England; ebenso die Heimtücke der Poiteviner, obgleich du sie jüngst bezwungen hast, die Unbeugsamkeit der Albigenser. In Deutschland herrschen Wirren, Italien kommt nicht zur Ruhe. Das Heilige Land ist in Feindeshand, man wird dich dort kaum willkommen heißen. Und in deinem Rücken der unversöhnliche Haß, die der Papst und Friedrich einander entgegenbringen, zwei gnadenlose Gegner, denen du uns in unserer Betrübnis überläßt.« Um eine bessere Wirkung zu erzielen, übertrieb seine Mutter absichtlich ihre Vorahnungen: »Sehr lieber Sohn, höre auf die Warnungen treuer Freunde, verlasse dich nicht auf deine eigene Klugheit, erinnere dich, daß es eine große, gottgefällige Tugend ist, auf seine Mutter zu hören und ihren Rat zu beherzigen. Bleib hier! Das Heilige Land wird keinen Schaden davon haben. Man wird von hier mehr militärische Expeditionen hinschikken, als wenn du dich selbst auf den Weg machst. Gott ist weder nachtragend noch uneinsichtig. Du bist ausreichend entschuldigt, mein Sohn, durch das, was du während deiner

Krankheit durchgemacht hast: der Denkfähigkeit beraubt, nicht mehr Herr deiner Sinne, an der Schwelle des Todes, jedenfalls hat die Geistesgestörtheit ...«

Der König fiel ihr ins Wort: »Wenn man Euch hört, möchte man meinen, mein Kreuzzugsgelübde entspringe einer Geistesschwäche. Nun denn, ich beuge mich Euren Wünschen und Ratschlägen; ich lege das Kreuz nieder; Euretwegen verzichte ich auf mein Kreuz.« Dann griff er an seine Schulter und riß das Emblem herunter: »Herr Bischof, hier ist das Kreuz, das ich genommen hatte; ich gebe es Euch aus freien Stücken zurück.« Als dann alle Anwesenden, die ihren Augen nicht trauen wollten, ihn freudig beglückwünschten, fuhr er mit anderem Gesichtsausdruck und in anderem Ton fort: »Meine Freunde, Ihr werdet zugeben, daß ich jetzt nicht außer Sinnen oder unfähig, einen freien Entschluß zu fassen, oder krank bin. Deshalb bitte ich darum, mir mein Kreuz zurückzugeben. Der Allwissende sei mein Zeuge, daß ich so lange keine Nahrung zu mir nehmen werde, bis ich es wieder habe.«

Von diesem Augenblick an dreht sich am französichen Königshof alles nur noch um die »Fahrt über das Meer«. Systematisch werden die Vorbereitungen getroffen, man läßt sich durch nichts abhalten, weder durch politische Zwischenfälle, derer es in den nächsten Jahren eine Menge geben wird, noch durch Familienereignisse, wie 1245 die Geburt des kleinen Philipp, des zweiten Sohns des Königspaars, oder die des kleinen Johann drei Jahre später, der nur wenige Tage lebt und in Royaumont neben der kleinen Blanca beigesetzt wird. Die beiden vergoldeten und mit Emaillen geschmückten kupfernen Grabplatten wurden während der Bürgerkriege und der großen Revolution zum Glück nicht eingeschmolzen wie unzählige andere, so daß man die Bildnisse der beiden Kinder, wunderschön eingerahmt von farbigen Emailmedaillons auf feinem Rankenwerk und Wappenschilden auf unauffällig bearbeitetem Grund, noch heute sehen kann: Johann, der Knabe, hat die Füße auf einen Löwen gestellt, Blanca, das Mädchen, auf einen Windhund; mit diesen zwei

Grabstätten machte Ludwig seine bevorzugte Abtei Royaumont zu einer Art Saint-Denis für die Seinen.

Die wichtigste Frage hinsichtlich seines großen Vorhabens war noch nicht geklärt: Von welchem Hafen sollte man in See stechen? Es war keine Rede mehr davon, den Landweg zu nehmen, wie es hundert Jahre zuvor sein Urgroßvater König Ludwig VII. getan hatte. Trotz des Risikos, schiffbrüchig zu werden, hatte sich der Seeweg als praktischer und weniger kostspielig erwiesen.

Um so mehr, als man in der Schiffahrt erhebliche Fortschritte erzielt hatte. Während die Schiffe früher mehr oder weniger in Küstennähe bleiben mußte, konnten sie sich jetzt dank der überaus nützlichen Erfindung des Kompasses auf das offene Meer wagen. Dieses Instrument beruht auf der magnetischen Anziehungskraft und bestand damals aus einer in einem Strohhalm steckenden Magnetnadel, die in einer Schale Wasser schwamm und nach Norden zeigte. Man verwendete auch die Doppelbesegelung; der Bugspriet ermöglichte eine schnellere Fahrt, und dank eines neuen Steuersystems, mit dessen Hilfe man das Schiff ebenso mühelos wenden konnte wie ein Reiter sein Pferd, war das Manövrieren wesentlich leichter geworden. Auf Pergament gezeichnete Karten gaben Auskunft über die Küstenlinien und die Häfen, in denen man sich einschiffen konnte; so kam es, daß die Schiffe, die jedes Jahr aus den Mittelmeerhäfen Montpellier, Barcelona, Genua oder Marseille ausliefen, zusätzlich zu ihrer Fracht oft noch bis zu tausend Pilger beförderten.

Man wird also den Seeweg nehmen. Aber Ludwig beabsichtigt nicht, die guten Dienste fremder Städte wie Marseille, das in kaiserlichem Gebiet liegt, Genua oder Pisa zu beanspruchen; und die italienischen Häfen sind mehr oder weniger in den Kampf zwischen Papst und Kaiser verwikkelt. Wenn er sich an sie wandte, würde er sich Rivalitäten preisgeben, und eben das will er vermeiden. Und Venedig? Abgesehen davon, daß es zu weit weg liegt, weiß man ja, was es sich für seine Dienste bezahlen läßt!

Der König besitzt keinen Hafen, also wird er einen schaffen. Das ist nichts Außergewöhnliches in einer Zeit, wo allenthalben in Frankreich neue Städte aus dem Boden gestampft werden. Die Schwierigkeit ist nur, einen geeigneten Platz dafür zu finden. Nach einigem Hin und Her einigt man sich auf eine kleine, sandige Anhöhe mitten in den Sümpfen der Rhônemündung. Es ist die einzige Stelle, wo die Krondomäne bis unmittelbar ans Mittelmeer reicht, denn dieser Ort, den die Fischer »Aigues-Mortes« nennen, untersteht der Sénéchaussée Beaucaire. Nur Mönche leben ständig dort und pflegen auf dem wüstenartigen Boden ihre Weinstöcke. Nach entsprechenden Verhandlungen mit dem Abt von Psalmodi wird ein Hafen angelegt, der durch einen Kanal mit dem Meer verbunden ist.

Und bald beginnt sich inmitten von Steinhaufen, Balkenbergen und Kalk der Konstanzenturm zu erheben, während Fachleute das schachbrettartige Straßennetz der künftigen Stadt trassieren, ein Netz von Straßen, auf denen Fuhrwerke fahren können, und Querstraßen, die den Hauptplatz umschließen werden, auf dem man die Kirche Notre-Dame-du-Sablon errichtet.

Um diese Stadt zu bevölkern, stellt der König nach altem Brauch einen Freibrief aus: »Wir, Ludwig, durch Gottes Gnade König der Franzosen, tun allen Heutigen und Künftigen kund, daß Wir den Einwohnern Unserer Stadt Aigues-Mortes die hier aufgezählten Freiheiten und Privilegien gewährt haben:

... daß alle Einwohner dieses Ortes von sämtlichen Steuern, Abgaben und Rechten frei und ledig sein sollen ...

... daß sie niemals gehalten sein sollen, eine Entschädigung in Form von Geld an Stelle von Kriegsdienst zu leisten, und daß dieser Kriegsdienst im Jahr nur vierzig Tage betragen soll ...

... daß sie auf immer frei sein sollen von allen Wegegeldern zu Lande und auf dem Meer ...

... daß es der Stadtgemeinschaft erlaubt sein soll, mindestens vier Konsuln zu haben ... und die Menschen dieses Ortes die Freiheit haben, ihre Konsuln selbst zu wählen, ohne die Einwilligung Unseres Hofes ...

Gegeben zu Paris, im Mai des Jahres 1246.«

Blanca hat resigniert. Ohne große Anteilnahme verfolgt sie nur mehr aus einer gewissen Entfernung die Angelegenheiten des Königreichs. In den Rechnungsbüchern wird immer stärker getrennt zwischen ihren persönlichen Ausgaben und denen des Hofes. Sie erfährt wie jedermann, daß Ludwig beschlossen hat, die Insel Zypern zu seiner Versorgungsbasis zu machen, und daß er jedes Jahr Getreide und Wein einkaufen läßt. Die Kornspeicher und die aufgetürmten Weinfässer sollen, wenn man sich der Küste nähere, aus der Ferne den Eindruck kleiner Gebirge erwecken. Auf Zypern herrsche ein mit den Grafen von Marche verwandter Lusignan, der den Kreuzfahrern sehr wohlgesinnt sei und sich ihnen wahrscheinlich anschließen werde. Sie erfährt ebenfalls, daß Ludwig wie gewöhnlich von seinem Artilleriemeister Jocelyn de Cournault eine große Anzahl Kriegsmaschinen vorbereiten läßt.

Sie wird auch Zeugin der List, derer sich, wenn man Matthieu Paris glauben darf, der König bei seinem Weihnachtshof im Jahr 1245 bedient, um die Barone zu veranlassen, mit ihm zu ziehen.

Bei den weihnachtlichen Zusammenkünften pflegten Könige und hohe Feudalherren den Edelleuten ihrer Umgebung Kleidungsstücke zu schenken. Ludwig soll in jenem Jahr den Auftrag gegeben haben, mehrere als sonst einzukaufen, und auf die mit Feh verbrämten Mäntel aus kostbaren Stoffen habe er angeblich heimlich des Nachts mit feinen Goldfäden Kreuze sticken lassen. Die Mäntel wurden in der Christnacht ihren Empfängern übergeben, und der König bat darum, daß sie sie vor Morgengrauen für die Tagesmesse anlegten. Bei der Messe konnte dann jeder das Kreuz auf der Schulter seines Nebenmannes sehen. Aber sie nahmen dem König die fromme List nicht übel und folgten Ludwig, den sie fortan »Pilgerjäger und Menschenfischer« nannten.

Während Blanca an den Vorbereitungen zum Kreuzzug nur aus weiter Ferne teilnimmt, steht sie ihrem Sohn auf andere Weise bei: Sie begleitet ihn zu den Unterredungen, die er mit Papst Innozenz IV. in Cluny führen wird.

Der Papst hatte zu seiner Residenz in Lyon das Saint-Just-Kloster gewählt, das im Norden der alten Stadt in einiger Entfernung von der Saône lag – eine Stätte, die man damals als »befestigt, mächtig und sehr vornehm« beschrieb. Seine Lage auf einem steil abfallenden und somit leicht zu verteidigenden Hügel sowie seine Befestigungen machten es zu einer ziemlich sicheren Zuflucht für den Fall, daß der Kaiser auf Lyon zumarschieren würde. Die Stadt sollte übrigens den Aufenthalt des Papstes nicht zu beklagen haben, denn er trug erheblich dazu bei, daß die Saint-Jean-Kathedrale wieder aufgebaut und eine neue Brücke über die Rhône, die Guillotière-Brücke, geschlagen werden konnte. Und die Kaufleute dieser wohlhabenden Stadt hatten allen Grund zur Freude, denn die Anwesenheit des päpstlichen Hofes belebte natürlich den Handel. Die Einrichtung einer Theologie- und Rechtsschule im Jahr 1245 war für die Einwohner ebenfalls von beträchtlichem Nutzen.

In Lyon eingetroffen, berief der Papst umgehend ein Konzil ein. Die Ansprache, mit der er es eröffnete, war ein einziger Angstschrei. Eindringlich wies er die Christenheit auf die »fünf Plagen« hin, unter denen diese litt: die Reformierung der Geistlichkeit, die Befreiung Jerusalems aus der Hand der Sarazenen, die Verteidigung des Lateinischen Kaiserreichs von Konstantinopel, das Vorrücken der Tataren in Ungarn, die Verfolgung der Kirche durch Friedrich II.

Die letztgenannte Plage erschien dem Papst als die bedrohlichste, und ihr wollte er als erster abhelfen. Das am 28. Juni eröffnete Konzil endete am 17. Juli mit einer abermaligen Exkommunizierung des Kaisers – der dritten in seinem Leben. Vor dem päpstlichen Hof schlug sich dessen Vertreter Thaddäus von Suessa, ein ganz zu den Ideen des Kaisers stehender und ihm ergebener Legist, auf die Brust, erging sich in Klagen und protestierte heftig gegen die Strafe, die trotz seiner sehr geschickten und überzeugenden Verteidigung über seinen Herrn verhängt worden war.

Einige Monate später brach der König von Frankreich nach Burgund auf. Friedrich II. hatte sich an alle christlichen Herrscher gewandt, um gegen die Entscheidung des Konzils von Lyon zu protestieren, und Ludwig hatte sich bereit erklärt, einen Versöhnungsversuch zu unternehmen; die Unterredung sollte am Sankt-Andreas-Tag, dem 30. November 1245, in der Abtei Cluny stattfinden.

Der königliche Zug, der vor den hohen, von den sieben Türmen der Abteikirche von Cluny überragten Mauern steht, hat eindeutig militärisches Gepräge. »An der Spitze etwa hundert mit Armbrüsten bewaffnete Sergeanten auf kostbar geharnischten Rössern, weiters hundert andere Ritter in glänzenden Kettenpanzern und gerüstet mit Rundschilden und Tartschen, die Pferde wie die Männer von eisernem Maschengeflecht bedeckt. Nach ihnen eine dritte Abteilung von hundert bis an die Zähne bewaffneten Männern mit dem Schwert in der Hand. Der edle König und die ruhmreiche Reiterei seines Reichs in wahrhaft unglaublicher Anzahl bildeten die vierte Abteilung.« Zweifellos will der König mit diesem militärischen Aufmarsch den Kaiser zur Vernunft bringen. Dieser ist übrigens zur gleichen Zeit stark damit beschäftigt, gegen die aufständischen Lombarden einen grausamen Krieg zu führen, in dem viele gegnerische Kämpfer gehängt und verstümmelt werden.

Für die Abtei Cluny ist dieses Treffen am Sankt-Andreas-Tag eine der Sternstunden ihrer Geschichte. Die Abteikirche ist das größte Gotteshaus der Christenheit; sie bleibt es bis zur Wiedererbauung von Sankt Peter in Rom zweihundert Jahre später. Der herrlichen Kirche entsprechen die übrigen Klosteranlagen. Die Geschichtsschreiber der damaligen Zeit halten fest, daß die beiden Besucher, der Papst und der König von Frankreich, jeder mit seinem zahlreichen Gefolge darin untergebracht und bewirtet werden konnten, ohne daß das Klosterleben, also das Leben der Mönche, dadurch gestört wurde. Dormitorium und Refektorium wurde von diesen weiterhin benutzt, und sie hielten ihr Kapitel ab, als handle es sich lediglich um den an berühmten Wallfahrtsorten üblichen Andrang. Dabei war der Papst von zwölf Kardinälen, den Patriarchen von Antiochia und Konstantinopel, achtzehn Bischöfen und Erzbischöfen sowie zahlreichen Äbten anderer Abteien, die aus diesem Anlaß nach Cluny gekommen waren, umgeben. Der König hatte seine gesamte Familie mitgebracht, allen voran Blanca, die bei diesen Gesprächen eine aktive Rolle spielen sollte; außerdem begleiteten den König sein Bruder Robert, seine Schwester Isabella, vielleicht auch seine zwei anderen Brüder Alfons und Karl, jedenfalls ganz bestimmt Kaiser Baudouin von Konstantinopel und mehrere ihm nahestehende Adlige wie der Herzog von Burgund, der Graf von Dampierre, die Herren von Bourbon und Beaujeu und so weiter. Alles in allem fand sich bei der Messe am Sankt-Andreas-Tag, die der Papst selbst zelebrierte, eine beträchtliche Anzahl Menschen vereint.

In zeitgenössischen Geschichtsaufzeichnungen ist erstmals der »Kardinalshut« erwähnt. In der Tat trugen einem Beschluß zufolge, der auf dem vorangegangenen Konzil gefaßt worden war, die zwölf Kardinäle den roten Hut. Die rote Farbe bedeutete, daß sie bereitwillig ihr Haupt darbieten und für den Glauben und die Kirche ihr Blut vergießen wollten. Die Behandlung ihrer Amtsbrüder vier Jahre zuvor durch Friedrich II., der sie gefangengenommen und festgehalten hatte, als sie sich zum Konzil begeben wollten, rechtfertigte das Symbol. Im übrigen hatten mehrere Prälaten mit dem König von Frankreich das Kreuz genommen, darunter einer der Kardinäle, Eudes de Châteauroux, päpstlicher Legat für das Heilige Land, und auch die Bischöfe von Clermont und von Langres, Hugo de la Tour und Hugo de Rochecorbon, die den König über das Meer begleiteten und nicht mehr zurückkehrten.

Während der ganzen folgenden Woche nahmen an den Unterredungen nur drei Personen teil: Blanca, ihr Sohn und Innozenz IV. Nichts von dem, was sie sprachen und beschlossen, drang nach außen.

Man kann jedoch wie Matthieu Paris als so gut wie sicher annehmen, daß es um die Wiederherstellung der Eintracht zwischen Kirche und Kaiserreich ging »und auf welche Weise man zu einem ehrenvollen Frieden gelangen könnte, denn der König war fest entschlossen, mit vielen Adeligen Frankreichs, die sowohl aus Treue zum König wie zu Gott mit dem Kreuz gekennzeichnet waren, gen Jerusalem zu ziehen. Aber sie konnten weder den See- noch den Landweg durch die Gebiete des Kaisers nehmen, solange kein Frieden mit der Kirche herrschte und ohne Zustimmung der ganzen Christenheit.«

Sicher kam auch ein anderer Punkt zur Sprache, nämlich die geplante Heirat Karls von Anjou mit der Erbin der Provence, Beatrix. Seit dem Tod ihres Vaters Raymond-Bérenger sah sich das junge Mädchen von Bewerbern umringt. Einer von ihnen war der König von Aragonien, Jakob, mit dem Beinamen »der Eroberer«, der es für angebracht gehalten hatte, seinem Antrag durch die Entsendung einer bewaffneten Truppe Nachdruck zu verleihen, und deshalb Aix-en-Provence belagerte. »Bei seinem Aufbruch setzte Ludwig einen beträchtlichen Teil seiner Eskorte in Marsch, damit sie Beatrix, die jüngste Schwester der Königin von Frankreich, Margarete, mit Waffengewalt befreie, die der König von Aragonien mit seinem zum Krieg gerüsteten Heer belagerte... und die er schamlos belagerte, um sie, wie er sagte, mit seinem Sohn zu vermählen.«

Die Expedition wurde prompt durchgeführt. An ihrer Spitze stand der jüngste Bruder des Königs, Karl. Unterwegs begegnete er dem Sendboten des Grafen von Toulouse, Raymond VII. Dieser hatte bei der Nachricht vom Tod des Grafen von Provence, seines alten Gegners, umgehend seine Gemahlin Margarete von Marche, Tochter seines Verbündeten Lusignan, verstoßen, die übrigens sofort in die Scheidung einwilligte, da ihre Ehe überhaupt nie vollzogen worden war. Die Annullierung der Ehe war am 25. September vom Papst bestätigt worden, und Raymond hatte sich zweifellos am Ziel seiner Wünsche geglaubt, nämlich durch Heirat die Provence an sich zu bringen, die mit Waffengewalt und Unterstützung des Kaisers zu erobern ihm nicht gelungen war. »Der Bote, den er zur Frau Königin von Frankreich sandte, auf daß sie mit dem einverstanden sei, was zuvor Gegenstand von Unterhandlungen zwischen ihm und dem Vater des jungen Mädchens gewesen war, begegnete auf dem Wege seiner Hoheit Prinz Karl, der sich beeilte, sie zu ehelichen.« Die in einem wahren Wettlauf zustandegekommende Hochzeit wurde am folgenden 31. Januar in Paris gefeiert. Nun war Karl Graf von Provence.

Blanca scheint übrigens nie den ihr gebührenden Dank von ihrem Sohn erhalten zu haben, dessen Ehrgeiz offenbar keine Grenzen kannte. Er beschwerte sich sogar darüber, daß die Feste anläßlich seiner Hochzeit nicht so glanzvoll waren wie die von Sens bei der Heirat Ludwigs IX.: »Ich bin Sohn eines Königs und einer Königin, und er war es nicht.« Allerdings wissen wir dies von dem noch immer scharfzüngigen Matthieu Paris. Vielleicht hatte man sich tatsächlich nicht die Zeit genommen, diese Hochzeit mit dem gewohnten Pomp zu feiern, denn Ludwig hatte das Saône-Tal erst Mitte Dezember verlassen. Am 8. Dezember, dem Tag Mariä Empfängnis, hatte er mit seiner Mutter und seinen Brüdern der Weihe der Sankt-Peters-Kirche zu Macon beigewohnt, die vom Papst selbst vorgenommen worden war.

Während Karl sich nur halb zufrieden zeigte, gaben viele andere Fürsten ganz offen ihrem Unmut Ausdruck. Nicht nur Jakob von Aragonien und Raymond von Toulouse, sondern auch Heinrich von England und dessen Bruder Richard von Cornwall, beides Schwiegersöhne Raymond-Bérengers, fanden es schlecht, daß dieser seiner jüngsten Tochter die Provence vererbt hatte, die auf diese Weise an das französische Königshaus fiel. Am meisten erzürnt darüber war Margarete; sie hatte ihren jungen Schwager nie gemocht, aber jetzt haßte sie ihn. Ihre Feindschaft belastete die Atmosphäre am französischen Königshof, die bis dahin recht friedlich gewesen war, sehr, und Margarete machte kein Hehl daraus, daß sie den englischen Teil ihrer Familie dem französischen vorzog.

Für Blanca jedoch erfüllte sich mit dieser zweiten provençalischen Hochzeit, die ihr Werk gewesen war, einer ihrer Herzenswünsche. In diesen Regionen, die zu Lebzeiten ihres Gemahls Schauplatz so vieler blutiger Zwischenfälle gewesen waren, würde fortan Ruhe herrschen. Ihr Plan war vom Papst befürwortet worden, da dieser eine Gelegenheit darin sah, dem Kaiser einen Streich zu spielen und sich gleichzeitig das Wohlwollen des Königs von Frankreichs zu sichern.

Am Pfingstfest des Jahres 1246 wurde, diesmal mit allem wünschenswerten Prunk, in der Burg von Melun Karls Schwertleite gefeiert; von diesem Zeitpunkt an nennt er sich Karl von Anjou, da er nun, gemäß der letztwilligen Verfügung seines Vaters, mit Maine und dem Anjou investiert wird.

Der junge Graf wird in den Besitzungen seiner Gemahlin sehr bald seine verwalterischen Fähigkeiten unter Beweis stellen, sich aber auch als äußerst strenger Gerichtsherr erweisen. »Als Karl, nachdem er ihr Graf geworden war, in die Provence kam, begann er in seinen Landen Recht zu sprechen: Er bestrafte die Plünderer, schickte die Diebe in den Tod, machte für die Händler die Wege sicherer«, wie ein fremder Beobachter notiert. »Zu diesem Zweck sorgte er dafür, daß alle Festungen in seinem Herrschaftsbereich in seiner Hand waren, damit die Räuber keine Unterstützung erführen. Bis dahin hatten die Burgherren mit den Spitzbuben gemeinsame Sache gemacht und ihnen in ihren Festungen Zuflucht und Aufenthalt gewährt und ihnen nach Kräften beigestanden.«

Auch in der Krondomäne treten Probleme in der Verwaltung auf. Und es scheint, daß es Blanca war, die sich ihrer annahm.

Im Januar 1247 verschickt der König offene Briefe. Er hat Ermittlungsbeamte beauftragt, »schriftliche Beschwerden, die man gegen Uns oder Unsere Ahnen vorbringen kann, entgegenzunehmen und gemäß dem ihnen von Uns angegebenen Verfahren zu überprüfen, desgleichen Aussagen betreffend Ungerechtigkeiten, Machtmißbrauch und alle anderen Verfehlungen, derer sich unsere Baillis, Profosse, Forstbeamten, Sergeanten und deren Untergebene seit Beginn unserer Herrschaft möglicherweise schuldig gemacht haben.«

Eine ganz außergewöhnliche neue Maßnahme von nicht zu unterschätzender Bedeutung. Wenn die Könige bisher Abgeordnete, Baillis oder Seneschalle im Reich umhersandten, damit diese sie gegenüber den örtlichen Verwaltungsstellen verträten, dann im wesentlichen zum Nutzen des Königs selbst, um die niedrigen Beamten zu kontrollieren. Bei den 1247 angeordneten Untersuchungen handelt es sich nicht mehr darum, die Mechanismen der Verwaltung zu überwachen – wenn es gestattet ist, diesen für die damalige Zeit noch anachronistischen Begriff zu benutzen. Die »Herren Ermittlungsbeamten« wenden sich direkt an das Volk. Es sind weder hochgestellte Prälaten noch hohe Adlige, sondern Bettelmönche, Franziskaner und Dominikaner, die sich aus Berufung der Menschen aus dem Volk annehmen. Man nennt sie »die Brüder, die sich um die Rückzahlungen kümmern«. Ihr Auftrag lautet, die Beamten des Königs in Fällen von Machtmißbrauch zu zwingen, ihr Unrecht wiedergutzumachen.

Diesen Erhebungen, die etwas vollkommen Neues darstellen, verdankt Blancas Sohn seinen Ruf als gerechter König, Freund der Armen und der kleinen, einfachen Leute. Seine Zuneigung zu ihnen äußert sich nicht nur in der großzügigen Verteilung von Almosen, sondern auch in königlichen Verfügungen und wirksamen Maßnahmen, die den Armen die Möglichkeit geben sollen, ihre Stimme zu erheben, wenn sie sich bei den jeweils Mächtigen kein Gehör verschaffen können. Das war in der Verwaltungsgeschichte eine Meisterleistung.

Die Untersuchungsbeamten sollen in Form von Einträgen auf ihren Pergamentrollen – von denen sich eine Anzahl bis heute erhalten hat – unendlich viele, oft ganz unbedeutende Fakten sammeln, Widerschein des täglichen Lebens und winziger Dramen, deren Darsteller Guillaume Boit l'aive (Wilhem Wassertrinker), Étienne Malemouche (Stefan Bösfliege), Yves Ombre d'âne (Ivo Eselsschatten), Etienne Pot à feu (Stefan Feuertopf) und so weiter hießen, denn damals war der Familienname meist nur ein Spitzname.

Auch ein Widerschein der Kriege und Wirren, die in bestimmten Teilen des Landes eine blutige Spur hinterlassen haben; darum wurden die Untersuchungen besonders sorgfältig in jenen Gebieten geführt, die unter den Ereignissen dieser dreißig Jahre zu leiden gehabt hatten, vor allem in der Normandie und in den südlichen Regionen.

Viele Klagen kamen von Menschen, deren Landbesitz eingezogen worden war, weil sie weiterhin dem König von England gedient oder sich zur Zeit der Belagerung von Bellême in England befunden hatten. Diese Beschlagnahmungen waren oft ohne Ansehen der Person erfolgt. So etwa gehörte zu den Opfern Guillaume, der Seneschall von Authieux-sur-Calonne, der mit Einwilligung des Königs nach England gereist war, um die Mitgift seiner Gemahlin zu verlangen; dennoch brachte man ihn um eine Erbschaft in der Normandie, die einen Ertrag von jährlich dreißig Sous abwarf.

Im Artois haben die dreißig Jahre zurückliegenden Vorbereitungen für die Landung in England bittere Erinnerungen hinterlassen: Für die damaligen Requisitionen war nie eine Wiedergutmachung geleistet worden. Gautier Hanikaigne weist darauf hin, daß man seiner Mutter Margarete Leder und einen Betrag von siebenundvierzig Livres wegnahm und daß ihr nichts zurückerstattet wurde; Margarete stammte aus Tournai und war Parteigängerin König Philipps gewesen. Gautier Pavio beklagt sich darüber, daß König Ludwig vor seinem Übersetzen nach England im ganzen Land hatte vekünden lassen, daß er, wenn die Kaufleute ihm Getreide, Wein und andere Lebensmittel als Proviant für seine Truppen nach England senden würden, ihnen das Doppelte zahlen wollte, falls der Gegner ihre Ware kaperte; er selbst habe ihm eine ganze Schiffsladung voll geschickt. Die Engländer hätten sich auf hoher See dieses Schiffes und vieler anderer aus Gravelines bemächtigt, Gautiers Diener seien von ihnen getötet worden, er selbst habe fünfhundert Livres und die anderen Händler dreitausend verloren: Nun forderten sie alle Entschädigung.

Im Languedoc, dem Albigeois und der Sénéchaussée Beaucaire und Carcassonne gibt es zahlreiche ähnliche Fälle. Da sind diejenigen, die bei der Belagerung von Carcassonne schwere Einbußen erlitten hatten wie Reine und ihre Schwester, Töchter Ermengauds von Cavenac, die bei der Zerstörung des Marktfleckens ihr väterliches Erbe verloren; alle anderen, so sagen sie, hätten ihr Erbe zurückerhalten, aber das ihre habe der Seneschall ihnen nicht zurückgegeben. Da sind die Bauern von Tourbes, die man zu dem Zeitpunkt besteuerte, als sie aufgefordert wurden, an der Brücke über die Vidourle für den König zu kämpfen.

Oft sind es ganz nichtige Beschwerden – Maria, die Salzsiederin, beklagt sich, daß man ihr eine Decke und ein Kopfkissen weggenommen hat, und Simon, ein armer Jude aus Arles, vermißt seinen braunen, mit Hasenpelz verbrämten Mantel –, in denen sich die großen Ereignisse widerspiegeln: Wilhelm der Alte und seine Söhne in Arras hatten ihre wohlbeschirrten Pferde für den Krieg im Albigeois zur Verfügung stellen müssen: Nur eines erhielten sie zurück, ohne Geschirr. Pierre Serda und seine Freunde in Roullens waren von einem Beamten des Königs, Thibaud de Corbeil, aufgefordert worden, eine Nacht lang an der Belagerung von Montségur teilzunehmen: man hatte jedem zwölf Denar dafür versprochen, die keiner erhalten hatte. Pierre Bordas aus Villemagne war wegen Ketzerei angeklagt und ins Gefängnis geworfen worden, weil er – gezwungenermaßen und gegen seinen Willen, so versichert er – einen Bürger aus Toulouse, gewiß ein Geächteter, namens Étienne Massa und dessen Frau bei sich aufgenommen hatte. Ein Jude aus Béziers, David, war von dem Seneschall Guillaume des Ormes um ein Bauernhaus gebracht worden, das er auf der anderen Seite von Béziers besaß, und ersuchte um dessen Rückgabe an seine Kinder.

Zahlreich sind die kleinen Grundherren, die sich beklagen, enteignet worden zu sein, weil sie bei dem Aufstand Trencavels die Waffen gegen den König erhoben hatten. Pons, dem Burgherrn von Villalbe, wurden mitten auf dem Markt vier Ochsen beschlagnahmt, die er soeben gekauft hatte, mit der Begründung, er habe sie von faidits, Geächteten, erworben. Und Isarn Guiffred aus Couffoulens, der während des Krieges sein Korn in Leuc bei Carcassonne in Sicherheit glaubte, mußte sich, als wieder Frieden eingekehrt war und er es abholen wollte, sagen lassen, daß es »Kriegsbeute des Königs« sei.

Unzählige kleine Vorfälle dieser Art wurden in den Ermittlungsrollen festgehalten. Auch kleine Delikte sind dabei, so etwa unberechtigtes Holzfällen – von den großen Holzschlägen wie denen in Pézenas für den Bau von Kriegsgerät ganz zu schweigen –; oder das Umherschweifenlassen von Tieren wie jener Kühe einer gewissen Isabelle Chaucebure, die beschlagnahmt wurden, weil sie in Schonungen geweidet hatten; Prügeleien, Schläge und Verletzungen; Sittlichkeitsvergehen wie der Fall jenes Martin Frottecouenne, den zwei Dorfbewohner als Gefangenen nach Beaufort-en-Vallée brachten, weil ein Mädchen ihn beschuldigte, von ihm vergewaltigt worden zu sein; oder wie der Fall jener zwei Burschen in einem Dorf in der Normandie, die der Kebsfrau ihres Vaters eine Tracht Prügel verabreicht hatten.

Bemerkenswert ist an diesen Aufstellungen von Machtmißbrauch, vom himmelschreiendsten bis zum minimalsten, daß man selbst die geringsten Leute anhört. Leibeigene und Juden kommen, sich zu beschweren, und ihre Beschwerden werden festgehalten. Selbst diejenigen, die sich nie zu beklagen gewagt haben oder deren Beschwerden die Beamten des Königs sich nie haben anhören wollen, finden ein offenes Ohr. Sie sind sich der Neuheit dieser Tatsache bewußt. Recht bezeichnend ist die Aussage eines gewissen Raymond Bernard, Zimmermann aus Roullens, der sich beklagt, daß der Bailli des Marktfleckens ihm die Erträge seiner Äcker und seines Weinbergs abgenötigt habe. Auf die Frage, warum er nicht schon früher Klage geführt habe, antwortet er: »Ich war damals jung, schwach und arm, und weder der schuldige Bailli noch seine Nachfolger wollten mich je anhören.«

Die Rechtsprechung, und das ist neu in ihrer Geschichte, erfolgt nun in unmittelbarer Nähe der kleinen Leute; sie kommt zu ihnen nach Hause und gibt ihnen Gelegenheit, sich zu äußern.

Man mag sich fragen, inwieweit Blanca diese Untersuchungen angeregt hat; gewiß schadet es dem guten Ruf ihres Sohnes als gerechtem Richter nicht, wenn man feststellt, daß diese Einrichtung einen Charakterzug seiner Mutter spiegelt. Daß Blanca das Wohl der kleinen Leute am Herzen lag, haben bereits ihre Zeitgenossen festgestellt: »Sie achtete darauf, daß es (das mindere Volk) nicht von den Reichen mit Füßen getreten wurde, und sorgte für Gerechtigkeit.« Man findet darin jenes undefinierbar Weiblich-Mütterliche wieder, das die Königin charakterisiert, dieselbe Art Reaktion wie damals bei der Belagerung von Bellême, als sie bei ihrer Ankunft sagte: »Diese Leute frieren, man muß vor allem dafür sorgen, daß sie sich aufwärmen können.«

Übrigens wurden die Erhebungen in Blancas persönlichen Besitzungen Hesdin, Bapaume und Lens, die bis 1237 ihr Leibgedinge gewesen waren, 1247 sehr sorgfältig durchgeführt. Immer wieder tragen die Ermittlungen auch Spuren ihres persönlichen Einsatzes. Es war die Königin, die bei einem Aufenthalt in Caen Robert de Champeaux die lange geschuldeten dreißig Livres zurückerstatten ließ. In manchen Fällen ließ sie die Strafen von Gefangenen mindern. Sie schaltete sich ein, damit Pierre Potet aus Loudun die hundertsechs Sous zurückerhielt, die der königliche Sergeant Colin aus Lorris ihm schuldete. Und natürlich wurde sie von den Klageführenden oft in einem Atemzug mit dem König genannt, wenn sie sich »an den König und seine sehr teure Mutter« wandten. All das zeigt, daß man weder bei dieser Einrichtung noch bei anderen Regierungsakten unterscheiden kann, ob sie auf Ludwig oder auf Blanca zurückgehen.*

Im übrigen bereitete man weiterhin den Kreuzzug vor. Am Vorabend seines Aufbruchs handelt Joinville auf seinem bescheidenen Besitz genauso wie der König in seinem umfangreichen Herrschaftsbreich. Er ruft seine Männer zu sich und sagt zu ihnen: »Meine Herren, ich werde ins Morgenland fahren und weiß nicht, ob ich zurückkehren werde. Darum tretet vor: Wenn ich Euch irgendein Unrecht angetan habe, werde ich es wiedergutmachen, einem nach dem anderen, so wie ich es auch gegenüber jenen zu tun pflege, die von mei-

* Es ist immerhin recht bezeichnend, daß der mürrische Seneschall Pierre d'Athies, als man ihn drängt, im Namen des Königs Recht zu sprechen, voller Zorn antwortet: »Was wollt Ihr? Sagt es, und zwar schnell! Gern gäbe ich hundert Silbermark, um nichts mehr vom König ebenso wie von der Königin zu hören!«

nen Leuten etwas zu fordern haben... Und um keinen zu beeinflussen«, fügt er bei der Beschreibung der Szene hinzu, »entfernte ich mich aus der Versammlung und hielt mich an alles, was sie beschlossen, ohne zu diskutieren.«

Mit jedem Tag, der verging, rückte nun der Aufbruch zu der großen Pilgerfahrt näher. Eine Zeitlang sah es so aus, als würde er aufgeschoben. Kaiser Friedrich II. wollte sich nach Lyon begeben: er hatte seine Vasallen einberufen und ihnen befohlen, sich innerhalb der zwei auf die Oktav von Pfingsten folgenden Wochen unter Waffen in Chambéry einzufinden. Der Papst und seine Umgebung gerieten darüber in helle Aufregung.

Blanca, ihr Sohn und dessen Familie befanden sich zu diesem Zeitpunkt in Pontigny, um einer bewegenden Feier beizuwohnen: Edmund, der Erzbischof von Canterbury, dem einst der französische Königshof Asyl gewährt hatte, war heiliggesprochen worden, und seine sterbliche Hülle sollte in der Abteikirche feierlich beigesetzt werden; der heilige Mann war sieben Jahre zuvor im Kloster Soisy bei Provins gestorben.

Einige Tage später teilten die Boten Friedrich II. mit, daß, wenn er die Alpen überschritte, König Ludwig von Frankreich, dessen Mutter Blanca und seine drei Brüder ihm entgegenziehen würden und daß die Ritter bereits zur Saône und Rhône abkommandiert worden seien. Der Kaiser gab nach. Am 17. Juni richtete Innozenz IV. an Blanca, Ludwig und dessen drei Brüder Dankesschreiben: »Mögen sich die Himmel freuen und die Erde frohlocken!«

»Nachdem der König seine Ausfahrt vorbereitet hatte, nahm er in Notre-Dame zu Paris seine Schärpe und seinen Pilgerstab, und der Bischof sang ihm die Messe. Er, die Königin, seine Brüder und deren Gemahlinnen verließen unbeschuht und barfüßig Notre-Dame, und alle Kongregationen und das Volk von Paris begleiteten sie unter Tränen und Schluchzen bis Saint-Denis. Dort verabschiedete sich der König von ihnen und sandte sie nach Paris zurück und weinte recht heftig, als er sich von ihnen trennte.

Aber die Königin, seine Mutter, blieb bei ihm und begleitete ihn gegen seinen Willen drei Tagesreisen weit. Dann sagte er zu ihr: ›Schöne, sehr liebe Mutter, diesmal seid Ihr es mir schuldig, kehrt nun um. Ich lasse meine drei Kinder Ludwig, Philipp und Isabella unter Eurer Obhut zurück; und ich übergebe Euch die Herrschaft über das Reich. Ich weiß sehr wohl, daß sie bei Euch in guter Hut sein werden und daß Frankreich von Euch gut regiert werden wird.‹ Darauf antwortete ihm die Königin unter Tränen:

›Schöner, holder Sohn, wie wird mein Herz die Trennung von Euch überstehen? Gewiß wird es schwerer sein, als einen Stein entzwei zu hauen, denn Ihr seid mir der beste Sohn gewesen, den eine Mutter je hatte.‹ Nach diesen Worten sank sie ohnmächtig zu Boden. Der König richtete sie auf und küßte sie und ging weinend fort von ihr. Und auch die Brüder des Königs und ihre Gemahlinnen nahmen weinend Abschied von der Königin. Und wieder schwanden der Königin die Sinne, und sie blieb lange ohne Bewußtsein. Als sie wieder zu sich kam, sagte sie: ›Schöner, feinlieber Sohn, ich werde Euch nicht wiedersehen, mein Herz sagt es mir.‹ Und sie behielt Recht. Denn sie starb, ehe er zurückkehrte.«

So beschreibt der Menestrel von Reims Blancas Abschied von ihrem Sohn; die Worte, die er dazu benutzt, sind von bewegender Schlichtheit. Man kann sich vorstellen, wie Blanca zum letzten Mal ihre vier Söhne anblickt, die, obwohl so verschieden, dennoch Züge ihres Gemahls und ihrer selbst besitzen: »Zwei der Brüder waren sanft und einfachen Gemüts, von zartem Körperbau und wenig geeignet zu kämpfen, das waren Ludwig und Alfons; die beiden anderen, Robert und Karl, waren sehr heißblütige Männer, stark und stämmig, geschickt im Umgang mit Waffen und überaus streitbar.« Alle vier waren hervorragende Krieger, aber der Chronist erkannte sehr wohl die Charaktereigenschaften, die bei jedem dominierten: Robert und Karl waren draufgängerischer, Ludwig und Alfons verhaltener und sanftmütiger. Der hitzköpfige Robert konnte sehr liebevoll sein, und sein ältester Bruder hatte eine geheime Vorliebe für ihn; zumindest empfand dies Joinville, als er später die vertraulichen

Gespräche mit dem König aufzeichnete. Aber Ludwig war beim Volk populärer und auch der Lieblingssohn seiner Mutter: »Der König war groß und schwächlich, eher schlank und von ausreichender Körpergröße; er hatte das Antlitz eines Engels und feine Gesichtszüge«, sagt der Franziskanermönch Salimbene, ein Italiener, der in der Stadt Sens, wo er damals lebte, den königlichen Zug gesehen hatte. Er beschreibt diesen Zug so: »Der König begab sich nicht im königlichen Prunkkleid in die Kirche der Minderen Brüder, sondern im Pilgergewand, mit umgehängtem Schnappsack und Pilgerstab ... Er kam nicht geritten, sondern ging zu Fuß, und seine Brüder, die drei Grafen, folgten ihm in der gleichen Demut und in ähnlicher Aufmachung. Der König achtete nicht auf die ihn eskortierenden Edelleute, sondern schenkte seine Aufmerksamkeit vor allem den Gebeten und den Fürbitten der Armen. Eigentlich wirkte er aufgrund seiner tief empfundenen Frömmigkeit eher wie ein Mönch denn wie ein für den Krieg gerüsteter Ritter: Er trat in die Kirche der Brüder ein, beugte andächtig das Knie, betete vor dem Altar, und als er die Kirche verließ, blieb er einen Augenblick vor dem Tor stehen, ich stand ganz nah neben ihm ... Als wir im Kapitel versammelt waren, hub der König zu sprechen an; indem er sein eigenes Schicksal, das seiner Brüder, der Frau Königin und seiner Umgebung Gott befahl, bat er die Mönche um Gebete und Fürbitten, und einige der französischen Brüder, die in meiner Nähe waren, waren so bewegt, daß sie hemmungslos weinten.« Der gute, aber recht anspruchsvolle Mönch – er findet, daß die Frauen in Frankreich, jedenfalls die in Sens, alle wie Mägde wirken – beschreibt den König in den höchsten Tönen.

Vor dem Hospital am Eingang der blühenden Stadt Corbeil findet dann an einem herrlichen Junitag der endgültige Abschied statt. Blanca, der ihr Sohn Alfons noch ein Jahr zur Seite stehen wird, ehe er ebenfalls ins Heilige Land aufbricht, wird dem Zug, der sich über den Hang zur Seine und Essonne hinabbewegt, lange nachgeblickt haben. Das Klappern der Pferdehufe mischt sich in das ohrenbetäubende Geräusch der Mühlräder unter den Brückenbogen. Die Turmspitzen der großen Marienkirche, der Kirchen Saint-Spire, Saint-Étienne und der hübschen Kapelle der Komturei Saint-Jean-en-l'Île erstrahlen im Sonnenlicht. Mit flatternden Wimpeln erklimmen Ritter und Sergeanten den Hügelhang gegenüber, und langsam bewegt sich das bunte Band die Straße entlang.

Zu den Feudalherren des Nordens, von denen viele den König begleiten, werden sich noch zahlreiche Adlige des Südens gesellen, und man wird, Zeichen der Aussöhnung und des Friedens im Königreich, die seit jeher Getreuen und diejenigen, auf deren Unterwerfung man vor einigen Jahren noch nicht einmal hoffen konnte, Seite an Seite dahinreiten sehen: den Grafen von Bretagne, Pierre Mauclerc, und die Barone aus dem Süden wie Trencavel de Béziers und Olivier de Termes.

Blanca hat ihre Tränen getrocknet. Einmal mehr muß sie ihren Kummer vergessen, ihren Schmerz überwinden. Sie ist Königin.

Ein Befehl, und ihre Eskorte setzt sich gen Norden in Marsch.

»Gehn muß ich dahin, wo ich Leid werd' tragen.«

7
»Wie eine Lilie«

In der Pariser Cité ragen nun die beiden Türme von Notre-Dame in den Himmel wie die erhobenen Arme einer Orante. Der Nordturm um ein geringes massiger, weniger elegant als der Südturm, vielleicht weil er diesem nachgestaltet worden ist: Man sollte nie ein gleichartiges Werk zweimal machen, denn dem zweiten wird stets die Kühnheit des Neuen fehlen.

Wie auch immer, Notre-Dame ist schön: schön in ihren leuchtenden Farben, durch die ihre Fassade an ein illuminiertes Blatt einer Handschrift erinnert, in ihrer beschwingt-imposanten Bauweise, in ihrer Kompaktheit und der Anmut der zahlreichen Säulchen. Ihren zwei Türmen antwortet die hohe, schlanke Turmspitze der Sainte-Chapelle, die wie sie die Glockentürme der zwölf umliegenden Kirchspiele überragt.

Notre-Dame ist schön, die Pariser sind stolz auf ihre Kathedrale. Sie lieben es, die drei Eingangsportale zu betrachten, wo in scheinbar ewiger Prozession die Apostel vorüberziehen, in den vierundzwanzig Statuen der hohen Galerie die Könige von Juda zu erkennen und auf dem mittleren Tympanon unter den unzähligen Engeln im Bogenwerk die Seligen auszumachen, in deren Mitte sich ein schöner Schwarzer mit verzückt lächelndem Antlitz befindet.

Notre-Dame ist schön, das Gotteshaus ist keine Baustelle mehr, sondern fertiggestellt. Beendet das Werk, das seit achtzig Jahren den Nachfolgern des Bischofs Maurice de Sully und dem Kapitel solche Sorgen bereitet hat. Ein Menschenleben reichte nicht aus, um das riesige Kirchenschiff zu erbauen, das zwar nicht alle Schäflein der Diözese, aber doch zumindest den größten Teil davon aufnehmen kann.

Doch was geschieht nun? An der dem Kloster zugewandten Nordseite versammeln sich erneut Maurer und Klempner. Abermals errichtet man eine Bauhütte, eine Unterkunft, in der Baumeister Jean de Chelles, ein Mann der Domäne, Pläne und Skizzen zeichnen wird. Abermals die langen Tische, auf denen die Glasmaler mit Kreide das Netz der Kirchenfenster entwerfen werden. Die Kathedrale ist doch noch nicht fertig. Man hat beschlossen, das Querschiff zu erweitern und mittels einer riesigen Fensterrose, zu Ehren der Mutter Gottes in Blautönen gehalten, zu erhellen.

Und das Leben geht weiter, erregender denn je.

Blanca hat wieder ihre königlichen Pflichten übernommen. Nie ist das Leben abgeschlossen.

Der König, der sich auf der weiten Pilgerfahrt befindet, hat ihr das Reich anvertraut. Das ist nichts Außergewöhnliches: Als Philipp August ein halbes Jahrhundert zuvor das Kreuz genommen hatte, hatte auch er das Reich seiner Mutter anvertraut; und ebenfalls sein Rivale, der König von England, obwohl er einen Bruder besaß, der alt genug war, seine Stelle einzunehmen. Blanca hatte sich nach und nach von ihrem Sohn zurückgezogen, jedoch nie ganz aufgehört, ihm beratend zur Seite zu stehen. Und Ludwig fand es gut, daß die Königin diejenige war, »über die alle Angelegenheiten des Königreichs verhandelt wurden«. Aber als sie gerade Anstalten traf, sich in einem Kloster zur Ruhe zu setzen – wie es beispielsweise die Gräfin von Mâcon getan hatte, die die Suzeränität ihrer Grafschaft an den König abgetreten und sich nach Maubuisson zurückgezogen hatte –, mußte sie ins aktive Leben zurückkehren. Wenn nicht, hätte der König die Fahrt über das Meer nicht antreten können. Beruhigt brach er auf, er wußte das Königreich in guter Hut.

Mit sechzig Jahren ist Blanca bereit, sich abermals der Herausforderung zu stellen. Zweifellos mit weniger Furcht als fünfundzwanzig Jahre früher. Sie kennt jedes Rädchen, jede Schwachstelle im Königreich und auch bei ihren Widersachern. Alles, was ihr ganzes Glück ausmacht, ist mit diesem strahlenden Heer aufgebrochen, das sich gegen ihren Willen in Marsch gesetzt hat. Der geliebte Sohn, der schöne, taubenäugige Ritter, sie wird ihn nicht wiedersehen – tief in ihrem Herzen weiß sie es. Aber wenn sie hier seinen Platz einnimmt, beweist sie ihm einmal mehr ihre Liebe. Sie wird ihn einnehmen. Nicht zum ersten Mal wird ihr »Männermut in Frauenbrust« erwachsen.

Ihr Sohn Alfons ist bei ihr geblieben, er hat seine Abreise um einige Monate verschoben, denn der Waffenstillstand mit England läuft bald ab, und was wird Heinrich III. dann tun? Eine Zeitlang hatte man gehofft, auch er werde das Kreuz nehmen. Er tat es nicht, obwohl einige Kreuzritter England verlassen und die Schar der über das Meer Fahrenden vergrößert hatten, unter ihnen der Graf von Salisbury, Wilhelm Langschwert. Wird man erneut zu den Waffen greifen müssen? In diesem Fall wird der Graf von Poitiers einspringen; er ist achtundzwanzig und kann ohne weiteres selbständig eine militärische Operation leiten. Außerdem hat man ihn damit betraut, später die Gemahlin Roberts von Artois ins Heilige Land zu geleiten. Sie ist in Frankreich geblieben, da sie ein Kind erwartet, will aber an der Seite ihres Gemahls an dem Kreuzzug teilnehmen wie ihre Schwägerinnen.

Blanca vertritt nun an Ludwigs und Margaretes Kindern Mutterstelle: an Isabella, die später Königin von Navarra sein wird, dem Thronfolger Ludwig, der beim Aufbruch seiner Eltern erst viereinhalb Jahre alt ist, und dem dreijährigen Philipp. Die meiste Zeit leben die Kinder unter der Obhut des Kastellans im Louvre. Wieder obliegt Blanca die Erziehung eines Königs.

Bei ihren diversen Aufgaben wird sie unterstützt von ihrer schönen, anmutigen Tochter Isabella, »der edelsten Dame auf dem Erdenrund«. Die Dreiundzwanzigjährige hat viel Ähnlichkeit mit Ludwig; sie ist blond, so blond, daß die Zofen ihre Haare, die beim Frisieren im Kamm zurückbleiben, mit Goldfäden vergleichen und wie Reliquien aufbewahren, denn Isabella wird von ihrer Umgebung sehr verehrt. Blanca hatte gar keine Gelegenheit gehabt, ihre erzieherischen Talente bei ihr zu entfalten, und, ähnlich wie bei Ludwig, mit geheimem Entzücken beobachtet, wie sie heranwuchs. Der einzige Fehler, gegen den sie bei ihrer Tochter ankämpfen muß, ist ihr Hang zur Askese, der ihr übertrieben erscheint; sie wacht also darüber, daß Isabella sich ihrer hohen Stellung gemäß kleidet und schmückt, wie es einer Prinzessin geziemt. Später wird diese den Nonnen, ihren Mitschwestern, anvertrauen, daß sie »geschmückten Hauptes und prächtig gewandet ebenso gutherzig und Unserem Herrn ergeben war, als wenn sie ein Nonnenkleid getragen hätte«. Blanca findet auch, daß Isabella zu häufig fastet; schon in ihrer frühen Kindheit kasteite sie sich so sehr, daß die Mutter ihr Almosen für die Armen versprach, nur damit sie mehr aß. Eine notwendige Vorsichtsmaßnahme, denn auch Isabella hat eine zarte Konstitution. Wie einst ihr Vater und ihr ältester Bruder jagte sie mit etwa zwanzig Jahren ihrer Umgebung einen großen Schrecken ein. Blanca, die in Regierungsgeschäften anderswo weilte, hatte sie in Saint-Germain-en-Laye in der Obhut ihrer Schwägerin Margarete zurückgelassen, und diese hatte sie und den König in aller Eile zurückrufen müssen. Doch nachdem sie mit knapper Not dem Tod entgangen war, hatte sie sich wie ihr Bruder wieder erholt und starb erst 1270, dem Jahr, in dem auch Ludwig starb, in dem von ihr gegründeten Klarissinnenkloster Longchamps. Ihre Biographin, Schwester Agnes von Harcourt, die dritte Äbtissin dieses Klosters, faßt ihr Leben und ihren Charakter so zusammen: »Sie war ein Spiegel der Unschuld, ein Vorbild an Bußfertigkeit, eine Rose der Geduld, keusch wie eine Lilie, ein Quell der Barmherzigkeit.«

Eine seltsame Epoche: Die Priester, die Gottgeweihten, scheinen zu oft zu vergessen, daß der Herr von ihnen gefordert hat, »alles zurückzulassen«, um ihm zu folgen; die Laien hingegen suchen mit wachsendem Eifer Wege, auf denen sie zur Heiligkeit gelangen können. Tief in ihrem Herzen vergleicht Blanca unwillkürlich Isabella mit anderen Fürstinnen wie Elisabeth von Ungarn, Hedwig von Polen, Agnes von Böhmen – alles Frauen von strahlender Schönheit und hoher Geburt, die den weltlichen Ehren entsagten und sich für den einzigen Bräutigam entschieden, wobei sie sich häufig heldenhafte Askese und Entbehrungen auferlegten, die sie für unvernünftig hält, die jedoch zweifellos die Unzulänglichkeiten der anderen kompensieren, den Luxus der Prälaten, den Hang zu den irdischen Freuden, die ein guter Teil jener, die mit dem heiligen Priesteramt betraut sind, an den Tag legen. Vielleicht ist diese Entsagung inmitten des sie umgebenden Wohllebens Voraussetzung für das Über-sich-selbst-

Hinauswachsen, das jede Heiligkeit verlangt. Isabella scheint ihr Leben den Studien gewidmet zu haben, sie nimmt nur dann an den Lustbarkeiten des Königshofes teil, wenn sie nicht anders kann, und zerstreut sich, indem sie Ziertücher für die Kirche stickt. Als einzige Tochter neben vier Söhnen sollte sie einer großen Bestimmung zugeführt werden; der Kaiser hatte für seinen Sohn Konrad um ihre Hand nachgesucht, aber »sie hatte den himmlischen Bräutigam in vollkommener Jungfräulichkeit gewählt«, und Blanca respektierte ihre Entscheidung.

Für den Augenblick ist und bleibt England die dringlichste Sorge. Kurz vor Ludwigs Aufbruch hatte Heinrich III. erneut seine Ansprüche auf das ehemalige Herrschaftsgebiet der Plantagenets geltend gemacht und die Rückgabe der Normandie und der Gebiete in Westfrankreich verlangt. Er hatte seiner Forderung sogar durch Kaiser Friedrich II., der seine Schwester Isabella von England geheiratet hatte, Nachdruck verleihen lassen. Die Besitzungen des Königs von Frankreich waren während seines Kreuzzugs im Prinzip unantastbar; der Papst hatte ihn daran erinnert. Dennoch rief Heinrich seine Ritter zusammen; sie erhielten den Befehl, sich rechtzeitig für die auf den 15. September in Portsmouth festgelegte Einschiffung in London einzufinden.

Blanca scheint diese Drohgebärde jedoch nicht sehr ernst genommen zu haben: Sie kennt ihren Vetter in England wie keine zweite. Er ist ein Zauderer. Seine Beschlüsse sind nichts als Strohfeuer, unglaubwürdig auch seinen englischen Vasallen. Sie ist daher nicht überrascht, als sie am 20. September in Lorris den Besuch des Mannes erhält, der immer mehr Macht im Königreich hat: Es ist Heinrichs Schwager, Simon von Montfort. Er kommt, um ihr eine Verlängerung des Waffenstillstands bis zum 27. Dezember anzubieten. So wird man versuchen, den Ablauftermin bis zu Ludwigs Rückkehr zu prolongieren. Den englischen Baronen, die das Kreuz genommen haben, war von ihrem König verboten worden, gemeinsam mit dem König von Frankreich in See zu stechen. Werden sie die Erfüllung ihres Gelübdes noch länger hinausschieben, um ihrem Oberherrn Gelegenheit zu geben, die alten Zwistigkeiten beizulegen? Erfordert die Sorge um das Heilige Land nicht, daß man sie für einige Zeit hintanstellt, wie der Papst es verlangt?

Der Papst selbst hat es freilich nicht eilig, mit gutem Beispiel voranzugehen, und das ist für die Kreuzfahrer eine größere Gefahr, wenn man bedenkt, welche Unterstützung sie von der kaiserlichen Macht erwarten könnten. Blanca hat sich regelmäßig über das Vorrücken des Heers informiert. Sie weiß, daß Ludwig mit dem Papst, als dieser vom Saône-Tal kommend in Lyon eingetroffen war, eine Unterredung gehabt hatte, daß es ihm aber nicht gelungen war, den Starrsinnigen zu bewegen, Friedrichs Exkommunizierung aufzuheben, nicht einmal vorübergehend. Kurz danach erhält sie ein Schreiben Innozenz' IV., in dem er sie ermahnt, Mut zu fassen, und ihr seine Absicht mitteilt, darüber zu wachen, daß Frankreichs Sicherheit in Abwesenheit des Königs nicht gefährdet werde.

Ludwig war ohne größere Schwierigkeiten das Rhône-Tal hinabgezogen, wo die schreckliche Belagerung von Avignon noch nicht in Vergessenheit geraten war. Auf Ersuchen einiger Bewohner sprach er zwischendurch Recht und ließ die Burg von La Roche-de-Glun zerstören; sie gehörte einem Raubritter namens Roger de Clérieu, der die Reisenden ausplünderte und ihnen hohe Wegegelder abnahm. Als man sich Avignon näherte, rieten ihm einige Barone, die ihn begleiteten, Rache für seinen Vater zu nehmen, aber der König hieß sie schweigen: »Nicht um die Kränkungen zu rächen, die meinem Vater, meiner Mutter oder mir zugefügt worden sind, habe ich das Kreuz genommen; ich habe Frankreich verlassen, um Unseren Herrn zu rächen.« Da und dort kam es zu kleinen Handgemengen und Streitigkeiten, in Avignon ebenso wie später in Marseille, wo man den Schiffseignern vorwarf, aus der Lage Profit zu schlagen und sich an den Pilgern zu bereichern. Insgesamt geschah nicht viel, und der König konnte immer für Eintracht sorgen.

In Aigues-Mortes suchte Raymond von Toulouse ihn auf. Er entschuldigte sich dafür, daß er noch nicht ins Heilige

Land aufbrechen könne, aber daß er es ganz bestimmt im nächsten Jahr tun werde.

Die neue Stadt beginnt sich mit Menschen aus allen Himmelsrichtungen zu bevölkern: Provenzalen, Leute von der Küste und aus dem Hinterland, aber auch aus dem Languedoc, ja sogar Genueser und Katalanen lassen sich in ihr nieder. Weiß und gerade erhebt sich der Konstanzenturm im Sonnenlicht. Aus der Turmhöhe begrüßten am 25. August die Wächter inmitten einer Vielzahl blendend weißer Segel das königliche Flaggschiff, die Montjoie, die auf den Wellen tanzte, bis der Wind sie weit weg von der Heimat tragen würde.

Diejenigen, die sich so dem Meer anvertrauten, fürchteten nicht, ihre irdischen Güter zurückzulassen, weder der König noch die großen Barone, die ihn umgaben. Welch ein Gegensatz zwischen ihrem Verhalten und dem eines Papstes, der dem Kaiser weder Frieden noch Waffenstillstand zugesteht und sich nicht schämt zu zeigen, wie wichtig ihm die irdischen Güter sind. Ludwig hatte im vorangegangenen Jahr gegen die Steuerforderungen des Heiligen Vaters und die Verteilung der kirchlichen Benefizien, die aus wenig christlichen Gründen erfolgt waren, persönlich Einspruch erheben müssen. Wirft man dem Papst nicht vor, seine Neffen oder Personen, die ihm irgendwie gefällig gewesen waren, mit kirchlichen Ämtern zu bedenken? Und Ludwig tat es sogar sehr heftig: »Die Römische Kirche entsinnt sich nicht mehr ihrer anfänglichen Demut und erstickt in ihren Reichtümern, welche der Geiz und dessen Folgen in ihrem Schoß hervorgebracht hat ... Der König kann nicht dulden, daß man so die Kirchen seines Reiches ausraubt ... Die Dinge sind an einem Punkt angelangt, an dem die Bischöfe nicht mehr für ihre Schreiber und Sekretäre noch für ehrbare Personen ihrer Diözese aufkommen können ...«

Dennoch ist dieser selbe Innozenz IV., dem man soviel vorwerfen kann, befähigt, die Dinge insgesamt zu sehen, und verfügt über einen erstaunlichen Weitblick. Das bewies er, als er zu Beginn des Konzils vor der Mongolengefahr warnte; er bewies es, als er sich kurzerhand entschloß, einige

Prediger- und Mindere Brüder als Kundschafter zu diesen Tataren zu entsenden, die den Eindruck von Barbaren erweckten; er bewies auch jüngst seinen Sinn für Toleranz und Gerechtigkeit, als er an alle Bischöfe Frankreichs und Deutschlands eine Bulle richtete, in der er ihnen befahl, den Juden wohlwollend entgegenzutreten.

Im Vorjahr war es nämlich in dem auf Reichsgebiet gelegenen Valréas in der Markgrafschaft Provence*, die dem Grafen von Toulouse zugefallen war, zu einem scheußlichen Zwischenfall gekommen. Ein kleines Mädchen von zwei Jahren, Meilla, war am Dienstag der Karwoche, dem 26. März 1247, verschwunden.

Einige Tage später fand man seinen Leichnam im Stadtgraben. Da der Mord in der Karwoche geschehen war, beschuldigte man sofort die Juden von Valréas dieses Verbrechens. Hieß es nicht, daß sie zu ihrem Osterfest ein Kind als rituelles Opfer darbrachten? Im Zuge der Ermittlungen wurden drei Juden festgenommen, die nach sieben Tagen den Mord gestanden; allerdings waren sie gefoltert worden. Sechs weitere wurden verhört, von denen nur einer trotz Folterung bis zum Schluß die Tat leugnete. Die erregte Bevölkerung verjagte die jüdische Gemeinde, und mehrere ihrer Mitglieder wurden getötet.

Als Papst Innozenz IV. von der Sache erfuhr, war er zutiefst empört. In zwei Bullen, die er nacheinander an den Erzbischof von Vienne richtete, ordnete er an, die Gefangenen freizulassen und die jüdische Gemeinde zu entschädigen: »(Man muß) die Grausamkeit dieser Christen verurteilen, die, nach den Besitztümern der Juden und ihrem Blut gierend, diese berauben, verstümmeln und ohne Urteilsspruch töten. Sie mißachten die Toleranz des katholischen Glaubens, die ihnen gestattet, an ihrer Seite zu leben, und befiehlt, die Ausübung ihres Kultes zu dulden.« Kurz danach, am 7. Juli 1247, folgte eine weitere Bulle gleichen Inhalts an alle Bischöfe Frankreichs und Deutschlands.

* Man muß unterscheiden zwischen der Grafschaft Provence und der Markgrafschaft Provence, dem späteren Comtat-Venaissin.

Blanca hatte gewiß Verständnis für diesen Appell zur Toleranz; er rief ihr eine Angelegenheit ins Gedächtnis zurück, an der sie selbst beteiligt gewesen war. Vor nicht allzu langer Zeit – genau sieben Jahre war es her – hatte sie sich veranlaßt gesehen, die Juden von Paris unter ihren persönlichen Schutz zu stellen. Anlaß war jenes berühmte Kolloquium über den Talmud gewesen, das auf Initiative eines konvertierten Juden aus La Rochelle, Nicolas Donin, abgehalten wurde. Als dieser noch der jüdischen Gemeinschaft angehörte, hatte er die Rechtsgültigkeit des Talmud in Zweifel gezogen. Daraufhin war er von den Seinen exkommuniziert worden. Das war 1225 gewesen, also lange vor seinem Übertritt, der zwölf Jahre später erfolgte. Die Frage des Talmud lag ihm sehr am Herzen, ließ ihn nicht los; 1238 war er deshalb nach Rom gereist und hatte von Papst Gregor IX. eine Enzyklika erwirkt, damit der Talmud eingezogen werden konnte. Zu diesem Zeitpunkt wurde die Idee einer öffentlichen Debatte über den Talmud geboren. Blanca selbst hatte sich der Angelegenheit angenommen und im Einvernehmen mit dem Meister der Talmudschule von Paris, einem Rabbiner namens Jehiel, als Datum den 25. Juni 1240 festgelegt. In dieser Zeit waren Kolloquien über die Heilige Schrift zwischen Juden und Christen noch recht häufig, auch wenn sie in immer größeren Abständen veranstaltet wurden. Der Bischof von Paris, der im Jahr 1200 befand, daß Laien nicht immer befähigt seien, ihren Glauben korrekt zu verteidigen, hatte ihnen verboten, mit Juden zu diskutieren, und der Papst hatte dieses Verbot später wiederholt. Ende des Jahrhunderts sollte der Dialog zwischen Juden und Christen ganz verstummen.

Blanca, die sich für alle Fragen betreffend den Glauben und die Bibel lebhaft interessierte und aus einem Land stammte, wo die sehr zahlreichen Juden sich vollständiger Freiheit erfreuten, hatte die Gelegenheit, einer schönen »Disputation«, bei der sich die besten Experten der Kontroverse gegenüberstanden, nur zu gern wahrgenommen. Sie selbst hatte bei den Gesprächen den Vorsitz geführt. Vier Rabbiner waren von der jüdischen Gemeinde abgeordnet worden: Rabbi Jehiel, ein weiterer namens Mose von Coucy, Rabbi

Juda, Sohn des David von Melun, und Rabbi Samuel, Sohn des Salomon. Jeder von ihnen brachte ein Exemplar des umstrittenen Werks mit – jenes Talmud, den hundert Jahre früher der Abt von Cluny, Petrus Venerabilis, ins Französische hatte übersetzen lassen, da man damals allgemein sehr viel offener war als in der Folgezeit.

Rabbi Jehiel zögerte, die Debatte zu eröffnen, die innerhalb der Umfriedung des Königspalastes stattfand: »Du wirst uns vor dem Volkszorn nicht schützen können«, hatte er zu einem der königlichen Ratgeber gesagt. Entrüstet hatte Blanca an dessen Stelle geantwortet: »Sprecht nicht so; Ihr und die Euren können meines Schutze sicher sein. Wenn euch jemand Ungelegenheiten zu bereiten wagt, wird dies als Verbrechen, und zwar als ein Schwerverbrechen geahndet werden. Im übrigen«, hatte sie hinzugefügt, »wissen wir, daß Ihr aufgrund verschiedener päpstlicher Dekrete Immunität genießt.«

Im Laufe der Diskussion hatte sie mehrere Male das Wort ergriffen. Nicolas Donin wollte seine einstigen Glaubensbrüder zwingen, einen Eid zu leisten, aber diese weigerten sich, da ihnen ihr Gesetz das Schwören untersagte. Rabbi Jehiel hatte sich an die Königin gewandt: »Ich bitte Euch, Herrin, in meinem ganzen Leben habe ich keinen Schwur getan, ich werde jetzt nicht damit beginnen.« Blanca hatte vermittelnd eingegriffen: »Da ihm ein Schwur so schwer fällt und er bis jetzt nie geschworen hat, laßt ihn in Frieden.« So kam es, daß wiederholt der Dialog zwischen ihr und den Rabbinern stattfand und daß sie, wenn die Gerechtigkeit es erforderte, ihre Sache mit großem Eifer verfocht. Die Einzelheiten dieses Gesprächs waren ihr lebhaft in Erinnerung geblieben: Da ging es beispielsweise im Talmud um einen Juden namens Jesus, aber die Rabbiner wandten ein, daß es sich nicht um den Jesus aus den Evangelien handle – was ihre Gegner um jeden Preis von ihnen hören wollten. Blanca hatte schließlich verärgert eingeworfen: »Warum seid Ihr so beharrlich darauf aus, Euch verabscheuenswürdig zu machen? Er (dabei wies sie auf den Rabbiner Jehiel) sagt, daß seine Vorfahren bei dieser Gelegenheit nicht gegen denjenigen sprachen, den Ihr verehrt, und daß es sich nicht um ihn handelt. Wollt Ihr wirklich mit aller Macht seinen Lippen etwas entlocken, das Euch schrecklich wäre? Schämt Ihr Euch nicht?« Durch diese scharfe Rüge ermutigt, hatte Jehiel darauf hingewiesen, daß es gegenwärtig viele Ludwigs in Frankreich gebe, daß aber nicht alle König von Frankreich seien. Zum Schluß hatte Blanca ihn ausdrücklich gefragt: »Ich will, daß du mir die Wahrheit über den Glauben deiner Religion sagst: Ist das ein anderer Jesus als der, den wir Christen verehren?« – »Es ist nicht der Eure, von dem unsere Vorfahren sprechen . . ., nicht ihm haben die Worte gegolten, die da geschrieben stehen.« Daraufhin hatte Blanca die Diskussion über diesen Punkt für abgeschlossen erklärt.

Doch damit war die Debatte noch lange nicht beendet. Zwei Jahre lang hatten Prälaten, unter ihnen Gautier Cornut, der Erzbischof von Sens, Guillaume d'Auvergne, der Bischof von Paris, und Eudes de Châteauroux, der Kanzler der Universität, die Untersuchung fortgeführt und schließlich ihre Meinung abgegeben. Der Talmud wurde verurteilt. Vierundzwanzig Karren hatten die in Paris vorhandenen Exemplare auf die Place de Grève befördert, damit sie dort verbrannt würden.* Ein Rabbiner, der sich auf der Durchreise befand, Rabbi Meir aus Rothenburg, verfaßte aus diesem Anlaß eine Elegie, die von den Juden am Jahrestag der Zerstörung des Tempels rezitiert wird. Zumindest die Juden selbst, einschließlich der Talmudisten, genossen weiterhin den Schutz der Königin. Der Rabbi Jehiel sollte in der Folge eine Schule in Palästina eröffnen; er starb viele Jahre später, 1286, in Akkon.

Machtlos jedoch war Blanca gegen die Verhärtung der öffentlichen Meinung hinsichtlich der Juden. Man warf ihnen vor, trotz des Erlasses von 1230 weiterhin Wucher zu treiben. Es stellte sich aber heraus, daß die christlichen Bür-

* Es ist amüsant, in diesem Zusammenhang die Geringschätzung einer gewissen Presse – vor allem im Gedenkjahr des heiligen Ludwig, 1970 – festzustellen, die Ludwig den Heiligen als »Judenverbrenner« bezeichnete; verbrannt wurde der Talmud, nicht die Talmudisten.

ger, besonders die von Cahors, die sich auf den Geldhandel spezialisiert hatten, ebenso wie die Lombarden in keiner Weise nachstanden. Vielleicht wollten sie sich vor allem ihrer Konkurrenten auf diesem Gebiet entledigen; jene Bürger von La Rochelle, Poitiers, Saint-Jean-d'Angély, Niort, Saintes und Saint-Maxent, die 1249, am Vorabend seines Aufbruchs zum Kreuzzug, eine Abordnung zu Alfons von Poitiers sandten mit der Bitte, die Juden aus ihren Städten zu vertreiben. Der Graf gab jedoch ihrem Ersuchen nicht statt.

»An seine vortreffliche und sehr teure Mutter Blanca, durch Gottes Gnade erlauchte Königin von Frankreich, von Robert, Graf von Artois, ihrem ergebenen Sohn ... Wir wissen, wie sehr Ihr Euch über unser und der Unseren Wohlergehen freuen werdet und über alle die schönen Erfolge, die den Christen zuteil geworden sind, wenn Ihr darüber Gewißheit haben werdet. Nehmt denn Kenntnis, Eure Exzellenz, daß sich unser sehr teurer Bruder, der König, und die Königin und deren Schwester und wir uns durch die Gnade Gottes guter leiblicher Gesundheit erfreuen, was wir Euren inbrünstigen Wünschen zuschreiben. Unser sehr teurer Bruder, der Graf von Anjou, leidet noch unter den Nachwirkungen seines Quartanfiebers, jedoch weniger als gewöhnlich. Und wisset, Euer Liebden, daß unser sehr teurer Bruder und Herr, die Barone und Pilger, die den Winter in Zypern verbracht, am Abend des Himmelfahrtstages im Hafen von Limassol an Bord ihrer Schiffe gegangen sind, um wider die Gegner des christlichen Glaubens zu fahren.«

So begann das Schreiben, in dem Robert von Artois seiner Mutter von den glänzenden Anfängen des Feldzugs und dem Erfolg der Kreuzfahrer vor Damiette berichtete. Dieser Brief enthielt eine Fülle von Einzelheiten, die dazu angetan waren, das Herz der Königin zu erfreuen: die unüberschaubare Menge der türkischen Reiter und Schützen, die bei der Ankunft der Kreuzfahrer am Ufer Aufstellung genommen hatten; die vom Kronrat verabschiedete Schlachtordnung; wie die Kämpfer die großen Schiffe zurücklassen mußten, weil sie damit an einem Sandstrand nicht landen konnten, und auf kleinere umgestiegen waren; wie sich der Legat des Papstes auf dem Schiff des Königs verhielt; daß das gesamte Christenheer in voller Ausrüstung von den Schiffen ins Meer gesprungen und an Land gewatet war; und wie die Türken, die ihr Ufer verteidigten, vor der Begeisterung und dem Schwung der Christen hatten zurückweichen müssen und sich schließlich in der Stadt verschanzt hatten. »Diese vom Fluß, von hohen Mauern und starken Türmen geschützte Stadt ist uns durch den Willen Gottes des Allmächtigen ohne menschlichen Kraftaufwand am Tag nach der Oktav von Trinitatis um die Stunde der Terz in die Hände gefallen, nachdem die ungläubigen Sarazenen geflüchtet waren und sie aus freien Stücken aufgegeben hatten. Das war ein reines Gottesgeschenk, geschehen aufgrund der Großherzigkeit unseres Herrn, des Allmächtigen. Und wisset, daß die Sarazenen in dieser Stadt Nahrungsmittel und Fleisch in großen Mengen zurückgelassen haben und auch Kriegsgerät und alle möglichen anderen Güter.« Zum Schluß kam er noch kurz auf die Pläne des Königs zu sprechen: Um die Christen keiner Gefahr auszusetzen, werde das Heer warten, bis der Fluß, der gegenwärtig einen großen Teil des Landes überflutet habe, in seine Ufer zurückgetreten sei. Er fügte hinzu: »Wisset, daß die Gräfin von Anjou in Zypern einem sehr schönen und wohlgebildeten Sohn das Leben geschenkt und ihn dort einer Amme zurückgelassen hat.« Der Brief war datiert an der Vigil des Johannistages, dem 23. Juni 1249. Die Übergabe von Damiette, von der er berichtete, hatte am 6. Juni stattgefunden.

Kaum hatte man am französischen Königshof von diesem glorreichen Beginn des Feldzuges erfahren, als Alfons von Poitiers seinerseits auf den Tag genau ein Jahr nach seinem Bruder, dem König, in Aigues-Mortes Segel setzte. Er reiste auf einem genuesischen Schiff zusammen mit seiner Gemahlin Johanna von Toulouse und der Gräfin von Artois; der Heerbann der Aftervasallen begleitet ihn. Blanca hatte ihm persönlich viertausendvierhundert Pariser Livres ausgehändigt, da die sechstausend, die der Klerus schuldete, noch immer ausstanden. Wegen der Truppenverpflegung hatte sie beschlossen, sich an den Kaiser zu wenden, der ihr umgehend mit ausgesuchter Höflichkeit folgendes geantwortet hatte: Die Königin kenne ja seine Einstellung: Er wäre nur zu glücklich gewesen, selbst an dem Feldzug teilzunehmen, aber wegen seiner Exkommunizierung müsse das Heer auf seinen Beistand verzichten, den er ihm brennend gern geleistet hätte. Auch hätte er sich sehr gewünscht, sie mit Lebensmitteln versorgen zu können, doch seien die Preise in Sizilien seit zwei Jahren unverhältnismäßig gestiegen. Da er jedoch Blancas Bitten gegenüber nicht taub bleiben könne, habe er umgehend aus seinen eigenen Speichern tausend Ladungen Weizen und dieselbe Menge Gerste entnehmen lassen, die er zusammen mit fünfzig guten Streitrössern an den Grafen von Poitiers sende. Und natürlich gebe er dem Grafen jegliche Erlaubnis, in Sizilien und anderswo alles Nötige für sich und seine Leute einzukaufen.

Kurz bevor Alfons und Johanna von Aigues-Mortes ausliefen, war Raymond von Toulouse in der Stadt eingetroffen. Würde er endlich sein Versprechen einlösen und mit ihnen in See stechen? Noch nicht, sagte er, aber es werde nicht mehr lange dauern, bis auch er an Bord eines Schiffes gehen werde. Graf Raymond hatte bei der Absolutionsfeier in Notre-Dame das Kreuz genommen und seit damals – es war immerhin schon zwanzig Jahre her – noch geschickter die Erfüllung seines Gelübdes hinauszuzögern verstanden als sein Verbündeter Friedrich II. Immer wenn ihm die Exkommunizierung drohte, gelang es ihm im letzten Augenblick, sich davor zu drücken. Allerdings hätte er das nicht ohne die Hilfe Blancas geschafft, die jedesmal beim Papst zu seinen Gunsten intervenierte. Ein Dutzend Jahre früher – es war 1236 gewesen – hatte der Papst Graf Raymond befohlen, sein Versprechen binnen eines Jahres wahrzumachen: Auf Blancas und Ludwigs Bitte war die Frist sogar noch verlängert worden. Raymond VII. hatte sie aber nur dazu benutzt, um Raymond-Bérenger von Provence anzugreifen. Da hatte Gregor IX. die Geduld verloren und von ihm verlangt, daß er unverzüglich aufbreche. Abermals auf Bitte Blancas und Ludwigs gestattete er ihm jedoch, nur drei Jahre im Heiligen Land zu bleiben anstelle von fünf, wie er gelobt hatte. Unterdessen war es zu dem Komplott gekommen, das der glänzende Sieg von Taillebourg zerschlagen hatte. Dem war Raymonds aufsehenerregende Versöhnung gefolgt, auch diesmal wieder auf Bitten Blancas, die man daraufhin der Parteilichkeit gegenüber ihrem Vetter zieh. Zu guter Letzt hatte Raymond VII. es erreicht, daß sein einstiger Gegner Raymond-Bérenger ihm die Hand seiner Tochter Beatrix antrug; damit fiel ihm die Provence zu, die mit Waffengewalt zu erobern er vergebens versucht hatte. Doch Blanca war wachsam geblieben. Ihre Zuneigung zu dem Grafen von Toulose ging nicht so weit, ihm zu gestatten, daß er sich am anderen Rhône-Ufer festsetzte. Es mußte ihm genügen, daß er, ebenfalls dank ihrer Hilfe, die Markgrafschaft Provence – später »Comtat-Venaissin« genannt – erhielt. Fest entschlossen, seine Pläne zu durchkreuzen, hatte sie sich, wie wir gesehen haben, einmal mehr an den Papst gewandt, und Beatrix' drei Schwestern hatten ihre Gebete vereint, um dieser die Heirat mit Raymond auszureden.

Nachdem die Provence für ihn verloren war, hatte der Graf von Toulouse eine Wallfahrt nach Santiago de Compostela unternommen und sich, wie es hieß, in Spanien in eine »fremde Dame« verliebt, aber diese habe es abgelehnt, seine Frau zu werden.

Und sein Kreuzzugsgelübde? Der Aufbruch des Königs von Frankreich wäre eine Gelegenheit gewesen, es zu erfüllen. So dachte der Papst nach 1247, als er Raymond VII. eine Summe von zweitausend Mark zusagte, die ihm aber, wie er vorsichtshalber festlegte, erst im Heiligen Land ausgezahlt werden sollte.

Raymond VII. gelobt wieder einmal aufzubrechen. Diesmal scheint es ihm ernst damit zu sein. Von allen Seiten erhält er Zuspruch. König Ludwig sagt ihm sofort zwanzigtausend Pariser Livres zu. Der Papst schreibt zu seinen Gunsten an den Patriarchen von Jerusalem und an den Templerorden; er begnadigt alle »zur engen Mauer« (zum Gefängnis) verurteilten Ketzer in Raymonds Herrschaftsbereich mit der Maßgabe, daß sie das Kreuz nehmen. Jedermann freut sich, Raymond in so guter Stimmung zu sehen. Zu diesem Zeitpunkt, am 26. April 1249, läßt er in Berlaigues bei Agen achtzig Ketzer verbrennen – mehr noch als der Inquisitor Bernard Guy während seiner langen Laufbahn. Aber er zieht noch immer nicht ins Heilige Land.

Diesmal braucht er sich freilich keine Ausrede einfallen zu lassen. Kaum mehr als einen Monat, nachdem er sich von seiner Tochter und seinem Schwiegersohn verabschiedet hat, stirbt er am 27. September 1249 in Millau.

Das Testament, das Raymond vier Tage vor seinem Tod niederschreibt, hat übrigens etwas Bewegendes. Er nennt sich darin, wie er es auch schon während seiner letzten Lebensjahre getan hat, »Graf von Toulouse, Markgraf von Provence, Sohn der verblichenen Königin Johanna«. Diese Mutter, die er nie gekannt hat, Johanna von Fontevrault – die Erinnerung an sie scheint ihn gegen Ende seines Lebens beeinflußt zu haben. »Wir wählen als Ort unserer Grabstätte«, schreibt er, »das Kloster Fontevrault, wo König Heinrich von England, unser Großvater, König Richard, unser Oheim, und Königin Johanna, unsere Mutter, ruhen; wir wünschen, zu deren, unserer Mutter, Füßen zu ruhen.« Er vermacht dem Kloster Fontevrault den hohen Geldbetrag von fünftausend Mark Sterling sowie alle seine goldenen und silbernen Gefäße, seine Ringe und seine Edelsteine. Außerdem schenkt er alle Herden, die er besitzt, den Zisterziensern. Unter den Vermächtnissen in seinem Testament finden wir ein Legat von hundert Livres für die Nonnen von Prouille, das erste von Bruder Dominikus gegründete Kloster. Da sein Kreuzzugsgelübde offensichtlich doch sein Gewissen beschwert, fügt er am 30. September ein Kodizill hinzu, in der eindeutigen Absicht, sich davon zu befreien: Er habe den Willen, erklärt er, sein Gelübde, ins Heilige Land zu ziehen, persönlich zu erfüllen, ein Gelübde, das er tat, um von seiner Krankheit zu genesen. Wenn er nicht selbst diese Wallfahrt unternehmen könne, beauftrage er seine Erbin Johanna, fünfzig gut ausgerüstete Krieger zu entsenden, die auf ihre Kosten ein ganzes Jahr im Heiligen Land bleiben sollten.

Für Blanca bedeutet der Tod von Raymonds VII. so kurze

Zeit nach dem Aufbruch des Grafen von Poitiers, der ihn beerbte, ein unerwartetes Problem. Sie muß nun im Namen ihres Sohnes ein Gebiet in Besitz zu nehmen, um das lange gestritten worden war, und das auch noch sofort. Wie Ludwig zählt auch Alfons auf sie. »Als ich Madame aufsuchte«, schreibt Philipp, sein Kanzler, an den Grafen von Poitiers kurz nach dessen Aufbruch, »berichtete ich ihr, wie Ihr im Hafen gelegen habt, an welchem Tag und zu welcher Stunde Ihr ausgelaufen seid und von den hohen Unkosten, die Ihr hattet. Ich bat sie in Eurem Namen, als Eure Mutter in Euren Angelegenheiten Rat zu halten, da sie Euer ganzes Vertrauen habe und Ihr Eure ganze Hoffnung in sie setzt. Sie antwortete mir, daß sie das recht gerne tun werde.«

Am 1. Dezember findet dann in Toulouse im Château-Narbonnais die Zeremonie der Eidesleistung statt. Da Blanca nicht selbst kommen kann, hat sie die Herren von Chevreuse, Guy und Hervé, zwei Brüder, und Alfons' Vertrauensmann Philipp, Schatzmeister der Abtei Saint-Hilaire zu Poitiers, entsandt, die Barone des Languedoc in Eid und Pflicht zu nehmen. Nach der Verlesung ihrer Beglaubigungsschreiben tritt auf die drei Abgeordneten als erster Bernard, Graf von Comminges, zu: »Ich, Bernard, Graf von Comminges, werde dem gnädigen Herrn Alfons, Graf von Toulouse und Poitiers, Markgraf von Provence, und Frau Johanna, seiner Gemahlin, Tochter des seligen Herrn Raymond, treu sein und mit allen meinen Kräften in gutem Glauben ihr Leben und ihren Leib, ihre Grundherrschaft und ihre Rechte und diejenigen, die in ihrem Namen Land innehaben, schützen. Ausgenommen davon sind das Recht des Herrn Königs und seiner Erben gemäß des zwischen dem Herrn König von Frankreich und dem Herrn Raymond von Toulouse zu Paris geschlossenen Friedens. So wahr mir Gott und diese heiligen Evangelien, die ich mit meiner Hand berühre, helfen.«

Im weiteren Verlauf spricht jeder der Barone denselben Eid. Nach ihnen schwören die Bürger, mit der Einschränkung, die ihnen ihre Freiheiten bewahrt: ». . . ich sage, versichere und bin mir im klaren, daß wir, weder ich noch die anderen Einwohner und Bürger von Toulouse, durch diesen Eid etwas von unserem Gewohnheitsrecht und unseren Freiheiten einbüßen ...« Schließlich schwört der von »Frau Blanca, der erlauchten Königin der Franzosen« eingesetzte königliche Bailli seinerseits, das Gewohnheitsrecht und die Freiheiten der Bürger zu respektieren.

Die Zeremonie wiederholt sich am 12. Dezember im Kloster Moissac, dann in den größeren Städten der Grafschaft, Millau, Peirusse und so weiter. In Agen jedoch erhalten die von der Königin gesandten Beamten eine Abfuhr: Die in der Saint-Etienne-Kirche versammelten Konsuln erklären, daß der Schwur dem einst in Paris geschlossenen Frieden, dem Testament des Grafen und den Rechten Johannas von Toulouse zuwiderlaufe. Die Abgeordneten der Königin halten diesen Protest ohne viel Worte zu machen fest. Ist er der Auftakt zu neuen Wirren im Süden des Reichs?

Im darauffolgenden Februar richten die Konsuln und die Universität der Städte Agen und Condom »an ihre sehr treffliche Frau Blanca, durch Gottes Gnade Königin von Frankreich« ein Schreiben: Sie hätten nachgedacht und eine Form gefunden, in der sie den Eid leisten könnten. Darauf wünschten sie der Königin ein langes Leben und dem König sowie dessen Brüdern eine baldige gesunde Heimkehr.

Das war das Ende eines Dramas, dessen Anfänge Blanca in ihrer Jugend miterlebt hatte. Als der Krieg im Albigenserland ausbrach, war sie zwanzig Jahre alt gewesen. Wer hätte geglaubt, daß ein Prinz aus dem Hause Frankreichs eines Tages unmittelbarer Oberlehnsherr dieser Gebiete am anderen Ende des Königsreichs werden würde?

Als Blanca diese Schreiben, die ihr die Loyalität der Menschen im Süden bestätigten, in Händen hielt, muß sie sehr erleichtert gewesen sein.

Sie ahnte nicht, daß sich zur selben Zeit an den Gestaden Ägyptens Dinge abspielten, die ihr das Herz zerreißen und die gesamte Christenheit in tiefe Trauer stürzen würden.

Zuerst waren es nur Gerüchte, Gerede, über das man achselzuckend hinwegging. Der stets wohlwollende Matthieu Paris vermerkt sogar, daß die ersten, die diese Nachricht verbreiteten, kurzerhand gehängt wurden. Was sie berichteten, kam einem Sakrileg gleich, und ihre defätistischen Behauptungen waren angetan, diejenigen, die gerade dabei waren, zu den Kreuzfahrern zu stoßen, von ihrem Vorhaben abzubringen. Die Briefe jedoch, die bald darauf aus dem Orient eintrafen, bestätigten die schlimmsten Berichte. Das glanzvolle Heer Christi war aufgerieben, die Sieger von Damiette lagen entseelt an den Ufern des Nils oder, was auch nicht viel besser war, saßen gefangen in sarazenischen Kerkern und warteten stündlich auf ihren Tod. »Ganz Frankreich trauerte, tief betroffen; die Geistlichen wie die Ritter brachen in Klagen aus und wollten von Trost nichts wissen.« Eine Art nationaler Trauer herrschte im Land: Es wurde nicht getanzt, man rezitierte keine Gedichte, trug keinen Schmuck, jeder nahm an dem Unglück Anteil, »jede Freude verwandelte sich in Schmerz«.

Trotz ihrer Seelenstärke war Blanca eine Zeitlang völlig gebrochen: Ihr Sohn Robert in Mansurah gefallen, ihre anderen Kinder Gefangene des Sultans, die christlichen Streitkräfte versprengt, gedemütigt, und im ganzen Königreich trauernde Familien ... Je mehr Einzelheiten man erfuhr, desto entsetzlicher stellte sich das Los der Kreuzfahrer dar: Ludwig von der im Heer wütenden Seuche befallen, so krank, daß sein Koch Isambart ihn tragen und ihm, da seine Eingeweide dahinschmolzen wie Wachs, den Hosenboden hatte herausschneiden müssen. Beim Rückzug war es ihm so schlecht gegangen, daß man ihn in einem Haus untergebracht hatte, von dem einer der Barone, Gaucher de Châtillon, die Sarazenen verjagte »wie Fliegen«, während eine Pariser Bürgersfrau, eine der zahlreichen Kreuzfahrerinnen, dem König den Kopf hielt und jeden Augenblick damit rechnete, daß er den letzten Atemzug tat. Und dann kam die Kapitulation, das demütigende Schauspiel des Königs in Ketten, bewacht von dem im Solde des Sultans stehenden Eunuchen Sabih.

Man berichtete auch viel Heldenhaftes: daß der König sich geweigert habe, mit den anderen Kranken auf eines der Schiffe verlegt zu werden, die sie nach Damiette bringen würden; daß sein Bruder Karl, um ihn zu bewegen, sich ein wenig zu schonen, zu ihm sagte, daß er, krank wie er sei, den Vormarsch der Nachhut behindern würde, worauf der König antwortete: »Graf von Anjou, entledigt Euch meiner, wenn ich Euch zur Last falle; ich aber, ich werde mich nie meines Volkes entledigen.« Er war beim Heer geblieben, neben anderen Gefahren den Pfeilen der Sarazenen ausgesetzt.

Einige erzählten auch, der Sultan von Ägypten sei von einem als Kaufmann getarnten Emissär des Kaisers im voraus vom Heranrücken der königlichen Streitmacht unterrichtet worden; die Ghibellinen von Florenz hätten die Kapitulation mit Freudenfesten und Freudenfeuern gefeiert...

Am 8. Mai, dem Tag des heiligen Michael, wurde schließlich bekannt, daß der König, seine Brüder und die meisten Barone wieder in Freiheit waren und sich nach Akkon eingeschifft hatten. In Syrien würde Ludwig seine Streitkräfte neu gruppieren und den weiteren Verlauf des Unternehmens festlegen.

Blanca hatte sich wieder gefaßt. Es sah so aus, als könnten die Kreuzfahrer mit Hilfe rechnen. Der König von England hatte am 6. März das Kreuz genommen und schien sein Gelübde erfüllen zu wollen. Auf Bitten der Königin schrieb der Papst ihm folgendes: »Es bedarf im Heiligen Land nicht nur vereinzelter Hilfeleistungen, sondern einer allgemeinen Verstärkung«, und drängte ihn, im August aufzubrechen.

Einige Tage später bot Heinrich III. spontan an, den mit dem König von Frankreich geschlossenen Waffenstillstand um sechzehn Jahre zu verlängern. Bis dahin hatte Blanca in allen Schreiben an den König nachdrücklich auf die Gefahren hingewiesen, derer man von seiten Heinrichs III. stets gewärtig sein mußte; es bedeutete eine Erleichterung für sie, daß man nun zumindest von dieser Sorge befreit war. Im übrigen hoffte sie, daß der König nach dem Fiasko, durch das die Streitmacht der Kreuzfahrer dezimiert worden war, ihren Rat annehmen und nach Frankreich zurückkehren werde. Ihre Enttäuschung war daher groß, als sie erfuhr, daß er im Heiligen Land bleiben wollte, um die kleinen Leute zu befreien, die in ägyptischen Kerkern schmachteten, und die Festungen Syriens und Palästinas wieder instandzusetzen. Zumindest sandte er seine beiden Brüder Alfons und Karl nach Hause: Sie sollten versuchen, ihm Hilfe zu schicken. Sie würden sich mit ihren Gemahlinnen im August einschiffen, um nach Frankreich zurückzukehren.

Blanca ist nicht als einzige erschüttert. Nach einer Welle der Trauer und Betroffenheit geraten im ganzen Land die Menschen in Erregung: Man diskutiert über das Geschehene; um die Überbringer neuer Nachrichten bilden sich Menschenaufläufe; in den Städten, auf den Plätzen, in den Vorhallen der Kirchen und auf den Jahrmärkten werden, oft sehr vehement, die unterschiedlichsten Kommentare abgegeben. Was bedeutet eine solche Katastrophe? Der heiligste König der Christenheit greift zu den Waffen, und ausgerechnet er erleidet die schwerste Niederlage, die Kreuzfahrer im Heiligen Land jemals hatten hinnehmen müssen! Wo bleibt die Vorsehung? Wo die Hilfe Christi? Den Geistlichen, die ihnen Gotteslästerung vorwerfen, antworten die Bürger mit Beschimpfungen: Sei nicht ihr Predigen schuld an diesem Gemetzel? Immer nur predigen, aber nicht bereit, den Geldsäkkel aufzuschnüren! Man wisse sehr gut, welche Mühe es Königin Blanca koste, den vom Klerus geschuldeten Zehnten einzutreiben, um dem König zu Hilfe zu kommen! Und was mache der Papst? Worauf warte er, um den König von England zu exkommunizieren, der einfach nicht aufbrechen will? Oder sich mit dem Kaiser zu versöhnen, der dann vielleicht ins Heilige Land ziehen würde? Solche Bemerkungen und viele andere dieser Art fallen zunächst halblaut, dann in scharfem Ton, schließlich drohend.

Unbehagen, Unruhe kommt auf, da und dort gibt es kleine Schlägereien zwischen Geistlichen und insbesondere den Bürgern – das führt zu einer wachsenden Spannung im Reich. Vor allem die Jungen wollen konkret etwas unternehmen. Warum steht man nicht auf wie einst, als Petrus der Eremit seine Stimme vernehmen ließ? Worauf warten sie, die Geistlichen und die Barone, um dem König zu Hilfe zu eilen? Wenn man in Massen aufbräche, müßte der Sultan von

Ägypten wohl oder übel der Gewalt weichen, seine Gefangenen freilassen, und dem neuen Heer Christi würde es dann endlich gelingen, Jerusalem zu befreien! Genug gezögert, genug gewartet: auf ins Heilige Land! Auf nach Jerusalem!

Überall, auf dem flachen Land wie in den Städten, bilden sich Banden: Hirtenjungen lassen ihre Herden im Stich, Lehrlinge ihre Schmiede, ihre Mühle, ihren Laden. Jungen und Mädchen machen sich singend in Gruppen auf den Weg. In Phantasiekleidern und mit offenem Haar fertigen sie sich eigene Banner an, betteln sich ihr Essen zusammen, übernachten in Scheunen und erregen überall, wohin sie kommen, großes Aufsehen: »Was für Kinder sind das? Was haben sie vor?« fragen sich die Leute beim Anblick der langhaarigen Geschöpfe. Kopfschüttelnde Antwort: »pastoureaux«, kleine Hirten! Wenn sie nahen, lassen die Eltern ihre Söhne und Töchter nicht mehr aus den Augen; denn wie oft ist es schon geschehen, daß die Kinder im Morgengrauen heimlich das Elternhaus verließen, um sich den pastoureaux anzuschließen ...

In Nordfrankreich hat die Bewegung bereits ungeahnte Ausmaße angenommen. Hunderte, Tausende pastoureaux sind unterwegs. Und sie haben einen Anführer, einen Petrus den Eremiten gefunden. Er ist eine seltsame Persönlichkeit, eine Art Asket, bleich und mager, mit schwärmerischem Blick: ein alter Mann übrigens, ungefähr sechzig, mit langem weißem Bart und der Aura eines Magiers und Erleuchteten. Die Jungfrau Maria sei ihm erschienen, behauptet er, und habe ihm befohlen, die kleinen Hirten zum Kreuzzug aufzurufen; sie habe ihm sogar ein Schreiben, eine Urkunde, ausgehändigt, die er in seiner stets geballten linken Hand sorgsam bei sich trage. Er ist hochgebildet, spricht mehrere Sprachen und ist von einer angeblich unwiderstehlichen Redegewandtheit. Man nennt ihn den »Meister von Ungarn«.*

Auf seine Aufforderung hin organisieren sich die Jugendlichen: Er teilt sie in Gruppen auf, denen er einen Anführer

* Nach einigen Chronisten soll der Meister von Ungarn ein ehemaliger Zisterzienser namens Jakob gewesen sein.

gibt und die sich unter seinem Banner, einem Lamm, das die Standarte mit dem Kreuz trägt, aufstellen. Die pastoureaux, die von überall herbeiströmen, vor allem von der Pikardie, wo der Meister gepredigt hat, aber auch aus Flandern, Brabant, dem Hennegau, Lothringen und Burgund glauben, nun einen Auftrag zu haben. Die erste Stadt, Amiens, durch die diese mit Äxten, Fleischermessern, alten Schwertern, schlecht bestielten Sensen oder einfachen Knüppeln bewaffnete, bunt zusammengewürfelte Horde kommt, nimmt sie freundlich auf.

Man versorgt die pastoureaux mit Wein und Fleisch, und die Bürger drängen sich rund um den Meister von Ungarn, in dem sie einen neuen Propheten, einen neuen Bruder Franziskus sehen. Dessen Söhne, ebenso wie die des Dominikus, haben sich nicht gut entwickelt; und nun tritt dieser Mann auf und versucht, die Massen zum christlichen Leben zurückzuführen! Ganz zu schweigen von dem in seinem Reichtum schwelgenden Klerus! Wenn ein Bettelmönch sich ans Sammeln macht, schreit ihn nun die Menge nieder.

Die Anzahl der pastoureaux nimmt weiter zu. Inzwischen schließen sich ihnen auch oft Ganoven und gefallene Mädchen an, die froh sind, in ihren Reihen untertauchen und eventuell auf Kosten der gutgläubigen Brüder leben zu können. Man munkelt auch, daß diese neuen Kreuzfahrer alles andere als ein untadeliges Leben führen. Der Meister von Ungarn verheiratete sie unbesehen, die Paare bildeten sich und gingen wieder auseinander, und zahllose Mädchen in dieser vagabundierenden Menge seien schwanger.

Und nun ziehen die pastoureaux auf Paris zu. Im Umkreis der Königin drängt jeder sie, Maßnahmen zu ergreifen, um die jungen Leute auseinanderzutreiben. Es sei an der Zeit, ihren Ausschweifungen und ihrem Herumziehen Einhalt zu tun, die Kinder zu ihren Eltern und die Lehrlinge zu ihren Meistern zurückzuschicken. Es entwickele sich da eine wahre Subversion.

Blanca zögert. Im Grunde ihres Herzens ist sie diesen jungen Leuten wohlgesinnt, und sie macht kein Hehl aus ihrer Sympathie. Kann man ihnen einen Edelmut, zu dem so viele Geistliche nicht fähig sind, übelnehmen? Außerdem wecken die pastoureaux in ihr eine Jugenderinnerung, an die sie nie ohne Rührung zurückdenkt.

Sie war damals, im Winter 1211/12, nicht viel mehr als zwanzig Jahre alt gewesen. Auch damals hatten sich Jugendliche zusammengeschlossen, um über das Meer zu fahren und zu tun, was Könige und Mächtige zu tun nicht imstande waren: das Grabmal Christi zurückzugewinnen. Die Bewegung, sie erinnerte sich daran, hatte in der Gegend von Lüttich ihren Ausgang genommen. Dann hatte ein Hirtenjunge namens Étienne von Cloyes bei Vendôme – so wie der Meister von Ungarn – Offenbarungen gehabt. Ein Pilger, mit dem er sein Brot teilte, hatte ihn gebeten, den König von Frankreich aufzusuchen. Daraufhin war er nach Saint-Denis und Paris gegangen, wobei ihm eine große Anzahl Kinder und Jugendlicher gefolgt war. Ein anderer Trupp, der sich auf ganz ähnliche Weise um einen Knaben namens Nikolaus von Köln gebildet hatte, war zu ihm gestoßen. Auf ihrem Weg zu den Mittelmeerhäfen wurden der Kinder immer mehr. Und Papst Innozenz III., der zumindest die Sorge um die Rückgewinnung des Heiligen Landes über alles andere stellte, hatte entmutigt gesagt: »Diese Kinder beschämen uns: Während wir schlummern, drängen sie sich danach, das Heilige Grab zu retten.«

Ihr Abenteuer hatte leider ein schlechtes Ende genommen: Marseiller und auch einige italienische Schiffseigner hatten sich bereit erklärt, sie über das Meer zu befördern, und sie dann schamlos den Muselmanen ausgeliefert, die in den Häfen Sklavenhandel betrieben. Einige hatten entkommen können und von ihrer unseligen Irrfahrt berichtet. Es hieß, daß mehr als siebenhundert als Sklaven bei den Sarazenen geblieben waren.

Natürlich mußte um jeden Preis verhindert werden, daß den pastoureaux dasselbe schreckliche Schicksal zuteil wurde, aber vielleicht war von ihrem Meister ein wenig mehr Überlegtheit zu erwarten. Jedenfalls konnte keine Rede davon sein, sie – wie die Umgebung der Königin empfahl – auseinanderzutreiben, ohne sie vorher angehört zu haben.

Eine Gefahr jedoch bestand: die Studenten. Blanca war nie wieder auf ihre Antipathie gegenüber den Studenten und Professoren der Universität zurückgekommen. Ständig in Aufruhr, dieses Quartier latin! Sie forderten Freiheiten, man gewährte sie ihnen; die königlichen Sergeanten hatten nicht einmal mehr das Recht, in ihre Streitigkeiten einzugreifen; aber im Augenblick herrschte Zwietracht unter ihnen. Während des großen Streiks in den Jahren 1229 bis 1231 hatten einige Bettelmönche aus dem Sankt-Jakobs-Kloster eine Schule eröffnet und zu lehren begonnen. Nach Paris zurückgekehrt, behaupteten die Magister, die Ordensmänner eigneten sich ihre Privilegien an, und unternahmen alle möglichen Schritte, damit den Bettelorden jede Lehrtätigkeit untersagt werde. Die Studenten ergriffen natürlich Partei, die einen für, die anderen gegen sie, und es kam fortwährend zu Raufereien. Wie würde sie reagieren, diese Universität, gegenüber diesen Trupps von Jugendlichen, die sich Paris näherten? Würden sie sie freundlich empfangen und die Reihen der pastoureaux verstärken? Oder, was wahrscheinlicher war, mit ihnen unter dem einen oder anderen Vorwand in Streit geraten. Auf jeden Fall konnte man kein Risiko eingehen.

Die pastoureaux – manche schätzten ihre Anzahl auf sechzigtausend – bewegten sich frei in Paris, ohne behelligt zu werden. Doch als sich einige über den Petit-Pont ans linke Seine-Ufer begeben wollten, verwehrte ihnen eine solide Barrikade und eine Kette von Gewappneten den Zugang. Blanca befand sich in dieser Zeit in Maubuisson und empfing den Meister von Ungarn in Audienz. Der Mann interessierte sie. Sie fragte ihn aus. Er antwortete mit einer Mischung aus Dreistigkeit und Ehrfurcht, die sie verlegen machte. Er schien tatsächlich vorzuhaben, ins Heilige Land zu ziehen; und ins Heilige Land zu ziehen, bedeutete für Blanca, ihrem Sohn zu Hilfe zu kommen.

Sie entließ den Meister von Ungarn, reich beschenkt. Durch diese Audienz ermutigt und im Vertrauen darauf, daß Blanca ihn stets unterstützen würde, was immer er auch täte, offenbarte er bald sein wahres Wesen und entpuppte sich als impertinenter Angeber. Angetan wie ein Bischof mit Krummstab und Mitra, begann er in der Sankt-Eustache-Kirche zu predigen, während sich um ihn herum die pastoureaux nach seinem Vorbild benahmen wie in einem von ihnen eroberten Land: die Geistlichen und vor allem die Bettelmönche beschimpften, die einen verprügelten, die anderen beraubten und Paris erst verließen, nachdem sie allen möglichen Schaden angerichtet hatten.

Da es mittlerweile ihrer so viele waren, daß keine Stadt groß genug war, sie alle unterzubringen und zu verköstigen, teilte der Meister von Ungarn seine Truppen in mehrere Einheiten auf, die überall plünderten und zerstörten, was sie auf ihrem Weg vorfanden. In Rouen unternahmen sie einen regelrechten Überfall auf den erzbischöflichen Palast. In Orléans, wo sich eine Universität befand, kam es unvermeidlich zu dem Konflikt, den Blanca in Paris zu verhindern gewußt hatte: Sie gerieten mit den Studenten in Streit. Man wurde handgemein, und es gab Tote und Verletzte. In Tours überfielen sie die Klöster des Predigerordens und der Minderen Brüder und begannen die Kirchen zu schänden. In Bourges schließlich machten sie sich über die Besitztümer der Juden her, drangen in Synagogen ein und zerrissen die heiligen Bücher.

Diesmal wurde es der Bevölkerung zuviel. Unterstützt von den lokalen Hilfstruppen, fingen die königlichen Beamten an, die Pastoureaux zu verfolgen und auseinanderzutreiben. Der Meister von Ungarn wurde einige Meilen entfernt zwischen Morthomiers und Villeneuve-sur-Cher getötet. Man jagte sie, sagt Matthieu Paris, »wie tollwütige Hunde«. Einige Gruppen gelangten jedoch ins Rhône-Tal. Andere waren in Richtung der Guyenne gezogen, wo der Graf von Leicester, Simon von Montfort, der im Namen des Königs, seines Schwagers, die Provinz verwaltete, sie mit seinen sehr wirksamen Methoden vertrieb. Einige waren in England gelandet und schickten sich an zu predigen, aber der König wollte um keinen Preis, daß seine Jugendlichen sich einer Bewegung anschlössen, die sich allenthalben als unheilvoll erwiesen hatte, und an die Hafenwächter erging der Befehl, sie unverzüglich wieder auf das Festland zurückzuschicken. Immerhin gab es eine gewisse Anzahl pastoureaux, die wieder zur Vernunft kamen. Sie legten die Kreuze nieder, die sie sich gegeben hatten, nahmen andere aus den Händen des Klerus entgegen und zogen tatsächlich ins Heilige Land. Matthieu Paris behauptet, der Meister von Ungarn habe insgeheim vorgehabt, es den besagten Schiffseignern von Marseille und Genua gleichzutun und die jungen Leute im Orient in die Sklaverei zu verkaufen.

Für Blanca stand jedoch eine Sorge im Vordergrund, nämlich die um ihren Sohn, der im Heiligen Land geblieben war, und auf welche Weise sie ihm die dringend erforderliche Hilfe zukommen lassen konnte. Aber die Pechsträhne schien nicht abzureißen: Das Schiff, das sie mit Alfons' und Karls Hilfe unter großem Kostenaufwand hatte ausrüsten lassen und das Geld und Verstärkung ins Heilige Land bringen sollte, ging mit Mann und Maus unter. Als der König von diesem neuen Unglück erfuhr, soll er nur das Wort des heiligen Paulus zitiert haben: »Wer wird uns von der Barmherzigkeit Christi scheiden?« Sogar die Ungläubigen bewunderten seine Standhaftigkeit.

Dabei hatte er keine geringen Schwierigkeiten, in Syrien und Palästina durchzuführen, was er sich vorgenommen hatte: nämlich die Stellungen der Christen zu stärken, Festungen und Umwallungen instandzusetzen, vor allem aber Feindschaften beizulegen, Streitigkeiten unter den Baronen des Orients zu schlichten und Gefangene freizukaufen. Da ihm selbst und den Baronen, die bei ihm geblieben waren, die notwendigen Subsidien fehlten, mußten sie sich an die örtlichen Geldverleiher wenden. Es waren fast immer italienische Kaufleute, die sich ihre Dienste bezahlen zu lassen wußten. Aus seinem Lager vor Cäsaräa schrieb Ludwig am 27. September 1251 an seine Mutter: »Wir haben Eurer Exzellenz in dieser Sendung mit unseren anderen Schreiben die Briefe einiger Barone und Ritter betreffend die von ihnen aufgenommenen Darlehen geschickt, damit diese Briefe den Personen ausgehändigt werden, denen sie Geld schulden, und diesen kein Schaden entstehe, falls diese Briefe einbehalten werden sollten.«

Blanca kümmerte sich also persönlich darum, daß die Schulden, die die Barone im Heiligen Land machten, beglichen wurden. Diese Schulden wurden fast immer auf den Messen der Champagne zurückgezahlt, dem geometrischen Ort des Abendlands, wo Gläubiger und Schuldner, Kaufleute und Wechsler, die mehr oder weniger alle Wucherer waren, einander begegneten – das war so seit Beginn der Kreuzzüge, und in den Archiven der französischen Nationalbibliothek liegen noch heute Urkunden aus dieser Zeit, in denen die großen Namen Frankreichs verzeichnet sind. So etwa erhielt Wilhelm, Herr von Dampierre, der Erbe Flanderns, von einem Kaufmann aus Montpellier ein Darlehen, zurückzuzahlen auf der Messe von Lagny; Raoul von Coucy verpflichtete sich, zum gleichen Zeitpunkt dreitausendfünfhundert tourische Livres an Kaufleute aus Siena zurückzugeben; Erard de Chassenay hatte sein geliehenes Geld auf der Messe von Bar zurückzuzahlen; Gaucher de Châtillon, der seine Treue zum König mit dem Leben bezahlt hatte, Guichard von Beaujeu und so weiter; dazu die Anleihen, die man bei den Templern gemacht, die mit ihren Komtureien in Europa und im Heiligen Land die natürlichen Mittelsmänner für die Darlehensnehmer waren.

Der König jedoch erfüllte beharrlich seine selbstgestellte Aufgabe. Man erhielt ziemlich regelmäßig Nachricht von ihm. Die Lage schien sich für die Christen ein wenig zu bessern, denn zwischen dem Sultan von Ägypten und dem von Aleppo, die – immer wenn sie wie zu Saladins Zeit aufgrund eines Bündnisses am gleichen Strang zogen – das kleine Königreich Palästina hart bedrängten, war es zu Mißhelligkeiten gekommen. »Wenn heute Hilfe einträfe«, schrieb Ludwig am 11. August 1251, »könnten wir einen guten und nützlichen Waffenstillstand mit der einen oder anderen Partei, wenn nicht gar mit beiden abschließen.« Zwistigkeiten zwischen Ägypten und Syrien bewogen nämlich stets den einen oder den anderen Sultan, die Christen als Bundesgenossen zu gewinnen. In Cäsaräa, fuhr er fort, herrsche Ruhe: Das Heer werde weder von Sarazenen noch von den Beduinen angegriffen; die Strecke zwischen Akkon und

Cäsaräa sei nun frei. Manchmal überfielen Piraten christliche Schiffe, und manchmal würden diese Piraten auch aufgebracht, wodurch das Meer eine Zeitlang frei sei. Darüber hinaus leitete der König den Wiederaufbau der Festungsmauern und legte bisweilen Hand mit an. Er schloß sein Schreiben so: »Verwendet große Sorgfalt darauf, uns von allem zu unterrichten, was unsere sehr teure Herrin und Mutter anbelangt. Schreibt uns, wie es Euch geht, wie es unserem sehr teuren und getreuen Karl, Graf von Anjou und Provence, geht sowie unserer sehr teuren Schwester, und berichtet uns alles, was in unseren Landen gesprochen wird, jedesmal wenn Ihr Gelegenheit habt, Boten zu senden.«

Zu dem Zeitpunkt, als Ludwig dies an seinen Bruder Alfons schrieb, hatten sich im Abendland die Verhältnisse grundlegend geändert. Am 13. Dezember 1250 war Kaiser Friedrich II. gestorben; damit war eine schwere Last vom Papsttum genommen. Er ließ das Reich jedoch in einer recht verworrenen Lage zurück – insbesondere die italienischen Städte, die abwechselnd für die eine und die andere Seite Partei ergriffen hatten. Von dem Mann befreit, den er »Feind Christi, die Schlange Friedrich« genannt hatte, traf Papst Innozenz IV. unverzüglich Anstalten, nach Rom zurückzukehren. Am Gründonnerstag fand in Lyon, wohin er sich für sechs Jahre zurückgezogen hatte, eine große Feier unter freiem Himmel statt, mit der sich der Papst von den Einwohnern der Stadt verabschieden wollte. Derjenige, den er als Nachfolger im Kaiserreich, als König der Römer, ausersehen hatte, Wilhelm von Holland, hielt ihm den Steigbügel. Blanca hatte ihm geschrieben, um ihm ihre Dienste anzubieten, wenn er von den Ufern der Rhône aufbreche, aber Innozenz IV. hatte ihr sogleich geantwortet, sie möge mit einer Reise nach Lyon nicht ihre Gesundheit aufs Spiel setzen. Er hatte keine Interesse daran, die Königin zu treffen, die sicherlich mit dem ihm wohlvertrauten Nachdruck Unterstützung für die Kreuzfahrer im Heiligen Land von ihm gefordert hätte. Es stimmte übrigens, daß im Frühjahr 1251 Blancas Gesundheit durch die ständigen Aufregungen und die Sorge um Ludwig zu verfallen begann.

Kurz darauf erfaßte großer Zorn das ganze Königreich: Der Papst ließ von den Kanzeln zu einem Kreuzzug aufrufen, und zwar gegen Konrad IV., den Sohn des verstorbenen Kaisers. Blanca soll daraufhin ihre ganze Energie und alle ihre Kräfte wiedergefunden haben, um zu verkünden, daß sie sämtliche Ländereien und Besitztümer derjenigen einziehen werde, die dem Aufruf des Papstes zum Kampf gegen seinen persönlichen Feind Folge leisten würden: »Diejenigen, die für den Papst streiten, mögen auch auf Kosten des Papstes leben und sich auf Nimmerwiedersehen davonmachen!« Das behauptet zumindest Matthieu Paris.

Im übrigen war die Königin mit der Verwaltung des Königreichs voll ausgelastet. Sie behielt weiterhin alles im Auge, nahm sich persönlich der Probleme an, die praktisch überall auftauchten, besonders aber im Süden des Reichs, wo Städte wie Avignon und Arles Kaiser Friedrich II. einst Treue geschworen hatten, und in Marseille, wo man gegen die Treuhandschaft Karls von Anjou aufbegehrte. Auch im Norden waren Unruhen ausgebrochen: Ihr Schauplatz war Flandern, um das sich die Erben der Gräfin stritten, die bereits den König von Frankreich als Schiedsrichter angerufen hatten. Neue Schwierigkeiten erwuchsen vor allem durch den Tod der Johanna von Boulogne, Tochter Philipp Hurepels; Blanca hatte sofort ihre Grafschaft im Namen des Königs einziehen lassen, was ihr eine herbe Kritik von seiten Alfons' und Karls eintrug, die beide behaupteten, Anspruch auf die Nachfolge zu haben. Unterstützt von ihren Ratgebern, regelte die Königin die Angelegenheit mittels eines Urteils, das einmal mehr ihr diplomatisches Geschick zeigt und sie als gute und gerechte Familienmutter ausweist: »Was unbestreitbar dem König gehört, behalten wir für ihn ein; was eindeutig der Gräfin Mathilde zusteht, geben wir ihr zurück; was zweifelhaft ist, stellen wir unter den Schutz unseres sehr teuren Sohnes Ludwig, wobei wir selbstverständlich für unsere Söhne Alfons und Karl, die uns darum gebeten haben, bewahren werden, was ihnen aus dieser Erbschaft zufällt.« Der König würde bei seiner Heimkehr entscheiden. Bis dahin kam es nicht in Frage, Alfons und Karl auch nur einen

Daumenbreit dieses Territoriums zu überlassen, über das von Rechts wegen ihr ältester Bruder herrschte. »Es gibt nur einen König in Frankreich.«

Auf englischer Seite war die Lage erfreulicher. Blanca hatte alles getan, um mit demjenigen, der nach wie vor der gefährlichste unter ihren Nachbarn war, ein gutes Einvernehmen herzustellen. Im vergangenen Jahr, 1250, war der Bruder des Königs von England, Richard von Cornwall, auf seinem Rückweg von Rom durch die Krondomäne gekommen, und Blanca hatte ihn mit größten Ehren empfangen und mit Geschenken überhäuft. Richard hatte in Pontigny die Grabstätte des Erzbischofs von Canterbury, Edmund, besucht, der einige Jahre zuvor kanonisiert worden war. Eine sympathische Geste: War nicht der Erzbischof im Exil gestorben, vom herrschenden König verjagt wie einst Thomas Becket, nachdem er am selben Ort Asyl gefunden hatte, wo jener vom König von Frankreich aufgenommen worden war? Bei Edmunds Heiligsprechung hatte Blanca höchstselbst den schönen Zeremonien in Pontigny beigewohnt. Sie bewahrte eine lebendige Erinnerung an den heiligen Mann, und wir kennen das Gebet, das sie damals öffentlich gesprochen hatte: »Herr, hochheiliger Bekenner, der du mich einst zu segnen bereit warst, mich, die ich dich darum bat, und meine Söhne, als du zu deinen Lebzeiten verbannt wurdest und hier in Frankreich bei uns weiltest – bestätige uns gnädig, was du in uns bewirkt hast, und schenke dem Königreich Frankreich weiterhin friedlichen und gedeihlichen Bestand.«

Nach Richards Besuch blieben die Beziehungen herzlich. Heinrich III. hatte sich wiederholt an Blanca gewandt, und die Konflikte, die da und dort in den Grenzgebieten der englischen Guyenne und Gascogne ausbrachen, wurden nun einverständlich geregelt. Merkwürdigerweise kam damals sogar das Gerücht auf, Blanca beabsichtige, dem König von England einen Teil der Gebiete, die man ihm einst abgenommen hatte, zurückzugeben, um den Frieden zu sichern. Zumindest behauptet das Matthieu Paris mit der Bemerkung, daß Blanca hierin der Absicht ihres Sohnes Ludwig folge; eine diesbezügliche Äußerung habe aber bei den französischen Baronen sofort »schreckliches Gemurr und Geklag« ausgelöst. Wie die nachfolgenden Ereignisse zeigen, entbehrt dieses Gerücht nicht gewisser Grundlagen.

Aufgrund all dieser Tatsachen wünschte sie sich sehnlichst, daß Ludwig heimkehren möge. Blanca spürte, daß ihre Kräfte nachließen, spürte auch die Ambitionen, derer es Herr zu werden galt, die Ungerechtigkeiten, die man verhindern oder wiedergutmachen mußte; mit der Zeit lastete die Abwesenheit des Königs schwer auf dem Reich.

Das Jahr 1252 ließ sich schlecht an. Auf eine ungewöhnlich warme Periode Ende März folgten im April und Mai heftige Stürme; die zu früh erschienenen Blüten fielen ab, und Morgenfröste ließen die Hoffnung auf eine gute Ernte vollends schwinden. Die Natur trauerte, es herrschte allgemeine Beklommenheit.

Blanca hatte einmal mehr Gelegenheit zu zeigen, welche Energie sie zu entfalten vermochte. Die Episode, um die es geht, ist ihre letzte offizielle Handlung.

Es geschah Ende August 1251. Das Kapitel von Paris führte seit mehreren Monaten einen Kampf gegen die Hörigen seiner Domänen Orly und Châtenay, die gegen die »taille« protestierten, eine Steuer, mit der die Kanoniker sie belegt hatten. Sechzehn dieser Hörigen waren festgenommen und im Juni vorläufig wieder freigelassen worden auf das Versprechen hin, am 28. August in das Kapitelgefängnis zurückzukehren, wenn der Konflikt nicht beigelegt sei. Die Profosse von Paris hatten sich eingeschaltet. Einer von ihnen, Garnier de Verberie, hatte sich nach Orly begeben, die Hörigen jedoch nicht dazu bewegen können, eine Steuer zu bezahlen, die nach ihrer Meinung in keinem Verhältnis zu den ortsüblichen Abgaben stand. Diese Steuerfrage war bereits mehrfach im Kapitel diskutiert worden und hatte ihre Befürworter und ihre Gegner. Unter diesen befand sich insbesondere der päpstliche Legat Kardinal Eudes de Châteauroux, der aber gegenwärtig den König auf seinem Kreuzzug begleitete. Es hatte schon vorher Proteste gegeben, und sogar der König hatte in der Zeit seiner Krankheit deswegen eine Auseinandersetzung mit dem Kapitel gehabt.

Eines Tages erfährt nun Blanca, daß die Kanoniker sich nicht damit begnügen, die Hörigen gefangenzuhalten, sondern sie auch hungern lassen. Sie bietet unverzüglich ihre Vermittlung an: Die Leibeigenen sollen ohne Bürgschaft freigelassen werden; sie werde selbst Erkundigungen einziehen, um diese Frage der von ihnen geschuldeten Steuer ein für allemal zu klären. Antwort der Kanoniker: Die Königin habe nicht über Streitigkeiten zwischen ihnen und ihren Leuten zu befinden. In ihrem Zorn sperren sie auch noch die Frauen und Kinder der Gefangenen ein; das Gefängnis ist nun so überfüllt, daß die Unglücklichen übereinander liegen müssen. Man erstattet Blanca darüber Bericht, und sie reagiert darauf – wie schon so oft in ihrem Leben, wenn sie Zeuge einer ungerechten Behandlung geworden ist – mit einem Zornausbruch.

Auf der Stelle läßt sie den Kastellan des Louvre mit einer Anzahl Gewappneter antreten. Sie selbst, die alte Königin, führt den kleinen Trupp an. Der Domherrenhof mit der Kathedralschule und der bischöflichen Hofhaltung liegt nicht mehr als hundert bis zweihundert Meter vom Königspalast entfernt; und das Volk von Paris beobachtet verwundert diesen unerwarteten Ausgang seiner Herrscherin inmitten einer Schar von Armbrustschützen und mit Streitkolben bewaffneter Sergeanten. Sie lenkt ihre Schritte dem Kapitel zu, wohin ihr das Gemurmel der Menschen vorausgeeilt ist: Diese übersättigten Kanoniker werden es mit einer zornigen Königin zu tun bekommen! Als sie anlangt, ist das Kloster fast menschenleer. Blanca läßt von dem bebenden Pförtner den Schlüssel für die Kellerräume und das Verlies verlangen. Dann steigt sie entschlossen die Treppe hinunter. Vor dem Keller, in dem sich ganz hinten das Verlies befindet, nimmt sie einem Sergeanten den Knüppel aus der Hand, hebt ihn und schlägt damit einmal gegen die Tür. Daraufhin bricht einer der Armbrustschützen, ein gewisser Wilhelm von Senlis, die Tür auf und schlägt mit Hilfe seiner Leute mit einer Axt die Tür zum Verlies ein. Blanca begrüßt die Männer und Frauen, die da eingekerkert sind »in großer Beschwernis wegen der Hitze, die sie einander weitergaben, so daß mehrere daran gestorben waren«, wie es in der Chronik heißt. Sie wird sich ihrer annehmen, bis sie imstande sind, nach Orly zurückzukehren.

Wieder einmal ist es eine mütterliche Regung, die Blancas Handeln bestimmt: Daß man in ihrer unmittelbaren Nähe kleine Leute, Menschen, die demütig zu ihr aufblicken und sich selbst nicht verteidigen können, so unmenschlich zu behandeln wagt, ist für sie unerträglich. Gleichgültig, ob sie im Recht oder im Unrecht sind, zuerst muß dieser Skandal ein Ende haben, müssen diese Männer und Frauen aus einem Kerker, wo kein Mensch leben kann, befreit werden.

Zunächst läßt Blanca die Temporalien der Kanoniker einziehen, dann ordnet sie eine Untersuchung an, um der Gerechtigkeit Genüge zu tun und festzustellen, ob die Leute von Orly dem Kapitel, dessen Leibeigene sie sind, die Steuer schulden oder nicht. Eigenartigerweise ergab sich aus dieser Erhebung, daß das Kapitel sehr wohl im Recht war. Der Fall endete damit, daß die Hörigen gegen eine von ihnen an das Kapitel jährlich zu zahlende Rente ihre Freiheit erlangten.

Die Freilassung der Leibeigenen war übrigens eine Frage, die Blanca sehr am Herzen lag. Kurz zuvor hatte sie dafür gesorgt, daß die Hörigen von Wissous freigelassen wurden, und im März 1252, knapp vor ihrem Tod, bestätigte sie die Befreiung einer ganzen Einwohnerschaft von Leibeigenen in Paris, in La Varenne, Saint-Maur und Chennevières, die der Abtei Saint-Maur-des-Fossés unterstand.

Die Schicksalsprüfungen reißen nicht ab in diesem schweren Jahr. Diejenigen, die Blanca treffen, übersteigen diesmal ihre Kräfte. Da ist zunächst der Tod ihres Neffen am 30. Mai. Ferdinand III., König von Kastilien, war Berenguelas Sohn. Dieser Neffe, den sie nie kennengelernt hat, ist ihr teuer wie alles, was von ihrer Familie kommt und insbesondere von Berenguela, der sie zärtlich verbunden gewesen war. Wie Ludwig wurde er von seinen Untertanen sehr geliebt. In seinem Kastilien, wo sich die Völker und die Religionen mischten, war er das Vorbild eines Königs, der sich bemühte, allen Gerechtigkeit widerfahren zu lassen, ob Juden, Muselmanen oder Christen, und nannte sich selbst »König der drei Religionen«. In der Tat war sein Land ein großartiges Beispiel für friedliche Koexistenz; die Inquisition existierte noch nicht; sie hätte auch gar keine Aufgabe gehabt, denn da in Kastilien mehrere Religionen nebeneinander praktiziert wurden, kannte man keine Ketzer im eigentlichen Sinn. Als Ferdinand von der Niederlage der Kreuzfahrer erfuhr, hatte er selbst das Kreuz genommen, und Blanca war ihm sehr dankbar gewesen für diese Geste. Doch die Krankheit und dann der Tod hatten die Erfüllung seines Gelübdes verhindert.

Ungefähr zur gleichen Zeit wurde Alfons von Poitiers von einer Art partiellen Lähmung befallen. Eine Weile fürchtete man für sein Leben, aber er genas wieder. Er und seine Gemahlin führten eine Musterehe, aber leider hatten sie keine Kinder. Von dem Anfall, den er erlitten hatte, behielt er Sehstörungen zurück. Im folgenden Jahr sandte er auf den Rat des Herrn von Lunel zwei seiner Vertrauten nach Aragonien zu einem jüdischen Arzt. Es ist nicht bekannt, ob die Fernkonsultation etwas erbrachte oder nicht; jedenfalls wurde Alfons nach und nach wieder ganz gesund. Nach seiner vollständigen Gesundung wiederholte er zuallererst sein Kreuzfahrtgelübde.

Blanca hatte nur noch einen Wunsch: daß ihr Sohn nach Hause zurückkehren möge. Sie fühlte sich am Ende ihrer Kräfte. Jetzt hielt sie es für ihr gutes Recht, sich endlich zur Ruhe zu setzen. Die zwei Abteien, die sie gegründet hatte, Notre-Dame-du-Lys, auch »Sainte-Marie-la-Royale« genannt, bei Melun und Notre-Dame-la-Royale in Maubuisson erschienen ihr immer mehr als die natürlichen Zufluchtsstätten, nach denen ihr ganzes Wesen lechzte. Das Herrscheramt, dem sie sich mit Leib und Seele gewidmet hatte, eine ihr übertragene Aufgabe, die sie voll und ganz angenommen hatte, überstieg nun ihre Kräfte. Sie fühlte sich erschöpft, merkte, daß sie an ihren Grenzen angelangt war, daß ihr von ihrem klaren Verstand nur das Bewußtsein blieb, ihren Auftrag nicht mehr erfüllen zu können. Ein anderer mußte nun kommen, vielmehr zurückkommen. Wer weiß, vielleicht würde ihr Tod seine Heimkehr beschleunigen.

In Melun mußte sie sich im November ins Bett legen. Sie wurde liebevoll umsorgt. Der Bischof von Paris, Renaud de Corbeil, eilte herbei. Aus seiner Hand empfing sie den Leib Christi, dann teilte sie ihm ihren Wunsch mit: Sie wünsche sich, in den Orden von Cîteaux einzutreten. Der Bischof glaubte, sie halte sich hierbei an einen frommen Brauch der Zeit, nach dem man sich im Gewand eines religiösen Ordens bestatten ließ. Aber nein, darum ging es Blanca nicht. Sie wollte tatsächlich den Schleier nehmen und für den Rest ihres Lebens Nonne sein, was immer geschähe und selbst wenn sie diese Krankheit überstehen würde. Es war ein Akt des Verzichts. Freiwillig legte sie das Amt der Königin nieder, um sich Gott zu weihen. Von diesem Augenblick an fühlte sie sich der Äbtissin von Maubuisson zum Gehorsam verpflichtet.

Aber der Tod nahte. Blanca ließ sich auf einen einfachen Strohsack betten, über den man ein Laken gebreitet hatte. Priester und Geistliche standen schweigend an ihrem Lager. Worauf warteten sie? Sie hatte bereits die letzten Sakramente erhalten und fühlte, daß sie bald sterben würde. Wie um das Zeichen zu geben und zu vollenden, was ihr Abschied von dieser Welt verlangte, stimmte Blanca das Gebet der letzten Stunde an, das in der Liturgie die »Empfehlung der Seele« heißt: »Subvenite, sancti Dei ... Kommt mir zu Hilfe, ihr Heiligen Gottes; eilt herbei, ihr Engel des Herrn; empfangt meine Seele, um sie vor den Allerhöchsten zu tragen ...« Ihre Lippen bewegten sich, sprachen einige Verse. Danach beteten die Anwesenden allein weiter.

Es war am 26. oder 27. November 1252 gegen drei Uhr nachmittags. Blanca wurde in den Königsornat gehüllt, doch um das Haupt legte man ihr den Schleier der Zisterzienserinnen und setzte ihr dann die Krone auf. Ihr geschmückter Leichnam wurde auf eine Bahre gelegt, die ihre Söhne und die Barone aus dem Umkreis des Königs von Melun nach Paris trugen und von dort zur Abtei Saint-Denis. Eine ganze Nacht wachten der Klerus und das Volk bei ihrer toten Königin. Die ›Großen Chroniken Frankreichs‹ erwähnen ausdrücklich, wie sehr das Volk trauerte: »Ihr Tod schmerzte die kleinen Leute, denn sie hatte verhindert, daß sie von den Reichen ausgebeutet wurden, und für Gerechtigkeit gesorgt.« Diese kleinen Leute, die sie liebten, wachten nun im Chor der schönen, jüngst erbauten Abteikirche, wo zahllose Kerzen brannten, bei ihrer Herrscherin.

Am 29. November morgens nach dem Hochamt und der Seelenmesse machte sich der Trauerzug auf den Weg nach Maubuisson, wo abermals eine Messe zelebriert wurde, ehe man Blancas Leichnam in die Gruft der Abtei stellte.

»Ganz Frankreich war untröstlich«, schreibt Matthieu Paris, der angesichts der allgemeinen Gefühlsbewegung, die der Tod der Königin ausgelöst hat, die Waffen streckt.

Ihr Grab bedeckt eine Kupferplatte mit Emaillen in der Art der Grabplatten ihrer beiden Kinder, die so jung gestorben waren. Sie überdauerte mehrere Jahrhunderte, bis sie während der Großen Revolution eingeschmolzen wurde.

Man entsandte Boten über das Meer, um den Legaten Eudes de Châteauroux zu verständigen; er sollte Ludwig und Margarete die Nachricht überbringen.

Es war in der Adventszeit. Im ganzen Königreich wartete man auf die Heimkehr des Königs.

Epilog

In einem Zimmer der königlichen Gemächer an ein Fenster gelehnt, denkt Margarete nach. Das Fenster, an dem sie steht, geht auf den Hof des Pariser Palasts, in dem das Paar immer häufiger residiert und von dem aus man zu Besuchen oder längeren Aufenthalten in anderen Teilen der Krondomäne aufbricht. Nur gedämpft dringt von den jüngst gebauten unteren Laubengängen des Palasts, die eine eigene kleine Welt bilden, der Lärm zu ihr herauf. Unter die Bediensteten und Handwerker dieses Stadtpalais', die hier ihrer Arbeit nachgehen, haben sich unbemerkt ein paar Händler gemischt; sie haben inzwischen den zahlreichen Bittstellern, die ihre Sache den Hofbeamten oder gar dem König selbst unterbreiten wollen, und den Gewappneten, die hier in Garnison liegen, ihre Verkaufsstände aufgestellt. Der bevorzugte Wohnsitz des Herrscherpaars ist auf Initiative ihres baufreudigen Gemahls zu einem wahren Bienenkorb, aber auch zu einer imposanten Festung geworden. Dort drüben, in westlicher Richtung, schützt der Bonbec-Turm, der fast in die Seine taucht, den kleinen Palast, den er erbauen ließ, und bildet über dem Wasser das Pendant zur Sainte-Chapelle, wo Ludwig lange Stunden im Gebet verbringt.

Allein, ein wenig abseits von dieser Geschäftigkeit, denkt Margarete nach. Zehn Jahre sind nun schon seit dem Tod ihrer schrecklichen Schwiegermutter vergangen. Zehn Jahre ist es her, daß der päpstliche Legat ihnen, Ludwig und ihr, in Sayette im Heiligen Land, wo sie damals weilten, die Nachricht vom Tod Königin Blancas überbrachte. Zehn wahrlich ereignisreiche Jahre, in deren Verlauf innerhalb und außerhalb des Königsreichs viel geschehen ist. Zehn Jahre, nach denen die Erinnerung in den Herzen der Menschen noch so lebendig ist, als sei sie erst gestern gestorben. Zehn Jahre, in denen man keinen Schritt tun konnte, ohne daß jemand den König, die Königin oder ihre Kinder darauf hinwies, daß er Blanca gekannt habe, daß er sie bei der oder jener Gelegenheit so und so habe handeln sehen, daß sie ihm an dem oder jenem Tag zugelächelt habe, daß sie dem oder jenem Mädchen aus seiner Bekanntschaft eine Mitgift aussetzte, damit es heiraten könne, oder daß sie zu seinen Gunsten diesen oder jenen Rechtsspruch fällte.

Zehn Jahre, in denen der König keine wichtige Entscheidung getroffen hat, ohne sich zu fragen, was seine Mutter in einem solchen Fall getan hätte. Ständig wird man an sie erinnert. Blanca ist hier an diesem Ort und in der gesamten Krondomäne so gegenwärtig, als lebte sie noch, und es klingt wie eine Litanei, wenn man hört: »Blanca die Weise, Blanca die Tapfere, Frankreichs gute Königin, die das Land so trefflich und besonnen regierte, die das Reich so vorzüglich zu bewahren verstand, solange ihr Sohn im Orient weilte, die ihr Leben lang weder einen Vorwurf noch eine Gehässigkeit von seiten des Volkes hörte ...«

Obwohl ihr diese Verehrung insgeheim mißfiel, ist Margarete doch zu hochherzig, um ihren Gefühlen Luft zu machen. Im täglichen Leben verdrängt sie ihren Groll. Sie zweifelt weder an den Qualitäten der Königinmutter noch an ihrer Größe und billigt im Grunde genommen, was jedermann laut ausspricht. Mehr noch, Blanca ist ihr ein leuchtendes Beispiel, und sie versucht in vielerlei Hinsicht, ihr nachzueifern.

Heute ist Margarete nicht mehr die »Junge Königin«, sondern die alleinige Königin. Knapp über vierzig, kann sie zwar nicht voller Stolz, aber auch nicht mit Scham auf ihr Leben zurückblicken. Was sie bis jetzt geleistet hat, macht sie würdig, in die Galerie der Königinnen von Frankreich aufgenommen zu werden; sie kann dem Vergleich mit ihren Vorgängerinnen standhalten. Mit allen, nur nicht mit Blanca.

Wenn sie an sich zu zweifeln beginnt, beschwört Margarete ihre Erinnerungen an das Heilige Land herauf. Die Prüfungen, die sie im Orient durchgemacht hat, solchen Prüfungen hatte Königin Blanca sich nicht zu stellen brauchen. Hätte sie es besser gemacht als ihre Schwiegertochter? Nein, Margarete weiß, daß sie ihre Rolle ebenso gut gespielt hat, wie ihr Gemahl die seine.

Sie sieht sich im Geist in Damiette zu der Zeit, als das Heer eine Schlappe nach der anderen einstecken mußte. Der König, ihr Gemahl, weilte in der Ferne, bei Mansurah am Ufer des Nils. Sie war schwanger, stand kurz vor ihrer Niederkunft, als man ihr die Nachricht von der Katastrophe überbrachte: Der König war krank, dem Tod nah, das geschlagene Heer hatte kapituliert, die siegreichen Sarazenen rückten immer näher. Wie lange würden die Mauern von Damiette ihnen standhalten? Zu dem Entsetzen, das alle erfüllte, kam bei ihr noch die Furcht vor der Niederkunft. Wenn es ihr gelang einzuschlafen, träumte sie, ihr Gemach sei voller Sarazenen, die sie töten wollten. Sie fuhr aus dem Schlaf hoch, schrie um Hilfe. In ihrer Angst hatte sie sogar einen betagten Ritter, der in der Stadt geblieben war, ersucht, vor ihrem Bett zu schlafen; er hielt ihre Hand, und jedesmal, wenn sie unruhig wurde, redete er ihr gut zu: »Habt keine Angst, Herrin, ich bin ja bei Euch.«

Eines Tages hatte sie aufgrund der jüngsten Meldungen gedacht, daß die Stadt bald gestürmt werden würde. Sie hatte alle Leute aus dem Gemach hinausgeschickt bis auf den achtzigjährigen Ritter, sich vor ihn hingekniet und ihn um eine Gunst gebeten. Der alte Mann, überrascht, hatte ihr auf der Stelle geschworen, alles zu tun, was sie verlange, und sie hatte ihn feierlich angewiesen: »Bei Eurer Treue bitte ich Euch, wenn die Sarazenen die Stadt einnehmen, mir das Haupt abzuschneiden, bevor ich ihnen in die Hände falle.« Lieber den Tod als den Harem, wo viele christliche Frauen und Mädchen so jämmerlich ihre Tage beschlossen hatten, gezwungen worden waren, sich von ihrem Glauben loszusagen und ihre Seele ebenso erniedrigen zu lassen wie ihren Körper.

Der greise Ritter hatte sich ihre Bitte sehr ruhig angehört und dann zu ihr gesagt: »Ich werde es tun, seid dessen gewiß; ich habe selbst schon daran gedacht, Euch zu töten, bevor sie uns gefangennehmen.«

Am nächsten Tag war sie von einem Sohn entbunden worden, den man Johann genannt hatte und mit zweitem Namen Tristan wegen des großen Leids, das zur Zeit seiner

Geburt herrschte. Ihre Aufgabe war aber damit nicht beendet gewesen. Am selben Tag, einige Stunden nach der Niederkunft, hatte man ihr gemeldet, daß alle Kaufleute, die sich noch in der Stadt Damiette aufhielten, diese verlassen und in See stechen wollten. Nur die Frauen und Kinder der am Nilufer gefallenen oder gefangengenommenen Ritter wären dann noch in der Stadt. Sie hatte sie bitten lassen, sich am nächsten Tag im Morgengrauen bei ihr einzufinden, und dann unter Aufbietung aller Kräfte zunächst versucht, ihr Mitleid zu erwecken: »Im Gottes willen, geht nicht fort aus dieser Stadt (Damiette war in der Tat das einzige Pfand, das man den Sarazenen gegen das Leben des Königs und seiner Gefährten überlassen zu können hoffte). Wenn Ihr schon kein Erbarmen mit mir und jenen habt, die ihre Hoffnung auf diese Stadt setzen, dann habt es zumindest mit dem hilflosen kleinen Wesen, das Ihr hier seht. Wartet wenigstens bis zu meinem ersten Kirchgang, damit ich mich der Dinge annehmen kann.«

Die Kaufleute – sie kamen aus Pisa, Genua und verschiedenen anderen italienischen oder Mittelmeerstädten, es waren dieselben, bei denen sich die Ritter für ihre und der christlichen Truppen Ausrüstung verschuldet hatten – hatten sich gegenseitig angeblickt: »Was tun, Herrin? Wir werden verhungern, wenn wir in der Stadt bleiben!«

Margarete hatte überlegt. Sie hatte es mit Kaufleuten zu tun: Es war hoffnungslos, von ihnen Mitleid zu erwarten. Also mußte sie sich ihrer Sprache bedienen, Argumente finden, die sie überzeugten. Da war ihr plötzlich eine Idee gekommen: »Ich werde alles, was es in Damiette an Lebensmitteln und Proviant noch gibt, aufkaufen lasssen. Betrachtet Euch von da an als im Dienst des Königs stehend: Er wird für Eure Ausgaben aufkommen; Ihr werdet auf Kosten des Kronschatzes leben.«

Zu ihrer großen Genugtuung waren sie nach einer kurzen Beratung zu ihr zurückgekehrt. Damiette würde es nun nicht mehr an Verteidigern fehlen. Unverzüglich hatte sie befohlen, alle Lebensmittel aufzukaufen – dreihundertsechzigtausend Pfund und mehr, aber das Leben des Königs hing davon ab. Auf diese Weise hatte Damiette standgehalten, so daß man die Stadt als das Pfand für die Befreiung der Kreuzfahrer hatte anbieten können.

Die übliche Frist bis zum ersten Kirchgang der Wöchnerin war noch nicht verstrichen, als sie mit ihrem kleinen Johann Tristan Damiette hatte verlassen und sich mit ihren Dienerinnen und Hofdamen nach Akkon hatte einschiffen müssen. Einige Monate später war sie endlich wieder mit dem König vereint gewesen.

Und in Frankreich, England und überall hieß es allgemein: Hätte König Margarete nicht soviel Mut gehabt, wäre das Heer verloren gewesen.

Was fehlt ihr, um so zu sein wie Königin Blanca? Ist nicht auch sie eine glückliche Ehefrau und Mutter? Zwei Jahre zuvor hat sie der kleinen Agnes das Leben geschenkt und nun ihrem elften Kind. Elf Kinder, von denen acht leben – einschließlich Johann Tristans und seines Bruders und seiner Schwester, die wie er im Heiligen Land geboren worden sind. Und kann sie sich einen besseren Gemahl wünschen? Zu der Liebe, die sie für einander empfinden, kommt die Bewunderung, die sie wie alle anderen für diesen einzigartigen Menschen hegt, der es mit den größten Persönlichkeiten der Legende aufnehmen kann. Instinktiv spürt Margarete, daß er eines Tages wie Bruder Dominikus oder Bruder Franziskus auf den Altären stehen wird. Jedermann nennt ihn übrigens den »heiligen König«, vor allem das Volk – denn die Bürger fürchten ihn ebenso wie die Barone. Margarete bewundert ihn; besser als jeder andere Mensch weiß sie um die Geheimnisse seines Herzens und daß dieses Herz ganz und gar Gott gehört. Sie bewundert ihn trotz seiner nicht immer einfachen Wesensart: Der König hat von seiner Mutter die Impulsivität geerbt, die bei ihm manchmal recht heftige Formen annimmt. Er ist nicht ein heiliger Mann, sondern ein Heiliger, mit aller Leidenschaft, die dieses Wort impliziert. Aber sie weiß, daß man ihm vertrauen darf: Er gerät nur dann in Zorn, wenn etwas seinem Gerechtigkeitssinn zuwiderläuft. Kein Adliger und kein Verwandter entgeht diesem unbeugsamen Sinn für eine Gerechtigkeit, die er leidenschaftslos, aber unnachgiebig übt. Der Herr von Coucy hat das selbst erfahren, als er in seinen Wäldern drei junge Männer hatte aufhängen lassen; und selbst Karl von Anjou, jener Karl, den Margarete so sehr verabscheut, hat sich seinem Bruder beugen müssen . . .

Ludwig ist für sie ein untadeliger Gemahl; und Margarete weiß, daß sie in allem, was nicht die Grenzen der Gerechtigkeit überschreitet, über sein Herz gebietet. Er hat es ihr oft genug bewiesen.

Es war ihre Meinung gewesen, auf die er bei der Rückkehr aus dem Heiligen Land schließlich gehört hatte. Der König wollte nicht in Hyères landen, sondern auf seinem eigenen Grund und Boden. Zwei Tage lang hatte er gezögert: Sein Wunsch war, bis Aigues-Mortes zu segeln. Aber konnte man den Schiffen, die sie trugen, nach der entsetzlichen Überfahrt noch eine weitere Anstrengung zumuten? Nichts war ihnen erspart geblieben, sie waren in Sichtweite der Insel Zypern auf eine Sandbank aufgelaufen, und einmal hatte es sogar einen Brand gegeben. Das Feuer war durch die Unachtsamkeit einer Dienerin in ihrer eigenen, Margaretes, Kajüte ausgebrochen; die Königin war splitternackt aus dem Bett gesprungen, hatte die brennenden Decken zusammengerollt und ins Meer geworfen, wo man sie in der Dunkelheit lange hatte lodern sehen. Sich abermals dem Meer anzuvertrauen zu einem Zeitpunkt, da man sich der Küste der Provence näherte, hätte vielleicht ein neues Unglück gebracht; und ihre Stellungnahme, die sein Vertrauter, der Seneschall von Champagne, Joinville, persönlich dem König übermittelte, hatte diesen schließlich bewogen, von seinem eigensinnigen Wunsch, nur in seinem Reich an Land zu gehen, Abstand zu nehmen.

Das war noch nicht alles. Wieder zu Hause, hatte der König ernsthaft erwogen, der Welt zu entsagen und ins Kloster zu gehen, vielleicht zu den Zisterziensern der Abtei Royaumont, die er so liebte, oder zu den Franziskanern. Sein Entschluß schien festzustehen, und sie, Margarete, war es gewesen, die ihn davon abgebracht hatte. Sie hatte ihm nachdrücklich die Gefahren veranschaulicht, denen er das Reich mit diesem Schritt aussetzen würde: Ihr damals erst zehn Jahre alter Sohn, Prinz Ludwig, dem man noch heute nachtrauerte, würde dann eine Beute der Barone werden, wie es bei ihm, Ludwig IX., seinerzeit beinahe geschehen war; und, was noch mehr zählte, es wäre eine Flucht vor seiner wahren Aufgabe gewesen, einer Aufgabe, die er nicht gewählt hatte, zu der er jedoch berufen war. Zum Schluß hatte die Königin die Kinder vor ihn treten lassen. Der König hatte kein Wort gesagt, aber in seinem Herzen war die Partie für sie gewonnen. Und Margarete hatte eine heimliche Befriedigung empfunden, sich sagen zu können, daß es nicht einmal Königin Blanca gelungen war, ihrem Sohn den Kreuzzug auszureden.

Selbst in der Politik hatte der König zu ihrer Genugtuung auf sie gehört, mit seinem Schwager Heinrich III. von England einen stabilen Frieden geschlossen und ihm seine Gebiete zurückgegeben, auf daß, nach seinen eigenen Worten, »Liebe sei zwischen meinen Kindern und den seinen, die direkte Vettern sind«. Vettern durch wen? Durch sie, Margarete.

Eine glückliche Frau... Was fehlt noch an dem Bild, das sie der Nachwelt von sich hinterlassen möchte? Welche heimliche Unzufriedenheit ist da noch in ihr? Schon seit einiger Zeit sinnt sie darüber nach, auf welche Weise sie an der Königin, die sie wie ein kleines Mädchen behandelt hatte, das für das Bett des Königs bestimmt war und für den Fortbestand der Dynastie sorgen sollte, die lang gehegte Rache nehmen könnte. Der Gedanke kam ihr kurz nach dem Tod Prinz Ludwigs, der sie beide so sehr geschmerzt und die Hoffnungen des Königreichs zunichte gemacht hatte: Dieser Ludwig, Ebenbild seines Vaters, mit noch klarer erkennbaren Tugenden, dieses vollendet schöne Geschöpf war mit sechzehn Jahren gestorben.

Er ist im wahrsten Sinne des Wortes unersetzlich. Ihr jüngerer Sohn Philipp, der neue Thronerbe, hat bei weitem nicht dieselben guten Eigenschaften. Ein wohlgeratenes Kind zwar, von schönem Wuchs und geschickt im Umgang mit der Lanze, aber ein rechter Wirrkopf, der schlecht Entscheidungen treffen kann. In seiner unüberlegten Tollkühnheit gleicht er Robert von Artois, und von Karl, Karl dem Verhaßten, hat er den in keinem Verhältnis zu seinen Möglichkeiten stehenden Ehrgeiz, den Margarete als aufmerksame Mutter bereits in ihm erkennt. Ist das nicht eine Aufgabe für sie? Eine Rolle, die sie spielen sollte? Eine Rolle, die ein wenig gemein hat mit der, die Blanca einst spielte?

Im Frühling des Jahres 1263 erfuhr Ludwig IX. zu seiner Überraschung von dem schrecklichen Schwur, den seine Gemahlin, Königin Margarete, dem Erbprinzen Philipp abgenötigt hatte. Sie hatte ihn auf das Evangelium schwören lassen, daß er bis zu seinem dreißigsten Lebensjahr in ihrer »Pacht« und unter ihrer Obhut bleiben und gegen ihren, Margaretes, Willen sich von niemandem beraten lassen würde.

Philipp hatte den Eid abgelegt. Als ihm aber mit der Zeit klar wurde, daß seine Mutter ihn damit ohne jeden Grund bis zu seinem dreißigsten Lebensjahr entmündigt hatte, war er, einen der Punkte seines Schwurs verletzend, zu seinem Vater gegangen und hatte ihm alles gestanden. Seither lebte der Jüngling in Angst, denn er wußte nicht, welche Verfehlung schwerer war: diesen unüberlegten Eid geleistet oder ihm zuwidergehandelt zu haben. Ludwig beruhigte seinen Sohn, und um ihm seine Gewissensqualen zu nehmen, sandte er unverzüglich einige Boten zum Papst. Am 6. Juli entband Urban IV., ein Franzose, in einem nach Brauch der päpstlichen Kanzlei mit Blei gesiegelten Dokument den jungen Mann von seinem unbedachten Gelöbnis.

König Ludwig war so klug, seiner Gemahlin deswegen nicht zu zürnen, und Margarete fand sich ab.

Es hatte viele Königinnen in Frankreich gegeben, und viele würden noch folgen. Aber es gab nur eine Königin Blanca.

Literaturverzeichnis

Bemont, Ch.: La campagne de Poitou. 1242–1243. Taillebourg et Saintes. Toulouse 1893.

Berger, Elie: Histoire de Blanche de Castille reine de France. Paris 1895.

Berger, Elie: Saint Louis et Innocent IV. Paris 1893.

Bezzola, R.: Les origines et la formation de la tradition courtoise en Occident. 5 Bde. Paris 1946–1963.

Bloch, M.: La France sous les derniers Capetiéns. 1223–1328. Cahiers des Annales ESC. Paris 1958.

Boissonnade, P.: Quomodo comites Engolismenses erga reges Angliae et Francia se gesserint et comitatus Engolismae atque Marchiae regno Francorum adjuncti fuerint. 1152–1328. Angoulême 1893.

Boutaric, E.: Marguerite de Provence, femme de Saint Louis. Son caractère, son rôle politique. In: Rev. des questions historiques 1867, III, S. 417–458.

Cahiers de Fanjeaux. Bd. 3: Cathares en Languedoc. 1968.

Cahiers de Fanjeaux. Bd. 4: Paix de Dieu et guerre sainte en Languedoc au XIIIe siècle. 1969.

Chanson de la croisade albigeoise. 3 Bde. Les classiques de l'Histoire de France au Moyen Age. Paris 1957.

Chronique rimée de Saint-Magloire. In: Recueil des Historiens de France 22, S. 83 ff.

Comptes de dépenses. Blanche de Castille. Saint Louis. In: Recueil des Historiens de France 22 und 23.

Dimier, P. Anselme: Saint Louis et Cîteaux. Paris 1954.

Dossat, Yves: Les crises de l'Inquisition toulousaine au XIIIe siècle. 1233–1273. Bordeaux 1959.

Enquêtes faites sur l'ordre de Saint Louis. In: Recueil des Historiens de France 24.

Grandes Chroniques de France. Société de l'Histoire de France 120. Paris 1932.

Guillaume Guiart: La Branche des royaux lignages. Paris 1828.

Guillaume de Puylaurent et sa chronique. In: Bulletin de la Faculté des Lettres (der Universität Paris) 18, 1904, S. 85–175.

Guillaume de Saint-Pathus: Vie de Saint Louis. Coll. de textes pour servir à l'étude et à l'enseignement de l'Histoire 25. Paris 1899.

Guillaume le Breton. 2 Bde. Société de l'Histoire de France. 1882.
Guillaume le Maréchal. 3 Bde. Société de l'Histoire de France. 1891.
Histoire des ducs de Normandie. Société de l'Histoire de France. 1840.
Layettes du Trésor des Chartes. 3 Bde. Paris 1863–1875.
Magna Vita Sancti Hugonis. The Life of S. Hugh of Lincoln. 2 Bde. Herausgegeben von Decima L. Douie und Hugh Farmer. London, New York 1961.
Matthieu Paris: Chronica majora. 7 Bde. Rolls Series 57. 1872–1884.
Mouskès, Philippe: Chronique rimée. 2 Bde. Collection de chroniques belges. Brüssel 1836–1838.
Nicolas de Brai: Gesta Ludovici VIII. Recueil des Historiens de France 17.
Olivier-Martin F.: Étude sur les régences. Bd. 1: Les régences et la majorité des rois sous les Capétiens directs et les premiers Valois. Paris 1931.
Petit-Dutaillis, Ch.: Étude sur la vie et le règne de Louis VIII. (1187–1226). Paris 1894.
Pierre des Vaux-de-Cernay: Historia albigensis. Société de l'Histoire de France. Paris 1926.
Récits d'un Ménestrel de Reims. Société de l'histoire de France. 1876.
Shirley, W. W.: Royal and other historical letters ill. of the reign of Henry III. Rolls Series 27.
Le Siècle de Saint Louis. Paris 1970.
Thibaud de Champagne: Chansons. Société des Anciens Textes français. Paris 1925.
Thouzellier, Ch.: Catharisme et valdéisme en Languedoc à la fin du XIIe et au début du XIIIe siècle. P. U. 1966.
Le Nain de Tillemont: Vie de Saint Louis. 6 Bde. Société de l'Histoire de France. Paris 1847–1851.
Villhardouin: La Conquête de Constantinople. Les classiques de l'Histoire de France au Moyen Age 18. 1938.

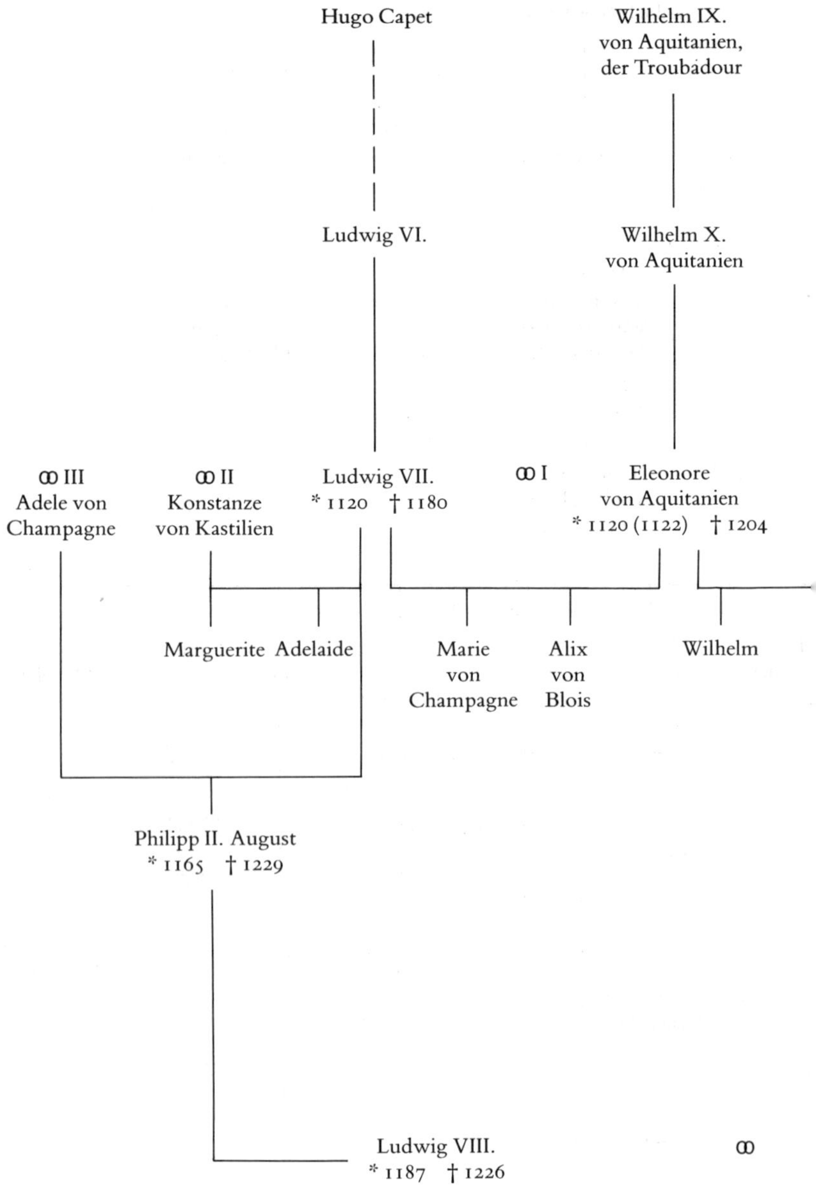
Hugo Capet
Wilhelm IX. von Aquitanien, der Troubadour
Ludwig VI.
Wilhelm X. von Aquitanien
ꝏ III Adele von Champagne
ꝏ II Konstanze von Kastilien
Ludwig VII. * 1120 † 1180
ꝏ I
Eleonore von Aquitanien * 1120 (1122) † 1204
Marguerite
Adelaide
Marie von Champagne
Alix von Blois
Wilhelm
Philipp II. August * 1165 † 1229
Ludwig VIII. * 1187 † 1226
ꝏ

Wilhelm der Eroberer

Heinrich I.
Beauclerc
∞
Mathilde
von Schottland

Mathilde
(»Kaiserin«)
Witwe Kaiser
Heinrichs V.
∞
Geoffroy
le Bel
von Anjou
»Plantagenet«

∞II
Heinrich II.
von England
* 1133 † 1189

Heinrich
der
Jüngere

Mathilde
∞
Heinrich
der Löwe

Otto IV.
von Braunschweig
Deutscher Kaiser

Richard
Löwenherz
∞
Berengaria

Gottfried
von
Bretagne
∞
Konstanze

Arthur
† 1203
(ermordet)

Eleonore
von
Kastilien

Blanca von Kastilien
* 1188 † 1252

Jeanne
∞
Wilhelm II.
von
Sizilien

Johann
Ohneland
* 1166 † 1216

Heinrich III.
* 1207 † 1272

Marie von Champagne

- Heinrich II.
  König von Jerusalem
- Thibaud III.
  ∞
  Blanca von Navarra
  - Thibaud IV. der Sänger

Eleonore ∞ Alfons von Kastilien

- Berengaria
  (Berenguela)
- Urraca
  ∞
  Alfons II.,
  König von Portugal
  - Alfons der Neffe
- Blanca
  ∞
  Ludwig VIII.
  von Frankreich
- Eleonore
  ∞
  Jaime von Aragonien

Blanca von Kastilien ∞ Ludwig VIII. von Frankreich

- Philipp
- Ludwig IX.
  der Heilige
- Robert
  von Artois
- Johann
- Alfons
  von Poitiers

Berenguela ∞ Alfons IX. von León

- Ferdinand III. der Heilige
  - Alfons X. der Weise
- Alfons
  von Molina
- Konstanze
  Nonne
- Berengaria
  ∞
  Johann von Brienne
  König von Jerusalem

Geoffroy ⚭ I Konstanze von Bretagne ⚭ II Guy von Thouars

Arthur von Bretagne | Eleonore | Alix ⚭ Pierre Mauclerc | Katharina ⚭ André de Vitré

Johann der Rote | Arthur | Yolanthe

Heinrich | Konstanze Zisterzienserin | Ferdinand

Philipp-Dagobert | Isabella | Etienne?

Isabella von Angoulême ⚭ Johann Ohneland

Heinrich III. ⚭ Eleonore von Provence | Richard, König der Römer ⚭ Sancia von Provence | Eleonore ⚭ Simon II. von Montfort, Graf von Leicester | Zwei Kinder, jung gestorben

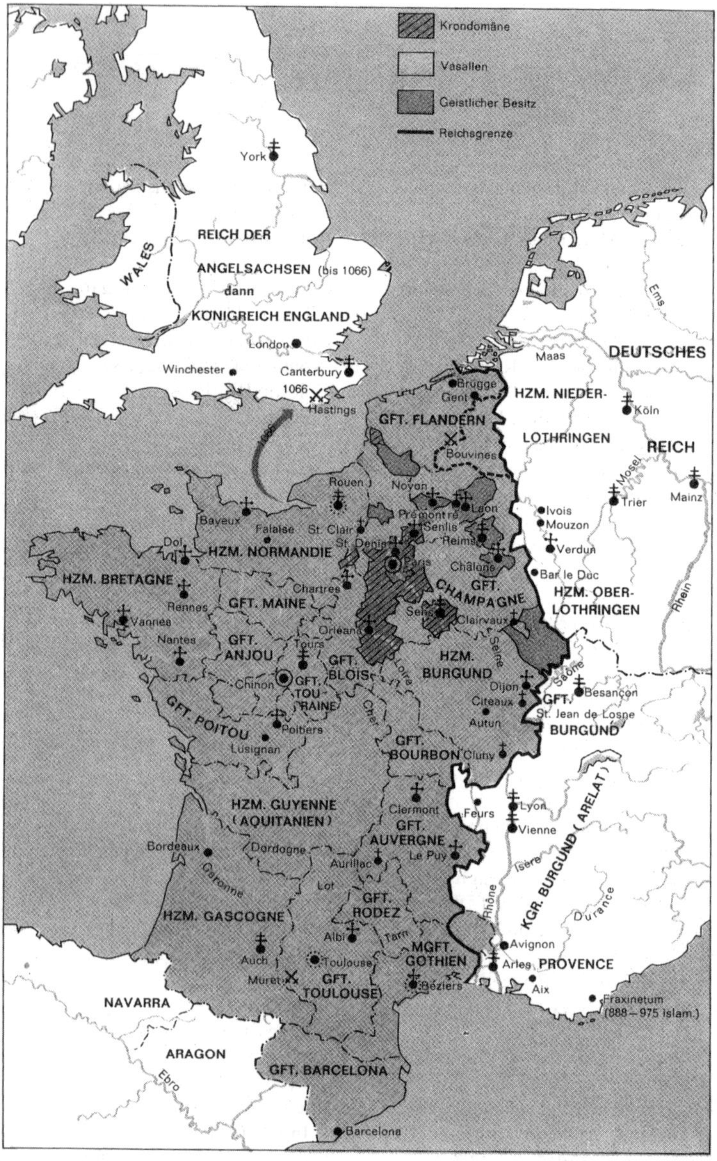

Frankreich unter den Capetingern
© Deutscher Taschenbuch Verlag, München
(dtv-Atlas zur Weltgeschichte, Band 1)

Register